목회현장에서 꼭 필요한

교회
정치
해설

목회현장에서 꼭 필요한
교회정치해설

저자 · 신현만 · 박종일
펴낸곳 · 도서출판 포커스북
펴낸이 · 송삼용
초판 1쇄 인쇄 · 2014년 05월 10일
출판등록번호 · 제2013-000063호
출판사 · 서울특별시 금천구 독산로 256(독산동)
　　　　전화 · 070-8775-2633　**팩스** · 02-846-2633
　　　　이메일 · focusbook@hanmail.net

총판 · 하늘물류센타　**전화** · 031-947-7777　**팩스** · 031-947-9753

ISBN · 979-11-951-5022-9 03230

이 도서의 국립중앙도서관 출판시도서목록(CIP)은 서지정보유통지원시스템 홈페이지(http://seoji.nl.go.kr)와
국가자료공동목록시스템(http://www.nl.go.kr/kolisnet)에서 이용하실 수 있습니다.(CIP제어번호: CIP2014001625)

목회현장에서 꼭 필요한

교회
정치
해설

저자 | 신현만 · 박종일

도서출판
포커스북

머리말

오늘날 한국 교회를 세계 선교 역사 이래, 유례없이 빠르게 성장하고 부흥한 교회라고 평가들을 합니다. 그러나 작금의 한국 교회는 여러 가지 혼란스런 문제로 말미암아 끝이 보이지 않는 뼈저린 아픔을 겪고 있습니다.

한국 교회가 이렇게 된것은 교회의 신성과 질서를 세우고 혼란을 미연에 방지할 교회 헌법 분야에 대하여 무관심할 뿐 아니라, 헌법의 질서를 따라야 할 것을 주장하면, 법 타령이나 하는 율법주의자로 취급하려는 경향이 팽배하기 때문이라 생각합니다.

일반적으로 목회자의 성공 비결에 대하여 설교와 행정 중에 설교의 비중을 더 높이 평가하는 것이 대부분이지만 설교나 행정 그 어느 것도 과소평가 할 수 없는 것입니다. 중요한 사실은 설교가 예배 모범 안에 있고 예배 의식은 정치 안에(정치 제7장) 있다는 것이며, 더욱 심각한 것은 교회 안에 정치가 중지되면 교회는 한 발자국도 움직일 수 없다는 것이 목회 현장의 피할 수 없는 현실이기도 합니다.

따라서 교회의 항존직인 목사와 장로, 집사가 정치에 무관심하거나 방관하면 영적인 불구자가 되어 주님의 몸 된 교회를 바로 섬길 수 없게 됩니다. 그리고 정치가 없는 곳에서는 권징도 시행될 수 없고 예배 모범도 소용이 없으므로 교회 정치는 교회가 존재하는 한 계속 시행되어야 하며, 정치가 바로 시행될 때에 교회와 노회, 총회도 은혜롭고 하나님께서 기뻐하시는 믿음의 공동체가 될 것입니다.

교회 정치의 구조 하에서 교회의 모든 조직과 활동이 진행되는 것이므로, 교회 정치가 중지되면 교회의 모든 활동도 멈출 수밖에 없고, 교회 정치가 정당하게 시행되면 교회의 모든 활동이 바른 질서를 따라 올바른 교회로 세워질 것입니다. 교회 정치를 연구함에 있어서 그 뿌리를 찾는 일은 매우 중요한 일이기 때문에 성경을 모태로 만든 웨스트민스터 헌법이 시초가 됨은 물론, 한국 교회 정치사에서는 장로교 최초의 헌법인 1922년도판 헌법을 결코 배제할 수가 없습니다. 그러므로 교회 정치를 연구함에 있어서 장로교 최초의 헌법 원문과 현행 헌법 조문을 비교, 배열하여 한국 교회 100년 정치사의 변천 과정을 참고하도록 할 것입니다.

본서가 출간되기까지 원고 교정을 위해 수고하신 정태중 장로님과 원활한 출판이 되도록 도움을 주신 '포커스북'에 깊은 감사의 마음을 표하며, 모든 영광은 오직 여호와 하나님께만 올려 드립니다.

2014년 5월 10일
지은이 아룀

추천사

헌법 총론에 장로회 정치에 대하여 정의하기를 '주권이 교인들에게 있는 민주적 정치이고, … 모세 때에 일찍 있던 성경적 제도요, … 웨스트민스터 헌법을 기본으로 한 것'이라고 되어 있습니다. 우리 총회가 채용하여 사용하는 헌법이야말로 가장 성경적이고 권위가 있는 최고의 법 정신과 체계를 수반하고 있음은 두말할 나위가 없다고 생각합니다.

이런 훌륭한 헌법을 갖고 있음에도 불구하고 근자에 들어 한국 교회는 교회의 3대 표지 중 하나인 '정당한 권징의 시행'을 방치함으로 반신불수의 교회가 됨은 물론 세상의 판단과 조롱거리가 되어 총체적인 위기에 직면해 있는 현실은 심히 안타깝고 부끄러운 일입니다.

이러한 현상은 교회의 지도자들이 헌법에 대한 무관심뿐만 아니라 교회 정치에 대한 과거의 잘못된 관행과 이에서 비롯된 편견과 부정적인 인식 때문이며, 한걸음 더 나아가 헌법대로의 교회 정치를 등한시하고, 바로 알고 행하려는 의지와 노력의 결핍 때문이라는 사실은 누구도 부인하지 못할 것입니다. 교회의 정치가 바로 서야 권징도 시행될 수 있고, 교회의 본질을 회복하여 예수 그리스도의 몸 된 공동체로서의 진정한 교회의 모습으로 세상에 비춰지게 될 것입니다.

이러한 요구가 절실할 때에 교회 법 전문가이신 신현만 목사님의
『목회현장에서 꼭 필요한 교회법률상식』이란 책을 참으로 시의적절한
내용이라 생각하면서 기쁜 마음으로 추천사를 쓴 적이 있습니다. 이번
에는 광신대학교에서 후학들에게 교회 정치를 강의하고 계시는 박종
일 목사님께서 신목사님과 함께 풍부한 목회 경험과 교회 법률에 대한
지식을 바탕으로 『목회현장에서 꼭 필요한 교회정치해설』을 연이어
출간하게 됨은 총회적 차원에서도 축하할 일이라 생각하며, 감사한 마
음으로 이 책을 추천하는 바입니다.

　모쪼록 이 좋은 책이 교회 지도자에서부터 신학생에 이르기까지 널
리 읽혀져서 바른 교회 정치가 실현됨으로 한국 교회에 새로운 성령의
훈풍이 불어 닥치기를 간절히 소망합니다.

2014년 5월 10일
대한예수교장로회 총회(합동)
총회장 안명환 목사

추천사

2014년 새해 만물이 약동하는 계절에 목회 현장에 꼭 필요한 책이 출판되게 되어 기쁘고 반갑습니다. 『목회현장에서 꼭 필요한 교회정치해설』이란 책이 광신대학교에서 교회 정치를 강의하시는 무창교회 박종일 목사님과 교회법에 전문가이신 중부산교회 신현만 원로 목사님의 공저로 출판됩니다.

박종일 목사님은 35년간 목회하시는 중 광신대학교에서 4년 전부터 교회 정치를 강의하고 계시고, 신현만 목사님은 35년 이상을 목회하시면서, 부산신학교에서 교회 정치와 법을 10년 넘게 강의하셨습니다. 두 분이 목회 현장과 강의실 안팎에서 쌓은 실력과 경륜을 토대로 집필한 이 책은 목회자들이 교회를 섬기면서 꼭 알아야 하고 실행해야 할 것들을 소상히 가르쳐주고 있습니다.

이 책에서 저자는 "목회자의 성공 비결은 설교와 행정을 성공적으로 감당하는 데 있으며, 둘 중 그 어느 것도 과소평가 할 수는 없다"고 말합니다. 또한 "교회 안에 정치가 중지되면 교회는 한 발자국도 움직일 수 없는 것"이 목회 현실임을 지적하고, "결국은 교회 정치의 구조

하에서 교회의 모든 조직과 활동이 진행되는 것"이라는 말로 교회 운영에 있어서 교회 정치가 얼마나 중요한가를 요약하여 강조하고 있습니다.

금번에 출판되는 『목회현장에서 꼭 필요한 교회정치해설』은 총론과 제1장부터 제23장으로 되어 있고 650페이지가 넘는 방대한 해설서로서, 일반적으로 약 350페이지 되는 교단 「헌법」책을 보다 쉽고 상세하게 설명해 주고 있습니다. 특히 제8장 '교회 정치와 치리회'는 교회에 분쟁이 발생했을 때 어떤 절차와 단계를 밟아야 하는지를 잘 가르쳐 주고 있습니다.

명실공히 '목회현장에서 꼭 필요한 교회정치해설서'로서 부디 목회 현장에서 밤낮없이 사역하시느라 수고하는 목회자들에게 많은 도움이 되길 바라며, 또한 한국 교회의 미래를 짊어지고 나갈 신학생들이 교회 헌법을 이해하는 데에 큰 도움이 될 것으로 믿어 이 책을 기쁨으로 추천합니다.

2014년 5월 10일
광신대학교 총장 정규남 목사

일러두기

1. 본서는 목회 현장에서 꼭 필요한 교회 정치를 해설한 것입니다.

2. 조문을 해석함에 있어서는 1919년 제8회 총회에서 해석할 필요가 있을 때에 참고서로 채용하기로 가결한 『교회정치문답조례』(J. A. Hodge 지음, 박병진 목사 옮김)와 박병진 목사님의 저서 『교회정치통람』을 박목사님의 허락 하에 참조 인용하였습니다.

3. 대한예수교장로회 총회의 역대 결의를 참고하였습니다.

4. 본서는 신학교에서 가르쳤던 내용들을 수록하였습니다.

5. 본서가 목회자들과 신학생들에게 널리 읽혀 교회의 신성과 질서가 바로 세워져 하나님이 기뻐하시는 교회가 되었으면 하는 마음입니다.

6. 범례 : 교회정치문답조례는 '정문', 권징 조례는 '권징', 헌법적 규칙은 '헌규'로 줄여서 사용하였음을 밝힙니다.

목 차

제3장 교회 직원

제4장 목 사

제5장 치리 장로

제6장 집 사(執事)

제7장 교회 예배 의식(儀式)

제10장 노 회

제11장 대 회

제12장 총 회

제13장 장로 집사 선거 및 임직

제14장 목사 후보생과 강도사

제15장 목사 선교사 선거 및 임직

제16장 목사 전임(轉任)

제17장 목사 사면 및 사직

제18장 선교사

제19장 회장과 서기

제22장 총회 총대

제23장 헌법 개정

    (General Rules for Judicatories)

교회 헌법이란 무엇인가?

교회 헌법은 국가의 헌법과는 달리 헌법 책 안에 있는 '신조, 소요리문답, 대요리문답, 정치, 권징 조례, 예배 모범'을 합하여 교회 헌법이라고 한다. 그 근거로는 헌법 개정의 내용과 총회의 권한과 정치문답조례 559문이 증거하고 있다.

1. 교회 정치 제23장 헌법 개정

제1조 : 정치, 권징 조례, 예배 모범의 변경

제2조 : 신조, 소요리문답, 대요리문답의 개정

※ 헌법 개정이란 장명의 큰 제목 아래 2개조의 조명으로 6가지 내용을 3가지씩 나누어 변경 또는 개정하는 것으로 규정하였으니 교회 헌법이란 '정치, 권징 조례, 예배 모범, 신조, 소요리문답, 대요리문답' 임을 말하고 있다.

2. 총회의 권한

교회 정치 제12장 제5조(총회의 권한)에서 "총회는 교회 헌법(신조, 요리 문답, 정치, 권징 조례, 예배 모범)을 해석할 전권이 있고"라는 총회 권한에서도 교회 헌법이란 '신조, 요리 문답, 정치, 권징 조례,

예배 모범' 임을 말하고 있다.

3. 정치문답조례 559문 : 장로교 헌법이 어떠하뇨?

답 : 장로교 헌법은 아래와 같으니라.

① 장로교회 신경 ② 소요리문답 ③ 대요리문답

④ 장로교회 정치 ⑤ 권징 조례 ⑥ 예배 모범

목사가 장립을 받기 전에 이 헌법을 다 믿고 복종해야 하느니라.

※ 1919년 제8회 총회에서 교회 헌법을 해석할 필요시에 참고서로 채
용하기로 가결한 정치문답조례에서 6가지 내용을 열거하며 그것이
장로교 헌법이라 하였으니 교회 헌법이란 '신조, 요리 문답, 정치,
권징 조례, 예배 모범' 이라 함에 이의가 없다 하겠다.

☞ 이상과 같이 교회 정치에서 교회 헌법의 정의를 설명하고 있으므로
정치가 헌법의 중요한 위치에 있다 하겠다.

朝鮮 예수教 長老會 憲法

朝鮮예수教長老會憲法 序文

大盖예수教長老會憲法은 二部의 分類로 成立되어 各治理會가 現行ㅎ는 一致的律例인데 一卽道理의憲法이니 本信經과 大小要理問答이며 一卽管理 的憲法이니 本政治와 勸懲條例와 禮拜模範이라 惟我朝鮮長老教가 老會組織 以前에는 但福音의 法理대로 世界長老會通常憲法에 依ㅎ야 隨宜適用ㅎ여오 다가 幸以千九百七年에 비로소 總老會가 平壤에셔 會集케됨에 對ㅎ야 本 信經과 政治를 大畧으로 制定ㅎ야 臨時採用하야 ㅎ다가 其後千九百十五年 秋에 朝鮮長老會總會가 全州에 集會될 時에 特히 政治編輯委員을 選定ㅎ야 政治改正ㅎ기 爲始ㅎ엿고 翌年秋平壤에셔 第五回總會로 會集時에 該編輯員 七人과 本政治部員九人이 協同研鑽ㅎ야 編纂에 着手ㅎ지 六七星霜의 備盡 精力ㅎ야 公正흔 討議의 結晶으로 昨秋에 始克成編ㅎ엿고 그 制定의 編成 흔 方法은 웨스트민스터 憲法의 目次를 模倣ㅎ야 朝鮮長老會治理上最要適 宜흔 章程을 編立케ㅎ엿스니 爰是信經, 小要理問答, 政治, 勸懲, 禮拜,等五 法全書라 이를 千九百二十一年第十回總會時에 通過됨을 因ㅎ야 完備흔 朝鮮長老會憲法으로 合爲一帙ㅎ야 發刊케되엿스니 自今以後로는 本總會 管內에 흔 全鮮各教會가 同一無二흔 이 憲章대로 永遠無替히 式遵式守ㅎ 리니 不但本委員들의 甚幸이라 爲我全教會法章의 實爲萬幸云爾라
主后一千九百二十二年五月五日編輯員謹識

헌법 서문

　본 총회의 헌법은 조선예수교장로회 공의회 시대(1901년~1906년)
에 다음과 같이 헌장에 관한 준비를 하였다.

　1901년 만국 장로회 헌법 번역 위원을 선정하였고, 1902년에는 헌
법 준비 위원과 노회 규칙 위원을 선정하였다. 1904년에는 웨스트민
스터 헌법 중 일부를 역간하여 소요리문답 5천부를 출판하였다. 1905
년에는 교회 신경을 공의회가 의정 채용하게 되었다.

　그 후 1907년 9월 17일 평양 장대재교회에서 소집된 대한예수교장
로회 제1회 노회(독노회)시 신경과 규칙을 정식 채용한 것이 최초의
헌장이었다.

　1912년 9월 1일 평양여자성경학원에서 대한예수교장로회 총회가
조직된 후, 1917년 9월 1일(토요일) 서울 승동교회에서 회집된 제6회
총회에서 웨스트민스터 헌법 책을 번역하여 총회가 작정한 대로 편집
하여 국한문으로 출판하였다.

　1932년 9월 9일 평양 창동교회에서 회집된 제21회 총회에서 15인
을 택하여 한글 사용법대로 개역 수정하기로 가결하고, 1933년 9월 8
일 선천교회에서 회집된 제22회 총회에서 이를 승인하였다.

　1954년 4월 23일 안동 중앙교회에서 회집된 제39회 총회에서 정

치만 수정하기로 하고 전문을 수정 발표하였다. 1960년 12월 13일 서울 승동교회에서 회집된 제45회 총회에서 헌법과 총회 규칙을 수정하기로 하고 17인에게 위임하여, 1961년 9월 21일 부산남교회에서 회집된 제46회 총회에서 보고받아 이를 채택하고, 각 노회에 수의하여 1962년 9월 20일 서울 승동교회에서 회집된 제47회 총회에서 수정안이 가결되었음을 공포하였다.

1968년 9월 19일 부산 초량교회에서 회집된 제53회 총회에서 재수정하게 되고, 1990년 9월 18일 김제중앙교회에서 회집된 제75회 총회에서 헌법을 개정하기로 가결하고 위원 15인을 선정하여 일임하였다. 동 위원회에서 정치와 예배 모범 일부를 수정한 안을 1991년 9월 24일 대구 동신교회에서 회집된 제76회 총회에 보고하니 채택하고, 교회의 모든 직임의 연한을 만 70세까지로 함을 본회가 결의하여 보고된 개정안에 포함시켜 이를 각 노회에 수의하여, 1992년 9월 22일 인천제2교회에서 회집된 제77회 총회에서 수정안을 공포하기에 이르렀다.

"2005년 9월 27일 대전중앙교회에서 회집한 제90회 총회에서 대한예수교장로회(개혁)와 합동하였고 합동 원칙 합의문의 준수와 함께 본 헌법을 사용키로 하였다"(後記).

우리 총회가 1917년 서울 승동교회에서 회집된 제6회 총회에서 채용 결의한 웨스트민스터 헌법 중 성경 소요리문답은 헌법 책에 포함시켜 출간하였으나 신도게요서와 성경 대요리문답은 헌법책에 편집하지 아니한 연고로 불편을 느끼던 중 제75회 총회 헌법 수정 위원회의 결의로 1969년 9월 20일 본 총회가 별책으로 발행한 성경 대요리문답

은 소요리문답과 연하여 편집하고 신도게요서는 부록으로 편집 출간
하게 되었다.

이에 그간 수고하신 선배님들의 노고에 감사를 드리며 이 헌법 책
이 총회 안의 모든 지교회와 기관들에 사용될 때 하나님의 크신 은총
이 내리시기를 간절히 바라는 바이다.

교회 정치(敎會政治)
(Ecclesiastical Government)

서 론

　교회 정치를 바로 이해하기 위해서는 먼저 교회에 대하여 바로 알아야 하고 교회 정치의 역사를 바로 알아야 하고 그 교회를 다스리는 교회 정치의 중요성에 대하여 바로 인식해야 할 것이다.

　어느 교단을 막론하고 교회 정치가 있는 곳에는 정치꾼이라는 말을 흔히 듣게 된다. 그러면 그런 말을 하는 그 사람은 정치를 하지 않는다는 말인가? 모르기는 해도 그렇다고 자신 있게 말할 사람은 거의 없을 것이다.

　왜냐하면 목사나 장로뿐 아니라 교회에 등록된 모든 교인들은 정치를 하고 있기 때문이다. 다만 정치꾼이라는 용어가 생기게 된 것은 정치를 지나치게 하거나 잘못하는 경우에 붙여진 말일 것이다. 또한 정치를 지나치게 하거나 잘못할 경우는 교회가 무엇인가를 잠시 잊었기 때문에 빚어지는 부작용일 것이다.

1. 교회란 무엇인가?

교회는 창세 이후 주님 재림 시까지 전 세대, 전 세계를 통하여 하나님의 택하심과 부르심을 받고 "예수는 그리스도시요 살아계신 하나님의 아들이심을 믿는다"고 신앙고백을 하는 무리의 사회 공동체입니다(마 16:16~18).

1) 살아계신 하나님의 집(엡 2:19~22)

건물을 비유로 한 교회의 정의이다. 이 건물은 아담 때부터 주님 재림 시까지 완성된 무형(無形)의 교회를 일컫는다.

① 건물의 터 : 사도들과 선지자들(엡 2:20상, 마 16:18)

② 건물의 초석 : 예수 그리스도(엡 2:20하, 벧전 2:4~6)

③ 건물의 재료 : 성도(엡 2:19~22)

④ 건물의 주인 : 하나님(엡 2:22)

특히 엡 2:22의 말씀에는 삼위일체 하나님의 공작(工作)으로 세 워져 가는 완전한 건물임을 밝히고 있다. 그런데 이 건물에서 비춰진 교회는 한 사람만 결원이 되어도 미완성 건물임을 암시하고 있으며, 한 사람만 이탈해도 파괴된 건물임을 암시하고 있다.

2) 그리스도의 몸(엡 1:22~23)

사람의 몸을 비유로 한 교회의 정의이다. 그리스도를 머리로 하고, 성도 한 사람 한 사람을 그 몸의 지체로 한 교회를 생각하게 하는데 이 교회의 성격은 고전 12:14~17에서 선명하게 밝혀 주고 있다.

3) 성령의 전(고전 6:19~20, 고전 3:16~17)

영적(성결)인 면에서 살펴본 교회의 정의이다. 고전 6:19~20, 고전 3:16~17에 말씀한 내용은 음행을 금하라는 교훈으로 '성도의 몸은 성령의 전'이기 때문에 간음을 하는 것은 성령의 전을 더럽히는 죄임을 지적한 말씀이며, 교회의 성결을 강조하고 있다.

이상과 같이 교회는 하나님이 만국 중에서 택하시고 불러 세운 공동체를 일컫는데 하나님의 집이요, 그리스도의 몸이요, 성령의 전이라 했으니 그 명칭은 거룩한 공회라 한다. 이것이 교회에 대한 성경적, 삼위일체적, 헌법적 정의이다(정치 제2장).

2. 장로회 정치의 유래

우리 대한예수교장로회 헌법의 유래를 바로 이해하기 위해서는 웨스트민스터 헌법을 생각하지 않을 수 없다. 그 이유는 만국 장로교회 헌법과 우리 대한예수교장로회 헌법은 웨스트민스터 헌법을 번역 편집한 것이기 때문이다.

웨스트민스터 헌법은 1643년 7월 1일부터 1649년 1월 22일까지 무려 5년 6개월 22일 동안에 걸쳐서 영국 런던에 소재한 웨스트민스터 교회에서 회집된 웨스트민스터 회의(Westminster council)에서 제정된 헌법으로 목사 120명, 장로 30명(10명은 귀족, 20명은 영국 의회 하원 의원)을 위원으로 위임하여 제정된 헌법이다.

위임받은 150명의 위원들은 5년 반 동안에 1,064회나 모였고, 그중 매월 하루는 다함께 모여 금식 기도를 하였으며 매번 회의를 할 때마다 먼저 3인이 기도를 하였는데, 한 사람이 한 시간씩 기도하였으니 3시간을 기도한 후에 회의를 한 셈이다(5년 반 동안 매주에 4일 정도 모여 회의를 함).

회의 진행에 있어서 발언의 표준은 "누구를 막론하고 필요하다고 증명하려는 것은 성경에서 입증하라"고 하였으니 성경에 어긋난 항목은 하나라도 거론할 수조차 없게 하였다. 이와 같은 과정을 통하여 신조, 예배 모범, 대소요리문답, 권징 조례 등을 합하여 웨스트민스터 헌법이라 하였다.

우리 대한예수교장로회는 1907년 9월 17일 정오에 평양 장대재교회에서 노회를 설립한(제1회 독노회 p.3) 후, 1912년 9월 1일 오전 10시 30분에 평양여자성경학원에서 선교사 44명, 한국 목사 52명, 장로 125명, 도합 221명의 회원으로 예수교장로회 조선 총회가 조직되었다(제1회 총회록 pp.1, 4).

총회 초기에는 선교사들이 자국 정치에 근거하여 간단한 규칙을 정하여 치리해 오다가 제2회 총회에서 마삼열, 양전백, 김필슈 목사 등 3인에게 정치 개정 위원으로 위임하였고(제2회 총회록 p.32), 그 후 1915년 9월 제4회 총회 시에 마삼열을 위원장으로 하여 5인 정치 편집 위원으로 변경하여 권징 조례와 규칙 그리고 교회 정치를 번역하게 하였고(제4회 총회록 p.32), 그 후 1917년 제6회 총회에서는 교회 정치, 권징 조례, 예배 모범 등을 번역 편집하여 출판 배부하였다(제6회 총회록 pp.18~19).

그 후 1921년 9월 제10회 총회에서 최종적으로 총 17개항을 교정한 후 제11회 총회에서 정치 편집 위원회를 폐지하여 오늘에 이른 것이 우리 대한예수교장로회 헌법이다.

이상과 같은 장로회 정치의 유래를 정리해 보면 창 2:17에 하나님께서 아담에게 "선악을 알게 하는 나무의 실과는 먹지 말라" 하신 명령으로부터 시작하여 출 18:21에 모세가 천부장, 백부장, 오십부장, 십부장을 세워 재판을 하게 한 일과 구약 시대의 장로와 제사장과 선지자를 세워 선민 이스라엘 백성들을 치리한 일과, 예수님께서 12제자를 택하여 훈련하신 후 사도의 직을 위임하신 일과, 사도들이 7집사를 택하여 안수한 일과 사도행전 15장에 예루살렘 회의를 모인 일 등은 교회 정치의 원초적 변천이라 하겠다.

그 후 교부 시대를 거처 중세 교회의 타락으로 종교 개혁이 불가피하게 되었고, 1517년에는 마르틴 루터가 종교 개혁을 시작한 후 쯔빙글리, 멜랑톤, 칼빈 등이 종교 개혁을 완성함으로 장로교 정치가 시작되었고, 1649년 웨스트민스터 헌법의 제정이 곧 장로교 정치의 완성이라 하겠다.

그 후 우리 대한예수교장로회는 1922년 제11회 총회에서 신조, 교회 정치, 성경 요리 문답, 예배 모범, 권징 조례를 번역 출판한 것이 최초의 헌법이다.

3. 교회 정치의 중요성

일반적으로 목회자의 성공 비결에 대하여 설교와 행정 중에 설교의 비중을 더 높이 평가하는 것이 대부분이다. 그러나 설교나 행정 그 어느 것도 과소평가 할 수는 없다.

중요한 사실은 설교가 예배 모범 안에 있고 예배 의식은 정치 안에 (정치 제7장) 있다는 사실이다. 더욱 중요한 것은 교회 안에 정치가 중지되면 교회는 한 발자국도 움직일 수 없는 것이 목회 현장의 현실이다.

예컨대 설교를 하는 것도 정치적 허락이 필수적이요, 성도가 교회에서 봉사하는 일도 정치의 허락 없이는 할 수 없는 일이요, 제직회, 당회, 노회, 대회, 총회, 기타 교회의 각 기관이나 연합회도 정치적 허락 하에서 행해지는 것이다.

따라서 교회의 항존직인 목사 장로와 집사가 정치에 방관하면 영적인 불구자가 되어 교회를 바로 섬길 수 없는 것이다. 그런데 국가의 구조는 입법, 사법, 행정이 분리가 되어 각 분야의 전문적인 연구 과정을 거쳐서 그 직무를 수행하는데 반하여 교회는 목사와 장로로 구성된 각 치리회가 입법, 사법, 행정의 각 위원과 위원장이 되어 치리를 시행하게 하는 것이 약점이다.

이와 같은 현실에서 21세기를 맞이한 교회의 직원들이나 신학도들은 교회 정치의 중요성을 인식하고 깊이 연구하여 교회 정치에 실정(失政)이 없도록 해야 하겠다. 정치가 바로 시행되지 아니할 경우 교회의 신성은 침해당하고 교회는 어지럽게 되며 성직자들은 설 곳을 잃게 될 것이다.

4. 교회 정치의 위치

장로교 정치 체제 하에 있는 모든 교회들은 교회의 헌법과 각 치리회의 규칙에 의하여 운영되고 있는데 그 모든 법규 중에 최고의 법률은 헌법이다. 그 헌법이라는 명제 하에 신조, 대소요리문답, 정치, 권징 조례, 예배 모범 등이 포함되고 있다. 그런데 그 중에 신조와 요리문답은 신구약 성경에 교훈한 진리를 총괄한 신앙의 지침이요(정치 제13장 제3조 2항), 권징 조례나 예배 모범은 정치 구조 안에서 시행되어지기 때문에 정치에 포함된 사안이라 할 수 있다.

따라서 정치가 없는 곳에서는 권징도 시행될 수 없고 예배 모범도 소용되지 않는다. 그러므로 교회 정치는 교회가 존재하는 한 계속 시행되어야 하며 정치가 바로 시행될 때에 교회와 노회, 총회도 은혜롭고 하나님께서 기뻐하시는 공동체가 될 것이다.

결국은 교회 정치의 구조 하에서 교회의 모든 조직과 활동이 진행되는 것이다. 그러므로 교회 정치가 중지되면 교회의 모든 활동도 멈출 수밖에 없고 교회 정치가 정당하게 시행되면 교회의 모든 활동은 충만할 것이다.

총 론

① 주후 1517년 신구 2대 분파로 나누어진 기독교는

② 다시 수다한 교파를 이룩하여

③ 각각 자기들의 신경, 의식, 규칙, 정치 제도가 있어서

④ 그 교훈과 지도하는 것이 다른바 이를 다음과 같이 구분한다.

☞ 16세기 마르틴 루터의 종교 개혁 이후 교회는 신교와 구교로 양분되어 저마다의 교리와 신조와 규칙과 의식 및 운영 방법이 다르고 특히 성경 해석 여하에 따라서 천태만상의 교파가 생기게 되었고 그 교파마다 정치 제도 역시 다르기 마련이다.

근간에 통계 자료에 의하며 우리나라에 대한예수교장로회 총회라는 간판을 붙인 교단만 해도 100개가 넘는다. 그 외에 각 교파와 교단을 모두 합하면 셀 수도 없을 정도이다.

그러나 교파와 교단은 이렇게 많아도 그 많은 교회들의 정치 제도는 교황 정치, 감독 정치, 자유 정치, 조합 정치, 장로회 정치 제도 안에서 운영되고 있다.

表1. 교회 정치 제도와 장로회 정치 원리를 비교한 도표

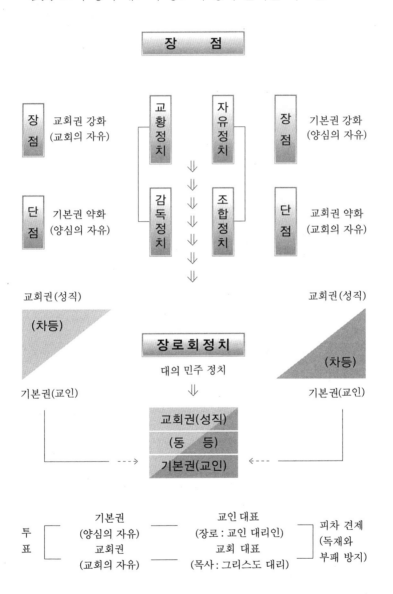

장 점

| 장점 | 교회권 강화 (교회의 자유) |
| 단점 | 기본권 약화 (양심의 자유) |

교황정치 ⟹ 감독정치

자유정치 ⟹ 조합정치

| 장점 | 기본권 강화 (양심의 자유) |
| 단점 | 교회권 약화 (교회의 자유) |

⟹

교회권(성직)

(차등)

기본권(교인)

장로회 정치

대의 민주 정치

⟹

교회권(성직)

(동 등)

기본권(교인)

교회권(성직)

(차등)

기본권(교인)

투표

| 기본권 (양심의 자유) | ── | 교인 대표 (장로 : 교인 대리인) |
| 교회권 (교회의 자유) | ── | 교회 대표 (목사 : 그리스도 대리) |

피차 견제 (독재와 부패 방지)

1. 교황 정치

① 이 정치는 주로 로마 카톨릭교와 희랍 정교의 정치인바,

② 교황 전제로 산하 전교회를 관리하는 정치이다.

☞ 교황 정치 (The Papal)

교황 1인의 전제 정치로서

① 로마 카톨릭 교회 (Catholic church)

② 동방 교회 (Orthodox church) 등에서 채택한 정치 제도이다.

그들의 주장에 위하면 교황은 예수님의 수제자 베드로가 초대 교황이고 그 후에 역대 교황들은 베드로의 후계자들이라 하여 사도 계승권을 주장하고 있으나 성경은 이것을 용납하지 않는다.

이 정치는 교황 무오설을 주장하여 예배와 의식과 성경 해석의 절대권을 교황에게 주고 있으며 성직자는 다스리는 자로, 평신도는 다스림을 받는 자로 구분하여 평신도의 참정권을 거부하고 오직 교황, 추기경(홍의 주교), 대주교, 주교, 신부 등의 성직자만 계급적 참정권을 인정하는 정치 제도이다.

교황 정치가 주장하는 베드로의 사도 계승권에 대하여 마 16:18에 "너는 베드로라 내가 이 반석 위에 내 교회를 세우리니"라는 말씀을 근거로 하고 있으나 여기 베드로와 반석은 반드시 베드로를 가리키는 것이 아니다. 베드로라는 뜻이 반석이라고 해서 마 16:18의 반석이 곧 베드로라고 생각해서는 안 된다.

여기에 베드로는 헬라어로 페트로스(Πέτρος)로서 남성 고유 명사

이고, 반석은 페트라($\pi \acute{\epsilon}\tau\rho\alpha$)로서 중성 명사이므로 헬라어의 문법은 성, 수, 격이 일치해야 하는데 성이 일치하지 아니하므로 반석은 베드로가 아닌 것을 성경 원문이 증거하고 있다.

또 베드로의 수위(首位)권에 대한 문제도 사도행전 15장의 예루살렘 회의에서 베드로는 바울의 입장을 옹호하는 정도였고, 오히려 야고보가 회의를 주도하였으며 갈 2:11에서는 베드로가 바울에게 면책을 당한 일 등을 볼 때 베드로의 사도 수위권은 근거 없는 인위적인 주장일 뿐이다.

2. 감독 정치

① 이 정치는 감독이 교회를 주관하는 정치인바,

② 감독 교회와 감리 교회에서 쓰고 있는 정치이다.

☞ 감독 정치 (The Prelatical)

감독 1인의 전제 정치로서

① 감독 교회 (Episcopal church)

② 감리 교회 (Methodist church)

③ 성공회 (Anglican church)

④ 모라비아 교회 (Moravian church)

⑤ 형제 교회 (Brothers church)

⑥ 복음 교회 (Evangelical church)

⑦ 루터 교회 (Lutheran church) 등에서 채택된 정치 제도이다.

그들의 주장에 의하면 감독은 연속적 계대를 통하여 사도적 권위가 전래 계승되었다는 것에 기초를 두고 있는 정치 체제로서 근간에는 성공회와 모라비아 교회를 제외하고는 사도 계승권을 주장하지 않고 감독이나 각국의 대회의가 그 교회를 지배하는 권세가 있다고 주장한다.

이 정치는 "감독이 없으면 교회도 없다" 또는 "감독이 교회 생존 (Being)에 절대적으로 필요하지는 않으나 교회의 안녕(Well-being)을 위하여 매우 소원(所願)하기 때문에 감독 없는 교회는 생각할 수 없다"고 한다. 그러나 '감독 무오설' 까지는 주장하지 않는 점이나 평신도의 참정권을 어느 정도 인정하는 면에서 교황 정치와는 다르다. 다만 대감독, 감독, 감리사, 목사 등 성직에 계급을 두는 면에서는 교황 정치와 비슷하다 하겠다.

3. 자유 정치

① 이 정치는 다른 회의 관할과 치리를 받지 아니하고
② 각개 지교회가 자유로 행정(行政)하는 교회이다.

☞ 자유 정치 (The Congregation)
교인 전제 정치로서
① 회중 교회 (Congregation church)
② 독립 교회 (Independent church)
이 정치는 조합 정치와 모든 것이 비슷한데 연합회까지 거부하고 오직 회중의 권위와 자유를 더 강조하는 입장에서 자유 정치라는 구별

을 둔다.

교황 정치가 예배 의식과 교리와 성경 해석권의 절대권이 교황에게 있는 것과는 반대로 자유 정치와 조합 정치는 이렇게 믿든 저렇게 믿든 오직 회원 각자의 자유에 속한다고 하면서 절대적으로 신봉하지 아니하면 안 된다고 하는 교리와 신조도 없는 정치 제도로서 "내 양을 먹이라 내 양을 치라"(요 21:15~17) 하신 우리 주님의 교훈하신 바와는 상충된다.

4. 조합 정치

① 조합 정치는 자유 정치와 방불하나

② 다만 각 지교회의 대표자로서 조직된 연합회가 있어

③ 피차 유익한 문제를 의논하나

④ 그러나 산하 교회에 명령하거나 주관하는 권한은 없고

⑤ 모든 치리하는 일과 권징과 예식과 도리 해석을 각 교회가 자유로 하는 정치이다.

☞ 조합 정치 (The Congregational)

영국 성공회의 감독 정치에 대한 반발로 일어난 정치 제도로서

① 침례 교회 (Baptist church)

② 조합 교회 (Congregational church)

③ 그리스도 제자 교회 (Church of Disciples) 등에서 채택한 정치 제도이다.

이 정치는 자유 정치와 방불하나 차이가 있다면 각 지교회의 대표자로 조직된 연합회를 두고 피차 유익한 문제만을 의논하고 연합회 산하 교회를 치리하는 권한은 없고 각 지교회가 자유로이 치리하는 정치 제도이다.

또한 그리스도 이외에는 어떠한 대표자도 장로도 인정하지 않는다. 그러면서도 표면상으로는 장로회 정치와 같이 성직자를 투표해서 세우기는 하지만, 성직자는 평신도권 이상 아무 권한이 없고 사역자일 뿐이다. 그러므로 모든 권한은 선거권을 행사하는 교인들의 직접적 결의에만 있는 정치 제도이다.

5. 장로회 정치

① 이 정치는 지교회 교인들이 장로를 선택하여 당회를 조직하고

② 그 당회로 치리권을 행사하게 하는 주권이 교인들에게 있는 민주적 정치이다.

③ 당회는 치리 장로와 목사인 강도 장로의 두 반으로 조직되어 지교회를 주관하고, 그 상회로서 노회 대회 및 총회 이같이 3심제의 치리회가 있다.

④ 이런 정책은 모세(출 3:16, 18:25~26, 민 11:16)와 사도(행 14:23, 18:4, 딛 1:5, 벧전 5:1, 약 5:14) 때에 일찍 있던 성경적 제도요,

⑤ 교회 역사로 보더라도 가장 오랜 역사와 항상 우위를 자랑하던 교회는 이 장로회 정치를 채용한 교회들이며,

⑥ 또한 이 장로회 정치는 다 웨스트민스터 헌법을 기본으로 한 것 인바

⑦ 이 웨스트민스터 헌법은

　㉠ 영국 정부의 주관으로

　㉡ 120명의 목사와 30명의 장로들이

　㉢ 1643년에 런던 웨스트민스터 예배당에 모여서 이 장로회 헌법을 초안하고

　㉣ 영국 각 노회와 대회에 수의 가결한 연후에

　㉤ 총회가 완전히 교회 헌법으로 채용 공포한 것이다.

⑧ 본 대한예수교장로회 총회의 헌법도

　㉠ 1912년 총회가 조직되고,

　㉡ 1917년 제6회 총회 때 본 총회 헌법을 제정할 때에

　㉢ 이 웨스트민스터 헌법을 기초로 해서 수정 편성한 것이다.

☞ 장로회 정치 (The Presbyterian)는

주권이 교인에게 있는 민주 정치로서

① 퓨리탄 (Puritan) (독립파, Robert Brown파 제외)

② 서서, 화란의 개혁 교회 (Reformed church)

③ 불란서의 위그노 (Huguenot)

④ 보헤미아 교회 (Bohemian church)

⑤ 헝가리 교회 (Hungarian church)

⑥ 스코틀랜드 교회 (Scotland church)

⑦ 각국 장로교회 (Presbyterian church)등에서 채택한 정치 제도
이다.

장로회 정치란 주권이 교황이나 감독 등 성직자에게 있지 아니하고
바로 교인에게 있는 민주적인 정치요, 다만 그 주권을 행사하는 방법
은 교인들이 공동의회를 통해서 예산과 결산을 심의하며, 당회의 경과
사항에 대하여 보고를 받는 일 외에 특히 장로와 집사를 선거하거나,
목사를 청빙하는 일 등으로 직접 행사하기도 하거니와, 교회를 다스리
는 직무에 대해서는 교인들의 청빙에 의해서 위임을 받은 목사와 혹은
노회의 결의로 임명을 받은 당회장과, 주권자인 교인에 의해서 선택을
받고 노회의 고시를 통해서 임직을 받은 치리 장로로 조직되는 치리회
를 통해서 교회를 다스리게 하는 즉, 간접적인 방법으로 주권을 행사
하는 공화 정치(共和政治)가 바로 장로회 정치이다.

한마디로 말하면 이 정치는 주권 행사에 있어서 교인의 투표로 선
택하여 장립 및 위임된 목사와 장로로 조직된 각 치리회에 의하여 다
스리는 대의 민주 정치이다. 치리회는 성직의 평등을 전제하고 자치권
(자치 관할 구역 내의 전권)과 타치권(치리회 동일체 : 공동 구역 내의
타회 공동 감시)을 인정하는 정치 제도이다.

6. 교회 정치의 기본권과 치리권

위의 도표에서 본 바와 같이 교회의 정치는 양분된 갈등을 보게 되
는데 그것은 평신도의 기본권과 성직자의 치리권이다.

평신도의 기본권을 전혀 인정하지 않거나 인정한다고 해도 제구실을 할 수 없는 교황 정치나 감독 정치 체제 하에서는 성직자의 막강한 권세 때문에 교회는 부패하게 되고, 평신도는 어떤 경우에서도 순종만을 강요당하는 불공평함이나, 성직자의 치리권을 전혀 인정하지 않는 자유 정치와 조합 정치 체제 하에서는 평신도의 막강한 권세 때문에 교회가 타락하게 되는데도 성직자는 하나님을 기쁘시게 하는 것보다 사람들의 비위나 맞추어주는 사람의 종일 뿐(갈 1:10), 진리를 수호하는 성직자의 사명을 수행할 수 없는 불공평함은 양대 교권 모두 다 마찬가지이다.

　그러나 우리 장로회 정치는 위의 도표에서 보는 바와 같이 교황 정치와 감독 정치의 단점은 버리고 장점을 취하였고, 자유 정치와 조합 정치의 단점은 버리고 장점만을 취하여 성직자의 치리권을 최대한 인정함과 동시에 평신도의 기본권을 최대한 보장하여 이 두 권세를 동등하게 함으로, 교회의 신성과 진리를 수호하고 교회의 부패와 타락을 방지하며 건전한 부흥과 발전을 꾀하는 정치 제도이다.

　여기에서 평신도의 기본권은 평신도의 대표자인 장로를 투표하여 임직함으로써 장로로 하여금 기본권을 행사하게 함과 성직자를 투표하여 청빙하는 일로써 교회권을 행사하는 일이요, 성직자의 치리교권은 평신도의 투표와 청원은 받으나, 예수 그리스도의 이름과 노회의 권위로 위임을 받고 교인의 서약을 받아 성직자의 치리권을 행사하는 것이다.

　그러므로 치리권은 하나님께서 부여하신 양심의 자유에 따라 평신도로부터 발생하고(정치 제1장 제1조), 그리스도의 이름과 교회의 권세로부터 부여 받는다(정치 제1장 제2조, 제15장 제11조 2항5, 제10장 제1조).

따라서 평신도의 기본권과 성직자의 치리교권을 피차 침해해서는 안 되고 피차 견제하며 피차 기본권과 치리권을 성실히 이행함으로 "오직 너희는 택하신 족속이요 왕 같은 제사장들이요 거룩한 나라요 그의 소유된 백성"(벧전 2:9) 됨을 다해야 할 것이다.

7. 장로회 정치는 민주 정치

장로회 정치란 장로들이 회의해서 다스리는 정치 체제의 약칭이다.

1) 양권(兩權)의 합의 통치 체제

"… 장로는 두 반이 있으니

1. 강도(講道)와 치리를 겸한 자를 목사라 일컫고

2. 치리만 하는 자를 장로라 일컫나니, 이는 교인의 대표자이다. …"(정치 제3장 제2조)라고 규정하고 있다.

그리고 여기서 두 반(班)의 반이란 단수를 가리키는 것이 아니고 '어떤 목적을 이루기 위하여 조직된 사람들의 작은 집단의 단위' 라고 하였다(국어 국문학회편 『새로 나온 국어대사전』, 민중서관 2000년도 판 p.992).

결국 장로교회의 치리권은 장로반의 권한(기본권을 가진 교인들의 대표라는 점에서 이하 기본권이라 한다)과, 목사반의 권한(성직자의 권한이라는 점에서 이하 성직권이라 한다)의 합의에 의해서만 치리권을 행사하는 체제라는 말이다.

2) 상회권과 하회권도 동등

그리고 헌법 정치 제8장 제1조는 "… 교회 치리권은 개인에게 있지 않고, 당회, 노회, 대회, 총회 같은 치리회에 있다"(행 15:6)고 하였다. 동 제2조는 "교회 각 치리회에 등급은 있으나 각회 회원은 목사 장로뿐이므로 각 회가 다 노회적 성질이 있으며, 같은 자격으로 조직한 것이므로 같은 권리가 있으나, 그 치리의 범위는 교회 헌법에 규정하였다. …" 하였다. 동 제5장 제2조 '장로의 권한' 에서 "강도와 교훈은 그의 전무 책임은 아니나 각 치리회에서는목사와 같은 권한으로 각항 사무를 처리한다"(딤전 5:17, 롬 12:7~8)고 규정하였다. 이를 종합컨대 장로회 정치란 기본권과 성직권의 합의에 의해서 교회를 다스리는 정치 체제요, 이와 같이 교회를 다스리는 회를 당회, 노회, 총회라고 하는데, 어느 치리회든지 그 회원은 권한이 같은 목사와 장로로 조직되었으니, 결국 당회도 노회도 총회도, 그 권한은 목사와 장로의 권한이요, 그 이상도 이하도 아니라는 점에서 동등하며, 동등한 까닭에 양권의 합의에 의해서만 치리권 행사가 가능하다는 말이다.

3) 관할 범위와 고유한 특권의 상위

다만 다른 것이 있다고 하면 아래의 일람표와 같이 치리회마다 그 관할 범위와 고유한 특권(직무와 직권을 가리키는데 다른 치리회에는 이 권한이 없다는 뜻에서 고유한 특권이라고 부른다)이 서로 다를 뿐이다.

◀ 관할 범위와 고유한 특권 일람표 ▶

심급	치리회 명칭	관할 범위	고유한 특권	비고
1심	당 회	한 지교회 뿐	교인을 다스리는 직무와 직권	대등한 당회나 상회에도 이 권한이 없어 고유권이라 함
2심	노 회	총회가 획정한 노회 지역 관할	1) 교회 설립, 합병, 폐지 등 지교회 통치 2) 관할 지역 내의 소속 목사의 통치 3) 소원, 상소, 청원, 헌의건 등 접수 처결	대등한 노회나 상회에도 이 권한이 없어 고유권이라 함
3심	총 회	전국 지역 관할	1) 도리와 헌법 관계 고유한 특권 2) 소원, 상소, 청원, 헌의건 등 접수 처결하는 최종 협의회	믿는 도리와 다스리는 규범에 대한 고유한 특권이다.

4) 고유한 특권의 행사 전권

그리고 각급 치리회가 관할 안에서 행사하는 고유한 특권에 대해서는 왈가왈부할 다른 회가 있을 수 없는 것은 이 고유한 특권을 행사한 치리회와 동일한 고유한 특권을 가진 다른 회가 없기 때문이다.

5) 청원권과 허락권의 합의에 의한 통치

그런데 노회를 설립, 합병, 분립, 폐지하는 고유한 특권은 노회에
있지 아니하고 총회에 있다(정치 제12장 제5조 2항).

이런 경우 하회의 치리권은 청원권이 되고, 상회의 치리권은 허락
권이 되는데, 결국 청원권도 허락권도 목사 장로의 권한이요, 그 이상
도 이하도 아니라는 점에서 이 양권도 역시 동등한 까닭에 양권의 합
의에 의하지 않고서는 치리권을 행사할 수가 없다는 말이다. 더욱이
청원권은 상회에는 없는 하회의 고유권이요 허락권은 하회에는 없는
상회의 고유권이니, 장로회 정치는 청원권밖에 없는 하회의 독주를 막
고, 또한 허락권밖에 없는 상회의 독주도 용납하지 아니하는 정치 체
제이다.

그래서 법은 하회를 관할하는 상회라고 해도 노회는 그 하회인 "…
각 당회에서 규칙대로 제출하는 헌의와 청원과 상소 및 소원과 고소와
문의와 위탁 판결을 접수하여 처리하며 …"(정치 제10장 제6조 2항)라
규정하였고 "총회는 … 하회에서 합법적으로 제출하는 헌의와 청원과
상소와 소원과 고소와 문의와 위탁 판결을 접수하여 처리하고 …"(정
치 제12장 제4조)라 규정하고 있으니 장로회 정치는 하회의 치리권인
청원권과 상회의 치리권인 허락권의 합의에 의해서만 치리권을 행사
할 수 있는 정치 체제이다.

아래의 치리권 행사 체계표와 같이 장로회 정치는 양권, 즉 장로반

인 기본권과 목사반인 성직권의 합의에 의해서만 치리권을 행사할 수 있는 정치 체제요, 또한 상회와 하회 관계의 치리권 행사는 하회의 치리권의 청원권과 상회의 치리권인 허락권의 합의에 의해서만 치리권을 행사하는 정치 체제이므로 상회는 하회의 청원 없이 하회 관계를 단독 처결할 수 없고, 하회는 상회의 허락 없이 단독 처결할 수 없는 의회 민주 정치이다.

따라서 청원 없는 허락은 하회권을 배제한 상회의 허락권 독주이니, 허락 아닌 명령이요, 명령에 의한 정치는 '주권이 교인에게 있는 민주적 정치' (정치 총론 5항)가 아니고 독재 정치요. 허락 없는 하회의 치리권 행사 역시 상회권을 배제한 독주이니 민주적인 장로회 정치일 수는 없다는 말이다.

그러므로 장로회 정치는 반드시 목사와 장로의 합의된 정치이어야 하고, 반드시 하회의 청원과 상회의 허락으로 합의된 정치이어야 한다는 말이다.

표2. 장로회 정치 치리권 행사 체계표

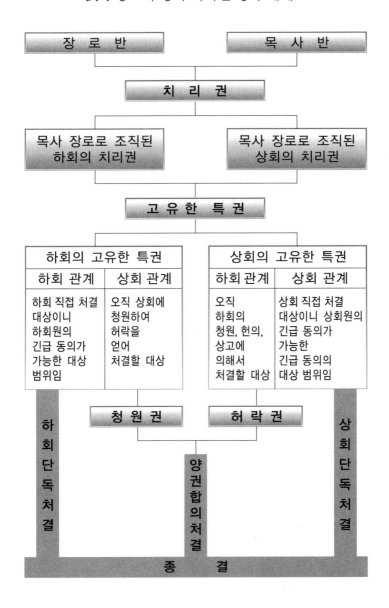

◀ 장로회 정치 치리권 행사 체계표 해설 ▶

1. 장로교회의 치리권은 장로반과 목사반 양권의 합일에 의해 성립(정치 제8장 제1조)되고,

2. 상회, 하회는 각기 타회에 없는 '고유한 특권'(직무와 직권을 가리킨다)을 주어 다스리게 하는 정치 체계이다(정치 제8장 제2조).

3. 하회의 상회 관계 고유한 특권은 상회 앞에서는 청원권이 되고, 상회의 하회 관계 고유한 특권은 하회 앞에서 허락권이 된다.

4. 그런고로 청원권과 허락권의 합의에 의한 정치가 장로회 정치요, 청원권을 배제한 허락권(상회권)의 독주와 또한 허락권을 배제한 청원권(하회권)의 독주는 장로회 정치가 아니다(정치 제12장 제4조, 제10장 제6조 2항).

5. 만일의 경우 하회의 청원에 의하지 아니한 상회의 허락이 있을 경우(긴급 동의로 노회 분립 허락 등), 이는 청원 없는 허락이니 허락 아닌 명령이요, 명령에 의한 정치는 독재 정치요, '민주적인 정치'(정치 총론 5항)인 장로회 정치일 수는 없다. 오직 하회의 청원권과 상회의 허락권의 합의 하에서만 치리권을 행사하는 정치가 장로회 정치이다.

제1장 원 리(原理)

1. 양심 자유

朝鮮예수敎長老會 政治 (1922年版)

第一章 原理

耶穌敎長老會政治의 普通主腦的原理(보통쥬뢰된원리)가 잇스니 此(이)를 詳知 (자세히아)라야 敎會의 性質을 알수잇느듸 此(이)原理는 如左히 八條로 論ᄒ니라

一, 良心의 自由

人(사람)의 良心의 主宰는 오직 하ᄂᆞ님 뿐이시니 其(그)가 良心의 自由를 주샤 信仰과 禮拜에 對ᄒᆞ야 聖經의 違反되거나 違越되는 敎訓과 命令의 强制를 受(밧)치안케ᄒᆞ셧느니라 是故(이런고)로 人(사람)이 宗敎에 關係 되는 各項事에 對ᄒᆞ야 他(ᄂᆞᆷ)의 束縛을 밧지안코 其他自己(각긔즈긔)의 良心대로 判斷ᄒᆞᆯ 權利가 잇나니 此權利(이권리)는 一般各人의 게 다잇는듸 誰某(누구)던지 奪(뻬앗)치못ᄒᆞᆯ거시라 所以(이럼으)로 吾儕(우리)의 所願은 何(어느)宗敎던지 國勢를 依恃(의지)ᄒᆞ야 行치안코 오직 國家에서 保護ᄒᆞ며 安全케ᄒᆞ며 各敎를 平均一視케ᄒᆞ는것밧게는 더 要求치아니ᄒᆞᆫᄂᆞ니라

예수교 장로회 정치의 일정한 원리 8개조가 있으니 이것을 이해하여야 교회의 성질을 알 것이다.

교회 정치의 원리는 8개조가 있으니 양심의 자유, 교회의 자유, 교회의 직원과 그 책임, 진리와 행위의 관계, 직원의 자격, 직원 선거권, 치리권, 권징이 8개조의 원리로 구성되어 있다. 그러므로 이 8개조의 원리를 살펴보기로 한다.

제1조 : 양심의 자유

양심의 주재(主宰)는 하나님뿐이시라. 그가 양심의 자유를 주사 신앙과 예배에 대하여 성경에 위반되거나 과분(過分)한 교훈과 명령을 받지 않게 하셨나니 그러므로 일반 인류(人類)는 종교에 관계되는 모든 사건에 대하여 속박을 받지 않고, 각기 양심대로 판단할 권리가 있은즉 누구든지 이 권리를 침해(侵害)하지 못한다.

장로회 정치의 제1원리인 양심의 자유에 대한 규례이다.

(1) 양심의 자유 어의(語義)

양심의 사전적 의미는 도덕적인 가치를 판단하여 마음을 바르고 착하게 갖도록 명령하고 사악을 물리치는 통일적인 의식으로 풀이하고 있다.

양심의 자유란 자기의 양심에 따르는 신념이나 행동이 외적인 압박에 굴복되지 않고 자기의 양심에 따라 행동하는 자유를 말한다.

(2) 양심의 자유 의의

하나님만이 양심의 주재가 되신다. 그러므로 하나님 외에는 어느 누구도 개인의 양심을 속박하거나 강제로 억압할 수가 없는 것이다. 장로회 정치가 개교회와 노회, 대회, 총회를 다스리는 법규를 제정함에 있어 개인의 양심을 억압하는 것이 아니다. 다만 하나님의 형상을 닮은 개인의 양심의 자유를 존중하는 원리이기에 그 주권은 하나님께 있는 것이라 할지라도 개인의 양심을 존중하는 것이 대의 민주주의 제도라 하는 것이다(정문 1문답). '만국 장로회 정치문답조례 책을 참고 서로 쓰기로 1919년 제8회 총회 결의'를 하였다.

(3) 신앙의 자유

이 양심의 자유는 신앙 양심의 자유를 의미한다. 신앙의 자유란 국가에서나 교회에서나 합법적인 권세나 행사에 저항하는 것을 의미하지 않는다(롬 13:1, 정문 2문답). 어느 교회나 교단의 예배 의식이나 규범을 이행하지 않고 자기 개인의 양심을 따라 신앙 생활한다고 고집하는 것도 신앙 양심의 자유가 아니다(정문 2문답).

☞ 웨스트민스터 헌법을 기본으로 제정된 한국 장로교회는 1905년 대한예수교장로회 규칙이란 이름으로 제정되었던 원 헌법은 불과 4조 세칙으로 이루어져 헌법으로서의 체제를 온전히 갖추었다고 할 수 없다 하겠고 사실상의 원 헌법으로 보아야 할 1922년판 이래로 이 원리는 꾸준히 8개조로 규정해 왔다.

이 원리들이 성경에서 나왔고 이 원리에 맞추어 헌법의 온갖 장과 조문이 나왔으니 8개조의 원리야말로 온갖 헌법을 한데 묶어 놓은 큰 묶음으로 보아도 무방할 것이다.

그리고 이 원리는 웨스트민스터 신도게요 제20장 2항에서 인용된 양심 자유 원리 외에는 1788년 미국의 뉴욕대회가 제정하였다고 하니 결국 모든 원리가 이 양심 자유 원리에서 파생되었다고 보아도 무방할 것으로 여겨진다.

성경의 교훈은 내 마음에 맞든지 맞지 않든지 완전히 순복함이 신앙 자유요 양심 자유이며, 성경이 말하지 아니한 일에 대하여는 그것이 설혹 신앙과 예배 등 종교 관계라 할지라도 각기 자기 양심대로 판단하는 것이 신앙의 자유요 양심 자유라 함이다.

헌법이 말하는 양심 자유는 중생된 신자의 성경적 양심을 가리킨다. 즉 성도들이 아무에게도 속박을 받지 않고 의와 진리의 거룩함으로 지으심을 받은 새사람의 양심대로 판단할 자유, 이것이 장로교 정치의 제1원리가 된다고 하는 것이다. 중생된 하나님의 자녀들의 양심의 자유가 성경 교훈에 대하여는 싫어도 복종하는 것이요, 성경 교훈에 복종하지 아니하면 필경 죽을 수밖에 없다. 예수님은 "진리가 너희를 자유케 하리라"고 하심으로 생명에 이르는 자유가 무엇임을 가르치셨다. 그러나 성경이 말하지 아니하는 문제에 대하여서는 범죄가 되지 않는 한 제 마음대로 하는 것이 양심의 자유이다.

☞ 교회정치문답조례는 두 개 문답으로 나누어 풀이하고 있다.

＊ 정문 1문 : 장로회 정치의 제1원리가 무엇이냐?

답 : 장로회 정치의 제1원리는 양심과 자유이니 "하나님만이 양심의 주재가 되사, 신앙과 예배에 관한 사건에 있어서 성경을 어기거나, 그 말씀에서 벗어나는 것은 무엇이든지 인간적인 교리와 계명으로부터 사람의 양심을 자유하게 하셨다"(Confession of Faith 20:2, 21:1).

＊ 정문 2문 : 신앙의 자유가 무엇이냐?

답 : 신앙의 자유란 국가에서나 교회에서나 합법적인 권세나 합법적인 행사에 저항하는 것이 아닌즉 이와 같은 저항은 곧 하나님의 율례에 저항하는 소행이요 신앙의 자유가 아니며, 또 신앙과 예배와 교제에 대하여 본성의 빛과 혹은 잘 알려진 기독교 신앙 원리에 대하여 반대하는 사상을 가지는 것과 또한 그런 발표를 하는 것도 신앙의 자유가 아니다. 신앙의 자유란 본성의 빛과 계시로 나타내신 하나님의 거룩하신 뜻을 타인의 구속을 받지 아니하고 완전히 복종하는 것이다.

모든 사람이 성경을 학습하며 그 참뜻을 헤아릴 당연한 의무가 있음에도 불구하고 로마 교회에서는 직원 된 자만 성경을 해석할 권한이 있고 평신도에게는 없다고 부당한 주장을 한다. 성경에 가르친 바와 같이 모든 신자가 제각기 모든 영들을 시험하여 하나님께 속하지 아니하였으면 사도나 하늘로부터 온 천사라도 배척하라고 하셨으니 남의 해석만 생각 없이 받는 것은 합당치 아니하다.

하나님이 분별권을 개인에게 주셨으니 믿는 도리에 대하여 분별하는 것도 스스로 함이 옳다. 그리고 어떤 종교든지 관리의 특별한 돌봄이나 보조를 구하지 말고 국가가 보호하든지 금하든지 하지 않는 것만을 다행스럽게 여겨야 한다. 교회 정치에 말하기를 국가가 보호하는 것 외에 우리를 타 종교와 동일시하는 것이 좋다고 하였다.

2. 교회 자유

二, 敎會(교회)의 自由權(자유권) (1922年版)

前條(전조)에 說明(설명)혼바 個人(개인)의 自由權(자유권)과 又(갓)치 何(어느)敎派(교파), 何(어느)敎會(교회)를 勿論(물론)ᄒ고 各其敎人(각기교인)의 入會規則(입회규칙)과 會員及(회원)(과) 任員(임원)의 資格(자격)과 敎會(교회)內一切制度(내일절제도)를 예수 基督(그리스도)의 定(정)ᄒ신바대로 自主(ᄌ유)設定權(설정권)이 잇ᄂ니라

右權(우권)을 使用(사용)ᄒᆯ 際(제)(때)에 制定(제정)혼바 規則(규칙)이 太嚴(태엄)(너무엄)ᄒ거나 太歇(태헐)너무헐)ᄒ게 되ᄂ 失誤(실오)(실슈)가 或(혹)잇슬지라도 如斯(여사) (이갓)혼 失誤(실오)(실슈)ᄂ 他人(타인)의 自由(자유)나 權利(권리)를 侵害(침해)ᄒᄂ거시아니오 오직 自己(자기)의 權利(권리)를 誤用(오용)뿐(잘못쓰ᄂ것)이니라

제2조 : 교회 자유

1. 전조(前條)에 설명한바 개인 자유의 일례(一例)로 어느 교파 어느 교회든지 각기 교인의 입회 규칙과 입교인 및 직원의 자격과 교회 정치의 일체(一切) 조직을 예수 그리스도의 정하신 대로 설정

(設定)할 자유권이 있다.

2. 교회는 국가의 세력을 의지하지 아니하고 오직 국가에서 각 종교의 종교적 기관을 안전 보장하며 동일시(同一視)함을 바라는 것뿐이다.

장로회 정치의 제2원리인 교회 자유에 대한 규례이니 요약하면,

(1) 어느 교회 어느 교파를 막론하고 예수 그리스도께서 가르치신 대로 교회 설립의 원리들과 각자 독립하여 입회하는 규칙과, 회원과 임원 자격과 교회 내의 일체의 정치법을 설정할 자유가 있다.

(2) 어느 개인 누구든지 그 교회에 등록을 하지 않으면 그 교회와 관계가 없으나 그러나 일단 등록을 한 다음에는 그 교회의 법규를 따라 치리법에 순종하여야 한다. 그러나 한 교회가 하는 모든 제도나 의식이 마음에 들지 않고 양심에 거리끼는 일이 있으면 교회에 대하여 권고할 것이요, 권고를 듣지 아니하면 자기 한 사람만 떠날 것이요, 교회를 선동하고 이탈하여 교회를 설립하는 것은 본 원리에 맞지 않는 것이다.

(3) 교회의 영적인 사항에 대하여 국가가 간섭해도 안 되고 교회도 또한 정부의 힘을 사용하면 안 된다. 이 독립의 개념은 신자(혹은 교회)가 국가에 대하여 국민으로서의 책임을 이행하지 않아도 된다는 것이 아니라, 다만 국가나 교회가 누릴 각 분야의 주권은 하나님께서 주신 권리인 만큼 피차 존중해야 된다는 것이다. 예수님께서 말씀하신 바대로 영적 나라(교회)와 세속 국가는 서로 독립되어 있는 것이다(마 22:21, 요 18:36, 정문 3문답).

☞ 양심의 자유는 필연적으로 교회 자유를 산출한다. 왜냐하면 교회란 바로 양심 자유를 지닌 개인들의 무리가 되기 때문이다. 양심의 자유는 개인적인 자유요, 교회 자유는 교인의 무리 즉 단체적인 자유로 이해해야 한다. 이 자유를 구체적으로 표시한다고 하면 교회를 설립하는 자유로부터 시작하여 설립된 교회가 교회적으로 누려야 할 일체의 자유이니 곧 교인의 입회 규칙 및 직원의 자격과 교회 정치의 일체 조직을 가리킨다.

양심 자유와 교회 자유는 본질적인 의미에서는 똑같은 하나요, 아무런 차이도 없다. 그러나 공동생활로 말미암는 필연적인 제약은 오히려 성경 교훈에 일치한다. 그러나 이 같은 침해는 침해라기보다는 오히려 교회 공동생활을 위해서 지켜나가야 할 마땅한 질서이다.

진정한 자유의 본질은 내 자유를 위해 남의 자유를 침해하는 것이 아니고 그와는 정반대로 공공복리와 질서 유지를 위해서는 내 자유를 제약하거나 절제하거나 포기할 줄 아는 자유를 가리킨다고 하는 말이다.

그리고 교회 자유 원리는 결코 독립 교회 주의를 가리키는 것이 아니다. 자기 교회 문제라고 할지라도 입회 규칙과 정치 조직에 따라 하회의 결정을 상회가 교정하거나 마땅히 처리해야 할 문제를 하회가 고의로 기피할 때에 관계 절차를 따라 상회가 직결하는 것은 교회 자유 원리를 어기는 것처럼 잘못 생각하기 쉬우나 이것이야말로 진정한 교회 자유 원리에 의한 자유권 행사요 그 침해가 아니다.

또 교회 자유 원리는 국가 권력으로부터의 자유를 선언한다. 오늘날 이 세상 나라의 국헌들은 거의 모두가 종교 자유와 정교 분리의 원칙을 규정한다. 대한민국 헌법도 역시 같다. 사회나 국가 생활에는 정치나 경제 또는 종교나 문화 기타 모든 분야가 존재한다. 그렇기 때문에 정치 생활이 전부가 아닌 것처럼 종교 생활도 전부일 수가 없으며 경제 기타 문화적 모든 생활도 제각기 그 일부에 불과하다.

그러므로 이 세상에 존재하는 교회가 정치권 밖으로 벗어날 수가 없으며 국가와 교회가 누릴 주권은 제각기 하나님께서 부여하신즉, 이 둘은 피차 하나님의 뜻을 받들어 그 주권을 행사하는 일에 원칙적으로 피차 간섭할 수 없으므로 국가의 통치를 교회가 간섭하지 못하며 교회 통치를 국가가 간섭하지 못한다. 그런데 문제는 교회가 국가의 안전 보장을 해치거나 공공복리와 여러 가지 아름다운 풍속에 비추어 아무런 잘못이 없음에도 불구하고 국가 권력이 교회를 침해하는 경우이다.

교회가 국가 권력에 항거해야 할 경우는 오직 한 가지 바로 이런 경우뿐이다. 위정자나 백성들이 부패하였으면 이를 경책해야 할 책임이 교회에 있다. 그럴지언정 교회가 정치를 대행할 수는 없다. 경책해도 회개치 아니하면 하나님이 벌하시려니와 하나님이 세상 나라를 통치하게 하시려고 세우신 자들에게 순복하며 저들을 존귀하게 여겨야 한다.

☞ 정치문답조례는 이 원리를 아래와 같이 설명하고 있다.

＊ 정문 3문 : 장로회 정치의 제2원리가 무엇인가?

답 : 장로회 정치의 제2원리는 교회 설립에 관한 규례니 어느 교회 어느 교파를 가리지 아니하고 마땅히 각자 독립하여 입회하는 규칙과 회원과 임원 자격과, 교회 내의 일체 제도를 예수께서 정

하신 바대로 설정하는 권은 그 회가 스스로 주장하여야 한다.

본장 제9, 10문답을 본즉 직원이 순복하여 받을 조건과 평교인이 순복하여 받을 조건이 같지 아니하니, 교리에 대한 신앙점이 다른 교인과 같지 않을지라도 동일한 교회의 회원이 될 수 있다 (Presbyterian Digest p.307).

＊ 정문 4문 : 교회가 이 권리 행사에 과오가 있느냐?

답 : 교회가 이 권리를 가지고서 교회법을 제정하는 일에 너무 엄하거나 혹은 너무 경하게 하는 잘못이 있을지라도 이는 남의 자유와 권리를 침해한 것이 아니요 교회들이 그 자체의 권리를 오용한 것뿐이다.

3. 교회의 직원과 그 책임

三, 敎會의 職員과 其(그)責任 (1922年版)

敎會의 首(머리)되신 主耶蘇께셔 其體(그몸)된 敎會에 健德(덕세우)기 爲ᄒ야 職員을 設立ᄒ샤 但(다만)福音을 傳播ᄒ며 聖禮를 設行케ᄒ실 뿐아니라 信徒로 ᄒ야곰 眞理와 本分을 遵守케ᄒ도록 治理케ᄒ신거시니라 所以(이럼으)로 敎友中信仰(밋음)에 詐僞(거짓)된 者와 行爲에 惡ᄒ者가 잇스면 敎會를 代表ᄒ 職員과 全敎會가 當然히 責(징칙)ᄒ거나 黜敎홀것시니라 그러나 恒常聖經에 所訓法例(ᄀᄅ친바 법례)대로 行홀거시니라

제3조 : 교회의 직원과 그 책임

교회의 머리되신 주 예수 그리스도께서 그 지체된 교회에 덕을 세우기 위하여 직원을 설치(設置)하사 다만 복음을 전파하며 성례를 시행하게 하실 뿐 아니라, 신도로 진리와 본분을 준수하도록 관리(管理)하게 하신 것이라.

이러므로 교우 중에 거짓 도리를 신앙하는 자와 행위가 악한 자가 있으면 교회를 대표한 직원과 치리회가 당연히 책망하거나 출교할 것이라. 그러나 항상 성경에 교훈한 법례(法例)대로 행한다.

☞ 예수께서 직원을 세우신 것은 주께서 저들에게 ① 복음을 전파하게 하며 ② 성례를 관리케 하며 ③ 성도들로 하여금 진리와 본분을 수호하는 역군으로 훈련시켜 교회에 덕을 세우도록 하는 신령한 직책을 맡겨 일하게 하려 하심이었으니 현대 교회 직원들도 동일한 직책을 수행케 하려는 목적에서 직원을 세운다.

구약 시대에는 3대 직무를 세울 때 기름을 부어 세웠는데 그후 이 3대 직무는 예수님께서 홀로 담당하셨고 사도들에게 이어졌다가 지금은 안수 임직하는 세 가지 직분인, 가르치는 일과 다스리는 일을 함께 맡은 목사와 다스리는 일만을 담당하는 장로인 치리 장로와 구제와 봉사 등 섬기는 일을 위해 세우는 집사가 담당한다.

교회가 교회되기 위해서 즉 하나님이 세우신 교회가 하나님의 바라시는 교회를 위하여 정치가 필요하고 교회가 교회다운 교회가 되기 위해서 사도와 선지자와 복음 전하는 자와 목사와 교사를 세우셨다(엡 4:11~12).

그리고 몸은 하나이나 여러 지체가 있는 것처럼 교회를 든든히 세우기 위하여 여러 가지 직분을 주셨다. 그러므로 사도와 선지자, 교사뿐 아니라 능력과 병 고치는 은사, 서로 돕는 것과 다스리는 것 등을 주셨다.

그러나 모든 성도가 다 사도가 되거나 선지자가 될 수는 없는 것이다. 뿐만 아니라 교회의 직분은 어느 개인에게 특권을 주어서 개인의 유익을 도모하기 위하거나 그 사람의 명예를 위한 것이 결코 아니고 교회의 유익을 위하고 오직 충성하기 위해서 직분을 주는 것이다.

이 직무는 일반 성도들에게도 똑같이 주어진 직책임에 틀림없다. 다만 성직자들에게는 일반 성도들보다 더욱 특수한 분량의 은사로 말미암아 일반 성도들보다 더욱 큰 분량의 직책을 수행할 자로 세움을 받은 것이 다를 뿐이다(고전 12:7, 28~31).

그러므로 교회 직원들은 이 신령한 직책을 통하여 교회에 덕을 세우지 아니하고 건덕을 훼상하는 자와, 진리를 사수하기 위해서는 이단 사상을 추종하거나 교회의 신성과 질서를 파괴하며 그 권위를 훼상하는 자와 말씀을 거역하고 악행 하는 자가 나타날 때는 주의 뜻을 받들어 그 법례대로 견책하거나 징계하거나 출교하되 마땅히 교회의 머리가 되신 예수 그리스도의 이름과 그 직권을 좇아 행하여야 하는데 직원들은 다만 주의 뜻을 수행하는 그의 종에 불과하기 때문이다(정문 5, 6문답).

＊ 정문 5문 : 장로회 정치의 제3원리가 무엇이냐?

답 : 장로회 정치의 제3원리는 직원과 그 직책이니, 우리의 복되신 구주께서 그의 몸 된 보이는 교회에 덕을 세우기 위하여 직원을 세우셨는데, 다만 복음을 전하는 일과, 성례 관리만이 아니라, 진리와 본분을 수호하는 훈련을 시행하기 위해서 세웠다.

＊ 정문 6문 : 직원의 직책이 무엇이냐?

답 : 직원의 직책은 예수께서 지정하신 것인데, 복음을 전하는 것과, 성례를 관리하는 것과 권징 하는 것이다. 저들은 견책을 행하든지, 거짓되거나 악한 자를 징출하든지, 주의 이름으로 행하며, 모든 경우에서 성경의 법례대로 하여야 한다.

그리고 이 권세는 직원들과 전체 교회에 지워진 의무이다. 이 권세는 오직 그의 명하신바 그의 법을 적용하며 그리스도께서 보이신 바대로 대언하며 선포하는 것뿐이다.

4. 진리와 행위와의 관계 원리

四, 眞理와 行爲의 關係 (1922年版)
　眞理는 善行의 根源이 되느니 眞理되는 證據는 人(사람)으로 하야곰 聖潔케 하는거시니 主께서 들(말슴)하샤되 其(그)果實노 其樹(그나무)를 안다하심과 ス흐니라
眞理와 虛誕한거시 同等이라하는것과 人(사람)의 信仰이 如何하던지 無關하다하는 此(이)二言(두말)보다 더 悖理하고 더 害로온거시업느니라 信仰(밋음)과 行爲가 相連(서로연)한거시오 眞理와 本分이 相繫(서로피)인거시니 相離(서로떠나지)못홀거시라 若不然(만일그러치아니)하면 眞理를 硏究하거나 堅守홀 必要가 업느니라

제4조 : 진리와 행위의 관계

진리는 선행의 기초라 진리가 진리 되는 증거는 사람으로 성결하게 하는 경향(傾向)에 있으니 주 말씀하시되 '과실로 그 나무를 안다' 하심과 같으니 진리와 허위(虛僞)가 동일(同一)하며, 사람의 신앙이 어떠하든지 관계없다 하는 이 말보다 더 패리(悖理)하고 더 해로운 것은 없다. 신앙과 행위는 연락하고 진리와 본분은 서로 결탁(結託)되어 나누지 못할 것이니 그렇지 아니하면 진리를 연구하거나 선택할 필요가 없다.

☞ 장로회 정치 제4원리는 진리와 행위의 관계에 대한 규례이다. 진리는 반드시 선행의 열매가 맺히게 되니 선행의 열매가 맺히지 아니하는 진리는 진리가 아니요 또한 진리로 말미암지 아니하는 선행은 결국 하나님 앞에서 선행이라 할 수가 없을 것이다.

이로써 장로회 정치는 진리를 빙자하고 감행되는 온갖 악행을 배제하며 선행을 빙자하는 온갖 비진리를 함께 배제한다. 신앙과 행위는 진리의 양면인즉 별개의 것일 수가 없으며 서로 분리치 못할 이유가 바로 여기에 있다 함이다.

오늘날 인본주의자나 자유주의 신봉자나 상황 윤리를 주창하는 자들은 진리는 진리일 뿐이고 실제 행위는 그냥 행위일 뿐이라고 믿고 있다. 그러나 주님께서 말씀하신 대로 "그 열매로 보아 그 나무를 안다"고 하셨는데 그러한 의미에서 진리는 선행의 근본이 되고 선행은 진리의 열매와 증거이다. 그러므로 신앙과 행위가 서로 연결되는 것이요 진리와 그 본분이 서로 연결된 것이니 서로 분간치 못할 관계가 있다. 그렇지 않으면 진리를 연구하며 굳게 지킬 유익이 하나도 없을 것이다.

＊ 정문 7문 : 장로회 정치의 제4원리가 무엇이냐?

　답 : 장로회 정치의 제4원리는 진리와 행위와의 관계인데, 진리는
　　선하게 하는 것이요, 진리의 증거는 사람을 성결하게 하는 것이
　　니, 주께서 말씀하시기를 "그 열매로 그 나무를 안다" 하심과 같
　　다. 진리는 선행의 근본이 되고 선행은 진리의 열매와 증거이니
　　진리와 거짓이 같은 평면에 있다는 것과, '사람의 중심 사상이
　　어떠한 것으로 말미암는 결과가 아니라' 는 표현보다 더 악하고
　　어리석은 것은 없다. 신앙과 행위 및 진리와 본분은 분리할 수
　　없을 만큼 연결된 것이요, 만일 그렇지 아니하면 진리를 연구하
　　며 굳게 지킬 유익이 하나도 없다.

5. 직원의 자격

五, 職員과 資格 (1922年版)
　　前條에 言(말슴)혼바 第四의 原理를 因ㅎ야 敎會가 當然(맛당)히
規則을 制定ㅎ야 職員될 者를 選定홀 時(때)에 敎會의 道理를 完全
히 信服ㅎ는 者를 擇ㅎ도록 홀거시라 그러나 眞理와 敎規를 議論ㅎ
는 者가 다又치 性稟과 主義가 善혼人(사름)이라도 意見이 或時不合
ㅎ게 될수잇느니 然則此等事(그러한즉 이러한일)에 對ㅎ야 諸敎友(모든
교우)와 敎會가 맛당히 彼此容忍ㅎ는거시 可ㅎ니라

제5조 : 직원의 자격

제4조의 원리에 의지하여 교회가 당연히 직원을 선정하되 교회의 도리를 완전히 신복(信服)하는 자로 선택하도록 규칙을 제정(制定)할 것이다.

그러나 성격(性格)과 주의(主義)가 다 같이 선한 자라도 진리와 교규(敎規)에 대한 의견(意見)이 불합할 수 있다. 이런 경우에는 일반 교우와 교회가 서로 용납하여야 한다.

☞ 장로회 정치의 제5원리인 직원의 자격에 대한 규례이다.

(1) 교회 직원의 자격에 대한 직접적인 성경 교훈은 딤전 3:1~13, 딛 1:5~9에 기록되고 있다. 사리를 따라서 헤아린다고 하면 교회 직원이 되려고 할 때는 우선 입교인이어야 하며 주님께 대한 신앙을 고백한 자를 입회시켜야 한다 함은 두말할 필요가 없다.

(2) 주님께 대한 신앙과 사랑과 순복을 고백하는 자는 모두 입회해야 할 것은, 저희가 진실한 그리스도의 제자들이요 사랑의 심판을 받을 것이기 때문이다. 이런 자들을 입회케 한 후에는 교회의 교리로 가르쳐야 한다(롬 14:5, 정문 9문답).

(3) 교회의 직원들은 교회의 도리와 헌법에 대하여 완전히 신복해야 한다(정문 10문답). 성경은 처음 입교한 자도 세우지 말 것은, 그리하면 그가 교만해져서 마귀의 올무에 빠지기 쉽겠기 때문이라고 하였다. 그 다음은 헌법의 규정을 좇아 장로교회의 교리 신조대로 믿고 직원으로서 마땅히 행하여야 도리와 본분에 대한 임직 서약

을 지켜 충성할 자여야 한다.

즉, 신구약 성경은 하나님의 말씀이요, 또한 신앙과 본분에 대하여 정확 무오한 유일의 법칙으로 믿는 전통적인 성경관으로부터 시작하여 제각기 교단들이 채택하고 있는 교리와 신조만이 아니라 정치, 권징 조례, 예배 모범을 정당한 것으로 시인하는 믿음이 있어야 하고, 세움을 받는 지교회의 연합과 화평과 성결함을 위하여 힘쓸 것과, 맡은 직분에 관한 범사를 힘써 행하겠다는 서약을 하고 지켜 나아갈 수 있는 자, 그가 바로 교회 직원의 자격을 갖춘 자이다.

＊ 정문 8문 : 장로회 정치의 제5원리가 무엇이냐?

　　답 : 장로회 정치의 제5원리는 직원 자격에 관한 규례이니, 좋은 성품과 원리를 따르면서도 진리의 규칙에 대해서는 그 의견이 달라질 수가 있으므로 서로 관용하라는 원리이다. 그런즉 모든 교인과 교회가 마땅히 범사에 서로 용서하며 인내하는 것이 옳고, 그 조건과 방침은 아래와 같다.

　　　① 그 사람의 신앙과 교회적 성질과 남과의 관계를 높이 평가할 것(막 9:38~40, 롬 14:1~23)

　　　② 주님의 도리를 오래 참으면서 더욱 완전하게 가르칠 것

　　　③ 진리를 수호하며, 또한 실천할 것

　　　④ 자기가 무흠할 것과 남을 판단하지 말 것 등이다(갈 2:3~5, 롬 14:1~23, 고전 10:32, 정문 8문답).

＊ 정문 9문 : 장로회의 표준 교리에 대한 이견이 불일치 한 자를 교회

가 받아 입회케 할 수 있느냐?

답 : 주님께 대한 신앙과 순복을 고백하는 자는 모두 입회케 할 것
은, 저희가 진실한 그리스도의 제자들이요 사랑의 심판을 받을
자이기 때문이다. 이런 자들을 입회케 한 후에는 그 교회의 교리
로 가르쳐야 한다(렘 14:5, Presbyterian Digest p.307).

6. 직원 선거권

六, 職員의 選擧權 (1922年版)

教會職員의 品行과 資格과 權限과 選擧ᄒᄂᆫ것과 委任ᄒᄂᆫ 規例ᄂᆫ
聖經에 載在(기록)ᄒ엿스나 何會(어ᄂᆫ회)에셔던지 其(그)職員을 選定ᄒ
ᄂᆫ 權은 該(그)會에 잇ᄂᆫ니라

제6조 : 직원 선거권

교회 직원의 성격과 자격과 권한과 선거와 위임하는 규례는 성경에
기록되었으니 어느 회에서든지 그 직원을 선정하는 권한은 그 회에 있
다.

☞ 장로회 정치의 제6원리는 직원 선거권에 관한 규례이다.

(1) 어느 교회든지 그 교회의 직원을 선거하는 권은(선거권이나 피선
거권) 그 회에 있는 것이다(정문 11문답).

대의 민주주의 원리를 채용하는 장로교의 모든 선거는 회원이 무

기명 투표로 선거함이 양심의 자유와 교회의 자유에 모순됨이 없다(정치 제13장, 헌규 제7조).

(2) 교회 안에 어떤 직임을 투표할 것인가?

교회의 요긴한 직임은 목사, 장로, 집사, 권사인데 그 직임의 성질과 자격과 권한과 선거하는 것과 위임하는 규례는 성경에 기록하였으니 교회를 관리하는 직임을 선거하는 권은 그 교회의 입교인에게만 있다(정문 12문답).

교회 직원은 교회가 자율적으로 선거한다. 그리고 교회의 구성 요원인 지교회 입교인들이 선거하거나 혹은 저희가 뽑아 세운 목사와 장로로 구성되는 치리회에 의해서 선임되기도 한다.

열두 제자는 예수님께서 직접 선임하셨고 맛디아는 교인들의 천거를 거쳐서 선택되었으며 일곱 집사 역시 교인들로 선택하게 되었다. 즉 교회가 교회 직원을 자율적으로 선거하는 일은 성경 교훈이라고 하는 말이다.

또 교회가 이처럼 자율적으로 선거할 수밖에 없는 것은 장로회 정치의 제2원리인 교회 자유 원리의 규정 때문이요, 이것은 또한 나를 다스리거나 대표할 교회 직원을 교인들 각자가 자기 양심 판단에 의해 선택하는 일이 않고서는 양심 자유 원리에 의합한 방도가 있을 수 없기 때문이다.

노회권의 대표이기도 한 당회장은 혹시 공동의회의 결의에 의하지 않고(미조직 교회 혹은 시무 목사의 경우) 노회가 자의로 당회장을 파송할 수가 있어도, 교인의 대표자인 장로는 결코 그럴 수 없다.

어떤 교회에 사고가 있을 때에 해 당회의 능력으로 사건을 해결하기가 어렵다고 할 때에도 노회가 해 교회 수습을 위해 노회를 대표하는 위원을 파송할 수는 있어도 그 당회에 보조 당회원을 파송하지는 못한다.

왜냐하면 만일 그렇게 되면 첫째로, 교회 자유 원리에 위배된다. 내 교회 직원을 내 교회 아닌 다른 회에서 뽑을 수 없기 때문이다. 둘째로, 양심 자유 원리에도 위배된다. 나를 대표하거나 나를 다스릴 자를 내 양심 판단과 상관없이 남이 보냈기 때문이고 셋째는, 어느 교회에서든지 그 직원을 선정하는 권은 그 회에 있다는 직원 선거권 원리에도 위배되기 때문이다.

＊ 정문 11문 : 장로회 정치의 제6원리가 무엇이냐?

　　답 : 장로회 정치의 제6원리는 직원 선거권 규례이니 어느 회든지 그 회의 직원 선거권을 행사하는 권한은 각각 그 회에 있다.

＊ 정문 12문 : 교회에 어떤 직원을 둘 것이냐?

　　답 : 교회에 긴요한 직원은 목사, 치리 장로, 집사요, 그 직분의 성격과 자격과 권한은 성경에 기록되었는데, 임직하는 합당한 규례와 근본 원리도 같이 기록되었다.

7. 치 리 권

제7조 : 치리권

치리권은 치리회로나 그 택해 세운 대표자로 행사함을 묻지 않고 하나님의 명령대로 준봉 전달(遵奉傳達)하는 것뿐이다. 대개 성경은 신앙과 행위에 대한 유일한 법칙인즉, 어느 교파의 치리회든지 회원의 양심을 속박할 규칙을 자의(自意)로 제정할 권리가 없고 오직 하나님의 계시하신 뜻에 기인(基因)한다.

☞ 장로회 정치의 제7원리인 치리권에 대한 규례이다.

이 치리권이란 교회 통치권을 가리키는 말이다. 주께서 분부하신 "내 양을 먹이라"가 말씀의 직무요 교리권 혹 교훈권을 가리킨다고 하면, "내 양을 치라" 하신 분부는 양떼를 다스리는 직무요 혹 교회가 가지는 치리권을 가리키는 것이라고 하겠다.

치리권이 무엇이냐 하는 문제에 대하여 학자에 따라 그 견해가 조금씩 다르다. 그러나 보편적으로 치리권을 가리켜 교회의 신성 유지권이라 혹은 질서 유지권이라고 한다. 또한 조금 더 실제적으로 말하자면 교회의 행정권과 재판권이라고 볼 수 있다. 우리 하나님께서는 교회의 부패와 이단을 방지하고 그의 신성을 유지하기 위해서는 재판을 통한 징계를 하도록 허락하셨다. 그러나 이 일을 국가의 법원이나 사법 당국에 맡기지 않고 어디까지나 교회와 성도의 문제는 교회 치리권에 맡기셨다(고전 6:1~8).

그러나 교회나 노회, 대회나 총회에서 치리권을 행사하는 자들이라도 어떤 감정이나 편견에 의해 오판함으로 개인의 인권을 유린하는 과오를 범할 수 있다. 그러므로 성도를 재판함에 있어 정확 무오한 법칙은 오직 성경뿐이다.

그러므로 교회법은 어디까지나 성경에 근거할 것이요, 성경보다 더 엄준하게 하는 일도 이 원리에 위배되는 것이 되고 경미하게 하는 일도 역시 마찬가지이다. 실제에 있어서 하나님의 말씀에 의지하지 않고서는 교회 신성을 유지할 방도가 있을 수 없으며 주께서 세워 주신 법도를 떠나서 다른 방도를 가지고 하는 일은 교회 질서를 바로잡는 것이 아니라 오히려 이를 허물고 파괴하는 결과가 될 뿐이다. 그래서 치리권을 행사하는 자는 그 법이 하나님의 계시의 말씀에 적합한가를 살펴보고 삼가 그 명령을 받들어 시행하는 하나님의 사신의 사명을 완수

해야 하되 다음의 사항을 유념해야 한다.

(1) 치리권 행사자는 오직 주의 뜻을 받드는 종으로 그 뜻을 선언하는 것뿐임을 명심하라. 어느 교회 치리회든지 치리권을 가지고 회원의 양심을 속박할 법을 만드는 구실을 삼지 말고 하나님의 계시하신 뜻을 기초로 삼아야 한다(정문 13문답).

(2) 모든 치리권자가 인간의 약점이 있으므로 과오를 범하기 쉽다. 그러므로 각 치리회가 회원의 권리를 빼앗기 위해 법을 제정하지 말아야 하고 이미 있는 법을 잘못 판단하거나 잘못 해석하지 않도록 유의해야 한다(정문 14문답).

8. 권 징

八, 勸懲
前記七條의 原理에 依(의지)ᄒ야 敎會가 盡力ᄒ야 法規대로 遵守ᄒ면 敎會의 榮光과 安樂을 增進ᄒ게 ᄒᄂ거시라 敎會의 勸懲은 道德上神靈上施罰이오 國法上施罰이 아닌즉 其(그)效力은 政治의 公正과 衆人의 公認과 萬國敎會의 首(머리)되신 救主의 眷顧와 恩寵에 잇ᄂ니라

제8조 : 권징

교회가 이상(以上) 각 조의 원리를 힘써 지키면 교회의 영광과 복을 증진(增進)할 것이니 교회의 권징은 도덕상과 신령상의 것이요, 국법상

의 시벌(施罰)이 아닌즉, 그 효력(效力)은 정치의 공정(公正)과 모든 사람의 공인(公認)과 만국 교회의 머리되신 구주의 권고와 은총에 있다.

☞ 장로회 정치의 제8원리는 권징 하는 일에 대한 규례이다.

치리권을 가지고 교회를 다스리려고 하면 교회 신성을 더럽히는 자와 거룩한 질서를 파괴하는 등 악행 하는 자를 직면하게 되고, 저들을 바로 잡고 교회 신성과 질서를 유지하고자 하면 저들에게 타일러도 듣지 않을 때는 매를 들 수밖에 없는 경우도 만나게 된다. 이처럼 치리권은 마땅히 권징권을 수반하게 된다고 하는 말이다.

교회의 권징은 어디까지나 도덕상과 신령상의 것이니 성질상 형벌이라기보다는 잘못을 바로 잡는 교정이요, 양육이요, 연단의 과정으로 보는 것이 정당하다고 하겠다. 이러한 권징 하는 일이 없다고 하면 결국 교회를 돌보지 않는 것이 되고 병들었거나 길을 잃었는데도 거들떠보지도 않는다는 실제적인 증거가 된다. 이런 상황을 방치하는 교회가 있다면 교회의 영광과 복락을 증진케 하고 교회가 건강하게 성장하여 하나님께 영화롭게 하는 교회 부흥의 방도가 바로 권징이라는 사실을 명심하고 근실하게 시행하여야 한다.

권징의 효과를 거두기 위해서는 권징권 행사가 당사자나 제3자에게 다 같이 공정하다고 시인할 수밖에 없도록 공평해야만 하겠고, 교회의 머리되시는 예수 그리스도의 돌보심과 그 은총에 달렸다고 할 것이다.

그리고 권징에 순복하지 않으면 세상 법처럼 감옥에 가두는 것이 아니기 때문에 주께 내어 맡기고 기도하는 수밖에 별 도리가 없으며 권징 후에 계속해서 행악한다고 하면 더욱 그러하다. 불공평한 판단이 회개할 마음을 오히려 강팍하게 하는 구실이 될 수 있으니 얼마나 두려운 결과인 것인가를 명심하고 공평한 판단을 기해야 할 것이다.

교회의 참 표지(標識)는 첫째, 말씀을 참되게 전파하고 둘째, 성례를 정당하게 집행하며 셋째, 권징을 신실하게 시행하는 것이다. 그런데 현대 교회가 양적 성장에 치중하면서 권징을 신실하게 시행하지 않으므로 교회의 거룩성이 훼손되어 가고 있다. 권징에 대한 목적은 권징 조례 제1장 제2조에 준한다(정문 15문답).

* 정문 15문 : 장로회 정치의 제8원리가 무엇이냐?

답 : 장로회 정치의 제8원리는 권징 하는 일이니 교회가 이 일에 힘을 다하여 엄격히 시행하는 일은 그것이 교회의 영광과 행복에 기여함이 된다. 그리고 교회의 시벌은 어떠한 경우에도 현세적인 효과를 강제로 첨가할 수 없고 순결한 덕과 신령한 것을 목적으로 한다. 그러나 공평한 판단 그것 자체는 세간에 공평하다는 시인과 만국 교회의 머리되신 예수 그리스도의 애고(愛顧, countenance)와 축복을 받는다.

교회의 권징은 국법에 의한 것이 아니요, 신령한 교회법을 적용하는 것이니 소송을 좇아 정확 무오한 하나님의 말씀과 교회의 머리되신 그리스도의 이름으로 시행한다.

그리고 그 목적은 교회의 참 도리를 수호하며, 경건한 생활과 선
행을 권장하며 범죄자를 바로잡는 데에 있다.

제2장 교 회

1. 교회의 정의

이 장에서는 교회에 대한 규범을 설정했다. 정치는 교회를 설립하신 하나님의 영광을 위하고 교회의 질서를 위한 것이다. 그러므로 교회론을 상고해 보도록 한다. 교회란 본래 하나님의 부르심을 받은 집단이다. 하나님은 이 교회를 어떻게 다스리시는가?

第二章 教 會

一, 教會設立 (1922年版)

하ᄂ님께셔 萬國中에셔 大衆(큰무리)을 擇ᄒᄉᆝ 그무리로 ᄒ여곰 永遠토록 無限ᄒ신 恩惠와 知慧를 顯出ᄒ시니 이무리ᄂᆞ 生存ᄒ신 하ᄂ님이 教會요 예수의 肢體요 聖神의 殿이라 前과 至今과 以後에 萬國의 聖徒니 그 名稱은 聖公會니라

제1조 : 교회 설립(設立)

하나님이 만국 중에서 대중(大衆)을 택하사 저희로 영원토록 무한하신 은혜와 지혜를 나타내게 하시나니 저희는 생존(生存)하신 하나님의 교회요, 예수의 몸이요, 성령의 전(殿)이라. 전과 지금과 이후에 만국의 성도니 그 명칭은 거룩한 공회라 한다.

☞ 1922년판 헌법 이래로 조문의 내용은 분명히 교회의 정의를 말하고 있는데 조문의 이름은 교회 설립이라고 되어 이어져 왔다.

(1) 하나님의 교회 창설 사역

영원토록 무한하신 은혜와 지혜를 나타내게 하시려고 만국 중에서 대중을 택하시는 하나님의 주권적인 선택이 곧 교회의 창설 사역이라 함이니 교회의 창설 사역은 하나님에게만 속하는 신성불가침의 사역이다. 이 지혜가 곧 복음의 내용이요 십자가에 못 박혀 죽으시고 다시 사신 예수 그리스도를 전파함으로 나타나는 하나님의 지혜를 가리킨다. 성도의 사명은 영원토록 무한하신 은혜를 나타내는 것이다.

(2) 교회의 설립자

교회의 설립자가 누구냐? 할 때는 단연코 모든 이름 위에 뛰어난 이름을 얻으신 하나님의 독생자 예수 그리스도이시다(빌 2:9). 그러나 조금 더 멀리 그 뿌리를 찾아 올라가 보면 사람이 범죄한 후 구속의 허락을 주신 날부터 교회가 설립되어 그동안 여러 가지 모양으로 발전했고 계속하여 오늘에 이른 것이다. 그렇게 교회가 희미한 계시 속에 지내오다가 예수님께서 우리를 대신하여 십자가에 죽으시고 부활하신 후에 성령을 보내심으로 교회를 설립하셨다. 그러므로 그리스도께서는 다시 오실 그날까지 교회의 머리로 계시며 교회를 다스리신다(정문 16~19문답).

(3) 만국 교회가 어떠한 사람들로 설립되었는가?

세계 만국 중에 그리스도의 거룩한 도를 믿고 행하는 온 무리와 그 자녀들이 합하여 한 몸으로서의 교회가 된다. 뿐만 아니라 우리 주 예수께서 말씀하신바 예수님의 이름으로 두세 사람이 모여서도 예배드림이 가능하나 교회 설립은 헌법적 규칙 제1조에 의한다(정문 총론 1문답, 20문답).

(4) 교회의 5대 칭호

1) 생존하시는 하나님의 교회

하나님의 영광을 나타내게 하시려고 하나님이 택하신 하나님의 소유이니 오직 하나님이 주관하시는 성도의 회(會)라 하나님의 뜻에 배치되는 아무 권세도 침범을 허락지 아니하신다 함이다.

2) 예수의 몸

택하신 백성들의 공동체, 생명체로 그 다양성, 일치성, 순수성, 신성성(神聖性) 등을 보인다. 한 피 받아 한 몸 이룬 형제요 자매이면서도 교파간, 교단 간은 물론 교단 내의 교회 간에도 서로 화합하지 못하는 일은 심히 안타까운 일이 아닐 수 없다.

3) 생명의 전

영원한 생명을 얻은 하나님의 자녀의 회요, 보다 더 생명의 근원이시요 생명이신 하나님의 전이라 함이다.

4) 전과 지금과 이후의 만국의 성도

창조와 선택은 하나님의 예정이 역사 안에 성취된 결과이다. 하나님의 예정은 이같이 역사화 되고 역사는 자연히 전(과거)과 지금(현재)과 이후(미래)가 있게 마련이다. 이와 같이 시간과 공간에 구애 없이 피택된 만국의 성도의 회를 가리킨다.

5) 거룩한 공회

앞에서 말한 4대 칭호는 교회의 본질을 보이는 칭호요, 거룩한 공회라는 이 칭호는 그 종합이다. 하나님의 선택으로 말미암았으니 거룩한 공회요, 오직 하나님의 무한하신 은혜와 지혜를 나타내는 공회이니 거룩한 공회이다.

이와 같은 교회의 신성성을 외면하고 성속(聖俗)의 분별을 철폐하자는 이른바 세속화 운동은 세상은 본래 속된 것인즉 성속의 철폐가 아니라 그것이 바로 교회의 신성을 파괴하려는 사탄의 잔꾀임을 명심하고 강력히 배격해야 할 것이다.

＊ 정문 16문 : 지상 교회의 설립자가 누구냐?
　　답 : 지상 교회의 설립자는 곧 예수 그리스도요, 모든 이름 위에 뛰
　　　　 어난 이름을 얻으신 분이시다.
＊ 정문 17문 : 여호와의 교회가 언제 성립되었느냐?
　　답 : 아담이 타락한 후 첫 번째로 구속하실 계약을 주신 날부터 교
　　　　 회가 성립되었고(창 3:15, 6:18), 그동안 여러 가지 모양으로 지

냈고, 계속하여 오늘에 이르렀다(행 7:38, 눅 1:68~79, 계 13:8, 요 4:21~26, 출 3:15~16, 민 11:25, 행 14:23, Book of Church Order 2:2).

* 정문 18문 : 예수 그리스도의 교회는 언제 설립하셨느냐?

답 : 십자가에 못 박혀 죽으시고 부활하시고 성령을 보내심으로 교회를 설립하셨다(요 20:21~22, 행 1:8, 3:1~14).

* 정문 19문 : 예수께서 항상 그의 교회의 머리가 되시느냐?

답 : 지금과 영원까지 예수께서 홀로 자기 교회의 머리가 되신다(엡 1:20~22, 시 68:18, 단 7:14).

2. 교회의 구별

二, 敎會의 區別 (1922年版)

敎會에 二個區別(두가지 구별)이 잇스니 보이지 아니ᄒᄂᆫ 敎會와 보이ᄂᆫ 敎會라 不現的敎會(보이지아니ᄒᄂᆫ교회)의 敎人은 하ᄂᆫ님께셔만 아시ᄂᆫ바뿐이오 可現的敎會(보이ᄂᆫ교회)ᄂᆫ 全世界에 設立된바 敎會니 그 敎人은 그리스도人이라 自稱ᄒᆞ고 聖父聖子聖神三位一體되신 하ᄂᆫ님을 恭敬ᄒᆞᄂᆫ 者니라

제2조 : 교회의 구별(區別)

교회에 두 가지 구별이 있으니 유형(有形)한 교회와 무형(無形)한 교회라. 무형한 교회의 교인은 하나님만 아시고 유형한 교회는 온 세계

에 흩어져 있는 교회니 그 교인은 그리스도인이라 칭하고 성부 성자 성령 삼위일체 되신 하나님을 공경하는 자이다.

(1) 교회 구별의 의의

조직 신학에서는 교회의 상징적인 명칭으로 여러 가지 구별을 한다. 즉 천상 교회와 지상 교회, 승리 교회와 전투 교회, 유형 교회와 무형 교회 등으로 나뉘어서 설명하고 있다. 그러나 가장 보편적인 구별은 무형 교회와 유형 교회로 구별하고 있다.

(2) 무형 교회

하나님의 선택으로 말미암아 설립된 하나님의 자녀(피택자)들만의 영적인 회집이니 곧 불가견적인 교회요 무형한 교회이다. 이 무형 교회는 하나님의 의중에만 있고 하나님께서 창세 전부터 그리스도 안에서 예정하시고 선택하신 하나님의 자녀들이 곧 불가견적 교회요, 무형 교회이다.

그런데 사람으로서는 누가 하나님의 택함을 받았는지 단정할 수 없다. 그 교인들을 하나님만이 아신다고 할 것이니 불가견적 교회라고 불리는 이유도 이처럼 하나님의 예정과 선택은 신성불가침의 하나님의 사역이요, 신비로운 사역이기 때문이다.

그리고 또 주 예수께서 말씀하신 바대로 "또 이 우리에 들지 아니한 다른 양들이 내게 있어 내가 인도하여야 할 터이니 그들도 내 음성을 듣고 한 무리가 되어 한 목자에게 있으리라"(요 10:16)고 하신 무형의 교회가 있다. 그런데 이 무형의 교회는 구원이 확보된 교회로 보아야 한다. 다시 말하면 보이지 않는 무형 교회는 머리이신 그리스도 아래 하나로 이미 모였고 지금도 모이고 있으며 장차 모일 택함 받은 자 전체이다(정문 총론 1문답).

(3) 유형 교회

무형 교회 교인이 하나님의 선택으로 말미암은 것처럼 유형 교회 교인도 본질적으로 하나님의 선택을 기준으로 한다. 보이는 유형 교회는 모든 세대에 '세계 모든 처소에서 바른 신앙을 고백하는 자들과 저희 자녀들로 구성된 교회'를 말한다(정문 1문답). 그러나 유형 교회는 "성부, 성자, 성령 삼위일체 되신 하나님을 공경하노라"고 그 신앙을 고백하는 자라면 바로 하나님께 선택된 결과요 그 실증으로 삼고 유형 교회의 교인이 되게 한다.

그러므로 무형 교회 교인은 반드시 유형 교회 안에 있고 하나님의 선택과 무관한 자도 거짓으로 신앙을 고백하는 자들도 함께 유형 교회 안에 섞여 있게 된다.

또 유형 교회는 여러 가지 교파로 나뉘어 있고 각자가 다른 헌법을 가지고 있다. 그러나 이단이 아닌 이상 정죄하지 말고 서로 기도하며 협력해야 한다(정문 총론 2문답).

(4) 비교

무형 교회 교인은 하나님의 선택을 입은 자들만의 회이니 곧 순전한 알곡뿐이다. 그러나 삼위일체 하나님을 공경한다는 신앙 고백은 사실상 사람이 하나님의 선택을 헤아리는 최선의 방도일 수는 있어도 그것이 절대적인 방도는 아니며 또한 절대적인 방도가 있을 수 없다. 그러므로 유형 교회가 토대로 삼는 신앙 고백은 최선의 방도이면서도 또한 그로 말미암는 허점 때문에 마지막 날에 불사름을 당할 쭉정이와 가라지가 끼어들게 되며 이방인과 세리처럼 여겨야 할 자도 있고 심지어는 양의 옷을 입었으나 노략질하는 이리도 침입하게 된다. 여기 우리는 유형 교회의 혼란상(相)과 치리권과 권징권의 필요성을 찾아보게 된다.

(5) 다스림과 권징의 필요성

거짓 고백자들이 많을수록 그 교회의 혼란은 더욱 심해진다. 그러나 사실은 100% 천국 백성인 성도의 회라 할지라도 그 신앙의 정도(程度)가 아직 이 세상에서는 천태만상이다. 그러므로 저들을 도(道)의 젖으로 먹이고 키우는 일에 치리권과 권징권은 필수적인 것일 수밖에 없다는 것이다.

＊ 정문 20문 : 만국 교회가 어떠한 사람들로서 성립되었느냐?
　　답 : 세계 만국 중에서 그리스도의 참 신앙을 고백하며, 그의 법에 복종하는 온 무리와 그의 자녀들로 이루어졌다.
＊ 정문 21문 : 교회 연합을 어떻게 성립하느냐?
　　답 : 교회 연합을 성립하는 것은 외형적 조직으로는 하지 못하며 보

이는 수령에게 충절하는 것으로도 하지 못하되 그리스도와 연합함으로 하며 주의 도리를 믿는 것과 증거함으로 하며, 그의 권위 앞에 복종하는 것으로 한다(요 10:16, 엡 4:1~16, Book of Church Order 2:2).

3. 교회 집회

三, 交會集合 (1922年版)
敎會의 큰무리가 一處(한곳)에 會集ᄒ야 相交(서로교통)ᄒ며 하ᄂ님을 敬拜홀수업스니 各處에 支敎會를 設立ᄒ고 各其會集ᄒᄂ거시 事理에 合當ᄒ고 聖經의 記錄ᄒᆫ 模範에도 合當ᄒ거시니라(갈一〇二一 묵一〇四, 二十, 二〇一)

제3조 : 교회 집회(集會)

대중이 한 곳에만 회집하여 교제하며 하나님을 경배할 수 없으니 각처에 지교회를 설립하고 회집하는 것이 사리(事理)에 합당하고 성경에 기록한 모범에도 그릇됨이 없다(갈 1:22, 계 1:4, 20).

☞ 본 조항에서는 온 세계 교회의 회중이 한 곳에 모여서 교제하며 예배드려야 되는가 하는 문제이다. 시간과 공간의 제한을 받는 유형 교회 교인들이 동시에 한 곳에 모여서 교제하거나 하나님을 경배할 수는 없다. 또한 그것이 성경의 교훈도 아니다. 성경은 오히려 각처에 지교

회를 세우는 일을 지지하고 있다.

그러므로 성경에 기록한 모본을 좇아 각처에 지교회를 설립하고 제 각기 회집하는 것이 옳은 것이다. 예수님 당시에 유대 민중이 그 절기 일에는 모두가 예루살렘 성전에 회집하여 예배드렸고, 안식일에는 각 지역 회당에서 예배드렸으며, 사도가 주장하는 교회는 다 연합한 교회 였지만 각 지역 회당에 회집했던 것이다(행 15:21, 정문 22문답).

* 정문 22문 : 만국 교회가 한 곳에 모여 예배할 수 있느냐?

　답 : 교회는 헤아릴 수 없는 큰 무리이니 한 장소에 회집할 수가 없 으며, 성경의 모범대로 지교회를 세워 제각기 회집할 것이다. 성 례와 절기는 오직 예루살렘에서 회집하였으나 매 안식일에는 각 기 제 동리 회당에 회집하여 예배하며 장로들에게 가르치게 하 였다.

　　그리스도도 안식일마다 회당에 가는 습관이 있었고 또 교회가 유대와 시리아와 또 전 로마제국에 있을지라도 사도들이 주관하 는 구성체 안에 있었다(눅 4:16, 갈 1:21~22, 요 4:23, 행 15:21).

4. 지 교 회

四, 支敎會 (1922年版)
支敎會는 何處(아모곳)에던지 예수를 밋는다고 ᄒᆞᄂᆞᆫ 人衆(사ᄅᆞᆷ)들과

其子女等이 其(그)願대로 合心ᄒᆞ야 하ᄂᆞ님을 敬拜하며 聖潔ᄒᆞ게 生活ᄒᆞ고 예수의 國(나라)을 擴張키 爲ᄒᆞ야 聖經에 敎訓ᄒᆞᆫ 模範대로 聯合ᄒᆞ며 特別히 酌定ᄒᆞᆫ바 政治를 服從ᄒᆞ며 時干를 定ᄒᆞ야 共同히 會集ᄒᆞ면 支敎會라ᄒᆞᄂᆞ니라 (行二〇四十一, 三十九, 四十七, 哥前七〇十四, 막 十〇 十四,히八〇五一

제4조 : 각 지교회(支敎會)

예수를 믿는다고 공언(公言)하는 자들과 그 자녀들이 일정한 장소에서 그 원대로 합심하여 하나님을 경배하며 성결하게 생활하고, 예수의 나라를 확장하기 위하여 성경에 교훈한 모범대로 연합하여 교회 헌법에 복종하며, 시간을 정하여 공동 예배로 회집하면 이를 지교회라 한다(행 2:47).

☞ 지교회란 예수를 믿는다고 공언하는 자들과 그 자녀들이 일정한 장소에서 예배를 드리고 교회 헌법에 복종하여 시간을 정하여 공동 예배로 회집하면 이를 지교회라 한다. 즉 예수 그리스도의 지체가 된 교회, 혹은 온 세계에 산재한 전체 교회의 가지로서의 교회에 대한 통칭이다.

(1) 지교회 형성의 요건

1) 지교회 교인

'예수를 믿는다고 공언하는 자들과 그 자녀'가 지교회 교인이 된다. 즉 신앙을 고백한 자와 그 자녀로서 지교회를 형성한다.

2) 일정한 장소

지교회 형성의 제2요건은 곧 일정한 장소이다. 회집의 편의, 교
제의 편의, 공동생활의 편의, 경배의 편의 등을 좇아 획정(劃定)
할 것이다.

3) 하나님 경배와 거룩한 생활

지교회 형성의 제3요건은 하나님을 경배하며 거룩하게 생활하
는 성도들이 그 원대로 합심한 공동생활이다. 개인적인 하나님
경배나 독자적인 처지에서의 성결 생활이 물론 불가능한 것은
아니다. 그러나 택하심을 입은 한 피 받아 한 몸 이룬 형제자매
들이 서로 연합하여 공동생활을 영위하는 일은 너무나 당연하
다.

4) 예수의 나라를 확장

지교회의 사명은 예수의 나라를 확장하는 일이다. 진리를 수호
하며 전파하며 교훈하는 일이나 교회를 통치하는 일이나 구제하
며 봉사하는 모든 일들이 오직 예수의 나라를 확장하기 위한 사
업이란 말이다.

5) 성경 교훈에 의한 공동 예배

끝으로 지교회 형성의 제5요건은 성경 교훈에 의한 공동 예배이
다. 인위적인 방법에 의한 회집은 제아무리 연합이 잘되고 규율

이 훌륭하며 시간을 지켜 많은 교인이 모여 들었다고 해도 헌법이 가리키는 지교회는 아니다. 헌법이 말하는 지교회란 이 모든 일에 성경이 교훈한 모범대로 하며 성경이 교훈한 모범대로 공동 예배가 이루어져야 한다는 말이다.

(2) 지교회의 설립 등

1) 지교회의 조직 원리

지교회란 예수를 믿는 사람들이 회집하여 장로회의 신경과 정치와 규칙에 의하여 복종하며 한가지로 예수님의 교회를 섬기며 교회의 장로 1인 이상을 투표로 택하여 지교회의 장립을 받게 한 후에 그 장로를 보조하며 복종하고 당회를 조직하면 장로회의 지교회가 된다(정문 26문답).

* 지교회의 지(支) 자는 노회(老會)에 대한 지(支-갈려갈 지) 자다.

2) 지교회의 구성인

본 조항에서 예수를 믿는다고 공언하는 자들과 그 자녀들이 일정한 장소에서 그 소원대로 합심하여 하나님을 경배하며 성결하게 생활하라고 한 것은 영생의 약속에 참여하는 것이 성인들에 국한된 것이 아님을 말해준다.

3) 지교회라도 예수님의 나라를 확장하기 위하여 성경에 교훈한 모범대로 연합하여 교회 헌법에 복종하며 시간을 정하여 공동 예

배로 회집하면 이를 지교회라 한다.

교회란 성경에 교훈한 모범대로 모이고 예배드려야 참 교회라는 것이다. 성경의 권위가 교회의 권위보다 앞서는 것이다. 사람이 아무리 많이 모인다 할지라도 성경과 부합하지 않는 예배 의식이나 경건의 모양은 참된 교회의 모습이 아니다.

4) 교회 설립은 노회의 결의로 하는 것이요, 목사라 할지라도 개인의 자유로는 지교회를 설립할 수 없다. 따라서 목사가 지교회를 설립하고자 하면 먼저 그 지역 관할 노회에 청원하여 허락을 받아야 한다.

5) 허위 교회 : 담임 목사가 없는 교회를 허위 교회라 한다.

☞ 지교회에 관한 정치문답조례의 자세한 교훈을 살펴보면

* 정문 23문 : 지교회가 무엇이냐?

  답 : 지교회는 예수를 믿고 그 말씀대로 행하는 크리스천임을 공언하는 사람들과 그 자녀들이 신성한 예배와 거룩한 생활을 위하여 합심하여 교제하며 일정한 정치에 순복하는 것으로 성립하니 이런 교회들이 다 하나를 이루는 지교회이다.

* 정문 24문 : 성도의 교제의 목적이 무엇이냐?

  답 : 성도 교제의 목적은 둘이니 곧 예배와 경건한 생활이다.

  ① 예배 : 하나님께 기도하는 것과 찬송하는 것과 또한 그의 교훈을

받음이다.

② 경건한 생활 : 서로 궁휼히 여기며 도움이 되게 하며 하나님의 말씀에 합당한 생활로 된다.

* 정문 25문 : 예배와 경건한 생활을 질서 정연히 성취하는 일에는 무엇이 필요하겠느냐?

답 : 통치에 대한 확실히 순복이 필요하니 그 규례는 손을 써서 물려받은 모든 것이다(히 8:5, 갈 6:16).

* 정문 26문 : 장로교회의 지교회가 무엇이냐?

답 : 장로교회의 지교회란 장로교 신경과 정치에 의해 예수 그리스도의 제자들처럼 믿고 행할 것을 고백하는 무리들이, 장로 1인 이상을 선택하여 임직 예식으로 임직하고 저들로 신령한 통치를 위한 치리회가 조직되고 저를 세우신 주의 권위에 자발적으로 순복하는 것이 장로교회의 지교회이다(Presbyterian Digest p.107).

* 정문 27문 : 지교회를 새로 설립하는 방법이 어떠하냐?

답 : 지교회를 새로 설립하려면 그 지방을 관리하는 노회에 청원서를 제출하여 허가를 받을 것인데, 청원서에는 지교회가 될 만한 형편과 이유를 일일이 기록하되 29문답에 의하여 작성하고 합당한 위원을 택하여 제출 할 것이다(Ibid., p.107).

* 정문 28문 : 목사가 노회의 허락 없이 지교회를 세울 권리가 있느냐?

답 : 장로회 정치에서 교회를 세우는 일은 노회가 행할 일이요 목사

라도 개인의 자유로는 행할 수가 없다. 그러나 지방이 넓고 노회가 멀어서 내왕하기가 어려운 부득이한 경우에는 노회의 특별한 허락으로 목사가 개인으로도 지교회를 세울 수 있다(Ibid., p.173).

* 정문 29문 : 지교회 설립하는 인허 청원서에는 누가 날인하며, 어떤 사항을 기록하느냐?

답 : 지교회 설립을 원하는 교인들이 다 날인할 것이요, 기재 사항은 아래와 같다.

① 새로 이명서를 가지고 와서 입교할 교인수

② 세례 문답으로 입교할 교인수

③ 교회 유지를 위해 준비된 방도

④ 연보하는 교인수

* 정문 30문 : 노회가 지교회 설립 청원을 거절할 수 있느냐?

답 : 노회가 그 청원에 대하여 설립하는 것이 합당하면 허락할 것이요, 그 곳에 교회가 있어 또 설립하는 것이 피차 해로울 형편이면 이를 기각하고 불허할 것이다.

* 정문 31문 : 노회가 지교회 설립 청원을 허락하고 설립하는 규례가 어떠하냐?

답 : 노회가 지교회 설립을 허락할 때의 규례는 아래와 같다.

① 노회가 회원 중 목사 장로 몇 사람을 택하여 청원인들에게 보낼 것이요 목사 1인이 회장으로 설교한다.

② 타처에서 이래한 교인의 이명서를 접수하며, 본처(本處) 교인을

문답하여 세례를 베풀고 입교를 허락한다.

③ 전 교인이 기립하여 본 장로회 신경과 정치를 복종하며 연합할 것을 서약한다.

④ 그 후에는 장로회 정치에 의하여 장로와 집사를 선택하고 임직한다.

⑤ 지교회 설립을 아래와 같이 공포한다. "○○ 예수교 장로회 ○○ 노회 소속 지교회로 ○○교회가 설립된 것을 공포합니다 아멘."

⑥ 기도하고 또 축도로 예배를 마칠 것

⑦ 그 위원은 차기 노회에 지교회 설립을 보고하고 노회는 그 지교회 명칭을 명부에 기록한다.

⑧ 그 지교회에서 장로 등 직원을 택하지 못하였으면 그 사유를 노회에 보고할 것이요, 노회에서는 총대를 택하여 파송하지 못할 미조직 교회로 인정하고, 특별 위원을 택하여 장로 등 직원을 택할 때까지 그 지교회를 관리케 하되, 속히 직원을 택하도록 힘쓰게 한다.

＊ 정문 32문 : 당회가 있던 교회에서 장로가 다 사망하거나 타처로 이거하면 지교회가 폐지되느냐?

답 : 노회가 특별 위원으로 그 교회를 주관하되 속히 직원을 택하도록 할 것이요, 폐지되지 아니한다.

＊ 정문 33문 : 노회 구역 밖에 지교회를 설립할 수 있느냐?

답 : 노회 경내에서 교회 없는 지역에 교회를 설립하는 일은 전도자

의 직무의 한부분이다. 그럴지라도 그 설립 형편에 대하여 즉시 노회에 보고하여 그 관할 하에 두도록 할 것이다. 외지 선교사가 교회를 설립했을 경우도 그 지역 관할 노회에 소속케 할 것이나 부득이한 경우이면 임시로 그 선교사 소속 노회 관할 하에 둘 것이요, 그 교회가 목사를 임직하게 되는 경우에는 반드시 교회 소재지 지역 노회에서 행하여야 한다.

* 정문 34문 : 목사 없이도 완전한 지교회가 설립될 수 있느냐?

　답 : 목사 없이는 완전한 지교회가 설립될 수 없다. 그러나 예배를 위하여 회중이 연합할 수는 있다. 저희는 곧 노회에 완전한 지교회 설립을 요구할 것이요, 허락을 기다리는 동안에는 예배 인도자 파송을 청할 것이다(Presbyterian Digest p.108).

* 정문 35문 : 아직 치리 장로를 세울 수 없어도 교회가 임시 목사를 모실 수 있느냐?

　답 : 치리 장로를 택하여 세울 때까지 임시 목사를 모시고 노회에 관할을 받을 것이다(Ibid., p.108).

* 정문 36문 : 설립되지 못한 회집을 노회가 승인할 수 있느냐?

　답 : 설립은커녕 아직 설립 청원인도 택하지 못한 회중일지라도 노회가 승인할 수 있고 저들을 위해 설교자를 파송할 것이다(Assembly's Digest p.55).

* 정문 37문 : 지교회 소유 재산은 어떤 방법으로 관리하느냐?

　답 : 지교회 소유 재산은 노회가 정부에 청원하여 사단 혹은 재단 법인을 설립하여 그 명의로 보관할 것이요, 만일 그렇지 못할 경

우에는 법인이 설립되기까지 노회 문건 위원에게 지교회 문건을
위탁하고 보관 처리함이 옳다(장로회 정치에 위반되는 법인 인
허는 구하지 말 것).

* 정문 38문 : 장로회 정치대로 본 교회 사단이나 재단 법인을 설립
하면 교회에 속한 재정 일체를 위탁하는 것이 옳으냐?

답 : 장로회 정치에 위반됨이 없이 사단이나 재단을 설립하면 교회
에 속한 각항 재산 일체를 위탁할 수 있다.

그러나 구제비와 성찬 관계 용비(用費) 등은 집사회에 위탁한다.
사단이나 재단에 이사회를 두어 1년에 한 번씩 교회에 그 경과를
보고하게 하고, 이사의 정원과 임기와 권한은 그 정관에 의해 정
한다. 이사로 피선되지 아니하였으면 본 교회 목사라도 아무 권
리가 없고 혹 방청을 허락할 수는 있다.

* 정문 39문 : 사단이나 재단의 이사 자격과 선정하는 방법이 어떠하
냐?

답 : 사단이나 재단의 이사는 세례 교인에 한하고, 정관에 선정하는
방법을 규정하지 아니하였으면, 무흠 입교인과 교회 유지를 위
한 정기 연보인의 투표로 선정한다.

* 정문 40문 : 교회가 사단이나 혹 재단 이사를 선정하거나, 특별 재
정에 대한 치리권을 의논하려면 어떤 방법으로 할 것이냐?

답 : 각기 본 교회의 규례대로 당회나 공동의회가 회집하여 처리하
되, 만일 공동의회가 모일 경우이면 마땅히 당회가 이를 소집할
것이요, 그 회의 서기는 당회 서기가 예겸(例兼)하며, 공동의회

회록은 당회록과 함께 보존해야 한다.

공동의회 결의에 불복하면 당회에 심리를 구할 것이요, 다시 불복하면 노회와 총회에 차례로 소원할 수 있다.

* 정문 41문 : 집사회가 교회의 사단이나 재단 이사회가 될 수 있느냐?

답 : 사단이나 재단 이사회는 본 교회의 결의와 정관에 의해 조직할 것인데, 혹자는 집사회로 대충 할 수도 있다고 본다(역자 주 : 부동산에 관한 처결권은 당회에 있으므로 굳이 그럴 이유가 없다).

* 정문 42문 : 사단이나 재단이나 혹 집사회 외에 교회 재산에 관한 문건을 보관할 권리가 있느냐?

답 : 신설한 교회가 아직 법인 인허를 얻지 못하였으면 혹 임시로 한두 사람의 이름으로 보관케 할 수 있으나 속히 법인을 설립하여 관리하게 할 것이요, 혹시 총회에 건축국이 있으면 그 명의로 보관하는 것이 무관하다.

* 정문 43문 : 본 교회 예배당에 대한 사단이나 재단의 권한이 어떠하냐?

답 : 정관에 규정된 권한대로 하되, 예배당과 기타 재산을 일체 관리하며, 수리와 보관의 책임을 전담하나, 예배당을 사용하는 일은 오직 당회의 권한에 있다.

사단이나 재단은 예배당을 장사꾼이나 혹은 유희장으로 주지 못하며, 당회의 허락이 없으면 아무도 사용할 수 없다.

교회의 신령적 관계는 당회권에 전속하였으니, 당회가 교회의 기초되는 주의에서 이탈하지 아니하는 한 예배당은 완전히 당회 권한에 있은즉, 사단이나 재단이 예배당 문건에 저희 명의가 있음을 빙자하고 예배당을 외인에게 빌려주거나 당회의 사용을 방해하면, 당회는 교회 법규 및 정관에 의하여 그런 이사를 직접 해면하거나 해면하도록 명해야 한다. 사단이나 재단 인허를 청원할 때에 이런 사례를 깊이 생각하고 후환이 없도록 해야 한다.

(3) 기타 조문

1) 지교회 분류

지교회를 당회가 조직되어 있는 조직 교회와 아직 조직되지 못한 미조직 교회로 나누어 놓은 것은 초대 시대 이래의 전통이다. 똑같은 지교회이기는 하면서 조직 교회는 당회가 회집하여 행정과 권징을 담당하며 위임 목사를 청빙할 자격이 부여되며, 평신도 대표인 치리 장로를 상회 총대로 파송하는 등 여러 가지 자격과 권한이 부여되는데 미조직 교회는 당회가 없어 위임 목사 아닌 시무 목사밖에 청빙할 수가 없으며 그 시무 목사에게 노회가 가결하면 당회장으로서 당회권 행사를 가능하게 하나, 이 권한 가지고는 부득이한 행정 처리권이 원칙이며 권징은 노회에 보고하여 처리하는 방도밖에 없는 등 그 자격과 권한이 현격하게 차이가 있다.

2) 지교회의 분립, 합병

이런 문제가 별로 생기지 않기 때문인지 대부분 교단에서는 방치해

두고 있으며 고려측이나 통합측은 당회와 공동의회의 결의로 노회의 허락을 받아야 한다고 되어있다.

3) 지교회의 폐쇄

지교회가 설립되는 과정은 대체로 장년 신자 15인 이상이 모여야 하고 예배 처소가 준비되어야 하며, 교회 유지 방침이 서는 것을 주요 골자로 하겠지만 실제는 그 밖에도 인근 교회와의 거리나 주변 가구 수까지 살펴서 노회가 설립을 인허한다.

그런데 이같이 설립된 지교회를 폐지할 사유란 한마디로 교회가 안 되기 때문이다. 그런데 고려측의 경우 당회와 공동의회의 결의로 노회의 허락을 받아야 한다고 규정하였는데 차라리 모일 사람이 없어 교회가 자연 폐문 상태가 될 것을 생각하면 통합측처럼 시찰 위원회의 보고에 의해 노회가 가결함이 옳아 보인다. '시찰 위원회의 결의로 노회의 허락'이라기보다는 '시찰 위원회의 보고로 노회가 결의한다'고 함이 정당해 보인다.

4) 미조직 교회 신설 법

장년 신자는 15인 이상이고, 예배 처소를 준비해야 하고, 교회 유지 방침이 서야 하고, 부근 교회와 거리와 가구수 등 주위의 형편까지 기록하여 설립자가 노회에 청원한다.

특히 일반적으로 지교회와의 거리를 500m로 알고 있는데 본래는 1956년 제41회 총회에서 그때에 지역 노회 소속 지교회 부근에 무지역 노회 소속 지교회를 설립할 때에는 지역 노회 소속 지교회와 500m 거리를 유지하도록 해야 한다는 내용의 결의였다.

그리고 예배 장소도 서울의 경우 지금처럼 지하실이나 이층 등 남의 셋방에 교회 신설을 허락하는 일도 1950년대에는 물론 60년대 초까지도 지역 노회에서는 원칙적으로 허락되지 않았었다. 교회를 신설하는 일에 대하여 그처럼 신중했다는 말이다.

5) 교인의 의무(헌규 제2조)

① 교회 집회 출석 의무 : 예배회, 기도회, 교회 기타 집회 등

② 교회 발전에 전력하며 하나님을 영화롭게 해야 한다.

③ 헌금에 전력을 다하여야 한다.

④ 성경의 도리를 배우고 전하고, 행하기를 힘써야 한다.

⑤ 특히 교회 직원(제직)은 성수 주일, 헌금 등을 하지 아니하면 의무를 감당하지 않은 자로 간주되어 면직이 되므로 성수 주일과 헌금에 힘쓸 의무가 있다.

⑥ 진리를 보수하고 교회법을 준수하며, 치리에 복종하여야 한다.

6) 교인의 권리(헌규 제3조)

① 교회법에 따라 청원, 소원, 상소할 권리가 있다.

② 선거 및 피선거권이 있다. 그러나 무고히 본교회 예배회에 6개월 이상 출석하지 아니한 교인은 위의 권리가 중지된다.

③ 무흠 입교인은 성찬에 참여할 권한이 있다.

④ 교회를 봉사할 권리가 있다.

제3장 교회 직원

1. 교회 창설 직원

제1조 : 교회 창설(創設) 직원

① 우리 주 예수께서 최초에 이적을 행할 권능이 있는 자로(마 10:8)

② 자기 교회를 각 나라 중에서 선발(選拔)하사(시 2:8, 계 7:9)

③ 한 몸(고전 10:17)이 되게 하셨다.

☞ 교회의 창설 직원은 글자 그대로 교회를 창설한 후에는 폐지되는 직원이다. 이 직원은 주님께서 직계자들로 임명하사, 최초로 이적을 행할 권능을 주셨고(마 10:8), 최초로 교회를 세워 한 몸 되게 하셨다 (고전 10:17).

1922년판 헌법은 '교회 설립한 직임'이라고 되었던 조문 명칭은 1930년 이래로 꾸준히 '교회 창설 직원'으로 개정되어 오늘에 이르고 있다. 원래는 설립이나 창설이나 무엇을 세운다는 의미에서는 공통된 다 하겠으나 창설이라고 하면 맨 먼저 처음으로 세운다는 뜻이다. 마가 요한의 다락방에 모여 기도에 전혀 힘쓰던 중 오순절에 성령 강림을 맞게 된 일은 교회가 없었던 때였으므로 설립이 아닌 창설 직원이 옳은 표현이다.

그런즉 교회 창설 직원은 오직 사도들뿐이요, 오늘날 교회를 세우는 일은 창설이나 창립이 아닌 설립이 옳다. 요즈음 개척 교회를 시작하면서 창립 예배를 드린다는 말을 듣게 되는데 설립 예배로 바꾸어야 한다는 말이다.

(1) 교회 창설 직원의 직무

교회 창설 직원은 그리스도의 생애와 죽으심과 부활을 목격한 자로서 아래와 같은 임무를 수행하였다.

1) 복음 전파

① 예수가 그리스도임을 증거(행 2:31, 36, 17:3)

구약 시대의 모든 성도들은 그리스도의 오심을 바라는 신앙으로 구원을 받았고(창 3:15, 사 53:5~10), 신약 시대의 모든 성도들은 오신 그리스도를 믿는 신앙으로 구원을 받는다(요 3:16~19). 그러므로 구약 성경의 내용은 '그리스도가 온다' 하신 말씀이

요, 신약 성경의 내용은 '그리스도가 왔다' 하는 말씀이니 바로
'예수가 그리스도다' 라는 말씀이요, 사도들이 증거하는 메시지
의 내용이다.

② 예수의 죽으심의 증거

그리스도께서 죽으셔야 하는 것은 구약 성경의 내용이요, 예수
님께서 친히 증거하신 바이다(눅 24:44~46). 그러나 유대인들
은 그리스도께서 죽지 아니하고 영원히 계실 것으로 오해하였다
(요 12:34).

따라서 교회 창설 직원의 사명은 그리스도가 죽으실 것을 증거
하는 것이었다. 그런데 그의 죽으심은 속죄양으로 죽으심을 증
거하는 것이다.

③ 예수의 부활하심을 증거

그리스도의 죽으심은 부활을 전제로 한 소망적인 죽음이었다.
예수님께서 친히 그렇게 증거하셨고(요 2:20~22), 또한 사도들
도 '예수가 곧 그리스도라' 는 증거와 함께 '예수는 부활하셨다'
고 증거하는 것이 그들의 사명이자 복음 전파의 내용이다(행
2:24,31~32, 3:15, 4:2,10,33, 26:23).

④ 예수의 재림하실 것을 증거(행 1:10~11, 계 1:7, 살전 4:13~18)

그리스도의 재림에 대하여는 신구약 성경뿐 아니라 예수님께서
친히 말씀하신 바이다. 이에 대하여 예수님께서는 "모든 족속이
다 함께 보리라"고 하였고(마 24:30), 또 '노아의 때와 같이',
'도적과 같이' 오리라고 말씀하셨다(마 24:36~44). 그리고 마

태복음 25장에는 세 가지 유명한 비유(열 처녀, 달란트, 양과 염소)를 들어 증거 하셨다. 따라서 그의 제자 된 사도들이 그리스도의 재림에 대하여 증거하는 것은 너무나 당연한 일이라 아니할 수 없는 직무이다.

2) 교회의 창설

교회의 창설 직원인 사도들은 주님이 살아 계실 때 명하신(마 16:18, 행 1:8)바에 따라 단시일 내에 예루살렘과 이방에까지 교회를 세우고 확장하는 일이 그들의 특유한 사명이었다. 따라서 그들이 복음을 전파하는 목적도 교회를 세우는 일이다. 그래서 예루살렘 교회는 베드로를 중심으로, 이방인의 교회는 바울을 중심으로 하여 순교적 사명으로 교회 창설 직원의 직무를 다 하였다(행 2:37~47, 14:19~28).

(2) 사도의 3대 특권

신령한 사역을 수행해야 할 사도들에게는 특별한 권능을 받지 않고는 그 막중한 사명을 다할 수 없기에 단회적 특권을 주셨다.

1) 성경을 오류가 없이 기록하는 권능(계 1:11,19, 살전 1:1)

하나님께서 성령이 임함으로 말미암아 선지자들과 사도들의 교훈에 오류가 없고 성경을 기록할 때 오류가 없이 기록하도록 하나님의 감동으로 저자들을 감화하셨다(딤후 3:16, 벧후 1:21).

2) 이적을 행하는 권능(행 1:8, 3:1~10, 4:21~22,30~31, 9:40)

이적을 행하는 목적은 근본적으로 사도들에게 개인적 특권을 부여한 것도 아니요, 이적의 대상자들에게 개별적인 특혜를 주심도 아니다. 오직 많은 사람들이 예수를 믿도록 하기 위한 방편이요, 짧은 기간 내에 많은 교회를 세워 든든히 하기 위함이다.

3) 사람에게 안수함으로 성령을 받게 하는 권능(행 8:17~22)

갑에게 안수하면 갑이 성령을 받고 을에게 안수하면 을이 성령을 받았을 것이다. 그러나 이 갑과 을은 본래 하나님께서 성령을 부어 주시려고 정해 놓은 자들이었다.

그러므로 사람에게 안수하여 성령을 받게 하는 권능은 사도들이 하나님께서 성령을 부어 주시려고 정해 놓은 자가 누구인지 알아서 하나님의 뜻을 성취했다는 말이요, 하나님께서 성령을 부어 주시려고 정해 놓은 자가 누구인 것을 특별히 사도들에게만 알게 해 주셨다는 말이다. 교회 창설 직원인 사도들에게 안수함으로 성령이 임하는 특권을 주시는 것은 교회의 창설과 성장에 있어서 필수 불가결의 요소이다.

(3) 사도직의 계승권 문제

로마 교회와 일부 감독 교회에서는 교황과 감독들이 사도 계승권을 주장하고 있으나 이것은 성경 어디에서도 찾아볼 수 없는 허무맹랑한 주장이다. 오직 교회 창설 직원으로서의 단회적이며 사도의 별세와 함께 사도직은 폐지된다.

2. 교회의 항존 직원

二, 教會에 永存홀 職任

教會에 恒存不發(흥엇서폐지못)홀 職任은 如左흐니 長老(監督) (行廿○十七,廿八 堤前(됨전)三○一) 와 執事라

長老는 二(둘이)가 有흐니

(一) 講道홈과 治理홈을 兼흔 者를 牧師라 例稱(흔이칭)흐고

(二) 治理만흐는 者를 長老라 稱흐느니 此(이)는 會員에 代表者니라

此二職(이두직분)은 聖餐參禮흐는 男子라야 被擇되느니라

(府) 講道師는 老會의게 講道홀 認許를 밧고 其(그)의 指導대로 從事흐되 教會를 治理홀 權利는업느니라

제2조 : 교회의 항존직(恒存職)

① 교회에 항존(恒存)할 직원은 다음과 같으니

② 장로(감독) (행 20:17,28, 딤전 3:7)와 집사요,

③ 장로는 두 반이 있으니

    1. 강도(講道)와 치리를 겸한 자를 목사라 일컫고

    2. 치리만 하는 자를 장로라 일컫나니 이는 교인의 대표자이다.

    3. 항존직의 시무 연한은 만 70세로 한다.

☞ 항존직이란 말은 항상 존재할 직원의 준말이다. 교회의 항존직은 안수, 위임한 장로(목사, 장로)와 집사로서 교회에 항상 있어야 할 직원을 말한다.

  이 3대 직원의 하는 일이 바로 교회가 잠시라도 외면할 수 없는 직

무요, 혹은 권세이기 때문이다. 벌코프(Louis Berkhop)가 말하는 대로 첫째는 교리권 내지 교훈권이란 목사가 지켜 수행해야 할 교회의 최대의 항존 직무요, 둘째는 치리권이니 이는 목사가 장로와 함께 지켜 수행해야 할 항존 직무요, 셋째는 봉사권이니 집사가 지켜 수행해야 할 교회의 항존 직무이다. 이 직무는 주님이 재림하기 전에는 종료될 수 없는 직무이다. 이 직은 안수, 위임된 후에는 그 시무 여부를 불문하고 종신토록 그 직은 상실되지 아니하나 그 시무 연한은 70세로 한다.

(1) 목사

목사는 넓은 의미로 장로라고도 하는데 직무상으로 강론과 치리를 겸하는 직으로서 목사로 구분하며 교회를 대표하는 성직이다. 목사의 임직과 직무에 관하여는 정치 제4장과 제15장~제17장에서 상론하고 있다.

(2) 장로

목사와 협력하여 교회의 치리권을 행사하는 교인의 대표자이다. 장로의 임직과 직무에 관하여는 정치 제5장과 제13장에서 상론하고 있다(딤전 3:1~7).

(3) 집사

집사는 교회의 봉사직으로서 그 임직과 직무에 관하여는 정치 제6

장과 제13장에서 상론하고 있다(딤전 3:8~13). 미조직 교회에서 집사를 세울 수 있느냐 하는 문제는 헌법에 가부간 언급하지 아니하였고, 1932년 제21회 총회에서 결의하기를 "안수 집사 세울 교회 정도는 … 조직 교회에서 하되 노회 규칙에 의하여 할 일이요, 만일 노회에 특별 규칙이 없으면 각 당회가 유익하도록 할 것이오며"라고 하였다(제21회 총회록 p.50).

(4) 항존직의 임직 절차

1) 목사

노회장의 추천으로 신학대학원을 졸업하고 총회가 실시하는 강도사 고시에 합격 후 1년 이상 노회의 지도 아래 본직의 경험을 수양한 자로(정치 제14장 제1조) 노회가 시행하는 목사 고시에 합격하면 노회가 임직한다.

2) 장로

당회가 노회에 청원하여 선택 허락을 받은 후 공동의회 날짜와 장소를 결의하여 1주일 전에 광고하고, 공동의회에서 투표수 3분의 2이상의 가표를 받은 자들을 6개월 이상 당회가 교양한 후에(정치 제9장 제5조 4항) 노회의 고시에 합격하면 당회가 임직한다(정치 제21장 제1조 5항).

3) 집사

당회의 결의로 공동의회의 일자와 장소를 1주일 전에 광고하고 공동의회에서 투표수 3분의 2 이상의 가표를 받은 자들을 6개월 이상 당회가 교양한 후, 당회의 고시에 합격하면 당회가 임직한다(정치 제21장 제1조 5항).

3. 교회의 임시 직원

(1930年版)

三條 臨時職員: 敎會事情에 依하야 左記 職員을 按手없이 臨時로 設置하나니라

(一) 傳道師: 男女傳道師를 堂會의(堂會없는 곳에는 地方牧師)推薦으로 老會가 認可하여 有給敎役者로 堂會나 牧師의 管理하는 支敎會 事務를 幇助케 하는 者이니라

(1) 權限: 長老아닌 傳道師가 該 堂會의 會員은 되지 못하나 特別한 理由가 있으면 言權傍聽이 되고, 未組職敎會에서는 牧師의 許諾으로 諸職會 臨時會長이 되고 老會의 許諾으로 學習問答權을 받을 수 있느니라

(2) 資格: 神學生 其他牧師候補生으로 老會가 認可하되, 特別한 境遇에는 此限에 不在하나니라

제3조 : 교회의 임시 직원

교회 사정에 의하여 다음과 같은 직원을 안수(按手) 없이 임시로 설치(設置)한다. 단, 교회의 모든 임시직의 설치 연한은 70세까지로 한다.

1. 전도사

남녀 전도사를 당회의 추천으로 노회가 고시하여 자격을 인가하
면 유급 교역자로 당회나 목사의 관리하는 지교회 시무를 방조
하게 한다.

1) 권한 : 남 전도사가 그 당회의 회원은 되지 못하나 특별한 이유
가 있으면 언권 방청이 되고 미조직 교회에서는 당회장의 허락
으로 제직회 임시 회장이 될 수 있다.

2) 자격 : 신학생과 신학 졸업자로 노회가 고시 인가하되 특별한 경
우에는 이 한도에서 벗어난다. 단, 다른 노회에서 전도사 고시
받은 자와 총회 신학교를 졸업한 자는 필답 고사를 면제한다.

2. 전도인

남녀 전도인은 유급 사역자로 불신자에게 전도하는 자니 그 사
업 상황을 파송한 기관에 보고하고, 다른 지방에서 전도에 착수
할 때는 그 구역 감독 기관에 협의하여 보고한다.

3. 권사(勸師)

1) 권사의 직무와 권한 : 권사는 당회의 지도 아래 교인을 방문하되
병환자와 환난을 당하는 자와 특히 믿음이 연약한 교인들을 돌
보아 권면하는 자로 제직회 회원이 된다.

2) 권사의 자격과 선거와 임기

① 자격 : 여신도 중 만 45세 이상된 입교인으로 행위가 성경에 적

합하고 교인의 모범이 되며 본 교회에서 충성되게 봉사
하는 자

② 선거 : 공동의회에서 투표수 3분 2 이상의 찬성을 얻어야 한다.
(단, 당회가 공동의회에 그 후보를 추천할 수 있다.)

③ 임기 : 권사는 안수 없는 종신 직원으로서 정년(만 70세) 때까
지 시무할 수 있다. (단, 은퇴 후에는 은퇴 권사가 된다.)

3) 무임 권사 : 타 교회에서 이명 와서 아직 취임을 받지 못한 권사
다. (단, 만 70세 미만자는 공동의회에서 권사로 피선되면 취임
식을 행하여 시무 권사가 될 수 있다.)

4) 은퇴 권사 : 권사가 연로하여 퇴임한 권사이다.

5) 명예 권사 : 당회가 다년간 교회에 봉사한 여신도 중에 60세 이
상 된 입교인으로 행위가 성경에 적합하고 모범된 자를 임명할
수 있다.

4. 남녀 서리 집사 : 교회 혹은 목사나 당회가 신실한 남녀로 선정
하여 집사 직무를 하게 하는 자니 그 임기는 1개년이다.

(1) 임시직이란?

임시직이란 '교회 사정에 의하여' 설치하는 직분이라고 했다. 그런
데 여기서 말하는 '교회 사정' 이란 구체적으로 무엇을 가리키는가?
첫째, 항존 직원인 목사나 장로나 집사가 아직 없는 사정이다. 목사를
모시기에는 아직 감당할 능력이 없고 장로나 집사는 아직 적임

자가 없는 경우가 얼마든지 있을 수 있다.

둘째, 항존 직원들이 있어 제각기 맡겨진 직무에 충실하다 할지라도 이를 방조(傍助)할 더 많은 일꾼이 필요한 경우에 임시 직원을 세워 항존 직무를 방조하게 한다. 목사, 장로, 집사만으로써 감당하기 어려울 만치 일이 많고 이를 더 효과적으로 능률적으로 많이 할수록 교회는 더 부흥하고 하나님께는 더욱 큰 영광이 돌아 갈 것이기 때문이다.

셋째, 항존 직원은 모두 남자에게만 해당되는 직원이니 임시 직원을 설치하지 않는다면 여자는 직원으로 봉사할 기회가 아주 상실된다.

넷째, 항존 직원으로 양성하는 방도도 임시직을 맡겨서 실무에 방조하게 하는 방법보다 더 좋은 방법은 없다. 오늘의 목사, 장로, 집사들 중에 거의 모두가 그전에 임시 직원으로 전도사나 서리 집사를 거치지 않은 분이 없을 것이다.

(2) 임시직의 설치 이유

교회가 항존 직원 외에 임시 직원을 설치할 수밖에 없는 근본적인 이유는 교회가 항존 직원의 유무를 가리지 아니하고 항존 직무는 외면할 수 없기 때문이다.

목사는 없어도 교회가 교리권 내지 교훈권을 지켜 수행해야 할 직무를 외면할 수 없고, 장로는 없어도 치리하는 일을 포기할 수 없고, 집사는 없어도 구제하며 봉사하는 직무는 항존 직무이며, 이 일을 위해 교회를 설립하셨는데 교회의 사정 때문에 이 일을 잠시라도 쉴 수 없기 때문에 교회가 이 항존 직무를 위해서는 불가불 임시 직원을 세워서라도 수행할 수밖에 없다는 말이다.

(3) 임시직의 성격과 자격 및 권한

임시직은 어디까지나 항존 직원을 방조하는 직무일 따름이다. 그러나 임시 직원들의 직무도 교회의 항존 직무라는 점에서는 서로 동일하나 임시직은 시무 기간 동안만 직분이 있고 언제든지 시무 임기가 끝나면 평신도로 돌아간다.

임시직의 설치 연한은 70세까지로서 임시직을 설치해야 할 이유는 교회가 항존 직원의 유무를 불문하고 그 직무는 항상 수행되어야 하기 때문이다.

항존직과 임시직의 다른 점은 그 임기의 차이일 뿐 그 직무를 수행함에는 조금도 다를 바 없다. 임시직의 임기에 있어서 서리 집사는 그 임기를 1년으로 못 박았으므로 사면이나 이거 등 행정 처분이나 권징에 의하지 아니하는 한 그 기간은 시무가 보장되나, 그 외의 임시직은 1년간의 보장도 장담할 수 없는 반면에 70세까지는 계속 시무할 수 있는 것으로 그 임기가 애매한 부정기적 임시직이다.

그런데 제85회 총회 이후로 권사는 자동적으로 제직회의 회원이 되는 종신직으로 바뀌었고, 전도사와 전도인은 조직 교회에서는 제직회의 회원이 될 수 없게 하였고, 미조직 교회에서만 제직회의 직무를 행할 수 있도록 하였다(정치 제21장 제2조 1,2항).

1) 전도사

당회나 목사가 관리하는 지교회의 사무를 돕는 일을 맡기려고 노회의 고시를 거쳐 유급 교역자로서 세우는 직분을 전도사라고 한다.

① 전도사의 권한

  ㉠ 당회원은 될 수 없으나 목사의 방침이나 당회의 뜻을 항상 자세히 알아야 효율적인 방조가 가능하기 때문에 당회가 필요하다고 인정될 경우는 언권 방청으로 허락할 수 있다.

  ㉡ 미조직 교회에서 시무하는 담임 전도사는 당회장의 허락으로 제직회 임시 회장이 될 수 있다.

  ㉢ 미조직 교회에서는 목사, 서리 집사, 권사, 전도사, 전도인이 제직회 사무를 임시로 집행한다(정치 제21장 제2조 2항).

  ㉣ 여전도사는 남전도사의 권한에서 벗어나 오직 미조직 교회에서만 제직 회원권을 갖는 것뿐이다.

  ㉤ 허위 교회에서 남전도사는 교회정치문답조례 534문에 "노회가 강도할 사람을 허락하지 아니할 때에는 당회가 예배를 인도할 것 이니라"고 하였다 하여 장로가 설교까지 하는 경우를 보게 되는데 이는 오해의 소치라 하겠다. 전도사는 목사의 사무를 방조하는 임시직이므로 전도사가 예배를 인도하는 것이 헌법적이라 하겠다.

  ㉥ 2000년 이전 헌법의 "당회가 … 전도사와 전도인에게 제직 회원 권리를 줄 수 있다"는 내용을 삭제함으로 2000년 헌법

은 미조직 교회에 한하여 임시로 제직회 사무를 집행할 수 있게 하였고, 조직 교회에서는 제직회원이 될 수 있는 것까지 박탈하였다.

② 전도사의 자격
　㉠ 노회가 신학생 또는 지방 신학 졸업자로 당회장의 추천을 받아 고시에 합격하면 인가한다.
　㉡ 특별한 경우에는 제①항의 한도에서 벗어난다.
　㉢ 다른 노회에서 전도사 고시에 합격한 자(치리회 동일체의 원칙)와 총신대학 신학대학원 졸업자는 노회의 필기 고사를 면제하고 면접으로만 노회가 인가한다.

2) 전도인
　전도인은 전도사와 방불한 임시직이나 그 자격과 직무가 구분된다. 실제로 전도인을 활용하는 교회가 거의 없고 이미 기장측은 1975년도에, 통합측은 1971년에, 고려측은 1992년도에 삭제하였고, 합동측과 합동보수측만이 이 직분을 존속시키고 있다. 이해를 돕기 위하여 전도사와 비교해 보면 다음과 같다.

① 전도사와 다른 점
　㉠ 전도사는 노회의 고시로 인가되나 전도인은 당회에서 채용한다.

ⓛ 전도사는 상당한 자격 기준이 있으나 전도인은 자격 기준이
없다.

ⓒ 전도사는 상당한 권한을 부여하고 있으나 전도인은 아무 권
한이 없다.

ⓔ 전도사는 교회 안에서 목사를 방조하거나 전도인은 교회 밖
에 있는 불신자에게 전도하는 직무일 뿐이다.

③ 전도사와 같은 점

ⓖ 다 같이 임시 직원이다.

ⓛ 교역자 또는 사역자라는 칭호로 유급 직원이다.

ⓒ 제직회원이 될 수 없다.

ⓔ 미조직 교회에서는 제직회 임시 사무를 집행한다.

3) 권사

① 권사직의 내력

1930년판 헌법에는 항존직, 임시직, 준직 등 직원 장(章)에 권사직
이 없다. 다만 연합 제직회의 직무를 설명하면서 "남녀 전도사, 권사,
전도인을 투표 선정하되 …"라고 하여 권사 직분이 나타난다. 직원 장
에 없는 직분이 연합 제직회 조문에 어떻게 나타날 수가 있겠는가? 심
히 불합당한 일이 아니라 할 수 없다고 본다.

그런데 1954년판 헌법의 규정도 헌법의 수준을 의심케 할 정도로
심히 부당하다고 할 것은 "권사 항을 따로 규정한 것이 아니라 집사

항을 설명하면서 ① 집사직 ② 집사 자격 ③ 집사의 직무 ④ 권사, 권사는 여자로 하되 안수 받지 않는 종신직이다"라고만 규정되어 권사가 집사의 일종으로 헤아릴 수는 있겠으나 그밖에는 아무 것도 알 수가 없다.

1960년판은 제12조(임시 직원) 1항 전도사, 2항 전도인, "3항 권사, 권사는 여자로 하되 안수 받지 않는 종신직이다"라고 하여 여기서 비로소 권사가 교회의 독립된, 떳떳한 직분으로 나타난 것은 다행이라고 하겠지만 먼저 번에는 항존직, 집사직을 설명하면서 권사를 끼워 넣었는데 이번에는 임시직 란에 그대로 옮겨 놓았으니, 권사를 안수 집사처럼 여겨오다가 이제는 서리 집사의 일종으로 바뀐 것 같아 어이없는 생각이 들게 한다.

그후 1964년판에 와서야 비로소 온전한 모습을 갖추었는데 제3장 제3조(교회 임시 직원) 3.권사 ① 권사의 자격 ② 권사의 직무 등의 헌법이 말하는 권사의 모습을 처음으로 보게 하였다. 그 후 각 교단들이 권사를 항존직으로 보기도 하고 혹은 임시직으로 보기도 하는데, 항존직으로 보는 교단은 통합측, 기장측, 개혁측이요 임시직으로 보는 교단은 합동측, 고려측, 합동보수측 등이다.

권사는 임시적이면서 항존직의 성격을 띠고 있다. 그 이유는 종신직이라고 규정하였고 권사의 칭호에 무임 권사, 은퇴 권사, 명예 권사까지 두었고 70세까지 시무한다고 했기 때문이다. 2000년 9월 이전 헌법은 단순하게 부정기적 임시직이었으나 2000년 9월 총회에서 개정함으로 안수 없는 종신직으로 변경된 것이다. 그 위치는 임시직에 있으면서 내용은 항존 종신직이 되었으니 애매모호한 직이다. 그런데 문제는 장립(안수)하지 않은 직에는 무임이나 은퇴가 있을 수 없다.

그래서 안수 없는 종신직이란 마치 하체를 내의만 입고 상체는 타이에 자켓을 걸친 것처럼 어울리지 않는 격이다. 또한 권사는 교인의 투표를 받고 취임한다고 하였으나 취임 방법이나 순서에 대한 규정이 없으므로 각 당회가 적절히 행할 수밖에 없다. 이는 전국 교회의 통일성을 위하여 후속 규정이 있어야 할 사안이다.

② 권사의 자격
  ㉠ 여신도 중 45세 이상된 입교인으로
  ㉡ 행위가 성경에 합당하고 교인의 모범이 된 자
  ㉢ 교회에서 다년간 충성되게 봉사하는 자
  ㉣ 교인의 3분의 2 이상 투표를 받은 자로
  ㉤ 당회의 취임을 받은 자

헌법에 규정된 자격은 교단에 따라 규정하고 있는 권사의 자격이 약간씩 다르지만, 대체로 헌법(정치)은 다음과 같은 자격을 갖출 것을 요구하고 있다.

(가) 상당한 신앙 연조가 있어야 한다
권사의 자격 중 신앙 경력에 대해서 성결교에서는 '본 교회 집사로서 7년 이상 근속', 감리교에서는 '집사로 선출 된 이후 5년 이상 연임' 그리고 장로교(통합측)에서는 '무흠 입교인으로 5년을 경과한 자'로 규정하고 있다. 이것은 교회에 등록해서 최소한 7년 이상된 사람이라야 한다는 것이다. 본 교단에서는 교회에서 충성되게 봉사한 자로 규정하고 있다. 이와 같이 상당한 기간의 신앙 연조가 요구되는 것에는 그럴만한 이유가 있다.

본 교단에서는 앞에서 언급한 바와 같다.

가) 권사로서의 자격을 갖추는데, 즉 예수 그리스도를 믿음으로 구원받아 하나님의 자녀가 되는 것은 반드시 오랜 시간이 필요하지 않지만 영적으로 성숙한 하나님의 사람이 되기까지는 상당한 시간이 필요하기 때문이다.

나) 권사의 직무, 특히 신자의 영적 상태를 돌아보며, 우환질고와 낙심 중에 있는 자를 심방하고 권위(勸慰)하는 직무를 감당하기 위해서는 여러 가지 신앙생활의 체험과 교회 생활의 많은 경험이 요구되기 때문이다.

다) 권사로서의 자격이 있는가를 시험해 보기 위해서는 상당한 기간이 필요하기 때문이다. 한두 가지 일을 짧은 기간 동안은 충성스럽게 감당할 수 있을지 모른다. 그러나 여러 일을 처리하는 과정을 지켜보고, 시간의 경과에도 불구하고 변함없이 일할 수 있는 사람인가를 확인해 보아야 한다. 이런 이유에서 권사가 되려는 사람에게는 상당한 신앙 연조가 있어야 한다.

(나) 성숙한 연령이어야 한다

권사의 자격 중 연령에 대해서 성결교에서는 '45세 이상', 감리교에서는 '35세 이상' 그리고 장로교(통합측)에서는 '30세 이상' 된 사람이어야 한다고 규정하고 있다. 본 교단에서는 앞에서 언급한 바와 같이 '45세 이상'으로 규정하고 있다.

권사로서 교회를 섬기려면 신앙적으로 뿐만 아니라 사회적으로도 인생 경험을 통해서 쌓여진 삶의 지혜가 있어야 한다. 그래도 인생을 알려면 적어도 45세 이상은 되어야 한다고 본다.

(다) 모든 면에 모범적인 사람이어야 한다

권사가 되려는 사람은 모든 생활에서 모범이 되어야 한다. 개인 생활, 가정 생활, 사회 생활, 교회 생활 등 생활의 모든 영역에서 모범이 되어야 한다. 또한 생각하는 것과 말하는 것과 행동하는 모든 것이 모범이 되어야 한다.

모든 면에서 모범적인 사람이 아니면 오히려 그 사람이 가지고 있는 직분 때문에, 그리고 그 사람이 하는 봉사 때문에 오히려 비난을 받게 되고 하나님께 영광은커녕 욕을 돌리게 된다.

그러므로 권사가 되려는 사람은 흠이 없으며 책망할 것이 없는 사람, 비난받을 것이 없는 사람, 그의 삶 속에는 반대자들이라도 비난하거나 공격하기 위해 붙잡을 것이 없는 사람, 칭찬 듣는 사람이어야 한다. 그래서 사도 바울은 교회에서 목회 사역을 하는 디모데에게 "오직 말과 행실과 사랑과 믿음과 정절에 대하여 믿는 자에게 본이 되라"(딤전 4:12)고 권면했다.

이와 같이 헌법은 거의 공통적으로 권사의 자격을 연령적으로나 신앙적으로 성숙한 사람, 모든 면에서 모범이 되는 사람이어야 한다고 규정하고 있다. 그리고 성별에 대해서는 남녀의 구별이 없는 교단(성결교, 감리교, 장로교 기장측 등)과 여신도로만 제한하고 있는 교단(장로교 합동측, 통합측)이 있다.

③ 권사의 직무

(가) 직무 수행의 대전제(大前提)

각 교단 헌법에서는 권사의 직무를 규정하면서 공통적으로 "당회의 지도 아래"(본 교단) "교역자를 도와"(성결교, 장로교), 또는 "담임자의 지도 아래에서"(감리교)라는 단서를 붙이고 있다. 그것은 교회 봉사에서 권사의 역할과 위치를 말해준다. 권사는 교역자를 돕는 역할, 조력자의 역할을 해야 한다.

그러기에 권사는 어디까지나 교역자를 돕는 위치, 순종의 자리에서 봉사해야 한다. 그것은 역할의 차이다. 마치 성부 하나님과 성자 하나님이 본질에 있어서는 동등하지만, 기능상 성자 하나님이 성부 하나님의 뜻에 순종하신 것과 같다.

신분상으로는 교역자나 권사가 동등하게 하나님의 자녀이며, 하나님의 백성이다. 그러나 기능상 권사는 교역자에게 순종해야 한다. 교역자가 하나님의 뜻을 따르는 한, 권사는 교역자의 뜻을 따라야 한다.

헌법은 교회에서 무슨 일을 하든지 교역자가 지도자의 역할을 하고, 권사는 돕는 역할을 하도록 규정함으로써 두 직분이 상호 보완하여 하나님의 뜻을 이루는 하나의 팀이 될 것을 기대하고 있다. 이것이 헌법의 질서이며 정신이다. 또한 이것은 성경적인 원리에 부합된다.

권사는 교회에서 아무리 많은 양의 봉사나 또 아무리 결정적으로 중요한 봉사를 한다고 할지라도 이 돕는 역할, 순종의 자리를 떠나서는 안 된다. 평신도 직분들이 순종의 자리에서 교역자를 도와 협력함으로써 교회를 성장하게 하고, 세계를 복음화 하는 것이 하나님의 계획이요, 하나님의 방법이다. 권사의 직무는 반드시 당회의 지도 아래 수행해야 한다.

(나) 직무의 내용

헌법에 의하면 권사는 당회의 지도 아래 교인을 방문하되 병환자와 환난을 당한 자와 특히 믿음이 연약한 자를 돌아보아 권면하는 것이다. 정리해보면

　㉠ 당회의 지도 아래

　㉡ 교인을 심방하되

　　ⓐ 병환자

　　ⓑ 환난 당한 자

　　ⓒ 믿음이 연약한 자를 돌아보아 권면한다.

　㉢ 반드시 목사의 지시에 따라 심방할 가정을 심방하고 그 결과를 보고한다.

(다) 권사 직무의 성경적 배경

㉠ 구약에서의 배경

오늘날 심방은 바로 구약에서의 목자적 돌봄이라고 할 수 있다 (창 3:9~21, 렘 23:1~4, 겔 34:4~6).

㉡ 신약에서의 배경

권사는 주님을 돌보듯 주님의 형제 중 어려움 가운데 있는 사람을 심방하며 위로하며 돌보는 일을 결코 등한히 해서는 안 된다. 예수님의 교훈을 따라 초대 교회 사도들은 주님의 양들의 영적 상태를 돌아보며, 그들을 양육하기 위해 얼마나 힘썼는지 모른다. 사도 바울은 복음을 전하는 것으로 그치지 않고, 그들을 다시 심방하여 그들의 영적 상태가 어떠한가를 살폈다.

직접 심방하지 못할 때에는 대신 다른 사람을 보내거나 편지를 써 보냄으로써 그들의 영혼을 돌보았다. 이와 같이 바울은 심방의 자세, 방법 등 심방의 실제 문제에 대한 지침을 잘 보여주고 있다(마 9:35~36, 마태복음 10장, 요 21:15~18, 마 25:31~46, 행 15:36, 살전 2:7~12).

하나님은 언제나 그의 백성, 그의 양 무리를 돌보신다. 그 중에서도 특별히 연약한 양들에 관심을 기울이신다. 그리고 그 책임을 하나님은 목자들에게 위임하셨다. 우리는 여기에서 심방의 원리를 발견할 수 있다. 심방이란 영육간 빈약한 신자를 돌보아 주는 것이다. 성경에서 '돌아본다'는 말은 '선한 사마리아인의 비유'(눅 10:25~37)에 그 개념이 가장 잘 나타나 있다.

오늘날 권사는 교역자를 도와 하나님의 백성을 돌아보는 직분이다. 그러므로 권사의 심방이야말로 목회적 사명이라고 할 수 있다.

(라) 직무(심방)의 실제

그러면 권사는 누구를 어떻게 심방해야 하는가? 교회 안에는 권사의 심방을 필요로 하는 사람들이 언제나 있기 마련이다. 영육간 빈약한 신자들은 얼마든지 있다.

권사는 장기 결석자, 연약한 자, 병든 자, 상한 자, 쫓긴 자, 잃어버린 자, 주린 자, 목마른 자, 나그네, 헐벗은 자, 옥에 갇힌 자, 고아와 과부, 외로운 자 등등 우환질고와 낙심 중에 있는 자들을 심방하여 위로하고 권면하며 그들의 영혼과 육체를 돌아보아야 한다. 물론 경우마다 접근 방법이 다를 것이다. 여기에서는 교회에서 권사가 자주 심방하게 되는 경우 그 대상과 방법을 구체적으로 제시하려고 한다.

㉠ 병환자

권사의 심방은 병 때문에 교회에 출석할 수 없는 사람들에게 사랑 어린 관심을 나타낼 수 있고 환자로 하여금 시험을 이해할 수 있도록 해주고, 믿음으로 승리할 수 있도록 도와주기 때문이다, 환자로 하여금 하나님을 경외하며 회개하고, 오히려 하나님의 사랑을 깨닫도록 도와주고 환자와 함께 말씀을 읽고 기도함으로써 그를 격려하는 것이다. 환자를 돌보는 것은 바로 주님을 돌보는 것이다. 주님께서는 병상에서 우리를 기다리신다.

㉡ 환난 당한 자

성경에는 인간의 삶과 미래를 절대적으로 주관하시는 하나님에 대한 가르침으로 가득 차 있다. 슬픔, 두려움, 근심, 걱정, 심지어 죽음까지를 포함하여 우리가 어떤 삶의 자세를 취해야 할지에 대해 성경은 잘 가르쳐 주고 있다.

특히 사랑하는 가족이 죽게 되면 격렬한 슬픔에 잠기게 된다. 이러한 슬픈 상황에서 가족 중 한 사람을 잃은 성도에게 어떤 도움을 주고자 한다면 권사는 말씀에 기록된 풍성한 약속들을 붙잡아야 한다. 이런 슬픔은 죽은 가족에게 사랑을 주지 못했다는 의식, 효도를 다하지 못했다는 생각, 너무 무심했다는 의식으로 어느 정도의 죄의식을 수반하게 된다. 이 모든 어려움과 슬픔을 극복하게 해주는 것은 하나님의 말씀이다. 하나님만이 참으로 그들의 마음을 위로할 수 있으시다.

ⓒ 믿음이 연약한 자

권사는 우선 교회 안에서 영적으로 연약한 사람이 누구인가 관심을 갖고, 그들을 심방하여야 한다. 어떤 이유에서든지 공예배에 장기적으로 결석하거나, 또 정규적으로 출석하지 않는 사람은 연약한 영혼과 믿음을 가지고 있는 사람임에 틀림이 없다. 아직 구원의 도리를 깨닫지 못했거나, 상당 기간 신앙생활을 했지만 아직 삶의 우선 순위가 정립되지 못했거나, 어떤 불편한 인간 관계가 그 원인일 수 있다. 그러나 결국은 영적으로 연약한 증거이다

권사는 바로 이런 사람을 찾아내어 심방함으로써 그들의 영혼과 믿음을 돌보아야 한다. 히브리서 기자는 "모이기를 폐하는 어떤 사람들의 습관과 같이 하지 말고 오직 권하여 그 날이 가까움을 볼수록 더욱

그리하자"(히 10:25)며 권면하고 있다. 여기 '권하다' 라는 말은 '격려하다' 는 뜻이다.

권사는 믿음이 연약하여 장기적으로 집회에 참석하지 못하는 신자들에게 계속 찾아 가야만 한다. 뿐만 아니라 권사는 규모 없는 사람들 곧 제멋대로 신앙생활을 하거나 마땅히 해야 할 일도 하지 않는 게으른 사람들을 심방하여 권계하며, 마음이 약한 사람들 곧 믿음이 적은 영혼을 가진 사람들을 심방하여 안위해 주고, 힘이 없는 사람들 곧 영적으로 무력한 사람들을 심방하여 붙들어 주어야 할 사명이 있다(살전 5:14~15).

이외에도 권사가 심방하며, 위로하고 격려해 주어야 할 사람을 찾아보면 참으로 너무나 많다고 할 것이다. 오늘날 권사는 보혜사 성령을 통하여 먼저 수직적으로 위로를 체험하고, 권위하는 은사를 받아, 이제 수평적으로 영육간 연약한 사람을 위로하고 격려해야 할 사명이 있는 직분임을 잊지 말아야 한다.

④ 권사의 권한

제85회 총회의 헌법 개정 전에는 당회의 결의로 제직 회원권을 줄 수 있게 하였으나 개정 후 현 헌법은 장로와 집사처럼 당연직 제직 회원권을 부여하였다(정치 제21장 제2조 1항).

⑤ 권사의 임기

과거에는 권사가 단순한 부정기적 임시직이어서 권사가 잘못한 일이 있으면 당회의 결의로 그만두게 할 수 있었으나 제85회 총회 이후에는 임시직이면서도 사실상 교회의 항존직이요, 개인적으로는 종신 직으로 변경되었다.

2000년 9월의 제85회 총회에서 개정, 확정된 직원의 임기에 대하여 은퇴 목사, 은퇴 장로, 은퇴 집사, 은퇴 권사를 신설함으로 70세 정년 이후에도 시무는 정지되었으나 그 직은 종신토록 존속된다.

그런데 과거에는 교회 직원이 목사, 장로, 집사이었으나 이제는 권사가 추가되었다.

⑥ 권사의 칭호

(가) 시무 권사 : 만 45세 이상 70세 이하된 자로서 공동의회의 권사 선거에 투표수 3분의 2 이상의 찬성표를 받은 자가 교회에 취임하고 시무하는 권사이다.

(나) 명예 권사 : 교회에 다년간 봉사한 여신도 중에 60세 이상 70세 이하된 자를 당회의 결의로 명예 권사로 임명한 자로서 그 봉사의 일은 시무 권사와 동일하다.

(다) 무임 권사 : 타 교회에서 이명 온 권사로서 공동의회의 투표를 받지 못하고 취임하지 아니한 권사이다.

(라) 은퇴 권사 : 퇴임한 권사이다.

4) 남녀 서리 집사

서리 집사는 글자 그대로 집사 서리이다. 현실적으로는 집사 후보생이라고 해도 잘못이 아닐 것이다. 왜냐하면 집사는 100% 서리 집사 중에서 선택되고 있기 때문이다.

또한 같은 임시직이기는 하지만 권사도 100% 서리 집사 중에서 선택되고 장로도 서리 집사를 거치지 않은 사람은 한 사람도 없을 것이다. 그렇다고 해서 장로나 집사나 권사의 피선거권이 서리 집사이어야 한다는 말은 아니다. 자격 기준만 갖추어지면 서리 집사를 임명받은 경력이 없어도 무슨 직이든 선택만 되면 절차에 따라 임직할 수 있다. 서리 집사는 교회의 사정에 따라 편의대로 남녀 공히 제직회 직무를 수행하게 하는 임시직이다.

① 선임 방법

(가) 공동의회에서 투표로 선정한다

'교회가' 라는 용어는 공동의회에서 투표하는 것을 말한다. 공동의회는 당회에서 결의하여 소집하는 것이니 1주일 전에 광고해야 하며 가결 정족수는 정치 제21장 제1조 5항에 목사, 장로, 집사, 권사 투표만 3분의 2 이상이고 그 외 일반 의결은 과반수이므로 과반수를 받으면 되나 당회의 결의로 선택하고자 하는 수에 따라 종다수로 결정할 수도 있다.

(나) 목사가 임명한다

'목사나' 라는 용어는 당회 가결 없이 목사가 임명할 수도 있다는 말이다. 이는 당회가 없는 교회의 목사로 이해하는 것이 옳다고 본다.

(다) 당회의 결의로 당회장이 임명한다

'당회가' 라는 용어는 당회의 가결로 당회장이 임명한다는 말이다. 당회가 없는 교회는 당회의 결의를 하려고 해도 당회를 모일 수가 없으니 목사가 임명하면 되고 당회가 있는 교회에서는 반드시 당회의 결의로 해야 정치 원리에 어긋남이 없는 것이다.

② 자격

'신실한 남녀로 선정하여' 라고 하였으니 무흠한 입교인이면 누구든지 임명받아 봉사할 수 있다. 경우에 따라서는 세례 받은 직후에 임명을 받아도 법리적으로는 문제가 되지 않는다.

③ 직무

직무상으로는 집사나 서리 집사나 하등의 구별이 없다. 다만 특별 위원을 선정할 경우(예ㆍ결산 위원 등) 집사를 선정한 것은 현실적 예우일 뿐 법리상으로는 그 직무를 논할 때 집사와 아무런 차별이 없다.

④ 임기

임기는 1년으로 못 박았다. 서리 집사는 임명을 받고 1년이 지나면 자동 해임된다. 그러므로 아무리 오랫동안 서리 집사로 봉직하였을지라도 다시 임명받지 못하면 평범한 세례 교인일 뿐이다.

5) 임시직의 해임
① 부정기적 임시직(전도사, 전도인)

당회의 결의로 언제든지 해임키로 가결하고 통보하면 즉시 해임된다.

② 정기적 임시직(서리 집사)

당회가 임명한 후 1년 동안은 재판하지 않고는 해임할 수 없다. 다만, 1년 만기가 되면 자동 해임되고 재임명하지 않으면 세례 교인일 뿐이다.

③ 안수 없는 종신직(권사)

권사는 임시직이면서 종신직이므로 재판에 의해서만 해임된다.

4. 교회의 준직원

(1930年版)

四條 準職員: 講道師와 候補生 準職員이니라

(一) 講道師는 堂會의 推薦에 依하야 老會의 試取로 講道할 認許를 받고, 그 指導대로 從事하되, 敎會 治理權은 없나니라

(二) 候補生은 牧師職을 希望하는 者로 老會의 資格審査를 받고, 그 指導대로 神學에 關한 學科을 選擇하야 修養을 받는 者니라

(三) 講道師와 候補生은 個人으로느 該 堂會 管下에 있고, 職務上으로 는 老會管下에 屬하니라

제4조 : 준직원(準職員)

강도사와 목사 후보생은 준직원이다.

1. 강도사는 당회의 추천에 의하여 총회의 고시로 노회에서 강도할 인허를 받고 그 지도대로 일하되 교회 치리권은 없다.

2. 목사 후보생은 목사직을 희망하는 자로 노회에서 자격 심사를 받고 그 지도대로 신학에 관한 학과로써 수양을 받는 자이다.

3. 강도사와 목사 후보생은 개인으로는 그 당회 관리 아래 있고 직무상으로는 노회 관리 아래 있다.

☞ 준직원이란 목사가 되기 위하여 신학을 공부하는 목사 후보생과 신학을 마치고 총회의 강도사 고시에 합격한 후 노회에서 인허를 받은 강도사를 합하여 준직원이라 한다. 준직원은 당회원은 물론 제직회원도 될 수 없고 오직 특정 직원의 후보자일 뿐이다. 준직원에 대하여는 정치 제14장에 상론하고 있다.

(1) 강도사

신학을 졸업하고 총회 고시에 합격한 자를 노회가 심사하여 인허한 자로서 목사로 임직될 때까지 목사를 방조하며 강도에 전념할 일이다(정문 526문답). 강도사는 강도사 고시 합격 후 1년 이상 노회 지도 아래 본직의 경험을 수양한 자로 목사 고시에 응할 수 있으므로(정치 제14장 제1조), 군이 강도사로 1년을 강도해야 하는 것이 아니라 강도사로 3개월이나 6개월에 관계없이 강도사 고시 합격 후 1년된 강도사이면 목사 고시에 응시 자격이 부여된다.

강도사 인허 후 4년간 강도의 실적이 없으면 노회는 인허를 취소할 수 있다(정치 제14장 제8조). 인허가 취소되면 한 지교회의 평범한 세례 교인으로 돌아간다.

(2) 목사 후보생

목사가 되기 위하여 당회장의 추천을 받아 노회의 고시와 허락으로 위탁된 신학교에서 노회와 당회의 지도와 감독 하에 오로지 신학을 연구하는 신학생이다(정치 제14장 제1조, 동 제2조, 정문 501문답). 다만, 전도사 고시에 합격하면 미조직 교회에서 제직회의 직무를 수행한다(정치 제3장 제3조 1항, 제21장 제2조 2항).

(3) 준직원의 소속

"개인적으로는 당회의 관리를 받으며 직무상으로는 노회의 관할 아래 있다"고 규정하였다. 이 말은 준직원의 개인적 신분은 당회에 소속된 교인이므로 교인의 교적은 당회에 있고 목사 후보생 또는 강도사로서의 소속은 노회에 있다는 말이다.

1) 준직원의 소속
① 행정적으로는 노회에 있고
② 준직원인 목사 후보생 또는 강도사의 명부는 노회에 있다.

2) 준직원의 치리 관할

① 행정적으로는 노회에 있고

② 재판건은 당회에 있다.

③ 노회의 가결로 인허 취소 또는 목사 후보생의 제명은 노회의 가
   결로 행하되 그 부도덕성에 대하여는 소속 당회에 지시하여 권
   징토록 한다(정문 531문답).

3) 준직원의 이명

① 노회 경내의 이동은 당회간 이명서만 교부한다.

② 타 노회의 교회로 이동할 시는 당회간의 이명과 노회간의 이명
   을 같이 행해야 한다.

제4장 목 사

1. 목사의 의의

第四章 牧 師 (1922年版)

一, 牧師의 職任

牧師는 老會의 按手홈으로 將立홈을 밧아 基督(그리스도)의 福音을
傳播ᄒ며 聖禮를 設行ᄒ며 敎會를 治理ᄒᄂᆫ者이니 敎會의 最重 且益
(ㄱ쟝중ᄒ고리익)흔 職分이라(롬 十一〇十三) 聖經에 此(이)職分맛흔者
에 對흔 稱號가 多(만)ᄒ니 其(그)稱號는 其諸般責任(그모돈칙임)을 나
타내ᄂ니라
基督(그리스도)의 羊全羣(양 전무리)을 監察ᄒᄂᆫ者인故로 監督이라도ᄒ
며(行二十〇二四)靈的糧食(신령한양식)으로 其羊羣(그 양무리)을 먹이ᄂᆫ
者인 故로 牧者라도 ᄒ며(렘三〇十五 벳전五〇二─四) 敎會內에서
基督(그리스도)을 奉事ᄒᄂᆫ 者인 故로 基督僕(그리스도의 종)이라도 ᄒ
며 基督(그리스도)의 일군이라도 ᄒ며 新約의 執事라도ᄒ고 (빌 一〇一
견고 四〇一 후고 三〇六) 맛당히 嚴威ᄒ고 智慧롭게ᄒ야 衆人(뭇사롬)
의 模範이 되고 基督(그리스도)의 家와 政事(집과 졍ᄉᆞ)에 對ᄒ야 勤實
히 治理ᄒᄂᆫ者인 故로 長老라도 ᄒ며(벧젼五〇一─三) 하ᄂ님의 보내
신 者인 故로 敎會의 使者라도 ᄒ며 (믁 二二 〇一)
하ᄂ님의 聖旨를 罪人의게 傳播ᄒ며 그리스도로 말미암아 하ᄂ님과
和睦ᄒ라고 權ᄒᄂᆫ 者인 故로 基督의 使臣이라도ᄒ고 福音의 使臣
이라도ᄒ며(후고五〇卄─〇六卄) 正直흔 敎訓으로 勸勉ᄒ며 拒逆ᄒ
ᄂᆫ者를 覺(깨닷)케 責望ᄒᄂᆫ者인 故로 敎師라도ᄒ며(듸도 一〇九
견딤 二〇七 후딤 一〇十一)

救援의 福된 消息을 無知ㅎ야 沈淪ㅎᄂᆞᆫ 者의게 傳ㅎᄂᆞᆫ 者인 故로 傳道人이라도ㅎ며 (후딈 四〇五) 하ᄂᆞ님의 廣大ㅎ신 恩惠와 基督의 設立ᄒᆞᆫ 律例를 設行ㅎᄂᆞᆫ者인 故로 하ᄂᆞ님의 奧妙ᄒᆞᆫ 道理를 맛흔 廳直이라도ㅎᄂᆞ니라(눅十二〇四十二 젼고四〇一一二) 此諸(이모든) 稱號ᄂᆞᆫ 等級잇ᄂᆞᆫ거슬 ᄀᆞᄅᆞ치ᄂᆞᆫ거시아니오다만 其(그)同一ᄒᆞᆫ 職員의 各樣責任을 指稱ㅎᄂᆞᆫ것뿐이니라

제1조 : 목사의 의의(意義)

목사는 노회의 안수로 임직(任職)함을 받아 그리스도의 복음을 전파하고 성례를 거행하며 교회를 치리하는 자니 교회의 가장 중요하고 유익한 직분이다(롬 11:13). 성경에 이 직분 맡은 자에 대한 칭호가 많아 그 칭호로 모든 책임을 나타낸다.

1. 양의 무리를 감사하는 자이므로 목자라 하며(렘 3:15, 벧전 5:2~4, 딤전 3:1),

2. 교회 안에서 그리스도를 봉사하는 자이므로 그리스도의 종이라, 그리스도의 사역자라 하며 또 신약의 집사라 하며(빌 1:1, 고전 4:1, 고후 3:6),

3. 엄숙하고 지혜롭게 하여 모든 사람의 모범이 되고, 그리스도의 집과 그 나라를 근실히 치리하는 자이므로 장로라 하며(벧전 5:1~3),

4. 하나님의 보내신 사자이므로 교회의 사자라 하며(계 2:1),

5. 하나님의 거룩한 뜻을 죄인에게 전파하며 그리스도로 말미암아 하나님과 화목하라 권하는 자이므로 그리스도의 사신이라 혹은 복음의 사신이라 하며(고후 5:20, 엡 6:20),

6. 정직한 교훈으로 권면하며 거역하는 자를 책망하여 각성(覺醒)하게 하는 자이므로 교사라 하며(딛 1:9, 딤전 2:7, 딤후 1:11),

7. 죄로 침륜할 자에게 구원의 복된 소식을 전하는 자이므로 전도인이라 하며(딤후 4:5),

8. 하나님의 광대하신 은혜와 그리스도의 설립하신 율례(律例)를 시행하는 자이므로 하나님의 오묘한 도를 맡은 청지기라 한다(눅 12:42, 고전 4:1~2). 이는 계급을 가리켜 칭함이 아니요, 다만 각양 책임을 가리켜 칭하는 것뿐이다.

목사는 복음을 전파하고 성례를 거행하며 교회를 치리하는 자로서 교회에서 가장 중요하고 유익하며 영광스런 직분이다(롬 11:13).

(1) 목사의 직무상 칭호

목사의 직무상 칭호는 계급을 가리키는 것이 아니요, 각양 책무에 의한 칭호일 뿐이다.

1) 목자 : 양 무리를 감시하는 자(렘 3:15, 딤전 3:1, 벧전 5:2~4)

2) 사역자(종, 집사) : 교회를 봉사하는 자(빌 1:1, 고전 4:1, 고후 3:6)

3) 장로 : 교회를 치리하는 자(벧전 5:1~3)

4) 사자 : 하나님이 보내신 자(계 2:1)

5) 사신 : 그리스도로 말미암아 하나님과 화목하게 하는 자(고후 5:20, 엡 6:20)

6) 교사 : 교훈, 권면, 책망, 각성케 하는 자(딛 1:9, 딤전 2:7, 딤후 1:11)

7) 전도인 : 구원의 복된 소식을 전하는 자(딤후 4:5)

8) 청지기 : 하나님의 은혜와 그리스도의 율례를 시행하는 자(눅 12:42, 고전 4:1~2)

(2) 목사의 신분상 칭호

제4조에서 상론하고 있는 칭호는 신분상의 칭호로서 시무의 형편에 따라 달라진다.

1) 위임 목사 2) 시무 목사 3) 부목사 4) 원로 목사 5) 무임 목사

6) 전도 목사 7) 교단 기관 목사 8) 종군 목사 9) 교육 목사

10) 선교사 11) 은퇴 목사

2. 목사의 자격

二, 牧師의 資格 (1922年版)
　此職(이직분)을 밧을 者는 學識(科學 神學)이 裕餘ㅎ고 行實이 善良ㅎ고 信仰이 眞實ㅎ고 敎授(교훈)을 잘ㅎ는 者가 될지니 諸般 行爲가 福音에 適合ㅎ야 凡事에 撙節홈과 聖潔홈을 나타낼거시오 自己의 家(집)을 잘 治理ㅎ며 外人의게서 美 證(아름다운 증거)을 밧는 者라야 可合ㅎ니라(전딈三〇一一八)

제2조 : 목사의 자격

① 목사 될 자는 총신대학교 신학대학원을 졸업하고 학식이 풍부하며

② 행실이 선량(善良)하고 신앙이 진실하며

③ 교수에 능한 자가 할지니

④ 모든 행위가 복음에 적합하여

⑤ 범사에 존절함과 성결함을 나타낼 것이요,

⑥ 자기 가정을 잘 다스리며

⑦ 외인(外人)에게서도 칭찬을 받는 자로

⑧ 연령은 만 30세 이상자로 한다.

※제96회 총회에서 29세로 개정 결의하고 개정 절차 수의가 없었음.

⑨ 단, 군목과 선교사는 만 27세 이상자로 한다(딤전 3:1~7).

※광신, 칼빈, 대신 신대원을 졸업하고 2개월 총회의 교육을 받은자

☞ 정치 제15장 제1조에 규정한 목사의 자격은 목사 임직을 위한 법적 절차에 필요한 자격 기준을 말하고, 본조에 규정한 목사의 자격은 일반적인 자격 기준으로 성품과 신앙과 학식과 도덕에 대한 자격 기준을 말한다. 목사는 성경을 신학적으로 깊이 알지 못하고서 어떻게 양 무리에게 때를 따라 신령한 양식으로 먹일 수 있겠으며, 입술로만 말을 하고 행실은 말한 것과 딴판의 삶을 살아간다면 누가 그의 교훈을 받겠으며, 가정을 잘 다스리지 못하면서 어떻게 하나님의 집인 교회를

올바로 통치할 수 있겠는가?

민음으로나 지식으로나 행실로나 품격으로나 받은바 은혜와 은사로도 크게 뛰어나 과연 외인에게도 칭찬을 받을 수 있을 만해야 하고, 살았을 때에는 입술과 행실로 설교하는 자가 되고 죽음도 위대한 설교가 되게 해야 한다고 하는 말이다. 목사는 장로와 함께 딤전 3:1~7의 교훈한 자격을 갖춘 자로서 일반적인 요건을 요약하면, ① 총신대학교 신학대학원을 졸업한 자나 광신, 칼빈, 대신 신대원을 졸업하고 2개월 총회의 교육을 받은 자 ② 총회 강도사 고시에 합격한 자 ③ 노회에서 강도사 인허를 받고 1년 이상 교역에 종사한 자 ④ 노회에서 시행하는 목사 고시에 합격한 자 ⑤ 청빙을 받은 자로(정치 제15장 제1조) ⑥ 연령은 30세 이상이어야 하며 단, 군목과 선교사는 27세의 특혜를 부여했다.

3. 목사의 직무

三, 牧師의 職務 (1922年版)
하느님께서 牧師되는 各人의게 各殊恩惠(각다른은혜)를 주사 其(그)恩賜대로 ᄒ게ᄒ시ᄂ니 敎會가 其(그)分量대로 牧師나 敎師나 其(그)他 職務를 맛길수잇ᄂ니라

제3조 : 목사의 직무

① 하나님께서 모든 목사 되는 자에게

② 각각 다른 은혜를 주사 상당한 사역을 하게 하시니

③ 교회는 저희 재능대로 목사나 교사나 그 밖의 다른 직무를 맡길 수 있다(엡 4:11).

☞ 1922년판 헌법이 목사의 직무를 "하나님께서 목사 되는 각인에게 각기 다른 은혜를 주사 그 은사대로 하게 하시나니, 교회가 그 분량대로 목사나 교사나 기타 직무를 맡길 수 있느니라 …"고 하였는데 즉, 목사의 직무를 셋으로 분류하였는데 첫째는 지교회를 관리하는 목사의 직무요, 둘째는 교사의 직무요, 셋째는 기타 직무라고 하였는데 이 기타 직무란 곧 선교사의 직무와 신문과 서적 등 문서 선교 직무요, 또한 기독교 교육 기관을 시무하는 지도자로서의 직무이다.

(1) 지교회 관리

1. 牧師가 支教會를 管理홀 時(때)는 羊羣(양무리)된 教人을 爲ᄒ야 祈禱(單獨, 合席, 代表)ᄒ며 하ᄂ님의 言(말슴)으로 教訓ᄒ고 講道ᄒ며 讚頌ᄒᄂ 일과 聖禮設行ᄒᄂ것과 하ᄂ님代表로 祝福ᄒᄂ것과 幼兒와 靑年을 聖經으로 教育問答ᄒᄂ것과 敎友를 尋訪ᄒᄂ것과 窮乏ᄒ者와 病者와 患難當ᄒ者를 慰勞ᄒ며 長老와 合力ᄒ야 治理權을 使用홀거시니라

1. 목사가 지교회를 관리할 때는

① 양 무리 된 교인을 위하여 기도하며

② 하나님 말씀으로 교훈하고 강도하며

③ 찬송하는 일과 성례를 거행할 것이요,

④ 하나님을 대표하여 축복하고

⑤ 어린이와 청년을 교육하며 고시하고

⑥ 교우를 심방하며

⑦ 궁핍한 자와 병자와 환난 당한 자를 위로하고

⑧ 장로와 합력(合力)하여 치리권을 행사한다.

☞ 지교회 관리 목사는 위임 목사, 시무 목사, 부목사, 교육 목사 등을 포함하고 있다. 그 직무는 축도, 기도, 강도, 찬송, 성례, 교육, 심방, 치리 등으로 다양하다.

1) 기도의 직무

목사가 양 무리를 치는 일은 좋은 꼴을 먹이는 일과 잔잔한 물가로 인도하는 일과 운동을 시키고 연단을 시키는 일만으로는 되지 않는다. 목자의 인위적인 역사만으로는 불가능하다. 목회의 성패가 양 무리를 위한 목자의 기도에 달렸다는 사실을 명심하고 힘써 기도해야 한다는 말이다.

2) 강도의 직무(설교)

지교회 목사의 직무 중에 가장 존귀한 직무가 말씀 직무이다. 목사가 일반 신도들과 똑같은 사람이면서 저들에게 존경을 받으며 주 안에서 가장 존귀히 여김을 받는 일은 주께서 목사에게 말씀 직무를 맡기

셨기 때문이다. 그러므로 목사는 말씀을 예비하되 최선을 다해서 준비하여 먹이도록 해야 한다. 살았을 때에는 입으로 설교하고 행실로 설교하다가 죽을 때에는 그 죽음도 위대한 설교가 될 수 있도록 목사의 전(全) 생애가 설교이어야 한다는 말이다.

3) 찬송할 직무

찬송은 하나님을 경배하는 일에 빼어 놓을 수 없는 중요한 예배의 요건이다. 그러므로 목사는 그가 하나님의 말씀인 성경을 가르치는 것처럼 또한 찬송을 지도할 책임도 있다고 하는 말이다.

4) 성례의 직무

성례는 주님께서 친히 세우시고 직접 분부하신 중요한 직무이다. 성찬은 귀로 듣게 하던 말씀 직무가 먹고 마시는 감각적인 방법으로 듣게 하는 똑같은 말씀 직무의 연장이요, 곧 말씀 직무이기 때문이요, 세례는 회개하고 신앙을 고백하는 자에게 하나님의 자녀가 되었다고 천국인(印)을 치는 예식이요, 기독교에 입교하는 절차이기도 하니 그야말로 기독교의 터전을 이루는 예식이기 때문이다.

그래서 이 직무는 개혁자들에 의해서 진정한 말씀 전파, 근실한 권징과 함께 교회의 3대 표지로 알려져 왔다. 그러므로 성례의 직무를 올바로 행하는 여부가 바로 그 교회가 진정한 교회인 여부를 판가름이 된다는 사실을 명심하고 삼가 조심해서 거행해야 한다.

5) 축복의 직무

지교회 목사는 어떤 의미에서 양 무리를 위하여 존재하고 양 무리를 올바로 키워 하늘나라로 인도하는 신령한 사역을 위하여 존재한다. 그런데 양 무리를 키우는 사역이란 언제나 듣기 좋은 말만 할 수도 없고 언제나 좋아하는 먹거리만을 줄 수도 없다. 때로는 듣기 싫어하는 말도 해야 하고, 책망도 해야 하고, 채찍을 들어야 되기도 한다. 그러나 이것은 자식을 저주함이 아니라 양 무리를 사랑하는 사랑의 발로(發露)로 말미암는 것이다. 목사의 직무는, 저주하는 직무가 아니고 축복하는 직무이니 축복해야 한다는 말이다. 이 직무는 목자가 양 무리를 위해서 행하여야만 할 공적인 직무이면서도 어떤 의미에서는 주께서 목자들이 복을 받게 하시려는 목적으로 설정하신 직무라고 보아도 무방하지 않을까 생각해 본다. 그러므로 양 무리를 축복하고 저주하지 말아야 하며 양 무리를 위하여, 자기 자신을 위하여 삼가 조심해야 한다는 것이다.

6) 교육의 직무

목사들에게 분부하신 교육의 직무는 지교회 목사로서의 교육의 직무인데 법은 "어린이와 청년을 교육하며 고시하고"라 하였으니 유년 주일 학교와 중고등부 주일 학교와 청년부 주일 학교 등을 교육할 직무가 바로 내 직무인줄 알고 성실히 수행하는 자가 되어야 한다. 교사나 전도사 등에게 내어 맡기고 저들에게 '잘 한다 못 한다' 하는 식으로, 본분을 다하는 줄로 여기는 폐단을 과감히 버려야 한다.

교육의 내용은 첫째는 회개하고 예수를 믿어 구원을 얻게 하는 내용이요, 둘째는 하나님의 영광을 위해서 충성스럽게 섬겨 면류관을 얻게 하는 교육이요, 셋째는 하나님의 교회를 흥왕케 할 신실한 일꾼이 될 수 있도록 교육해야 한다.

7) 심방과 위로의 직무

목사가 교인들의 신앙생활의 실상과 가정 형편과 당면한 상황 등을 올바로 파악하여 이를 선도하며 위로하며 위하여 기도하며 양 무리와 함께 기뻐하며 함께 즐거워하는 일은 대개 심방을 통하여 이루어진다. 또한 심방은 목사가 설교할 내용과 그 제목을 찾는 작업이 되기도 하고 목사가 양떼를 위하여 기도할 제목을 깨닫게 하는 방도가 되기도 한다.

위로하는 직무란 구체적으로 말하면, 범죄자에게는 회개하면 분명히 사유함을 받게 된다는 신념을 불어 넣어 위로를 받게 하고, 환난당한 자에게는 환난을 통해서 참사랑을 베푸시는 하나님의 섭리를 깨닫게 하고 위로를 받게 하며, 슬픈 일을 당하는 자에게는 영원한 부활의 소망으로 위로를 받게 하며, 병든 자에게는 질병을 통해서 우리 영혼을 성결케 하시는 하나님의 사랑을 깨닫게 하여 위로를 받게 하는 등등이다.

8) 다스리는 직무

다스리는 직무란 첫째가 행정이요, 둘째가 권징이다. 그런데 이 직무는 목사가 홀로 수행할 직무가 아니라 장로와 함께 행할 목사의 직무이다.

그러므로 당회가 의견을 개진하며 충고하는 일을 목사들은 간섭으로 여기지 말아야 하고, 당회는 목사의 목회 활동 분야에서는 돕는 입장에서 해야 하고, 대등한 위치에서가 아니라 '목자의 키우는 양된 처지'에서 해야 한다. 그러나 다스리는 직무는 분명히 대등한 위치에서 행하는 직무라 할 것은 치리 장로가 치리회 안에서는 목사와 동등한 권한을 가지는 것이 장로회 정치의 기본적인 바탕이 되기 때문이다. 그러므로 다스리는 직무는 장로와 협력해야 할 수 있는 직무이므로 목사 혼자 독주해서는 안 된다.

단, 치리에 관한 직무는 각 교회의 당회장으로 제한하였고 그 외의 목사는 상회에서 파송되었을 때 가능하다. 특히 조심해야 할 것은 미조직 교회를 시무하는 당회장들이 법이 허용하는 대로 행정건 처결은 홀로 행할 수밖에 없겠지만, 권징건까지 홀로 처결하려고 하는 일은 있을 수가 없으니, 마땅히 법대로 노회에 보고하여 처결토록 해야 한다는 것이다.

9) 축도

여기에서 주목할 만한 사안은 '하나님을 대표하여 축복' 하는 축도권인데 이는 정치 제7장 11항에 규정한 대로 고후 13:13의 원문과 같이 "있을지어다"라는 용어를 사용해야 한다. 이는 우리 총회가 1960년 제45회 총회에서 "있을찌어다"로 통일하도록 가결한 바이다(제45

회 총회록 p.461).

(2) 기독교 교육

2. 牧師가 神學校나 大學校에 敎師가되며 靑年의게 宗敎上道理와 信仰上 本分으로 敎訓ᄒᄂᆞᆫ 職務를 밧을 時(때)에ᄂᆞᆫ 牧者ᄀᆞᆺ치 該(그) 學生을 도라보며 靈魂을 救援ᄒᆞ기 爲ᄒᆞ야 各人心中에 聖經의 種子를 뿌리고 結實되도록 勉力ᄒᆞᆯ거시라

① 목사가 종교상 도리와 본분을 교훈하는 직무를 받을 때는
② 목자같이 돌아보며 구원하기 위하여
③ 각 사람의 마음 가운데 성경의 씨를 뿌리고 결실되도록 힘쓴다.

☞미션(Mission)계 학교에서 성경을 가르치며 학생 지도와 상담을 한다.

1922년판의 목사 직무 규정을 거의 그대로 이어오고 있다. 여기서 신학교 교사가 된 목사의 경우에 대해서는 별로 설명할 것이 없겠거니와 요즘 미션계 학교가 세상 풍조에 편승하고 혹은 관(官)을 빙자하고 그 설립 목적을 망각하여 성경 과목을 필수 과목에서 제외하거나 예배를 기피하거나 게을리 하는 일들이 여기저기서 나타나는 것은 큰 비극이 아닐 수 없다.

특히 목사로서 교사가 되었을 경우에는 학원이 교회가 아니라고 해서 목자적인 본분을 망각하는 일이 없어야 할 것이다. 이 세상 학원이기 때문에 오히려 교회 안에서보다 더욱 효과적인 교육으로 성경 진리

를 터득하게 하며 구원의 도리를 믿어 구원에 이르도록 교사 아닌 목
자의 사명을 성실히 감당해야 할 것이다.

(3) 선교사

3. 宣敎牧師가 外國에 宣敎홀 時(때)에는 聖禮를 設行ㅎ며 敎會를
設立ㅎ고 組織홀 權이 잇느니라

① 선교사로 외국에 선교할 때에는
② 성례를 거행하며
③ 교회를 설립하고 조직할 권한이 있다.

☞ 선교사는 성례를 거행하고 교회 설립과 조직까지 허용하였으니 개
인에게 노회권까지 위임하는 특권을 부여하였다. 헌법은 교회 설립과
장로를 세워 교회를 조직하는 일은 노회의 허락 없이 개인으로는 할
수 없도록 규정하였는데(정치 제10장 제6조 5항) 선교사에게는 예외
의 특권을 부여했다.

　이는 교회가 없는 나라나 노회와 총회가 없는 지역에서 허용되는
것이지 이미 본 교단 노회가 조직된 지역에서는 해 노회의 허락을 받
아야 한다.

(4) 기독교 신문이나 서적에 관한 사무

4. 牧師가 宗教上新聞이나 書籍에 關한 事業의 職務를 홀 境遇에는
教會의 德義를 세우고 福音傳ᄒ는듸 有益ᄒ도록 勉力홀거시니라

① 목사가 기독교 신문이나 서적에 관한 사무를 시무하는 경우에는
② 교회에 덕의(德義)를 세우고
③ 복음을 전하는데 유익하도록 힘써야 한다.

☞ 본 직무는 복음 전파에 유익한 보도나 신앙적으로 유익한 서적을 관리해야 한다. 목사가 종사할 수 있는 신문이나 서적이라고 하면 궁극적으로 하나님의 영광을 위한 언론 기관이어야 하는데, 더욱이 종사하는 자가 목사이면 마땅히 교회에 유익을 주고 복음 전하는 일에 그 초점을 맞추어야 한다는 말이다.

그 신문이나 서적을 보는 자마다 신령한 감화와 감동을 받도록 꾸며져야 하겠고, 영의 양식으로 윤택해지도록 해야 하겠으며, 교회를 부흥케 하고 불신자에게는 전도지(紙)의 사명을 다할 수 있도록 편집해야 한다는 말이다. 사건이 사실이라 할지라도 교회 혹은 복음 전파에 악영향을 미치게 될 보도는 삼갈 것이요, 공정한 교계의 여론을 함양하며 선도하는 일에 힘써야 할 것이다.

(5) 기독교 교육 지도자
① 기독교 교육 지도자로

② 목사나 노회나 지교회나 교회에 관계되는 기독교 교육 기관에서 청빙을 받으면 교육하는 일로 시무할 수 있다.

☞ 여기서 말하는 교육 기관이 무엇인가를 먼저 규정해야 하는데 앞에 2항에서 신학교나 교회 중등 정도 이상의 학교 교사의 경우는 이미 그 직무를 명시하고 있으므로 여기서 다시 중복으로 규정했다고 할 수 없다면 기독교 연구회나 혹 주일 학교 진흥을 위한 무슨 노회적인 조직 등을 가리킨다고 해야 할 것이므로 노회나 총회와 관계된 교육 기관 내에서 기독교 교육과 성경 교육을 하는 것으로 보아야 할 것이다.

(6) 강도사의 기관 청빙
① 강도사가 위에 2, 4, 5항의 직무를 당할 때
② 노회의 고시를 받고
③ 지교회 목사가 될 자격까지 충분한 줄로 인정하면
④ 목사로 임직할 수 있다.

☞ 본 조항은 목사의 직무가 아니라 강도사가 신학교나 교회 중등 정도 이상의 학교 교사나 신문이나 서적 관계 기관 종사자로나 기독교 교육 지도자로 청빙을 받을 경우, 지교회로 청빙을 받은 강도사와 똑같이 대우를 받는다는 규정이다.

정치 제15장 제1조에 의하면 강도사는 청빙을 받지 못하면 목사 임직을 받을 수 없도록 규정하고 있다. 이는 목사가 위임은 받지 않고 장립(안수)만 받을 수는 없다는 말이다. 반드시 지교회나 노회 혹은 총회 산하 기관의 청빙을 받아야만 장립과 취임을 동시에 행하는 목사 임직을 받게 되는 것이다. 그런데 현실은 청빙 기관이 지교회에서만 청빙해야 하는 것으로 오해하는 경우를 종종 보게 된다. 본 조항은 강도사가 2, 4, 5항의 직무를 당할 때도 그 기관의 청빙으로 절차에 따라 목사 임직을 받을 수 있도록 규정하였다. 그러므로 기독교 교육이나, 신문, 서적 관리 종사자나 기독교 교육 지도자 등으로 청빙을 받으면 노회의 허락으로 임직할 수 있다. 단, 강도사 고시 합격 후 1년 이상 교역에 종사한 경력과 강도사 인허는 필수적이다(정치 제14장 제1조, 제15장 제1조).

4. 목사의 칭호

(1930年版)
四條 牧師 稱號: 牧師가 그 擔任한 視務와 形便을 因하야 左記와 같은 稱號가 있나니라

제4조 : 목사의 칭호

① 목사가 그 담임한 시무와 형편으로 인하여

② 다음과 같은 칭호가 있다.

☞ 제1조에 언급한 목사의 칭호는 목사의 직무상으로 칭호이고 본조

에서는 목사의 신분상으로 나열한 칭호로서 그 시무 형편에 따라 칭호가 달라진다.

委任牧師: 一支敎會나 一區域(四支敎會까지 可하되 그中 組織된 敎會가 一以上됨을 要함)의 請聘으로 老會의 委任을 받은 牧師니, 特別한 理由가 없으면 그 擔任한 敎會를 終身視務할 것이니라

(1) 위임 목사

① 한 지교회나 1구역(4지교회까지 좋으나 그 중 조직된 교회가 하나 이상 됨을 요함)의 청빙으로

② 노회의 위임을 받은 목사니

③ 특별한 이유가 없으면 그 담임한 교회를 만 70세까지 시무한다.

④ 위임 목사가 본 교회를 떠나 1년 이상 결근하게 되면 자동적으로 그 위임이 해제된다.

☞ 교회의 청빙과 노회의 허락으로 노회의 위임을 받은 목사로서 당연직 당회장권이 부여되고 특별한 이유가 없는 한(정치 제17장 제1조~제4조) 70세까지 시무가 보장된다. 그렇지만 위임 목사가 본 교회를 떠나 1년 이상 결근하게 되면 자동적으로 그 위임이 해제된다. 그러나 안식년 제도가 생긴 다음에는 교회와 노회의 허락을 얻어 1년간 쉴 수 있다(1975년 제60회 총회 결의).

1) 위임 목사의 필수 조건

① 반드시 시무 장로가 있는 조직 교회이어야 한다.

② 교회의 청빙을 받아야 한다.

③ 노회의 허락을 받아야 한다.

④ 위임 예식을 거행해야 한다.

⑤ 위임 예식 순서 중에 위임국장이 공포함과 동시에 위임 목사의
효력이 발생되며 당연직 당회장권이 수임된다.

2) 폐 당회 후의 위임 목사의 신분

위임 목사는 반드시 시무 장로가 있어야 함이 필수 조건이므로 폐 당회 후에 목사의 신분은 위임 목사일 수는 없다. 그 이유는 평신도의 기본권이 소멸되었기 때문이다. 그러므로 그 신분은 시무 목사로 바뀌어 그 시무 기간은 1년으로 제한되고 계속 시무를 하려면 매년 공동의회에서 3분의 2 이상의 가결로 당회장이 시무 목사 시무 연기 청원을 하여 노회의 허락을 받아야 했다. 그런데 임시 목사의 칭호가 시무 목사로, 시무 기간이 3년으로 개정되면서 총회의 유권 해석이 필요하게 되었다.

그리고 우리 총회에서는 1976년 2월 제60회 속회 총회에서 "2년 내에 당회 조직을 회복하면 위임식을 거행할 것 없이 여전히 위임 목사로 시무함이 가하니라"는 결의를 하였다. 그러므로 2년 내로 당회만 회복되면 계속적으로 위임 목사의 신분이 보장된다(헌법은 폐 당회 시 위임 목사의 신분에 대한 언급이 없다).

3) 위임 목사의 해임 및 자동 해제

① 정치 제17장 제1조~제4조에 의한 자유 사면 및 사직과 권고 사면 및 사직

② 위임 목사가 본 교회를 떠나 1년 이상 결근하게 되면 자동적으로 그 위임이 해제된다. 물론 시무하는 목사가 신체 섭양(攝養)이나 신학 연구나 기타 사정으로 본 교회를 떠나게 되는 경우에는 본 당회와 협의할 일이거니와 2개월 이상이 될 때에는 노회의 승낙까지 얻어야 한다. 그러나 "1개년 이상이 경과할 때에는 자동적으로 그 교회 위임이 해제 된다"고 하였으니 법은 이유여하를 막론하고 위임 목사가 1개년 이상 지교회를 떠나는 일을 용납하지 아니한다는 말이다(정치 제17장 제5조와 본조에 규정한 대로 1년 이상 결근 및 휴양 시).

③ 복수 위임했던 위임 목사가 조직 교회 시무를 사면하거나 위임이 해제된 경우, 함께 위임했던 모든 미조직 교회의 위임이 동시에 자동적으로 해제된다. 조직 교회 때문에 목사 위임에 있어서 필수 요건인 교회 조직이 되지 아니하였는데도 위임 목사를 모시는 특혜를 받았던 처지인데 조직 교회를 사면한 이상 미조직 교회가 그 같은 특혜를 계속해서 누릴 수는 없는 것이다.

④ 재판에 의해 목사가 면직되었을 경우이다. 설혹 피고가 노회 판결에 불복하여 상소하였다고 할지라도 권징 조례 제9장 제100조의 규정대로 "상소를 제기한다 할 때에는 하회에서 결정한 것이 권계나 견책이면 잠시 정지할 것이요, 그 밖의 시벌은 상회 판결 나기까

지 결정대로 행한다"고 하였으므로 상회 판결에 의해 번복이 되는 수가 혹 있을지라도 당장 목사가 아니기 때문에 위임이 자동 해제 되는 수밖에 없다.

⑤ 사망했을 경우이다. 정년 이전에 사망했을 경우에도 자동 해제되겠 거니와, 종신토록 시무하였다면 가장 영광스런 담임 해제라고 할 것이다. 그러나 총회의 경우 70세 정년제를 1992년에 채택하여 공 포하면서 1993년부터 이를 시행하게 되었다.

4) 위임 예식과 노회

목사 위임식은 노회가 주관하고(정치 제15장 제11조) 위임 예식 장 소는 목사가 시무할 교회에서 거행한다. 종종 당회가 위임 목사를 청 빙하여 노회의 허락을 받은 후 위임식을 회피하는 경우가 있으나 이것 은 이율배반이며 이와 같은 일은 그 책임이 당회에 있다.

공동의회의 결정은 그 교회의 최종적 의사이므로 당회원들도 복종 해야 마땅한 것이기에 법으로는 물론이고 신앙적으로도 용납할 수 없 는 죄악임에 틀림없다. 위임 목사의 청빙이 허락된 뒤에는 예식을 거 행하는 순서만 남아 있는 것이다. 또한 위임 목사 청원은 당회가 할 일 이지만 목사 위임은 전적으로 노회의 소관이다. 그 위임 예식은 장소 만 그 교회로 하고 일시와 모든 순서, 절차까지 노회에서 거행한다. 그 러므로 해 당회는 예식 절차에 적극 협력하여야 한다(정치 제15장 제9 조).

5) 위임 예식과 그 청빙 절차(정치 제15장 제2조~제6조)

① 당회의 결의로 청빙 목사와 청빙 투표를 위한 공동의회 일시와 장소를 결정한다.

② 1주일 전에 공동의회 일시와 장소와 안건을 광고 혹은 통지한다.

③ 광고한 대로 공동의회를 모인 수대로 개회하여 위임 목사 청빙 투표에 대한 의견을 물어 출석 회원 과반수가 찬성하면 토의 없이 즉시 투표한다.

④ 투표 결과 투표수 3분의 2 이상의 가표를 얻었을 때 의장은 청빙이 가결되었음을 공포한다(이때 반대자가 소수라도 심히 반대하면 의장은 연기할 것을 권유한다).

⑤ 당회는 청빙 위원을 선정한다.

⑥ 청빙 위원은 아래와 같은 서류를 구비하여 시찰회를 경유하여 노회에 청원서를 제출한다.

　㉠ 위임 목사 청빙 청원서(노회장 귀하)

　㉡ 공동의회 회장 의견서(노회장 귀하)

　　(정치 제15장 제3조) (공동의회록 사본)

　㉢ 위임 목사 청빙서(청빙 받은 목사 귀하)

　㉣ 세례 교인 과반수 이상의 서명 날인(청빙서 유첨)

⑦ 피빙자가 타 노회 목사일 경우에는 노회 서기는 청빙서를 접수한 즉시 해 노회에 통보할 것이요(해 노회는 정치 제16장 제3조의 규정대로 청빙 받은 목사와 현재의 시무 교회에 협의하여 시무를 사임케 하고 이명서를 교부한다). 노회는 피빙 목사의 이명서를 접수

하고 청빙을 허락한다(정치 제15장 제8조).

⑧ 노회가 합당한 날짜에 위임 예식을 거행한다. 이 때 피빙 목사가 타 노회 목사일 경우에는 이명서를 접수한 후에 위임 예식을 거행한 다.

(1930年版)

(二) 臨時牧師: 前項과 같이 請聘을 받으나 그 視務期間은 一年에 不過하나니라(十五章 十二條를 參照)

---

(2) 시무 목사

① 조직 교회 시무 목사는 공동의회에서 출석 교인 3분의 2 이상의 가결로 청빙을 받으나

② 그 시무 기간은 1년간이요,

③ 조직 교회에서는 위임 목사를 청함이 원칙이나

④ 부득이한 형편이면 다시 공동의회에서 3분의 2의 가결로 계속 시무를 청원하면 1년간 더 허락할 수 있다.

⑤ 단, 미조직 교회에서 시무 목사 시무 기간은 3년이요,

⑥ 연기를 청원할 때에는 당회장이 노회에 더 청원할 수 있다.

☞ 시무 목사는 지교회를 임시로 시무하는 목사이다. 시무 목사의 청 빙 절차는 위임 목사와 같고 위임 예식이 없는 것이 다르다. 또한 그 직무도 위임 목사와 같고 당회에서 재판권을 처리할 수 없는 것과 당 연직 당회장권 없는 것이 다르다.

1) 조직 교회의 시무 목사

조직 교회를 시무하는 시무 목사가 기본권을 대표하는 치리 장로와 당회를 조직하여 당회가 통치권을 행사하게 되니 목사는 장로들에게 견제를 받게 된다. 또한 1년에 한 번씩 공동의회에 회부되어 기본권자에게 직접 견제를 받게 되니 이중 견제라고 할 것이다.

그런데 조직 교회에 시무 목사로 허락한 것은 위임이라는 일이 목사에게 있어서나 교회에게 있어서도 목사나 교회에 중대한 일이므로 신중을 기하기 위하여 적어도 1년쯤 그 예비 기간을 가지도록 하려는 데에 그 목적이 있다고 할 것이다. 그렇지만 조직 교회에서는 위임 목사를 청빙함이 원칙이라고 규정하였다.

그러나 만부득이한 경우, 시무 목사를 청빙할 때는 조속히 위임 목사로 청빙하여 위임 예식을 거행해야 한다. 만약 1년이 경과하도록 위임 청빙을 하지 아니할 경우에는 한 번만 더 시무 목사로 청할 수 있고 그 후에는 부득불 피차 헤어지는 길밖에 없다 하겠다. 이는 총회가 헌법을 수정해 놓고 인쇄 과정에서 그 수정 내용이 누락되었기 때문이었다.

그 수정 과정은 제49회 총회에서 정치 제4장 제4조에 '청원하면 1년간만 더'라는 9자만 삭제하기로 했고 제15장 제12조 1항에 '1년간 더'를 삭제하기로 가결하여 제50회 총회 수의건(p.440)에서 "임시 목사 시무 연한에 관한 각 노회 수의건은 가 778표, 부 71표, 기권 7표로 가결됨을 회장이 선언하다"로 헌법 수정이 확정되었다.

그러므로 조직 교회에서도 2년뿐 아니라 미조직 교회처럼 공동의회에서 3분의 2의 결의로 청원하면 몇 년이든지 계속 시무를 할 수 있게 하였었을 것을 다시 제95회 총회에서 공동의회에서 3분의 2의 가결로 계속 시무를 청원하면 1년간 더 허락할 수 있다고 개정하기로 결의하고 개정하였기 때문이다.

☞ 장로회 정치 원리가 목사의 성직권과 평신도의 기본권을 동등하게 하였고 상호 견제하게 하는 정치인데, 어찌 목사만 기본권을 대표하는 치리 장로로 말미암는 견제와 1년에 한 번씩 기본권자인 평신도들에게 공동의회를 통하여 또 다른 견제를 받아야 하겠는가? 이런 일은 사실상 목사의 성직권을 멸시하는 태도요, 짓눌리게 하는 제도로서 엄격한 의미에서 장로회 정치라기보다는 조합 정치와 자유 정치로 기울어진 과오임에 틀림없다고 할 것이다.

공동의회에서 판단을 받아야 한다면 동등한 권리를 가지고 교회 행정에 동참한 목사와 장로가 다 함께 받아야 할 터인데 왜 목사만 공동의회에 회부되어야 하는가 하는 것이다.

이런 경우에는 당회가 결의하는 것이 오히려 마땅하고 당회가 가결하지 않고 굳이 공동의회에 회부할 경우라면 목사만 아니라 목사와 함께 당회에서 교회 정치에 동참한 장로도 함께 일한 1년의 업적을 놓고 같이 심판을 받도록 해야 이치에 맞는다고 생각한다. 그러나 이것은 어디까지나 조직 교회를 두고 하는 주장이다. 미조직 교회의 경우는 공동의회에 회부하는 길 이외에는 다른 길이 있을 수 없고 공동의회 회부가 정당하다고 본다. 그러나 제95회 총회가 개정하기로 결의하고 수의하여 통과된 본조의 개정안을 제98회 총회에서 공포함으로 공동의회에서 3분의 2 이상의 가결로 청빙한 후에는 3년에 한번 당회장이 노회에 청원할 수 있게 하였다.

2) 미조직 교회의 시무 목사

장로회 정치는 목사의 성직권과 평신도의 기본권을 대표하는 장로의 치리권을 서로 동등하게 하였으며 이를 상호 견제하게 함으로써 성직권의 독주와 부패는 평신도의 기본권으로 방지하고 평신도의 기본권의 독주와 부패는 목사의 성직권으로 방지하게 하는 정치이다.

미조직 교회에서는 평신도의 기본권을 대표하는 치리 장로가 없으므로 위임 목사를 청빙할 수 없고 부득불 시무 목사를 청빙할 수밖에 없어 어차피 목사의 성직권이 홀로 교회를 지배할 수밖에 없게 된다. 교회를 언제까지 이렇게 유지하고 나간다면 이는 장로회 정치가 아니라 사실상 감독 정치나 혹은 교황 정치 체제와 다를 바 없다 할 것이다. 시무 목사에게 시무 기간을 1년으로 제한할 수밖에 없는 것은 평신도의 기본권을 보호 육성하여 건전한 교회 발전에 이바지하게 하기 위해서 1년에 1차씩 평신도가 직접 행사하게 한 것이다. 이는 곧 기본권과 성직권이 피차 견제되어 독재와 부패를 방지하고 교회의 성결을 유지하여 교회의 사명을 다하게 하도록 하는 것이다.

그러나 본조를 개정하여 시무 기간을 3년으로 한 것과 만기 후에는 공동의회의 가결 없이 당회장이 노회에 더 청원할 수 있게 한 것은 장로교 정치 원리에 맞지 아니하므로 현재 진행 중인 헌법 전면 개정이 하루속히 이루어져 바로 잡아야 할 사항이다.

3) 시무 목사의 당회장권

당연직 당회장은 위임 목사에게만 부여되는 것이므로 시무 목사는 노회에서 당회장권을 허락하면 될 수 있으나 노회가 다른 목사를 당회장으로 파송하면, 시무 목사는 교회에서 시무하면서도 해 교회 당회장은 아니다(정치 제15장 제12조 1항). 따라서 시무 목사는 미조직 교회나 조직 교회를 불문하고 노회가 당회장권을 주지 아니하면 1년간 교회는 시무하면서 당회장도 공동의회 회장도 될 수 없다(정치 제21장 제1조 3항). 또 미조직 교회 시무 목사에게는 행정 처리권만 부여하고 권징 치리권은 없는 것이니 치리권은 치리회에 있고 개인에게 있지 않다(정치 제8장 제1조).

4) 시무 목사의 시무 기간

본조에 조직 교회 시무 기간은 1년이라고 못 박았다. 조직 교회에서는 위임 목사를 청빙함이 원칙이나 부득이한 형편이면 다시 공동의회에서 3분의 2 가결로 다시 시무를 청원하여 1년간 더 승낙 받을 것이요, 미조직 교회 시무 목사는 3년간 시무 목사로 시무하게 할 수 있고 만기 후에도 계속 시무를 원할 경우 다시 노회에 3년간 더 승낙을 받도록 하였다. 그러나 시무 목사에게 시무를 허락한 기간이 경과하고도 계속 청빙이 없으면 무임 목사가 된다(1978년 제63회 총회 결의).

☞ 그러나 제95회 총회가 헌법 정치 제4장 제4조에 목사의 칭호와, 동 제15장 제12조 시무 목사의 권한을 개정하기로 결의하고 각 노회

에 수의하였으나 제96회 총회에서 공포하지 않았었던 것을 제98회 총회가 공포함으로 논란의 여지가 생겼다.

그 내용을 보면 제4장 제4조 목사의 칭호에 "임시 목사는 공동의회에서 출석 교인 3분의 2 이상의 가결로 청빙을 받으나 그 시무 기간은 1년이요, 조직 교회에서는 위임 목사를 청함이 원칙이나 부득이한 형편이면 다시 공동의회에서 3분의 2의 가결로 계속 시무를 청원하면 1년간 더 허락할 수 있다. 단, 미조직 교회에서 임시 목사 시무 연기를 청원할 때에는 공동의회 3분의 2의 가결로 당회장이 노회에 청원한다"고 되어 있던 것을 "조직 교회 시무 목사는 공동의회에서 출석 교인 3분의 2 이상의 가결로 청빙을 받으나 그 시무 기간은 1년이요, 조직 교회에서는 위임 목사를 청함이 원칙이나 부득이한 형편이면 다시 공동의회에서 3분의 2의 가결로 계속 시무를 청원하면 1년간 더 허락할 수 있다. 단, 미조직 교회에서 시무 목사 시무 기간은 3년간이요 연기를 청원할 때에는 당회장이 노회에 청원한다"로 개정되었다고 공포하였으나 논란이 많다.

제96회 총회 시 총회장이 공포하지 아니한 임시 목사 관련 헌법 개정안은 무슨 이유로도 어떤 용어로도 제98회 총회장이 공포할 수 없다는 것이다. 또한 공포를 했을지라도 시행할 수 없는 것이 법리라는 말이다.

그 이유는 제96회 총회장이 공포하지 아니하므로 개정안은 실효(失效)되었고, 권한 없는 제98회 총회장이 공포하였기 때문이다.

뿐만 아니라 임시 목사에 대한 개정안은 장로교의 정치 원리상 모순투성이여서 절대로 시행할 수 없는 내용이다.

① 개정안은 시무 목사에게 독재 정치의 빌미를 주는 법안이다.

② 시무 목사는 당회 조직을 기피할 수 있는 빌미를 주고 있다.

③ 따라서 당회 수는 줄고 미조직 교회는 더 많아질 것이다.

④ 개정안에 의하면 임시 목사는 시무 목사로 명칭이 변경되어 노회의 회원권이 구비하고, 위임 목사, 부목사, 전도 목사는 그 밖의 목사에 속하여 언권 회원(정치 제10장 제3조)으로 바뀐다.

괴변이라고 할지 모르겠으나 법리적으로나 국어 국문학적으로 그렇다는 말이다. 이에 관하여 간단히 설명을 부가한다면 개정 전의 '시무 목사'란 정치 제4장 제4조 목사의 칭호 11개 명칭 중에 은퇴 목사, 무임 목사, 원로 목사외의 8개 명칭 모두가 시무 목사였다. 그러나 개정된 헌법은 오직 임시 목사의 자리에 들어앉은 시무 목사만 '시무 목사'일 수밖에 없다.

그리고 본조의 '각 지교회 시무 목사'란 개정 전에는 위임 목사, 임시 목사, 부목사를 의미하였으나 개정 후의 헌법은 '임시 목사'의 자리에 '시무 목사'가 들어앉았기 때문에 개정 전의 임시 목사이었던 '시무 목사'만 지교회의 시무 목사요, 위임 목사와 부목사는 국어국문학적으로 지교회 시무 목사에서 제외된다는 말이다.

따라서 노회 회원 자격에 위임 목사와 부목사와 전도 목사는 그 밖의 목사에 속하여 언권 회원이 될 수밖에 없다는 말이다. 따라서 총회 총대권도 없고 선거권 피선거권도 없어졌다는 말이다. 그러므로 현재 진행 중인 전면 헌법 개정이 하루속히 이루어져 바로 잡아야 할 사항이다.

(3) 부목사.

① 부목사는 위임 목사를 보좌하는 임시 목사니

② 당회의 결의로 청빙하되

③ 계속 시무하게 하려면 매년

④ 당회장이 노회에 청원하여 승낙을 받는다.

☞ 부목사는 위임 목사를 보좌하는 임시 목사라고 규정하였다. 그러나 부목사는 시무 목사와는 모든 면에서 비슷한 점(相似點)과 서로 다른 점(相異點)이 있다.

1) 부목사와 시무 목사의 다른 점

① 시무 목사는 지교회 사무에 대하여 위임 목사와 거의 다를 바 없으나 부목사는 위임 목사를 보좌하는 것으로 제한된다.

② 시무 목사는 위임 목사와 같이 공동의회의 투표를 통하여 청빙을 받았으나 부목사는 당회의 가결로 청빙을 받는다.

③ 시무 목사는 노회의 허락으로 시무하는 교회의 당회장(공동의회 회장)이 될 수 있으나 부목사는 당회장이 될 수 없다(단, 대리 당회장이나 임시 당회장은 될 수 있다).

④ 시무 목사는 지교회를 위하여 청빙되나 부목사는 위임 목사를 위하여 청빙된다.

2) 부목사와 시무 목사의 같은 점

① 당회장이 계속 시무 청원을 해야 시무가 연기된다.

② 다 같이 동등한 노회 회원이다.

③ 다 같이 노회에서 모든 선거에 투표권과 피선거권이 있다.

3) 부목사의 목사권

청빙 받은 지교회의 일반적 위치는 교회의 위임 목사를 보좌하는 임시 목사이나 노회적 위치는 시무 목사이니 노회원이요, 지교회에 파송하는 당회장도 될 수 있고 당회의 청원을 받으면 시무하는 해 교회는 물론, 노회 산하 어느 교회이든지 대리 당회장과 임시 당회장도 될 수 있다.

4) 부목사와 당회 및 제직회

당회의 조직은 당회장인 목사와 시무 장로로 구성되므로 당회원은 물론, 제직회원도 될 수 없다. 어떻게 같은 시무 목사인데 당회원도 되지 못하도록 규정하고 있는가 하면 장로회 정치는 교인의 기본권(장로)과 교회의 성직권(목사)을 교인들의 투표로 대리자를 세워 교회의 치리권을 당회에 위임한 대의 민주 정치이므로 교인의 투표를 받지 아니한 부목사는 당회원이 될 수 없다.

시무 목사가 교인의 투표를 받았으나 자동적으로 치리권이 없는 것은 교인들이 치리에 복종하겠다는 서약을 하지 않았기 때문이다. 이는 바로 목사 위임식에서 교인의 서약을 의미한다.

5) 허위 교회에서의 부목사

부목사는 위임 목사가 해임되고 허위 교회가 될 경우, 시무 잔여 기간만 시무할 수 있고 그 기간이 지나면 허위 교회 상태에서는 보좌할 위임 목사가 없으므로 계속 시무 청원도 할 수 없을 뿐만 아니라, 제88회 총회에서 부목사는 동일 교회 담임 목사도 될 수 없도록 결의함으로 담임 목사로도 청빙 받을 수 없다(기장측에서는 "담임 목사 사임 시 함께 사임한다"로 되어 있다). 또한 교회가 아무리 크고 업무량이 많아도 위임 목사가 없고 시무 목사가 시무하는 교회에서는 부목사를 청빙할 수 없다.

二, 老昏辭職 (1930年版)

支教會牧師가 老昏하야 職務를 老會에 辭免할 時에 其教會가 該牧師를 受하고 其 事業에 對하야 感謝的 感想이 잇슴으로 本教會에 繼續하야 名譽的關係를 保存코저 하면, 正式으로 共同處理會를 召集하고 俸給의 多少를 不問하고 本教會에 元老牧師로 投票할수잇스나, 老會가 承認한 後에 元老牧師의 名譽를 줄지니, 이런 牧師는 本支教會에 職務와 權은 업스나 上會權은 잇나니라

---

(4) 원로 목사.

① 동일(同一)한 교회에서 20년 이상 시무한 목사가

② 연로(年老)하여 노회에 시무 사면을 제출하려 할 때에

③ 본 교회에서 명예적 관계를 보존하고자 하면

④ 공동의회를 소집하고 생활비를 작정하여 원로 목사로 투표하여 과반수로 결정한 후

⑤ 노회에 청원하면

⑥ 노회의 결정으로 원로 목사의 명예직을 준다.

⑦ 단, 정년이 지나면 노회의 언권만 있다.

☞ 원로 목사는 지교회를 사임한 후에 노회에서 결정하였으므로 노회에서는 언권 회원이 되나, 지교회에서는 명예만 보장된다.

1) 원로 목사의 자격

동일한 교회에서 20년 동안 시무한 목사로서 사면을 제출할 때에 교회가 생활비를 정하고 공동의회 투표수의 과반수 찬성으로(정치 제21장 제1조 1항) 노회에 원로 목사 추대 청원서를 제출하여 허락을 받는다.

2) 원로 목사와 지교회

원로 목사는 지교회를 사면한 후에 노회가 해 교회와 명예적 관계를 보존하기 위하여 허락하였으므로 지교회와의 관계는 생활비를 받는 일 외에 어떠한 직무도 치리권도 없다. 오히려 후임 목사가 원로 목사로 말미암아 어려움이 발생하는 경우에 생활비를 삭감하거나 지급을 중단할 수 있다고 교회정치문답조례 73문답에서는 언급하고 있다. 그렇다고 해서 경제적 어려움이 아닌 경우에도 가능하다는 말은 아니다. 경제적인 면에 대하여는 사찰(관리인)을 두고 부교역자까지 모시며 자가용 승용차까지 운행하면서 핑계해서는 안 된다. 또한 원로 목사로 말미암아 후임자의 목양에 어려움이 있을 경우, 원로 목사는 교회 출석 등 교회와의 관계를 지혜롭게 처신함이 헌법 정신이라고 하겠다.

3) 원로 목사의 권한

지교회에서는 생활비를 받는 일과 명예적 관계를 유지하는 일, 그 이하도 이상도 아니다. 다만 노회에서는 70세 이하일 때는 노회의 정회원이요, 70세를 초과하면 언권 회원이 되고, 70세 정년 전에 다시 시무하는 목사로 청빙을 받으면 그 신분이 시무하는 목사로 바뀐다.

(六) 無任牧師: 擔任한 視務가 없는 牧師니, 老會에서 言權이 있으나 投票權은 없나니라

(5) 무임 목사
① 담임한 시무가 없는 목사니
② 노회에서 언권이 있으나 가부권은 없다.

☞ 무임 목사는 목사직은 가지고 있으면서 시무지가 없는 목사이다. 정치 제17장 제4조에는 이미 목사직을 받은 자로서 ① 성직에 상당한 자격이 없는 자 ② 목사로서의 성적(실적)이 없는 자 ③ 심신이 건강하고 사역할 곳이 있음에도 5년간 무임 목사로 있는 자는 노회가 사직을 권고하도록 규정하고 있다. 제85회 총회에서 헌법을 개정하기 전에는 노회에서는 언권만 있었고 위원회에서는 투표권과 결의권까지 있고

총회의 총대 피선거권도 있었으며 총회에 가면 회원권이 구비되도록 (제11회 총회록 p.43) 하였으나 2000년 헌법에는 정치 제10장 제3조에서 이를 삭제하므로 언권 회원일 뿐이다. 또한 1953년 제38회 총회에서는 무임 목사로서 당회장권을 가진 자는 정치 제4장 제4조 6항에 의하여 시무 목사로 인정치 않는다고 해석하였다.

十五, 傳道牧師 (1922年版)

老會는 特定한 支教會의 請聘업난 講道師라도 講道牧師로 任職하야 敎會업난 遠地에 派送하야 福音을 傳하며 聖禮를 設行하고 敎會를 組織하게 할 거시니, 此等 境遇에난 本章 第十二條八項의 問言은 如左히 變更할지니라

(只今 傳道牧師의 職分을 밧고 하나님께서 賜力대로 此職(이직)에 關한 凡事를 盡行하기로 盟誓하나뇨)

(七) 傳道牧師 (1930年版)

敎會없는 地方에 派送되어 敎會를 設立하고 老會나 總會의 決議로 그 設立한 敎會를 組織하며 聖禮를 行하고 敎會復興引導도 하나니라

(6) 전도 목사

① 교회 없는 지방에 파견되어 교회를 설립하고

② 노회의 결의로 그 설립한 교회를 조직하며

③ 성례를 거행하고

④ 교회의 부흥 인도도 한다.

⑤ 단, 노회의 언권은 있으나 결의권은 없다.

☞ 전도 목사는 교회 없는 지역에 교회 또는 노회가 파송하여 복음을 전파하며, 노회의 허락으로 교회를 설립하고 조직하는 사역을 담당하게 하는 목사로 노회의 언권 회원이다. 1992년 이전에는 강도사라도 노회가 임직하여 전도 목사로 파송하는 것으로 되어 있고 노회의 정회원으로 되어 있던 것을 1992년도에 개정하면서 언권 회원으로 개정하였다. 전도 목사의 권한은 정치 제10장 제3조에 의하여 무임 목사와 동일하다.

(7) 교단 기관 목사
① 노회의 허락을 받아
② 총회나 노회 및 교회 관계 기관에서
③ 행정과 신문과 서적 및 복음 사역에 종사하는 목사이다.

☞ 노회의 허락으로 총회나 노회나 교회와 관계된 기관에서 사역하는 목사로 제3조의 4, 5항의 직무를 수행하는 시무 목사이다. 기관 목사는 지교회 위임 목사는 될 수 없고 임시로만 시무할 수 있다(정치 제15장 제12조 2항).

(1930年版)
(九) 從軍牧師: 從軍牧師는 老會에서 按手를 받고 配屬된 軍隊에게 傳道하며 聖禮를 擧行하는 牧師니라

---

(8) 종군 목사

① 노회에서 안수를 받고

② 배속된 군인 교회에서 목회와 전도를 하며

③ 성례를 행한다.

☞ 노회의 임직과 파송으로 국군 부대에서 사역하는 시무 목사이다. 종군 목사의 인사권은 군 당국에서 행사하며 군부대에 배속되어 시무 하나 목사의 신분은 여전히 노회의 관할 하에 있다. 종군 목사는 국방 부의 군종 당국에서 각 교파의 신학 대학생을 대상으로 군종 장교 후 보생을 선발하여 목사로 임직될 때까지 군복무 연기 혜택을 부여한 후 법규와 절차에 따라 군종 장교로 임관한다. 종군 목사의 임직 연령은 30세에서 27세로 특혜를 주고 있다(제2조 참조). 종군 목사는 노회에 서 정회원이다.

(十) 教育牧師: 總會나 老會의 關係되는 基督教 教育關係에서 請聘 을 받아 視務하게 되는 牧師이다.

(9) 교육 목사

① 노회의 허락을 받아

② 교육 기관에서 성경과 기독교 교리를 교수하는 목사이다.

☞ 노회의 허락으로 위임을 받아 지교회나(제3조 5항) 기독교 학교, 신학교, 성경 학교에서 성경과 기독교 교리를 가르치며 전도하는 목사

로서 노회의 정회원이다.

(10) 선교사
① 다른 민족을 위하여
② 외지에 파송을 받은 목사이다.

☞ 외국에 파송하여 선교하는 시무 목사로 제18장에서 상론하였다.

(11) 은퇴 목사
목사가 연로하여 시무를 사면한 목사로 한다.

☞ 70세 정년이 되어 은퇴를 하거나 정년이 안 되었을지라도 사정에 의하여 은퇴를 한 목사로서 무임 목사와 방불한 목사인데, 정치 제10장 제3조에 의하여 노회의 언권 회원이다.

원로 목사는 노회에서 허락하여 되는 것이므로 70세 이후나 이전이나 원로 목사요, 70세까지는 노회의 정회원이고 70세가 지나면 노회의 언권 회원이다. 그러나 은퇴 목사는 노회에서 허락하여 되는 것이 아니므로 본인이 혹 은퇴를 선언했다고 해도 공인이 된 것이 아니며 70세 전에는 아직 시무할 수 있는 기간이 남아 있으므로 70세까지는 무임 목사요, 70세가 지나면 자동 은퇴 목사가 된다. 그러므로 70세 이후에는 생활비를 받고 안 받는 차이일 뿐, 노회의 회원권에 있어서는 은퇴 목사나 원로 목사나 차이가 없다.

따라서 노회 회원권 면에서는 무임 목사, 전도 목사, 은퇴 목사, 70세가 지난 원로 목사의 차별 없이 모두 언권 회원이다. 굳이 차이점을 말한다면 무임 목사와 전도 목사는 노회에서 지교회 당회장으로 파송할 수 있고, 은퇴 목사와 70세가 지난 원로 목사는 노회에서 지교회에 당회장으로 파송할 수 없다. 그 이유는 제78회 총회에서 "70세가 지난 모든 목사는 모든 공직에 위임할 수 없다"고 70세 정년에 대한 유권 해석을 하였기 때문이다.

　은퇴 목사도 노회의 언권 회원이므로 상비부에 배정하여 회원으로서의 권리와 의무를 행하도록 배려해야 한다.

제5장 치리 장로

1. 장로직의 기원

제1조 : 장로의 기원

① 율법 시대에 교회를 관리하는 장로가 있음과 같이

② 복음 시대에도 목사와 협력하여 교회를 치리하는 자를 세웠으니 곧 치리하는 장로이다.

☞ 장로직은 신약 시대에 와서 갑자기 생긴 직분이 아니라 구약 율법 시대로부터 신약 사도 시대를 거쳐 오늘에 이르기까지 그 직분이 존재하고 있었음을 성경은 언급하고 있다. 그렇다고 해서 구약 시대의 장로직과 오늘날의 장로직이 같다는 말은 아니다. 오늘의 장로란 목사와 협력하여 교회를 치리하는 자니 목사가 주체가 되고 장로가 협력체가 되는 것은 사실이라 할지라도 치리회 안에서의 권한은 목사와 치리 장

로가 동등하며, 상호 견제함으로 건전한 발전을 계도해 나아간다.

(1) 구약 시대의 장로

구약 시대에는 족장 시대의 말기부터 왕정 시대에 이르기까지 각 시대마다 장로직이 존속되었음을 성경은 언급하고 있다.

1) 애굽 바로 왕궁의 장로와 애굽 땅의 장로들(창 50:7) 이후 사도 시대에 이르기까지 이방 모든 민족들의 장로들도 나타난다(민 22:4).

2) 애굽에 있을 때 이스라엘의 장로들(출 3:16,18, 4:29, 12:21, 17:5~6)

3) 광야에서 이스라엘의 장로들(출 18:12, 민 11:30)

   레위기에서는 이스라엘의 장로들이 제사에 참여하는 자로 언급하였으니 제물에 안수하였고(레 4:15) 아론과 그 아들들과 함께 제물을 취하는 사역에 대하여 언급하였다(레 9:1~2).

4) 가나안 정복 후의 장로들(수 8:33, 20:4, 23:2, 24:31)

5) 사사 시대의 장로들(삿 21:16)

6) 왕정 시대의 장로들(삼상 30:26, 삼하 19:11, 시 105:22, 잠 31:23)

(2) 신약 시대의 장로들

신약 시대의 장로들은 유대교의 장로들과 사도들을 협력하는 장로들로 나뉘게 됨을 볼 수 있다. 당시 사도들과 협력했던 창설 교회의 장로들이 계속 변천하여 오늘에 이른 것이다.

　1) 예수님 당시의 장로들(마 27:1, 20, 41, 28:12)

　　오순절 이전 유다의 장로들은 예수님을 십자가에 못 박는 주역들이었다.

　2) 사도 시대의 장로들

　① 사도들과 협력하는 장로들(행 14:23, 15:2, 16:4, 27:17, 21:18)

　② 유대교의 장로들(행 25:15, 24:1, 23:14)

　3) 오늘날의 장로들

　　사도 시대 이후의 장로들은 교회사 편(篇)으로 미루고 현실적으로 오늘날의 장로에 대하여는 개정된 교회 헌법에 명시된 대로 장로 이상도 이하도 생각할 필요가 없다. 교회 기본권의 대표자로서 목사와 함께 각 치리회의 치리를 행사하는 치리 장로이다.

＊ 정문 85문 : 치리 장로가 무엇이냐?

　답 : 치리 장로란 목사와 더불어 본 교회를 치리하는 자이니 성찬에 참여하는 무흠한 남자로 본 교회 교인들이 투표로 선정하느니라.

＊ 정문 86문 : 치리 장로의 직분이 언제부터 있었느냐?

　답 : 아브라함 때부터 있었고(창 24:2, 50:7, 출 3:16, 4:29~30, 12:21, 18:12, 신 5:23, 시 107:32), 모세 때에 이르러 백성의 대표자로 세우되 재판소처럼 등급을 나누어 백성들의 송사를 심판하게 하였는데, 70인을 세웠었다(출 18:21~25, 민 11:16, 25, 출

24:1, Miller on Ruling Elders pp.29~34).

그후 유대사기 중에도 장로에 관한 일이 기록되었고 신약에도 처처에 기록되었으며(마 5:22, 26:3, 눅 7:3, 행 4:8,23, 6:12, 23:14, 24:1, 25:15), 예수 교회를 설립하기 시작할 때에 처음으로 믿은 자가 거의 다 유대인이요, 혹은 유대인의 회당 전체가 교회로 돌아와 그 회당을 예배당으로 드린 자가 있음으로, 교회 정치를 제각기 본 회당의 정치와 같이 세웠고, 이방인 교회에서도 동일한 정치를 사용하였다(행 14:23, 20:17, 딤전 5:1,17,19, 딛 1:5, 약 5:14, 벧전 5:1,5).

교부들이 목사라 칭한 것과, 또한 교회를 치리하는 장로라고 한 것도 많고, 이탈리아 북방에 있는 왈덴시아(Waldensian) 교회와, 기타 사도 시대부터 계속되어 온 각 교회에 목사 외에 장로 직분을 두어 왔다. 유대인의 회당과 같이 예수 교회가 직분을 둔 것은 사도들이었다(Miller on Ruling Elders pp.107~147, Authorized standards of the Free Church of Scotland p.307).

＊ 정문 87문 : 목사와 치리 장로 직분에 차이가 있느냐?

답 : 아래와 같은 차이가 있다.

① 목사와 장로는 그 자격이 다르다.

② 목사와 장로를 택하여 세우는 회가 다르다.

③ 장로는 목사가 장립하고 목사는 노회가 장립한다.

④ 장로는 당회 관할이요 목사는 노회 관할이다.

⑤ 장로들이 목사 임직에 동참하지 못하며 또한 성례를 관리하지 못한다.

⑥ 장로가 목사 될 때에는 다시 장립 받는다.

⑦ 목사들은 선교 지역의 비상한 경우를 제외하고는 치리 장로의 직분을 임시라도 행치 못하며 다른 당회의 청함을 받아 임시 당회장이 될 수 있으나 치리 장로의 직분은 행할 수 없다.

* 정문 88문 : 목사와 치리 장로 직분에 다른 차이가 또 있느냐?

답 : 아래와 같은 차이가 또 있다.

① 목사는 하나님의 사자 또는 그리스도의 사신

② 장로는 목사를 도와 함께 일할 수 있으나 자의로 전행치 못한다.

③ 장로는 설교권이 없으며 세례와 성찬을 베풀지 못한다.

④ 장로는 목사 임직에 동참하지 못한다.

2. 장로의 권한

二, 長老(장로)의 權限(권한) (1922年版)
講道(강도)와 敎訓(교훈)ᄒᄂᆫ 事(사)에ᄂᆫ 全務(전무)의 責任(책임)은 업스나 各治理會(각치리회)에셔ᄂᆫ 牧師(목사)와 同一(동일)ᄒᆫ 權限(권한)으로 各項事務(각항사무)를 處理(처리)ᄒᆞᄂ니라(전뭄五〇十七, 롬 十二〇七, 八)

제2조 : 장로의 권한

① 강도와 교훈은 그의 전무 책임은 아니나

② 각 치리회에서는 목사와 같은 권한으로

③ 각 항 사무를 처리한다(딤전 5:17, 롬 12:7~8).

☞ 장로는 목사와 같은 권한으로 지교회, 노회, 총회의 모든 사무를 관장한다. 그러나 모든 장로가 다 노회, 총회의 사무에 대한 권한이 있는 것이 아니요, 노회나 총회는 총대가 되었을 경우에 그 회의 회원이 되어 권한을 행사한다.

(1) 장로와 목사

장로는 목사와 동등한 권한으로 치리회의 사무를 행사하나, 지교회에서는 공동의회 회장, 당회장, 제직회 회장, 재판국장은 목사밖에 할 수 없는 특별한 권한이요, 장로는 당회원으로서 회의를 통하여 교인의 기본권을 행사함으로 교회의 부패를 방지한다. 장로와 목사는 치리회에서 결의권이 동등하다.

목사가 항상 당회장이 되고 목사만을 항상 재판장이 되게 한 것은 그가 다스리는 직무 외에 말씀 직무를 지닌 하나님의 전권 대사이니 두말할 나위도 없겠지만 항상 다수인 장로측 보다는 항상 1인인 목사에게 장(長)이 되게 하는 것이 양권(兩權)의 동등과 형평을 유지케 하는 적당한 방도가 되기 때문이기도 하다 하겠다.

치리 장로가 목사와 동등한 권한으로 각항 사무를 처리한다는 것은 목사의 권세는 강해지기 쉽고 장로의 권세는 약해지기가 쉽기 때문이요, 장로회 정치는 목사의 성직권(교리권 내지 교훈권을 겸한 치리권)

과 평신도의 기본권을 대표하는 치리 장로의 치리권을 서로 동등하게 하여 이를 상호 견제하게 함으로써 건전한 발전을 도모하는 정치인데, 치리 장로의 치리권이 약해지면 감독 정치나 교황 정치는 될 수 있어도 장로회 정치는 아니요, 목사의 성직권이 약해지면 조합 정치나 자유 정치일 수는 있어도 장로회 정치라고 할 수 없기 때문이다.

(2) 장로와 강론

강도란 원칙적으로 예배당에서 드리는 공예배 설교를 가리키는 것이며, 하나님께서 목사에게만 위탁하신 신성불가침의 권한이므로 장로는 목사가 없을 때는 목사를 방조하는 부교역자에게 행하게 할 것이요, 부교역자도 없을 경우에는 노회에서 파송한 당회장이 보낸 자로 행하게 할 것이요, 당회장도 파송하지 아니하였을 때는 시찰회의 지도로 강론할 목사를 청해야 한다(정치 제10장 제6조 10항). 이상과 같은 모든 절차도 불가능할 경우에 한하여서는 불가불 장로가 강론을 대신할 수도 있다.

* 정문 89문 : 장로의 본분이 무엇이냐?

　답 : 장로는 목사와 더불어 당회, 노회, 대회 및 총회에서 교회를 치리하며, 교인을 교육하며 심방하는 모든 일에 교회의 유익과 연합과 성결을 구하여 행할 것이요, 목사가 없을 때에는 노회와 협의하여 주일마다 인도할 강도인을 택정하며, 부득이할 때에는 장로가 직접 인도한다.

(3) 장로와 전국 교회

장로는 지교회 뿐만 아니라 노회 또는 총회의 총대가 될 경우에는 노회 또는 총회의 회원이 되어 노회 산하 교회 또는 전국 교회의 신령적 관계를 총괄하는 권한이 부여된다. 상회원이 아니고는 자기 교회 또 자기 노회 외에 다른 교회나 다른 노회를 총괄할 권이 부여 되지 않는다.

(4) 목사직과 장로직의 차이점

그것은 근본적인 자격상 차이가 아니고, 교훈권을 더 가진 목사직 은사의 지도적 성격 때문에 생긴 것이다. 예컨대 아래와 같다(정문 87문답).

1) 목사와 장로는 그 자격과 택하여 세우는 회가 다르다.

2) 장로는 목사가 장립하고 목사는 노회가 장립한다.

3) 목사는 노회 관할에 속하나, 장로는 당회 관할에 속한다.

4) 장로는 목사 임직에 동참하지 못한다.

5) 장로는 성례(세례와 성찬)를 관리하지 못한다.

6) 장로가 목사가 될 때에는 다시 장립을 받는다.

7) 목사들은 선교 지역의 비상한 경우를 제외하고는 치리 장로의 직분을 임시로라도 행치 못하며, 다른 당회의 청함을 받아 임시 당회장이 될 수 있으나, 치리 장로의 직분은 행할 수가 없다.

8) 목사는 강도권, 축도권, 당회장권이 있고 장로에게는 없다. 장로가 안수 및 축복 기도를 못하는 이유에 대하여는 성경 중 사도의 행한 것으로 목사가 그 특권을 전수하여 금일까지 거행했기 때문이다(1930년 제19회 총회 결의).

(5) 목사직과 장로직의 동등한 점

　각 치리회에서는 목사와 같은 권한으로 각항 사무를 처리한다.
이것은 사역상 동등의 권리를 나타낸다(발언권, 결의권만 같다).

3. 장로의 자격

三, 長老의 資格 (1922年版)
長老는 行爲가 善良ㅎ고 信仰의 진실ㅎ고 智慧와 分別力이 잇스며 言行이 聖潔흠으로 全敎會의 模範이 될 者라야 可合ㅎ니라 (전벧五○三)

　제3조 : 장로의 자격

　① 만 35세 이상된 남자 중 입교인으로

　② 흠 없이 5년을 경과하고

　③ 상당한 식견과 통솔력이 있으며

　④ 디모데전서 3:1~7에 해당한 자로 한다.

☞ 장로는 딤전 3:1~7에 해당된 자로 반드시 남자이어야 하고, 연령은 35세 이상으로 입교한지 5년을 무흠으로 경과하여야 하며, 상당한 식견과 통솔력이 있는 자로 교인의 투표를 받을 수 있는 피선거권을 갖게 된다. 그러므로 본조에 언급한 장로의 자격은 임직 절차에 대한 자격이 아니고 피선거권에 대한 자격을 의미한다.

(1) 반드시 남자이어야 한다

한국 교회 백년의 역사에서는 한결같이 장로의 자격 기준에서 남자로 제한하였다(장로교단). 그러나 근간에 이르러서는 이미 기장과 통합측에는 여자도 장로 되는 것을 허용하였다. 그러나 여자에게 치리권을 금한 이유는 무엇인가?

1) 성경은 장로나 집사 되는 것을 남자로만 제한하였다(딤전 3:2,12).
2) 사도행전 6장에 최초의 항존직 일곱 사람 중에 여자는 한 사람도 없었다.
3) 여자의 머리는 남자요, 남자의 머리는 그리스도요, 그리스도의 머리는 하나님이심과(고전 11:3)
4) 여자는 가르치는 것과 남자를 주관하는 권이 없고(딤전 2:11~12)
5) 여자에게는 교회를 치리하거나 통치권이 없음(고전 14:34~35) 등의 이유에서

장로는 딤전 3:1~7에 해당된 자로 반드시 남자이어야 하고 창 1:28에 보면 "하나님이 그들에게 복을 주시며 그들에게 이르시되 생육하고 번성하여 땅에 충만하라 땅을 정복하라 바다의 고기와 공중의 새와 땅에 움직이는 모든 생물을 다스리라 하시니라"고 하였으니 타락하기 전 인간에게 하나님은 남녀의 차별 없이 통치권을 주셨다. 그러나 인간이 타락한 이후에는 남녀간의 지위와 권한과 본분이 근본적으로 달라졌다. 이는 타락한 인간이 하나님의 낯을 피하여 숨었고 하나님은 그들에게 찾아오셔서 최초로 면책하면서 밝히셨다.

창 3:16에서 "너는 남편을 사모하고 남편은 너를 다스릴 것이니라"

하였으니 여자는 남자의 치리를 받도록 하였고, 창 3:17에서는 "네가 나무를 먹었은즉 … 너는 종신토록 수고하여야 그 소산을 먹으리라" 하였으니 남자는 노동을 추가하였을 뿐 통치권을 거두시지는 아니하였고 여자의 치리를 받는 것을 거부하도록 암시하셨다.

그러므로 범죄하기 전에는 남녀간 통치권이 동등하였으나 범죄한 후에는 여자에게서는 치리권을 거두었고 남자에게만 존속시켰다. 뿐만 아니라 창조의 원리에서도 언급하기를 "여자는 남자를 돕는 배필"로 지으신 것이다(창 2:18).

따라서 신약 초대 교회에는 여자에게 가르치는 것과 다스리는 권세를 맡기지 아니하고 오히려 제한하였으니 고전 14:34~35 "모든 성도의 교회에서 함과 같이 여자는 교회에서 잠잠하라 저희의 말하는 것을 허락함이 없나니 율법에 이른 것 같이 오직 복종할 것이요(창 3:16, 고전 14:34) 만일 무엇을 배우려거든 집에서 자기 남편에게 물을지니 여자가 교회에서 말하는 것은 부끄러운 것임이라" 하였고, 고전 11:3에는 "남자의 머리는 그리스도요 여자의 머리는 남자요 그리스도의 머리는 하나님이시니라"고 하였으며, 딤전 2:11~14에도 "여자는 일체 순종함으로 종용히 배우라 여자의 가르치는 것과 남자를 주관하는 것은 허락지 아니하노니 오직 종용할지니라 이는 아담이 먼저 지음을 받았고 이와가 그 후며 아담이 꾀임을 보지 아니하고 여자가 꾀임을 보아 죄에 빠졌음이니라"고 하였다.

다만, 딛 2:3~5에 보면 경건한 늙은 여자들로 젊은 여자들만 가르치도록 하였고 그 남편과 자녀들을 사랑하되 특히 남편들에게는 복종하라고 하였으니 여자가 남자를 가르치거나 치리하는 것을 허용한 성구를 찾아볼 수 없다.

한마디로 요약하면 창조의 질서에서도 그러하고 먼저 여자가 앞장서서 행사한 결과, 전 인류를 타락시켰으니 여자에게 치리권을 주는 일로 다시는 그러한 전철을 밟지 말라는 것이다. 그래서 성경 진리에 따라 남자에게만 장로의 자격을 허락한 것이다.

(2) 입교 후 흠 없이 5년을 경과한 자
장로가 될 만한 신앙적 경력을 요구하는 규정이다.

1) 입교인
교인이 되었음을 규정하는 용어로서 당회의 결의로 세례를 받은 자와 유아 세례를 받은 후 만 14세 이후에 입교한 자를 당회록 및 세례 교인 명부에 등재된 교인을 말한다. 입교인이 되면 공동의회 회원이 되는 것은 물론 지교회 교인으로서 모든 권리와 의무가 보장되며, 교회 내의 모든 회에서 규칙에 정한 대로 선거권과 피선거권이 부여된다.

2) 흠 없이(무흠)
입교인이 된 후에 성도로서 어떤 경우 결격 사유가 없음을 규정하는 용어로, 권징 조례에 의한 벌을 받지 아니한 자를 의미한다. 아무리 큰 죄를 범했다는 풍설이 난무해도 재판에 의하여 책벌인 명부에 등재되지 아니하였으면 무흠 입교인이다.

3) 5년 경과

신앙 경력 자격 기준을 5년으로 규정하였다. 여기에 5년은 본 교회의 입교인이 된 기간만을 의미하지 아니하고 신앙 고백을 같이 하는 본 교단에 속한 교회에서의 신앙 경력까지 포함하여 합산한 기간이다. 그러므로 본 교단의 타 교회에서 장기간 신앙생활을 똑바로 한 성도가 본 교회에 이명하여 단 하루를 지났다고 하더라도 투표만 받으면, 합법적인 하자는 없다는 말이다. 즉, 본 교단에 속한 타 교회에서 이명 온 자는 당회에서 이명서를 접수하기로 가결한 즉시 선거권과 피선거권이 부여된다.

이러한 내용은 1989년 제74회 총회에서 "정치 제5장 제4조 장로 자격 중 무흠 5년에 대한 질의는 본 교단에 속한 교회에서 무흠 5년으로 해석함이 옳다"고 결의하였다.

그리고 정치 제6장 제4조 4항 "무임 집사 : … 본 교회에 전입하여 만 2년이 경과하고, 공동의회에서 집사로 피선되면 취임식만 행하고 안수 없이 시무 집사가 된다"고 한 집사에 대한 법조문과 비교할 때도 장로는 그 교회에서 만 2년보다는 많은 시간을 섬겨야 교회 형편을 알고 치리하는 장로로서 시무할 수 있지 않겠는가?

그러므로 장로의 자격은 그 교회에서 만 5년 이상을 섬김이 필요하다고 여겨져 "입교인으로 흠없이 5년을 경과하고"를 본 교회 입교 또는 전입해서 만 5년 이상 교회를 잘 섬긴 남자 교인이라야 장로의 자격이 있다고 보아야 하지 않겠는가? 그러나 법은 장로에 대해서는 언급이 없으니 본 교단에 속한 교회에서 무흠 5년이면 된다고 할 것이

다. 또한 무흠 5년을 계산하는데 있어서 벌을 받은 자는 해벌한 날로
부터 5년이 경과되어야 한다. 다만, 예배 모범 제17장에 규정한 대로
해벌과 함께 복직된 자는 이에서 제외된다.

※ 제94회 총회에서 교회간 이명한 장로의 자격에 대하여 정치 제6
장 제4조 '집사의 칭호' 4항을 준용하여 본 교회 전입하여 만 2년 경
과하고 공동의회에서 시무 장로로 피선되면 취임식만 행하고 안수 없
이 시무 장로로 취임한다고 결의함.

(3) 상당한 식견과 통솔력

장로로서 지도력을 규정한 것으로 성경과 일반 상식이 풍부하여 교
인을 지도할만한 식견과 교회를 치리할 수 있는 통솔력이 구비된 자를
말한다.

장로는 교회의 택함을 받아서 목사와 협력하여 교회의 행정과 권징
을 관리하며 교회의 신령적 관계를 살펴야 할 직무가 있기 때문에 상
당한 식견과 통솔 능력이 있어야 한다는 것이다.

그렇다고 학력을 제한하거나 학자나 지식인만이 장로가 될 수 있다
는 말은 아니다. 그러나 무학(無學)자는 이 직을 감당하기 곤란한 실정
이므로 상당한 식견과 통솔력을 요구한 것으로 보인다. 상당한 식견이
라 함은 학식과 견문, 즉 지식과 교양을 의미하는 것으로 생각된다. 장
로는 지식과 교양이 있어서 사리를 올바르게 판단할 수 있어야 하며,
장로야말로 어떤 급변한 상황에도 신속히 대처할 수 있는 정신과 인격
이 있어야겠다고 생각한다. 장로가 자기의 소신과 철학이 없이 형편과

형세에 따라 이리저리 이끌려 다닌다면 교회가 어떻게 되겠는가?

또한 장로는 교인들이 교리를 오해하거나 도덕적으로 부패하지 않도록 권면하며 교우들을 심방하여 위로하고 교훈하며 기도해주어야 할 통솔의 능력이 있어야 한다. 사리를 옳게 판단할 수 있는 식견이 필요하고 중요하지만 이를 실천하고 통솔할 능력이 없다면 쓸모가 없다. 지도자는 예리한 통찰력과 풍부한 상상력을 갖고 이를 실천할 능력과 집약해서 집행할 통솔력이 있어야 교인의 지도자요, 대표자가 될 것이다.

(4) 딤전 3:1~7의 해당자

장로로서 신앙 인격과 사회적인 품위를 열거하였다.

4. 장로의 직무

四, 長老(장로)의 職務(직무) (1922年版)

治理長老(치리장로)는 敎人(교인)의 擇(택)흠을 밧고 代表者(대표자)가 되어 牧師(목사)들과 協同(협동)흐야 治理(치리)와 勸懲(권징)의 事(사)를 管理(관리)흐며 支敎會(지교회)或(혹)全國敎會(전국교회)의 神靈的關係(신령적관계)를 統率(통솔)흐느니라 主(주)께 付託(부탁)밧은 羊羣(양군)(양무리)을 堂會(당회)로던지 個人(개인)으로던지 지부즈런히 직혀 道理誤解(도리오해)나 信德(신덕)의 腐敗(부패)흐는디 니르지안케흘거시며 個人的(개인적)으로 勸勉(권면)흐되 悔改(회개)치 아니흐는者(자)가 잇슬 時(시)에는 堂會(당회)에 報告(보고)흘거시며 敎友(교우)를 尋訪(심방)흐되 特別(특별)히 病者(병자)와 遭喪者(조상자)를 慰勞(위로)흐며 無識(무식)흔者(자)와 敎會內幼兒(교회내유아)를 養育(양육)흐고 看護(간호)흘거시니라 大槪平信徒(대개평신도)라도 愛(애)(스랑)의 法(법)을 當行(당행)흘 諸般本分(제반본분)이 잇거든 況且(황차)(하물며)長老(장로)는 身分上義務(신분상의무)와 職務上本分(직무상본분)으로 宜當(의당)(맛당)히 實行(실행)흘거시니라

長老는 敎人과 함께 祈禱ᄒ며 爲ᄒ야 祈禱ᄒ고 敎人中에 講道로 由
ᄒ야 發生ᄒᄂ 結果를 ᄎᄌ보며 疾病과 哀戚을 當ᄒ者와 悔改ᄒᄂ
者와 特別히 救助밧을 者가 잇슬 時(때)에ᄂ 牧師의게 報告ᄒ거시니
라

제4조 : 장로의 직무

(1) 교회의 신령적 관계를 총찰한다

① 치리 장로는 교인의 택함을 받고

② 교인의 대표자로

③ 목사와 협력하여

④ 행정과 권징을 관리하며

⑤ 지교회 혹은 전국 교회의 신령적 관계를 총찰한다.

☞ 장로는 지교회에서 행정과 권징에 대한 직무가 자동적으로 부여되고, 상회에서는 총대가 될 경우 노회 회원이 되어 지역 교회의 신령적 관계를 총찰하고 또는 대회나 총회의 회원이 되어 전국 교회의 신령적 관계를 총찰한다.

1) 교인의 택함

장로는 교인들의 택함을 받아야 한다. 장로회 정치가 '주권이 교인들에게 있는 민주적 정치'이므로 원칙적으로 전체 교인이 주권자인데, 항상 전체 교인이 다 직접 주권을 행사하도록 하기는 심히 어려운

일이므로 교인들이 주권자인 자기들을 대표할 대표자를 뽑아 당회를 조직하여 치리권을 행사하도록 위탁하는 일이 가장 효과적인 정치 제도요, 구약 시대부터 사용해 온 성경적인 전통이다.

장로회 정치는 양심 자유 원리만 존중하지 않고 교회 자유 원리도 똑같이 존중한다. 이 양심 자유 원리는 각개 교인에게 보장된 권리요, 교회 자유 원리는 목사인 성직자를 관할하는 치리회에 보장된바, '교인의 입회 규칙 및 직원의 자격과 교회 정치의 일체 조직을 예수 그리스도의 정하신 대로 설정할 자유권'(제1장 제2조) 등이다.

그러므로 양심 자유 원리를 좇아 교인들이 교인의 대표자인 장로를 선거하고 교회 자유 원리를 좇아 치리회가 당회장을 선거한다, 두 대표자는 권리가 서로 동등하며 또한 상호 견제를 이루게 한다. 이것이 바로 장로회 정치이다.

2) 교인의 대표자

장로는 교인의 대표자이다. 혹은 대변자이며 대리자이다. 그런즉 장로는 항상 교인의 의사를 살펴 공정한 대변자가 되어야 하며 정당한 대리자 구실을 하여야 한다. 그러나 제아무리 교인들의 의사라고 해도 불신앙적이고 불법적이거나 부덕하고 부당한 의사일 때에도 장로가 그 대변자나 대리자가 되어야 한다는 것은 물론 아니다. 그리고 우리 헌법에도 장로에게 이 '교인의 대표자'라는 칭호 외에는 다른 칭호가 없다. 목사에게는 목사, 사자, 교사 등등 그 칭호가 얼마든지 있으나 장로는 그렇지 아니하다. 이럼에도 불구하고 우리 교회가 장로도 목사와 똑같이 기름 부은 종, 하나님의 사자 등등으로 부르는 일은 존경하는 뜻에서는 어떨지 모르나 적어도 헌법에 비추어 보면 불법적인 칭호가 분명하다 할 것이다.

3) 목사와의 협동

장로의 권세요 혹은 직무인 치리권 및 치리권과 관계되는 직무는 장로가 독담(獨擔)한 직무나 권세가 아니다. 교회의 모든 직무의 중심이 말씀 증거의 직무요, 교회의 모든 직무가 말씀 증거 직무로 귀착되는 이상 결국 치리하는 직무나 봉사하는 직무나 모두 말씀 증거의 직무를 전담 수행하는 목사와 협동해야 한다는 사실이 명백해진다. 그러므로 장로는 목사를 주체로 하고 협동하여야 한다. 치리회 안에서는 동등한 치리회원임이 분명하다. 그러나 치리회 밖에서는 장로도 목사의 교훈에 순복해야만 할 양 무리 중의 한 사람일 뿐이므로 결국 장로는 목사에게 배워서 말씀으로 성장하며, 다스리는 일도 목사에게 배워서 다스리게 되는 직분임에 틀림이 없다고 본다.

4) 장로 직무 요약

장로는 지교회에서 행정과 권징에 대한 직무가 자동적으로 부여되고 상회에서는 총대가 될 경우, 노회 또는 총회의 회원이 되어 전국 교회의 신령적 관계를 총찰한다.

① 권징의 관리

권징이란 재판건을 의미하는 것으로 헌법 중에서 권징 조례에 의한 다스림 가운데 재판건의 처결을 가리킨다(권징 제1장 제5조). 이것이 바로 장로가 목사와 협동하여 해야 할 직무요 혹은 권세이다.

② 행정의 관리

행정이란 헌법 중에서 교회 정치에 의한 다스림을 말하는 것으로 재판 사건 이외의 모든 다스림을 행정 관리라 한다(권징 제1장 제5조).

③ 신령적 관계

신령적 관계란 정치 제1장 제8조에 규정한 바와 같이 국법상의 행정이나 재판이 아니라 만국 교회의 머리이신 예수 그리스도의 권고와 은총에 관한 다스림을 말한다. 그러므로 신령적 관계는 교회법상의 관계요 국가의 법률이 아니다. 그 관계를 열거하면 다음과 같다.

　ㄱ 교회법은 신령적 관계를 다스리고 국법은 세속적 관계를 다스린다.

　ㄴ 교회법은 하늘나라의 관계를 다스리고 국법은 세상 나라의 관계를 다스린다.

　ㄷ 교회법은 신앙 관계(영적 관계)를 다스리고 국법은 육적 관계를 다스린다.

④ 장로는 교인의 선택을 받은 교인의 대표자인 동시에 목사와 협동하여 위의 3가지 직무를 수행하는 자로서 자기 개인적 생각으로나 사사로움에 얽매여서는 안 된다.

(2) 도리 오해(道理誤解)나 도덕상 부패를 방지한다.

　① 주께 부탁 받은 양 무리가

　② 도리 오해나 도덕상 부패에 이르지 않기 위하여

　③ 당회로나 개인으로 선히 권면하되

　④ 회개하지 아니하는 자가 있을 때에는

　⑤ 당회에 보고한다.

☞ 장로는 맡겨진 양 무리의 대변자만이 아니라 오히려 도리 오해나 도덕상 부패를 방지하기 위하여 당회로나 개인으로나 선히 권면하며 교도(敎導)하는 자이다. 그러므로 장로는 교인들이 신조와 교리 그리고 성경의 그릇된 이해로 교회의 변질과 교인들의 도덕성이 부패함으로 하나님의 영광을 훼방하는 일이 없도록 교인을 잘 지도해야 한다.

　1) 도리 오해

　도리 오해란 곧 교리와 신조에 관한 그릇된 생각이다. 교인들이 성경적 교리를 오해하거나 설교에 대하여 오해하거나 성경 지식이 부족함으로 오해가 생기거나 신앙적으로 상심하지 않게 하며 불경건한 집회에 참석함으로 말미암아 신앙에 손실이 없도록 지도해야한다.

　2) 도덕적 부패

　교회 안에서 일어나는 불건전한 이성 관계(의지 없는 고아를 수양하는 자선 사업 외에, 온 교회가 한 지체가 된 명의가 있으니, 다시 의

남매나 수양 남매의 명칭을 두어 친근한 관계를 둘 필요가 없으니, 이 것을 금할 것을 작정하였고, 1959년 제44회 총회에서는 오래 전에 결 의 되어 있으므로 각 노회에 명령하여 엄격히 실행하도록 하실 일이오 며 라고 재확인 함), 부덕한 금전 거래, 기타 성도간 부덕한 행위로 말 미암아 신앙적으로나 사회적으로 불신자 또는 성도 간에 비방거리가 되지 않도록 지도해야 한다.

장로는 이와 같은 부패에 이르지 않도록 맡겨진 양 무리에게 선히 권할 것이요, 개인적으로 듣지 아니하면 치리회로 권면하도록 당회에 보고할 것이요, 당회의 권면도 듣지 아니하면 권징을 통해서라도 교회 에서 악을 제하도록 해야 할 것이다.

3) 회개하지 않는 자에 대하여

본조에서 "당회나 개인으로 선히 권면하여 회개하지 아니하는 자 는 당회에 보고한다"고 했으니 개인이 보고하는 것은 이해할 수 있으 나 당회가 당회에 보고한다는 의미는 무엇을 말하는가? 이것은 행정 건에서 재판건으로 넘어가는 것을 의미한다. 종시 회개하지 않을 경우 에는 교회의 성결을 유지하기 위하여 권징으로 다스릴 수밖에 없는 일 이다.

(3) 교우를 심방하여 위로, 교훈, 간호한다.
　① 교우를 심방하되
　② 특별히 병자와 조상자(遭喪者)를 위로하며

③ 무식한 자와 어린아이들을 가르치며 간호할 것이니

④ 평신도보다 장로는 신분(身分)상 의무와 직무(職務)상 책임이
더욱 중하다.

☞ 현실적으로 심방은 목사와 전도사, 권사가 하는 일로 오해하는 것
같으나 장로에게 심방 의무가 있다. 심방은 신분과 직무상 책임이 중
하다고 규정하고 있다.

양 무리의 실정을 모르거나 잘못 파악하고 양 무리를 다스린다고
하는 일은, 사건을 알지 못하고 아무렇게나 판단하겠다는 것이라고 할
수밖에 없을 것이다. 저희를 위로하고 교훈하며 간호해야 할터인데 교
우를 방문하지 않고 이 막중한 책임을 수행할 수 있겠는가? 일반 교인
을 두고도 장로의 의무와 책임이 이러하다면 특별히 병자와 조상자,
무식한 자와 어린아이를 돌보고 위로하며 격려하며 교도하며 간호하
는 일을 두고는 더 말할 필요도 없을 것이다.

심방 없이 교인의 실정을 알 수 없고, 심방 없이 양 무리의 도리 오
해나 도덕상 부패를 다스릴 수 없고 방지할 수 없기 때문이다. 또한 심
방 없이 저희를 위로하며 교훈하며 간호할 수 없기 때문이다.

(4) 교인의 신앙을 살피고 위하여 기도한다.

① 장로는 교인과 함께 기도하며 위하여 기도하고,

② 교인 중에 강도의 결과를 찾아본다.

☞ 교인을 돌보는 직무 중에서 최대의 직무는 교인의 신앙을 살피는 직무라고 할 것이다. 잘 자라지 못할 때에는 그 요인이 무엇인지를 살펴 제거하도록 노력해야 하겠으며 이를 위해 힘써 기도해야 한다는 말이다. 장로의 노력이 제아무리 크다 해도 하나님께 온전한 성장을 위해 기도하는 것만큼 더 유익하고 효과적인 일이 없을 것이다.

교인의 신앙은 목사의 설교에 많은 영향을 받게 된다. 그러나 아무리 은혜로운 설교를 하여도 받는 자의 자세와 수준을 따라 역행하는 경우를 보게 된다. 그래서 본조에 규정한 '강도의 결과를 찾아 본다'는 의미는 목사의 설교를 평가하는 장로가 되라는 의미보다는 설교를 받아들이는 교인의 자세를 중심으로 살펴야하며 이를 위하여 특별히 기도하며 교인들의 신앙을 위하여 기도하는 장로가 되어야 할 것이다.

장로에게 이와 같이 강도의 결과를 찾아보게 한 것은 더욱 좋은 강도의 효과를 계도하기 위한 신령한 직무이다. 그러므로 효과적인 강도를 위한 좋은 자료 제공을 할 수는 있어도 결코 목사의 설교를 비방하거나 비난하라는 것이 아니다.

(5) 특별히 심방할 자를 목사에게 보고한다.
  ① 병환자와 슬픔을 당한 자와 회개하는 자와
  ② 특별히 구조 받아야 할 자가 있을 때에는
  ③ 목사에게 보고한다.

☞ 장로의 심방은 예비적 심방으로서 목사와 함께 심방하여 도와야 할 교인을 살피는 심방이다(3항 참조). 은혜 중에 잘 성장하여 특별히 목사에게 알리지 안 해도 무방한 경우도 있지만 반드시 목사가 알아서 특별히 목회적 배려를 해야 할 일은 장로의 심방으로 끝낼 수가 없다.

그러므로 병환자와 슬픔을 당한 자와 특별히 구조 받아야 할 자가 있을 때에는 목사에게 보고해야 한다는 말이다. 그러므로 목사가 목회를 하는데 가장 요구되는 돕는 자로서는 부교역자와 다른 직원보다 장로가 더욱 중요한 위치에 있음을 강조하는 조항이다. 부교역자는 임시적으로 방조하나 장로는 항존직으로서 평생을 함께 교회를 다스리는 동반자이기 때문이다.

5. 시무권이 없는 장로

제5조 : 원로 장로
① 동일한 교회에서 20년 이상 시무하던 장로가
② 연로하여 시무를 사면할 때
③ 그 교회가 그의 명예를 보존하기 위하여
④ 공동의회 결의로 원로 장로로 추대할 수 있다.
⑤ 단, 당회의 언권 회원이 된다.

(1) 원로 장로

원로 장로는 웨스트민스터 헌법에도 없고 정치문답조례에도 없고 근간에 한국 교회에 신설된 명예직으로 동일한 교회에서 20년 이상 시무하던 장로가 시무를 사임할 때에 교회가 그 명예를 보존코자 하여 공동의회의 결의로 추대된 장로이다.

1) 원로 장로의 자격
① 시무를 사임한 자

반드시 70세 정년이 되지 않아도 시무 사임만 하면 된다. 그러므로 '연로하여' 라는 용어는 시무 사임에 대한 보충어일 뿐 다른 의미는 없다.

② 동일한 교회에서 20년 이상 시무한 자

계속 시무가 아니라도 동일한 교회에서 시무한 연수를 합하여 20년 이상이면 된다.

③ 공동의회의 결의로 추대된 자

원로 장로로 추대되기 위하여 공동의회에서 얼마의 찬성을 받아야 하느냐에 대하여는 정치 제21장 제1조 5항에 의거, 출석 회원 과반수의 찬성으로 교회의 추대를 받는다.

2) 원로 장로의 권한

① 당회원이 된다

'당회의 언권 회원이다' 라는 규정은 당회에서 결의권과 선거권, 피선거권이 없을 뿐이요 발언권이 있는 당회원이라는 말이다. 그러나 언권 회원으로 당회에 참석함으로 젊은 장로들이 언권에 짓눌러서 일하기가 어렵게 된다면 사실상 원로로 물러 앉으나마나한 상황이 되지 않을까 하는 생각이 든다.

② 제직회원이 된다

정치 제21장 제2조 1항에 "지교회의 당회원과 집사와 권사를 합하여 제직회를 조직한다"고 하였으니 원로 장로는 당회 회원이므로 언권은 물론 결의권까지 구비한 제직회원이다. 장로나 집사는 70세가 넘으면 제직회원이 될 수 없으나 원로 장로는 70세 정년에 관계없이 제직회의 회원이 되는 특권이 부여된다.

③ 원로 장로와 교회 봉사

원로 장로는 당회원이요 제직 회원이므로 건강이 허락하는 한 예배, 성찬, 심방 등은 물론 제직회의 각부의 부장으로도 봉사할 수 있고 교회의 모든 분야에서 봉사의 의무와 권리가 보장된다.

제6조 : 은퇴 장로

연로하여 퇴임한 장로이다.

(2) 은퇴 장로

☞ 은퇴 장로는 연로(70세 정년)하여 퇴임한 장로로서 장로라는 칭호만 가지고 있으면서 평범한 세례 교인으로 돌아간다. 소위 조기 은퇴자는 은퇴 장로라 하기보다 70세까지는 휴직 장로라고 하는 것이 헌법적이라 하겠다(정치 제3장 제2조, 제13장 제5조).

제7조 : 협동 장로
① 무임 장로 중에서
② 당회의 결의로
③ 협동 장로로 선임하고
④ 당회의 언권 회원이 된다.

(3) 협동 장로

협동 장로는 정치 원리 제1조(양심의 자유)와 제6조(직원 선거권)와 제7조(치리권)에 어긋난다. 교인이 목사나 장로에게 치리를 받는 것은 자기가 투표하고 치리에 복종하겠다고 서약한 당회원에게만 치리를 받게 된다. 그러므로 부목사는 서약도, 투표도 하지 아니하였기 때문에 치리권이 없고, 시무 목사는 투표는 하였으나 서약을 하지 아니하였기 때문에 치리권이 없는 것이다. 그런데 협동 장로는 교인이 서약도 하지 아니하고 교인의 투표도 받지 아니한 자로서 당회의 결의로 당회의 언권 회원이 되어 치리권을 행사하는 것은 언어도단이다. 이 항목은 속히 개정되어야 할 사안이다. 그러므로 당회에서 협동 장로를 세워서는 안 된다.

(4) 원로, 은퇴, 무임, 휴직 장로(휴무 장로)의 구별

1) 은퇴 장로 : 70세 정년제 이후에는 자동으로 은퇴 장로가 생기게
되었다. 은퇴 장로는 장로라는 칭호만 있을 뿐 사실상 평범한 세례 교
인으로 돌아간다.

2) 무임 장로 : 택하여 세움을 받은 본 교회를 떠나 타 교회로 이거
하여 아직 그 교회의 투표로 위임 예식을 행하지 아니한 장로(정치 제
13장 제5조, 동 제6조, 헌규 제9조, 정문 93문답)로서 아무런 권리가
없다. 다시 시무하려면 공동의회에서 투표수 3분의 2 이상의 찬성을
얻어 절차에 따라 취임식을 해야 한다. 헌법적 규칙 제9조에서는 무임
장로에게 당회의 결의로 제직 회원권을 줄 수 있고 필요하면 성찬 봉
사를 맡길 수 있다고 규정하고 있다.

3) 휴직 장로(휴무 장로) : 시무 윤번제로써 쉬는 장로는 차례가 되
어 계속 시무하려면 자동적으로 시무 장로가 된다. 그러나 권고 사면
을 당한 장로가 권고에 승복하고 휴직하였거나, 자의로 시무 사면하여
당회가 수리하여 쉬는 장로는 다시 시무하려면 공동의회에서 투표수
3분의 2 이상의 찬성을 얻은 후, 안수는 받지 아니하여도 취임 예식을
행해야 한다. 다만, 본인의 의사로 휴직한 장로로 유기 휴직의 경우는
휴직 기간이 끝남과 동시에 자동적으로 시무 장로가 되고, 무기 휴직

의 경우는 당회의 결의로 다시 시무를 허락할 수도 있고 허락하지 않을 수도 있다.

4) 무임 장로와 휴직 장로의 차이

이에 대하여는 정치문답조례 93문답으로 한다.

＊ 정문 93문 : 무임 장로와 휴직 장로의 차이가 무엇이냐?

　답 : 무임 장로란 택하여 세움을 받은 본 교회에서 타 교회로 옮기고 아직 그 교회의 택함과 위임을 받지 못한 장로이니 아무 권리가 없으며 상회에 파송할 총대가 될 수도 없다.

　휴직 장로란 혹시 시무 윤번 규례에 의해서 그 직무를 쉬거나, 혹 자기 사정으로 말미암아 쉬는 자를 가리킴이니 본 당회에는 특별한 청함이 없는 한 참여할 필요와 권리가 없으나 상회에 파송할 총대는 될 수 있다.

※ 여기에서 '상회에 파송할 총대는 될 수 있다' 는 내용은 정치 제22장 제1조(총회 총대 자격) 3항(총대 될 장로 자격)에 "그 회에 속한 장로 회원으로 한다"로 헌법을 개정(2000년도)했기 때문에 해당되지 않는다.

제6장 집 사(執事)

1. 집 사 직

第六章 執 事 (1922年版)

一, 執事의 職任
執事는 牧師와 長老外에 別有(따로잇는)흔 職(직분)이니 無欠흔 男
敎人으로 그 支敎會의 敎人들의게 擇定흠을 밧고 또 牧師의게 按手
將立흠을 밧은者니 그 職(직칙)은 敎會內에 恒存ㅎ니라

제1조 : 집사직(職)

① 집사직은 목사와 장로와 구별되는 직분이니

② 무흠한 남교인으로

③ 그 지교회 교인들의 택함을 받고

④ 목사에게 안수(按手) 임직을 받는

⑤ 교회 항존(恒存)직이다.

☞ 본장에서 규정하는 집사는 임시직인 서리 집사와는 다른 장립 집사로 국한한다(정치 제3장 제3조 4항).

정치 제3장 제2조에서는 집사는 목사, 장로와 함께 교회의 항존직

임을 규정하고 있다. 그러나 집사직은 목사직, 장로직과는 구별되는
직분으로 무흠한 남자 교인 중에서 교인의 택함을 받고 당회의 교양과
고시에 합격하면 당회가 임직한다.

(1) 집사직은 목사직과 구별된다

1) 목사직은 가르치는 직무가 전무(全務)이나 집사는 가르침을 받아
   봉사하는 직무이다.

2) 목사는 장로와 함께 교회를 치리하는 자로 다스리는 직무이나
   집사는 다스림을 받는 자이다.

3) 목사는 교회에서 사례를 받고 일하나 집사는 보수 없이 봉사하
   는 자이다.

4) 목사는 세상 직업을 가질 수 없으나 집사는 직업을 가지면서 교
   회의 직분도 갖는다(정문 111문답).

5) 목사는 전교인을 대상으로 일하나 집사는 위로할 자들을 위하여
   일한다(정문 111문답).

6) 목사는 장로와 함께 노회, 대회, 총회의 회원이 될 수 있으나 집
   사는 상회 회원권을 가질 수 없다.

＊ 정문 111문 : 집사와 목사가 다른 것이 무엇인가?

   답 : 집사가 목사와 다른 것은 아래와 같다.

   ① 집사는 평신도이니 자기 직업을 가지고서 직분을 맡을 수 있지
      만 목사는 그렇지 못함.

② 집사는 치리회 회원이 될 수 없음(당회, 노회, 대회, 총회).

③ 집사는 임직 순서를 맡을 수 없으며, 전도는 할 수 있으나 설교
하지 못하며, 성례를 베푸는 일에 참여하지 못함.

④ 집사는 교회 정치에 간여하지 못한다.

(2) 집사직은 장로직과 구별된다

장로는 교회의 신령한 일을 주관하나 집사는 교회의 재정 출납과
구제에 관한 일만 주관한다. 교회정치문답조례 112문답은 아래와 같
이 가르친다.

✱ 정문 112문 : 집사가 장로와 다른 것이 무엇인가?

　답 : 장로는 교회의 신령한 일을 주관하고 집사는 재정과 구제 등
　　　현세적일 일을 주관한다.

(3) 무흠한 남교인이어야 한다

이에 대하여는 장로의 자격에서 무흠, 남자이어야 한다는 설명과
같고 장로는 무흠 5년을 경과하여야 하나 집사는 그 기간에 대한 규정
이 없다.

✱ 정문 115문 : 여자도 집사로 택할 수 있느냐?

　답 : 집사는 모든 무흠 입교인 중 남자 가운데 택할 것이다. 롬 16:1
　　　의 '뵈뵈'와 롬 16:12, 행 9:36에 있는 여인들과 딤전 3:11, 5:11

이 말하는 여인이 모두 여집사를 가리킨 말이라고 하나 다 확실한 것은 아니니, 여자 사역자는 교육하는 것이 옳으나, 여집사를 장립할 이유는 없다.

(4) 교인의 택함을 받고 안수 위임받아야 한다

집사의 직이 물론 교인을 다스리는 치리권은 없다고 해도 교회를 대표하여 구제하며 봉사하는 직무를 전담하는 중직이라서 서리 집사의 경우처럼 다양한 방법으로 가려 뽑지 못하고, 치리 장로의 선거 경우와 똑같이 공동의회에서 택함을 받아야 하도록 규정하고 있다.

이는 절차에 관계되는 일로써 교인의 택함이란 공동의회에서 투표수 3분의 2 이상의 찬성을 얻는 것이요, 안수 위임은 당회의 교양과 고시에 합격한 자를 목사 또는 당회가 임직할 일시와 장소를 정하고 안수 기도하며 집사 직무를 위임하는 임직식을 거행하는 일을 말한다.

목사가 가르치는 직무를 아무리 잘 감당하여도 혹은 목사, 장로가 치리하는 직무를 잘 감당하여도 집사들이 구제하며 봉사하는 직무를 잘 하지 못하면 교회에 덕을 세우는 일에 장애가 많고 하나님의 말씀이 훼방을 받으며 교회 부흥에 역행하게 된다. 구제와 봉사의 직무는 그것이 바로 목사의 가르치는 직무로 말미암는 외적인 열매 중의 하나로 보아도 무방할 것이기 때문이다.

그러므로 장립 집사가 교회 안에서 얼마나 중대한 역할을 담당하며, 큰 영향을 끼치게 하는 직분인지에 대해서는 더 이상 설명할 필요도 없다고 하겠다.

집사의 구제와 봉사는 교회를 대표해서 하는 직무이니 교인의 투표가 당연하고 교회 부흥에 큰 영향을 끼치는 중직이니 교인의 투표가 더욱 마땅한 것이다.

(5) 안수 임직하는 항존직이다

집사가 왜 항존 할 직원이 되어야 하느냐 하면 구제를 받아야 할 만한 대상자는 항상 있기 때문에 항존 직원이 되는 일이 마땅하며, 집사 자격을 말해 주는 성경(행 6:3, 딤전 3:8~13)은 물론 빌 1:1, 롬 12:7이 그 사실을 뒷받침 한다고 할 것이다.

그리고 안수 집사를 세우는 권한이 당회에 있다고 하는 사실에 대해서는 더 설명할 것이 없다고 본다. 그런데 제13장 제2조에는 분명히 "당회가 임직한다"고 하였음에도 불구하고 본 조문은 "목사에게 안수 임직 받는다" 하였으니 통일성이 없으므로 당회에서만 임직하는 것인지, 목사가 단독으로 안수 임직할 수도 있는 것인가?

1932년 9월9일 제21회 총회에서 "안수 집사를 세울 교회의 정도는 어떠하냐 하는 것에 대하여 조직 교회에서 하되 노회 규칙에 의할 것이요, 만일 노회의 특별 규칙이 없으면 각 당회가 유익하도록 할 것이오며"라고 하였다.

그런즉 장립 집사를 '목사에게 안수 임직을 받는 항존직'이라고 한 것은 장립 집사를 세우는 일이 당회의 직무가 아니라는 뜻이 아니라, 당회 없는 교회에서는 설혹, 장로가 없어도 당회권을 지닌 목사가 단독으로 안수 임직할 수 있다는 뜻일 것인데 군이 '조직 교회에서 하되' 라고 한 것은 무의미한 군더더기라 해도 무방하다고 생각된다. 안수 집사를 세우는 일은 조직 교회와 미조직 교회가 아무 구애 없이 세울 수 있다고 할 것이다. 집사의 항존직에 대하여는 정치 제3장 제2조에도 설명하였다.

☞ 교회정치문답조례의 규정은 아래와 같다.

＊ 정문 103문 : 집사가 무엇이냐?

　답 : 집사란 성경이 보여주는 대로 교회 안의 특수 직원이나, 그 직무는 가난하고 불쌍한 자를 돌아보며, 저희를 구제하며, 교회 살림을 담당한다.

＊ 정문 104문 : 교회가 언제부터 집사를 세우게 되었느냐?

　답 : 구약 시대에는 집사를 세웠다는 말이 없고, 재정은 레위 족속과 제사장들이 관리하였다(출 38:21, 민 1:50,53, 레 8:24~30, 33).

　　그때에는 교회에서 구제하는 것보다 개인으로 구제하는 방법을 더 중히 여겼다(출 23:11, 레 19:9~10, 25:25~55). 주전(主前) 수백 년부터 예루살렘 성전 외에 각 지방 여러 동리에 성경을 가르치는 회당이 있었는데(행 15:21) 유대사기(史記)는 그 회당에 장로 외에 성경과 예식서와 회당 기명(器皿)을 보관하며, 구제비 등 모든 재정을 관리한 집사라는 직분이 있었다고 했다.

　　그러므로 사도들이 그것을 모방하여 교회에 집사를 세우게 되었는데, 그 자격과 직무와 선정하는 방침과 장립하는 모본은 사도

행전 6장에 기록했다.

* 정문 105문 : 사도들이 집사를 항존 할 직원으로 세웠었느냐?

답 : 행 6:1~6을 보면 사도들이 집사를 임시적인 직원으로 소개하지 아니하였고 집사가 항상 수행해야 할 큰 직무는 구제하는 일인데, 구제해야 할 가난한 자와 불쌍한 자는 항상 있은즉(마 26:11) 집사는 교회에 항존 할 직분으로 세웠었으며, 또한 집사 자격에 대한 성경의 교훈(행 6:3, 딤전 3:8~13)과 빌 1:1 및 롬 12:7 등을 보면 집사가 항존 할 직원인 것을 깨닫게 된다.

* 정문 122문 : 타 교파 교회의 집사는 어떠하냐?

답 : 타 교파 교회의 집사는 아래와 같다.

① 감독 교회에서는 집사를 최하급 전도자라고 한다.

② 조합 교회에서는 집사가 육적인 구제와 상관이 없는 신령한 직분이다. 교회에서 택함을 받으나 장립은 없으며, 목사와 함께 교인을 돌보며, 교회의 청원을 좇아 보고하는 위원이 되고, 또한 목사를 도와 성례를 베풀게 한다.

③ 침례 교회도 전항과 같이 조합 정치를 따르나 가끔씩 집사를 안수하여 장립한다.

④ 감리 교회의 집사는 감독 교회의 집사와 방불하다.

⑤ 개혁 교회의 집사는 장로교회의 집사와 다른 것이 없다.

⑥ 루터 교회의 집사는 목사를 도와 성찬을 베풀게 하는 일과, 모든 공예배를 반드시 돕는 것과, 목사비와 교회 경비 등 육적인 사건을 관리하는 일을 제하고는 장로교회의 집사와 같다.

(6) 집사 임직에 대한 이론

정치 제13장 제3조에 장로나 집사를 임직함에 대하여 규정하기를 "목사가 개인으로나 전(全)당회로 안수와 기도하고"라 하였으니 집사의 안수함은

① 미조직 교회에서도(목사가 개인으로) 할 수 있고, 조직 교회에서도(전 당회로) 할 수 있는 것은 의미하기도 하고,

② 조직 교회에서라도 목사만 안수할 수도 있고 전 당회원이 안수할 수도 있음을 의미한다고 본다.

따라서 본조에 '목사에게 안수 임직'을 받는다는 용어에 대하여 하등의 어색함을 가질 바는 아니다. 그러므로 집사는 조직 교회에서도 집사 될 적임자가 없으면 세우지 않아도 그만이고 미조직 교회일지라도 적임자가 있으면 세울 수 있다는 말이다. 그 이유는 집사가 항존직이긴 하지만 임시직인 서리 집사 제도가 있기 때문이며 집사와 서리 집사의 차이는 임기와 기도의 차이일 뿐 직무의 차이는 없기 때문이다.

집사 임직에 대하여 우리 총회는 제21회 총회 시에 경안노회의 질의에 대한 정치부 보고에서 "안수 집사 세울 교회 정도는 … 조직 교회에서 하되 노회 규칙에 의하여 할 것이요 만일 노회의 특별한 규칙이 없으면 각 당회가 유익하도록 할 것"이라고 하였다(제21회 총회록 p.50).

정치 제21장 제2조에서는 제직회 조직에 대하여 조직 교회는 당회원과 집사와 권사로 하였고, 미조직 교회는 목사, 전도사, 권사, 서리

집사, 전도인이 제직회 사무를 임시로 집행한다고 하였다.

그렇다고 해서 미조직 교회에서는 집사 임직은 별개의 문제요, 교회 안에 구제와 봉사에 대한 일은 조직 교회나 미조직 교회나 항상 있어야 하기 때문에 집사직은 항존직으로 규정하였고 임시직은 서리 집사를 세우게 한 것이다.

2. 집사의 자격

二, 執事의 資格 (1922年版)
執事는 善(착)호 名譽와 眞實無欺호 信仰과 智慧와 分別호는 能力이 잇슴으로 著名호 者와 言語가 福音에 適合호고 行爲가 他人(다른사람)의 模範이 될만한 者라야 可合호니라
他人을 도아주는 事(일)은 各信者의 當行홀 本分이로되 敎會內執事된者가 더욱 力行(힘써행)홀 本分이니라

제2조 : 집사의 자격

① 집사는 선명한 명예와 진실한 믿음과

② 지혜와 분별력이 있어 존숭(尊崇)을 받고

③ 행위가 복음에 합당하며,

④ 그 생활이 다른 사람의 모범이 될 만한 자 중에서 선택한다.

⑤ 봉사적 의무는 일반 신자의 마땅히 행할 본분(本分)인즉

⑥ 집사 된 자는 더욱 그러하다(딤전 3:8~13).

☞ 집사는 남교인 중에 성령과 지혜가 충만하여 교인들에게 인정된 신실한 성도로서 교인의 선택을 받은 자로 딤전 3:8~13에 해당된 자이어야 한다.

(1) 신실한 믿음이 있어야 한다

본조에 '선한 명예와 진실한 믿음과 지혜와 분별력이 있어 존숭을 받고 행위가 복음에 합당하며 그 생활이 다른 사람의 모범이 될 만한 자'라고 하였으니 일반 성도들보다 믿음의 본이 될 수 있는 자이어야 함을 말한다. 집사는 교회의 항존직으로서 항상 있어야 할 일꾼이다. 외모만 좋다고 되는 것도 아니고, 재력만 있다고 되는 것도 아니고, 권세가 있다고 되는 것도 아니다. 믿음이 좋은 사람이 집사가 되어야 교회에 소망이 있다. 구원의 확신이 없으면 의욕도 없고, 능력도 없고, 소망도 없고, 집사로서 사명 의식도 생길 수가 없는 것이다.

교회의 일꾼은 열심히 되는 것도 아니고 교육 훈련으로 되는 것도 아니다. 믿음으로 해야 할 수 있는 것이 하나님의 교회의 일이다. 그러므로 집사는 신실한 믿음이 있는 자를 세워야 한다.

(2) 봉사 정신과 교회의 주인 의식이 있어야 한다

집사는 교회의 재정 출납에 있어서 정기적으로 수입되는 재정만 출납하고 적자의 경우 '나 몰라라' 하는 그런 집사나 장로는 교회의 항존 직원이라 할 수 없다.

그 정도의 집사는 계산기나 놓고 덧셈, 뺄셈만 할 줄 알면 누구나

할 수 있는 일이다. 그러나 집사는 교회 재정에 대한 전반적인 책임 의식과 주인 의식을 가지고 봉사할 수 있는 일꾼이어야 한다. 본조에 '봉사적 의무는 일반 신자의 마땅히 행할 본분인즉 집사 된 자는 더욱 그러하다' 는 규정이 그런 의미를 담고 있다.

(3) 개인 생활이 복음에 합당하여 본을 끼칠 만한 사람이어야 한다

제아무리 모든 일을 옳게 분별할 만한 신앙과 지식이 있어도 신실한 판단에 의합(意合)하도록 실천해야 한다는 말이다. 하나님의 교회에서 봉사적 의무는 일반 신자에게 골고루 부과된 사명이지만 그러나 그 중에서 항존 직원으로 이 직무를 전담할 만한 신앙과 지식이 겸비해야 하며 그런 자 가운데서 신실한 판단대로 실천에 옮겨 모범을 보이는 자이어야 하고 이 사명을 더욱 소중히 여길 줄 아는 자이어야 한다.

(4) 딤전 3:8~13의 해당자이어야 한다

이는 성경 본문에 말씀한 내용이므로 언급할 일이 아니라 몇 가지만 첨언하면 아래와 같다.

1) 먼저 시험해 본 후에 책망할 것이 없으면 임직할 것이다.

2) "술에 인 박이지 아니하고"라고 해서 중독되지 아니하면 되는 것으로 오해해서는 안 된다. 잠 23:31에는 "보지도 말라" 하였고, 헌법적 규칙 제2조 5항에 '음주, 흡연' 을 금하도록 규정하고 있다.

3) 11절 말씀에 "여자들도"라고 한 말씀은 여집사를 세워도 된다고
생각해서는 안 된다. 집사 될 자의 아내도 11절과 같은 자격 기
준을 갖추어야 한다는 말이다.

＊ 정문 114문 : 집사의 자격이 어떠하냐?

답 : 집사의 자격은 아래와 같다.

① 본 교회의 무흠 입교인 중 남자

② 지혜와 성령이 충만하여 칭찬 듣는 자와, 단정하며, 일구이언을
하지 아니하며 더러운 이를 탐하지 아니하며, 청결한 양심에 믿
음의 비밀을 가진 자

※ 부적격자 : 본 교회에 출석하는 목사는 무임 목사일지라도 노회원
이니 개교회가 집사로 택할 수 없다.

3. 집사의 직무

三, 執事의 職務 (1922年版)
其(그)職務는 牧師長老와 合力ᄒᆞ야 貧乏困窮ᄒᆞᆫ者를 眷愛ᄒᆞ며 敎會
에셔 捐補ᄒᆞᆫ 救濟費를 收納支出ᄒᆞᄂᆞᆫ 거시니라(힝六〇一一二)
敎會가 願ᄒᆞ면 全(온)敎會財政에 關ᄒᆞᆫ 事(일)과 證明書類를 諸職會의
게 委任ᄒᆞ야 掌理케 ᄒᆞ되 堂會管理下에 잇셔홀거시라(힝六〇三一五)

제3조 : 집사의 직무

① 집사의 직무는 목사 장로와 합력(合力)하여

② 빈궁 곤궁한 자를 권고하며

③ 환자와 갇힌 자와 과부와 고아와 모든 환난 당한 자를 위문하되

④ 당회 감독 아래서 행하며

⑤ 교회에서 수금한 구제비와 일반 재정을 수납 지출(收納支出)한다
   (행6:1~3).

☞ 집사의 직무는 단독으로 행사할 수 있는 직무가 아니고 목사 장로
와 협력하여 행해야 하고 당회의 감독 하에서 수임된 직무를 수행해야
한다.

(1) 목사 장로와 협력

목사에게 가르치는 권세가 있고 목사와 장로에게 함께 다스리는 권
세가 있고 집사에게는 봉사권이 있다. 그런데 이 모든 권세는 다 가르
치는 권세와 그 직무를 중심으로 구심점을 이루어야 한다. 봉사의 직
무도 치리하는 직무도 그래야 한다는 말이다. 그런즉 봉사의 직무를
더 효과적으로 수행하려고 하면 마땅히 집사가 목사 장로와 합력해서
일해야 한다는 말이다.

장립 집사들이 전담하는 봉사의 직무가 개인적인 것이 아니라 교회
적인 직무인즉, 서로 의논하지 않고서는 이 직무를 수행할 수가 없다.
우리 헌법처럼 제직회를 구성하는 교회들은 집사만이 아니라 목사, 장

로, 전도사, 전도인, 권사, 남녀 서리 집사 등 모든 제직을 회원으로 하되 회장은 목사 혹은 전도사 등 교역자가 되고 회원 중에서 서기 회계를 선거하게 되니 봉사의 직무를 전담하는 집사의 봉사권이 오히려 가리어진다고도 할 수 있을 것이다. 그러나 어느 제직회이든 절대 다수는 목사 장로가 아니고 집사인즉, 이것이 오히려 집사들에게 목사 장로와 합력하여 더욱 효과적인 봉사의 직무를 행하게 하는 제도라고 보아도 틀림없다 할 것이다.

(2) 봉사와 그 대상

집사는 교회를 대리하여 봉사의 권한과 의무를 수임 받았다. 그 봉사의 대상은 "빈핍한 자를 권고하는(돌보는) 일, 즉 물질 구제 대상이 있고, 물질 구제 대상은 아니라고 해도 환자, 갇힌 자, 고아, 과부, 환난 당한 자"를 위문해야 할 정신적이고 영적인 구제 대상이 있다. 그러므로 집사의 직무는 소외된 자들의 이웃이 되어야 하는 직무이다. 그런데 딤전 3:8에 집사는 "διάκονος"(디아코노스)를 사용했다.

"διάκονος"란 말은 종, 일꾼, 조수, 협조자, 보조자, 대행자라는 뜻을 가지고 있다. 그러므로 교회의 머리되신 그리스도의 종으로서 소외된 자를 위로하는 직무이니 어떻게 봉사해야 될 것을 암시하고 있다. 집사는 순수한 봉사자요 청지기일 뿐이다.

(3) 당회의 감독 아래서

집사의 봉사권 행사를 '당회의 감독 아래서' 하라는 말은 당회원들의 의견이 반드시 집사들의 의견보다 훌륭하다는 전제는 결코 아니며, 이와 같은 규정은 봉사권이나 그 직무는 치리권과 교훈권이나 그 직무보다 결단코 우월한 것이 아닌데, 집사들의 수가 절대 다수이기 때문에 사실상 독주하는 일이 가능하므로 집사들의 봉사 직무가 치리권 행사에 저해가 되고 교훈권 행사를 훼상(毀傷)하는 결과가 되어 교회가 손상을 입는 일이 없도록 하려는 규정이요, 교인이 선정한 대표자를 존중하며, 보다 더 당회의 관할과 감독을 통해서만 종합적인 계획과 목적을 달성할 수가 있으며, 특히 하나님의 교회에서 가르치는 일과 다스리는 일을 훼상하거나 외면하는 봉사를 배격하기 위한 규정이라고 할 것이다.

(4) 구제와 재정 출납

집사의 최초 직무는 구제 업무이다(행 6:1~3). 그러나 교회의 성장과 역사의 흐름에 따라 교회를 영위하는 모든 비용도 제직회가 관장하니 자연히 일반 재정을 수납 지출하는 권세도 있다. 집사(또는 제직회)가 교회의 재정이나 구제비를 출납할 때는 공동의회에서 확정된 예산대로만 집행할 수 있고 그 외의 재정은 별도로 한다.

四, 諸職會(執事會의 代辨)
支教會의 全堂會와 執事等이 合ᄒ야 諸職會를 組織ᄒ울수잇스니 會長은 牧師가 例兼ᄒ고 書記會計를 選定ᄒ고 往ᄉ會集ᄒᄂ니 但當分間(단 현금간)은 堂會가 各其形便에 依ᄒ야 諸職會事務를 處理ᄒ기 爲ᄒ야 選定ᄒ 署理執事와 助事領袖의게 諸職會員의 權利를 줄수잇ᄂ니라

未組職敎會에셔는 牧師, 助師, 領袖, 署理執事等이 該諸職會의 事務를 臨時로 執行ㅎ느니라

救濟와 經費에 關흔 事件에 對ㅎ야는 會로 處理흘거시오 個人으로는 處理못흘거시며 金錢支出과 捐補收合事에 對ㅎ야는 可否로 決定흘거시오 會計는 諸職會의 命令대로만 金錢을 出納ㅎ되 領收證을 使用흘거시니라

每年定期共同處理會에는 諸職會가 經過情況을 大綱報告ㅎ며 各樣 金錢의 收入支出總計表와 來年度預筭表를 作成ㅎ야 報告흘거시니라

其時에 會計는 檢査밧기를 爲ㅎ야 帳簿를 提出흘거시니라

本敎會의 可決과 老會의 許諾이 업스면 諸職會가 本敎會의 家屋과 土地를 典執出債ㅎ지못ㅎ느니라

☞ 교회정치문답조례 107문답~110문답까지에서 금전 출납 관계 규정 및 집사 직무 관계는 아래와 같다.

＊ 정문 107문 : 집사의 직무가 무엇이냐?

답 : 집사란 가난하고 불쌍한 자를 돌보며 저희를 구제하며, 교회 살림을 담당한 자이니 아래와 같은 직무가 있다.

① 가난하고 불쌍한자를 심방하여 저희의 참 소원을 알며 할 수 있는 일을 도와주며 위로한다.

② 직원들은 구제와 신령한 위로 및 기도로 항상 가난하고 불쌍한 자 들과 결합될 일

③ 구제비를 수합하며 지출하는 일

④ 성찬에 쓰는 기명과 그 용품을 예비할 일

⑤ 부동산 및 상납 관계 용비 외의 모든 교회 재정을 관장할 일

＊ 정문 108문 : 집사에게 어떤 재정을 맡기느냐?

답 : 아래와 같은 재정을 맡긴다.

① 구제비 : 교인은 물론 외인도 구제할 것이요 대개 성례 주일 헌금 으로 충당한다.

② 교회 용비 : 목사비와 예배당 수리비, 건축비, 적립금과 이익금, 교육비 등이다.

③ 집사가 사단이나 재단 법인의 이사를 겸하였으면, 교회 문건과 적립금과 관계되는 일체 재정을 관장함.

＊ 정문 109문 : 상납 관계 용비는 누가 주장하느냐?

답 : 당회가 직접 주장할 것이다.

＊ 정문 110문 : 당회가 구제비를 직접 주장할 수 있느냐?

답 : 구제비는 집사에게 속하였으므로 당회가 충고할 수 있으나 직접 주장할 수 는 없다(정문 121문답).

(5) 여집사

五, 女執事

堂會가 女執事를 選擇홀 境遇에ᄂ 其職務는 患者, 被囚者, 寡婦, 孤兒, 其他患難當흔 者를 慰勞ᄒ며 顧護ᄒ되 何事던지 堂會監督下에셔 行ᄒ게홀지니라(十三쟝九됴보시오)

오늘날 권사직으로 바뀐 안수 집사가 아닌 집사이면서도 안수 집사와 함께 종신직에 넣었던 직원인데 1930년판이 이를 삭제하였고 그 후 권사직으로 바뀌어 오늘에 이르고 있다.

＊ 정문 115문 : 여자도 집사로 택할 수 있느냐?

　답 : 집사는 모든 무흠 입교인 중 남자 가운데서 택할 것이다. 롬 16:1의 '뵈뵈'와 롬 16:12, 행 9:36에 있는 여인들과, 딤전 3:11, 5:11이 말하는 여인이 모두 여집사를 가리킨 말이라고 하나 확실한 것은 아니니, 여자 사역자를 교육하는 것은 옳으나, 여집사를 장립할 이유는 없다.

4. 집사의 칭호

　제4조 : 집사의 칭호

① 시무 집사 : 본 교회에서 임직 혹은 취임 받아 시무하고 있는 집사

② 휴직 집사 : 본 교회에서 집사로 시무하다가 휴직 중에 있거나 혹은 사임된 자

③ 은퇴 집사 : 연로하여 은퇴한 집사

④ 무임 집사 : 타 교회에서 이명 와서 아직 취임을 받지 못한 자이니, 만 70세 미만인 자는 서리 집사직을 맡을 수 있고, 본 교회에 전입하여 만 2년이 경과하고, 공동의회에 서 집사로 피선되면 취임식만 행하고 안수 없이 시무 집사가 된다.

☞ 제4조는 제85회 총회에서 개정된 신설 조항인데 이 조항 때문에

헌법에 많은 문제점과 모순점이 드러났다. 한마디로 표현하면 헌법 전체에 대한 조화를 이루지 못하였다.

(1) 중복된 무임 집사

헌법적 규칙 제8조에 이미 무임 집사를 규정하고 있다. 그런데 본조에 또 다시 무임 집사를 신설하면서

① 타 교회에서 이명 온 자라는 것도 같고

② 서리 집사직을 받을 수 있다는 것도 같고

③ 다시 투표를 받아야 한다는 것도 같고

④ 안수 없이 취임식(위임식)만 한다는 것도 같다.

그런데 신설된 무임 집사 조항에서는 본 교회에 전입하여 만 2년이 경과해야 집사 피선거권이 있다는 독소 조항이 첨부되어 있는 것만 다르다.

(2) 형평에 어긋난 무임 집사

본조에 '본 교회에 전입하여 만 2년이 경과한 자로 집사 피선거권이 부여된다' 는 것은 아무리 생각해도 형평에 어긋나고 정치 원리에도 어긋난다.

정치 제8장 제2조 2항에 보면 "각 치리회는 각립한 개체가 아니요 서로 연합한 것이니 어떤 회에서 어떤 일을 처결하든지 그 결정을 법대로 대표된 치리회로 행사하게 하는 것인즉 전국 교회의 결정이 된다"라고 하였다.

바꾸어 말하면 이명 전(前) 교회의 집사 신분과 이명 후(後) 교회의 집사 신분이 같다는 말이다. 다만 이명 전 교회에서는 시무 집사이었고 이명 후 교회에서는 무임 집사라는 것으로 칭호가 다를 뿐이다. 칭호가 다른 이유는 이명 후 교회에서는 교인의 투표와 위임을 받지 않았기 때문이다. 그러므로 언제든지 투표와 취임(위임)을 받으면 시무 집사가 된다. 그런데 왜 정치 제8장 제2조 2항과 헌법적 규칙 제8조와 배치되는 "2년 경과되어야 한다"라고 모순을 덧붙여서 개정하였는가 하는 말이다.

뿐만 아니라 이명 전 교회에서 시무 집사가 아니었던 세례 교인이 이명을 왔을 경우 이명 접수와 동시에 집사 피선거권뿐만 아니라 장로 피선거권(입교 후 5년 된 자)도 있는데 왜 무임 집사에게는 2년이 경과되어야만 하는가 하는 말이다.

부언하건대 무임 집사가 2년을 경과해야 된다는 신설 조항을 두었다고 해서 세례 교인으로 이명 온 자도 2년이 경과되어야 한다고 볼 수는 없다. 왜냐하면 이명 온 집사 피선거권만 2년이 경과해야 된다는 단항을 두었을 뿐이요, 장로 피선거권에 대한 규제 조항이나 세례 교인이 이명 오면 2년이 경과해야 집사 피선거권이 있다는 규제 조항이 없기 때문이다.

(3) 시무 집사

본 교회에서 임직 혹은 취임 받아 시무하고 있는 집사로 규정하였다. 임직 혹은 취임이라는 용어를 이해하면 시무 집사의 칭호를 이해할 것이다. 임직은 투표를 받고 반년 이상 당회의 교양을 받은 후 당회 고시에 합격한 자가(정치 제9장 제5조 4항) 목사에게 안수(장립)와 시무 위임을 받은 자를 '임직자' 라 하고 취임(위임)은 과거에 임직 받은 집사가 휴직 집사나 무임 집사로 있다가 교인의 선택을 받고 시무 위임(취임)만 거행하는 자를 의미한다.

(4) 휴직 집사

'휴직 중에 있는 자나 사임된 자' 라고 규정하였다. 사임된 자는 시무 집사가 사임서를 제출한 후 당회에서 수리된 자이니 이는 곧 무임 집사와 다를 바 없고 다시 시무하려면 교인의 투표를 받은 후 안수는 하지 않으나 취임식을 행해야 한다. 그러나 휴직 중에 있는 자는 유기 휴직은 휴직 기간이 끝나면 자동적으로 시무 집사가 되나 무기 휴직은 다시 시무를 하려면 당회의 결의로 시무를 허락할 수도 있고 안 할 수도 있다.

(5) 은퇴 집사

은퇴 집사란 원칙적으로 정년으로 시무권이 없어진 집사를 가리키는 말이다. 은퇴 집사는 사실상 무임 집사와 동일하다. 또 70세 시무 정년제를 시행하면서부터 부득불 은퇴 집사란 칭호가 생긴 것이다. 은퇴 집사는 집사의 칭호만 가질 뿐이요, 평범한 세례 교인으로 돌아간다.

(6) 무임 집사

무임 집사란 시무권이 없는, 시무하는 교회가 없는 집사란 뜻이다. 시무하던 교회에 그냥 머물러 있다면 여전히 그 교회 집사이기는 하지만 시무하지 않으니 휴직 집사가 되는데, 시무만 하지 않는 것이 아니라 그 교회에서 이명 증서를 가지고 아예 떠나 다른 교회로 옮겼다면 그 집사라는 호칭은 그대로 이어져 집사라고 불리기는 해도 옮겨간 교회와는 아무 상관이 없어 그 교회 집사는 아니고 그냥 무임 집사라고 부르게 된다.

타 교회에서 이명 와서 아직 본 교회의 투표와 취임을 받지 아니한 자로서 70세 미만자는 당회의 허락으로 서리 집사를 받을 수 있고 "전입 후 2년이 지나야 집사 피선거권을 갖는다"고 규정하고 있으나 이는 정치 원리에 어긋나는 잘못된 규정이다. 무임 집사는 70세가 지나면 자동적으로 은퇴 집사의 칭호로 바뀐다.

(7) 집사의 복직

사면은 시무하는 직무권만 그만 두겠다 함이요, 사직이란 직분 자체를 그만 두고 순수 평신도로 돌아가겠다고 함이니 사직한 평신도가 다시 집사의 직을 받으려고 하면 다른 설명이 필요하지 않고 그냥 집사를 처음 세울 때처럼 모든 과정을 밟음이 있을 뿐이다.

제7장 교회 예배 의식(儀式)

1. 교회의 예배 의식

第七章　敎會禮儀와 律例 (1922年版)

正當ᄒ 法規를 좃차 設立ᄒ 敎會에셔는 맛당히 敎會의 首되신 基督(그리스도)의 設立ᄒ신 禮儀와 律例를 遵守ᄒ지니 其(그)禮儀와 律例는 左화 如(ᄯ)ᄒ니라(前哥(고)十四〇 卄六, 三十三, 四十)

一, 祈禱 行六〇四 前提(전딈)二〇一

二, 讚頌(哥(골)三〇十六 時 九〇十一 以(엡)五〇十九 哥(골)四〇六)

三, 聖經朗讀(行十五〇十一 路(눅)四〇十六,十七

四, 聖經解釋과 講道 (多(ᄯᅵᆺ)一〇九, 行十〇四十二, 二十八〇卄三 路(눅)卄四 〇 四十七, 後提(후딈) 四〇二 行九〇二十)

五, 洗禮(太(마)八〇十九, 卄可(막)十六〇十五−十六)

六, 聖餐(前哥(전고)十一〇卄三−卄八)

七, 敬虔ᄒ 公禁食ᄒᄂ것과 公感謝(路(눅)五〇卄五 빌四〇六前提(전딈) 二〇一 時五十〇十四, 九十五〇二

八, 聖經敎育(希五〇十二 後提(후딈)三〇十四−十七)

九, 救濟費와 其他捐補(行十一〇卄七−三十 前哥(전고) 十六〇一−四 加(갈)二〇十,六〇六)

十, 勸懲(希 十三〇 前十七 前撒五〇十二−十三, 前哥五〇四−五, 前提(전딈)一〇卄 五〇卄)

十一, 會衆은 祝福ᄒᄂ것 (後哥(후고)十三〇十四 以(엡)一−二)

主日에 모든 信者가 맛당히하ᄂᆞ님을 敬拜ᄒ기 爲ᄒ야 會集ᄒᆯ수(事)

교회는 마땅히 교회의 머리 되신 그리스도의 설립하신 예배 의식을 준수(遵守)할지니 그 예식은 아래와 같다.

1. 기도(행 6:4, 딤전 2:1)

2. 찬송(골 3:16, 4:6, 시 9:11, 엡 5:19)

3. 성경 낭독(행 15:21, 눅 4:16~17)

4. 성경 해석과 강도(딛 1:9, 행 9:20, 10:42, 눅 24:47, 딤후 4:2)

5. 세례(마 28:19~20, 막 16:15~16)

6. 성찬(고전 11:23~28)

7. 금식과 감사(눅 5:35, 빌 4:6, 딤전 2:1, 시 50:14, 95:2)

8. 성경 문답(히 5:12, 딤후 3:14~17)

9. 헌금(행 11:27~30, 고전 16:1~4, 갈 2:10, 6:6)

10. 권징(勸懲)(히 13:17, 살전 5:12~13, 고전 5:4~5, 딤전 1:20, 5:12)

11. 축복(고후 13:13, 엡 1:2)

☞ 1922년판은 교회 예의와 율례(敎會禮儀와 律例)로 되어 있었는데 1930년판이 교회의 예배 의식으로 바꾸어 오늘에 이르고 있다. 그런데 헌법에 성경 구절을 잘못 기록하였거니와 오식이나 오자가 너무 많아 크게 유감이다.

헌법을 개정하여 정정판이나 개정판을 발행하면서도 인용된 성구를 찾아보지 않았다는 생각을 떨쳐버릴 수 없다.

본 교단 1964년판이 '4. 성경 해석과 강도'에서 행 10:42을 행 10:4로 잘못 표기된 것을 1966년판과 1968년판, 1968년판은 물론 1993년판도 그대로 옮겨 놓고 있고, 1964년판이 '6. 성찬'에서 고전 11:23~28을 고전 11:23, 28로 잘못 표기된 것을 1966년판과 1968년 판, 1986년판, 1993년판이 그대로 옮겨 놓았으며, 1964년판이 '8. 성 경 문답'에서 히 5:12을 히 5:21로 오식된 것과, 딤후 3:14~17이 딤후 3:14, 17로 오식된 것을 1966년판과 1968년판, 1986년판과 1993년판 에도 그대로 옮겨 놓았으며 '9. 헌금'에서 고전 16:1~4을 고전 16:1~14로, 행 11:27~30을 행 11:27, 30으로 잘못 표기된 것은 1966 년판과 1968년판과 1983년판, 1993년판에도 그대로 옮겨 놓았으며, 1964년판 '11. 축복'에서 고후 13:13을 고후 13:14로 잘못 기록하였다 가 그 후 이것만은 바로 잡혔을 정도이다. 결국 30년 동안이나 오식이 건 오기이건 그대로 방치된 채 아무도 바로 잡으려고 하지 않고 있었 다는 말이다.

그리고 박윤선 박사는 그의 헌법 주석에서 "거룩한 규례(Ordi-nances)는 그리스도께서 신자들에게 구원의 유익을 전하시려고 나타 내시는 보통 방법인데, 특별히 하나님의 말씀이 명령한 것이다. 그것 은 다음의 귀한 일들(기도, 찬송, 성경 낭독, 성경 해석, 설교, 성례, 금 식, 성경 문답, 헌금, 권징, 축복 기도)인데 이 거룩한 규례들이 예배 의식(禮拜儀式)과 혼동되어서는 안 된다. 예배 의식은 예배 모범에서 별도로 취급하고 있다"고 하였는데 대한예수교장로회 총회 헌법이 1922년판에서는 '교회 예의와 율례'라고 장명(章名)을 정하였다가

1930년판 이래로 '교회 예배 의식'으로 장명을 바꿔서 "교회는 마땅히 교회의 머리되신 그리스도의 설립하신 예배 의식을 준수할지니, 그 예식은 여좌(如左)하니라"고 전문까지 게재하였으니, 장로회 소속 교직자와 성도들은 본장은 마땅히 예배 의식 규정으로 볼 것이요 '예배 의식과의 혼동 …'으로 여길 일은 아니라고 하겠다.

☞ 장로회 정치에 있어서 유일한 공인 참고서인 교회정치문답조례가 아래와 같이 자세하게 설명하고 있다.

＊ 정문 123문 : 교회의 율례가 무엇이냐?

　답 : 교회의 율례는 하나님이 세우셨다. 총회가 제정한 법규와 결의 등은 율례라고 부르지 못한다. 그것들은 다만 교회의 권으로 말미암은 것이니, 개정할 수 있고 새 법규로 바꿀 수 있으며, 후대에 다시 결의할 수가 있는 것들이다. 그러나 교회의 율례는 한 의식을 주신 하나님의 명하신 바니, 양심을 지배하며, 하나님의 명령이 없이는 변경할 수 없다.

　하나님의 모든 법은 예배를 지시하심과, 절기와, 예식과, 표상(表象)과, 직원 등등인데, 성경이 가르치고 성경은 또한 이것을 율례라고 부른다(출 18:20, 민 9:12, 시 99:7, 눅 1:6, 골 2:14, 히 9:1~10, 롬 13:2). 그런즉 그리스도의 교회들은 율례를 머리이신 주께서 세우셨으므로 그의 권위가 있고 모든 사람들이 준행할 불변의 본분이라고 한다.

＊ 정문 124문 : 예수께서 세우신 율례가 무엇이냐?

답 : 예수께서 세우신 율례는 기도, 찬송, 성경 낭독, 성경 해석과 설교, 세례와 성찬, 신성한 공급식과 공감사, 교리 문답, 구제비와 기타 헌금, 권징, 축복 등이다.

* 정문 125문 : 예수께서 왜 율례를 주셨느냐?

답 : 예수께서 율례를 주신 것은 세상에서 끝 날까지 성도를 불러 모으게 하시며, 또한 온전케 하시기 위해서였고, 언약하신 성령을 보내시며 또한 주께서 함께 계시사, 그 율례가 우리에게 유익이 되게 하신다(Confession of Faith 25:3).

* 정문 126문 : 예수께서 누구를 유익하게 하시려고 율례를 주셨느냐?

답 : 예수께서 그의 몸 된 교회를 위하여 율례를 주셨으니 곧 이미 입회한 자와 앞으로 모든 교인을 유익하게 하시려고 주셨다(고전 14:4~40).

* 정문 127문 : 구약 율례와 신약 율례가 어느 점에서 다르냐?

답 : 율법 시대에 세우신 율례는 오직 유대인에게 주신 것이요, 이것을 구약 율례라고 하는데, 모든 허락과 예언과 할례와 유월절 양과 다른 표상들이다. 하나님께서 이것으로 자기 언약을 나타내셨으되, 이는 다 예수께서 오실 것을 예표하는 것뿐이다.

복음 시대에 세우신 율례는 그리스도로 나타내셨으니, 온 세계 인류에게 주신 신약 율례로, 말씀 증거와 성례 곧 세례와 성찬이다. 이 율례는 단출하며 외면적으로 그 영광도 적어 보이나, 유대인과 이방인을 불문하고 모든 민족들에게 전 율례보다 더욱 만족스럽고 더욱 분명하며 신령한 유익을 가진 것으로 신약이라 칭한다. 그런즉 실체가 다른 두 은혜 언약이 아니고 단 하나의 언약이 다양한 경륜 아래 있을 뿐이다(Ibid., 7:5~6).

* 정문 128문 : 율례와 성례의 다름이 무엇이냐?

　답 : 율례란 하나님의 정하신 모든 법과 예의의 전체를 가리키는 일반적인 칭호요, 성례란 예수께서 세우신 율례 중 세례와 성찬을 가리키는 것인데, 소요리문답 88문답, 92문답, 93문답에 자세히 설명하고 있다.

* 정문 129문 : 이 율례를 시행할 책임이 누구에게 있느냐?

　답: 본 교회 목사와 또 당회에 있다.

(1) 기도(행 6:4, 딤전 2:1)

1) 공기도

기도는 예배의 하나의 요소이면서도 기원의 요소만 아니라 감사와 찬미를 포함하기 때문에 예배 전체를 나타내기에 합당하다고 본다. 그리고 교회 안에서 공예배 시의 기도를 공(公)기도라 하는데 개회 기도와 목회 기도 설교 전후의 기도 등등이 공기도이다.

개회 기도에서는 예배에 있어서의 성령의 임재와 그 능력을 구하게 되고, 설교 전 기도는 거룩한 계시, 진리의 올바른 증거와 설교자와 회중에서 같은 성령의 역사하심과 보호하심을 구하게 되고, 설교 후 기도는 설교에 따르는 그 응답을 내용으로 하는 기도를 하게 된다.

한국 교회에서 목사가 할 목회 기도를 장로가 하는 것이 바람직스럽다고 할 수 없는 것은 치리 장로가 목사만큼 파악할 수 없기 때문이다. 교인들의 실정을 옳게 파악하지 못하고 하는 기도는 실정에 합당한 기도일 수가 없다고 함인즉, 대표로 기도할 장로는 마땅히 부지런히 심방할 수 있어야 하겠다.

2) 주기도문 기도

주께서 친히 가르쳐 주셨으니 공예배 기도에서 주기도문대로 기도할 수 있는 기도임에 틀림없다. 그러나 주기도문이 간절성도 없고 무엇을 구한다는 의식도 느끼지 못하면서 그저 무의미하게 되풀이해서 암송하는 암송문이 되어서는 그것을 기도라고 할 수가 없다. 그러므로 주기도문으로 기도할 때에는 특히 주의하여 한 구절 한 구절 외울 때마다 온 정성을 기울여 간절한 소원을 아뢰는 나의 기도가 될 수 있도록 해야 한다.

3) 식문 기도와 자유기도

기도할 때 설교를 준비하듯 기도문을 작성하여 그 기도문대로 하는 기도를 식문(式文) 기도라고 한다. 식문 기도는 사전에 기도문을 작성하는 까닭에 얼마든지 썼다 지웠다 하면서 가장 합당한 언어로 골라 쓸 수가 있고 기도할 내용에 대해서도 이렇게도 생각해보고 저렇게도 생각해보면서 잘 다듬을 수 있다는 장점을 갖는 기도가 된다고 할 수가 있다. 그러나 오히려 단점이 되기 쉬운 것은 아무래도 기도문의 낭독이라고 하면 형식화되기가 쉽고 무미건조해지기 쉽다.

반면에 자유 기도는 말이 나오는 대로 어떤 면에서 즉흥적인 기도가 되기 쉬우므로 합당치 못한 말이 튀어나오는 말실수하는 경우가 많다 하겠으나 자유 기도는 기도하는 자에게 성령께서 인도하시며 역사하시는 바대로 문장에 얽매이지 아니하고 자유로운 기도를 할 수 있다는 의미에서 자유 기도의 장점을 가지고 있다.

그러므로 기도자는 마땅히 이 두 가지의 기도를 다 활용할 수는 있다고 해도 장점과 단점을 익히 알아 최선의 기도를 드릴 수 있도록 만반의 준비를 다해야 할 것이다.

4) 기도의 자세와 음성

공예배 시간에 기도하는 자세는 우선 인도자는 일어서서 기도해야 하겠고 앉아서 함께 기도하는 분들은 눈을 감고 두 손을 모아 함께 기도하는 자세가 일반적이라고 여겨지며, 요즘 손을 들고 기도하는 경우가 흔히 있는데 손을 들고 기도하거나 부복하고 기도하거나 기도의 자세는 기도자에게 내맡길 일이기는 하나, 어떻게 하든 하나님 앞에 겸비한 자세를 취할 일이라고 함은 두말할 필요가 없다고 본다.

기도하는 언어라고 해서 일상 언어와 다를 바 없으나 다만 기도하는 언어는 그 대상이 하나님이시므로 겸비한 마음에서 우러나오는 음성이어야 한다고 하겠으며, 그러나 일부러 가성을 조작하여 엄숙함이나 겸비함을 가장한다면 그것은 명백한 타락이라 할 것인즉 특히 조심해야 한다. 그리고 기도할 때 공기도에는 전 회중이 들을 수 있는 음성으로 기도해야 한다. 통성으로 기도하는 경우에는 음성을 내서 기도하되 타인에게 방해가 되지 아니할 정도의 소리를 내어서 기도함이 옳지 않을까 생각된다.

5) 기도의 길이

공기도의 길이는 우선 짧아야 한다는 인식을 가져야 한다. 예배나 예식이 제한된 시간 안에 맞추어야 하기 때문이고, 공기도 시간이 길어지면 대개 설교 시간을 줄이게 되고 그렇지 않으면 그만큼 예배 시간이 길어지기 때문이다.

공기도는 3분에서 길어야 4분 정도로 하고 더 길어지지 않도록 특별한 주의를 기울여야 한다고 본다.

6) 기도의 용어 사용의 문제

근래에 와서 '중보 기도' 라는 말이 분별없이 사용하는 이들이 있는데 이에 대하여 총회는 2000년 제85회 총회에서 타인을 위한 기도를 '중보 기도' 라는 용어를 사용하지 말고 '부탁 기도' 나 '이웃(남)을 위한 기도' 로 사용하는 것이 합당하다고 결의하였고 2004년 제89회 총회에서는 '중보 기도' 란 용어 대신 '이웃을 위한 기도'를 사용하기로 한다고 하였다. '중보 기도' 대신 딤전 2:1에 기록된 '도고' 란 용어를 사용함이 좋겠다. 딤전 2:5에 "하나님은 한 분이시요 또 하나님과 사람 사이에 중보도 한 분이시니 곧 사람이신 그리스도 예수라"고 하신 말씀과 함께 롬 8:34에 "이는 그리스도 예수니 그는 하나님 우편에 계신 자요 우리를 위하여 간구하시는 자시니라"고 하였으니 여기 그리스도께서 하나님의 보좌 우편에서 기도하심은, 예수님의 이름으로 하는 모든 성도들의 기도를 성부 하나님께 중보하시는 간구라고 하기에 이의가 없다.

7) 기도 끝에 축도를 하는 경우

2000년 제85회 총회 시에 헌금 기도를 하면서 "예수님의 이름으로 기도하옵나이다"로 끝맺지 않고 바로 축도로 들어가는 것은 잘못된 것이라고 결의하였다. 그 외에 기도의 마무리를 "예수 이름으로 기도하옵나이다. 또는 예수 씨의 이름으로 기도하옵나이다"라는 말은 좋은 것이 아니므로 반드시 "예수님의 이름으로 기도하옵나이다"라고 하는 것이 옳다 할 것이다.

* 정문 130문 : 교회 안에서 기도를 누가 인도하느냐?

　답 : 예배를 인도하면서 목사가 직접 인도한다. 그러나 필요하면 장로나 혹 합당한 교인에게 인도하게 할 수 있으나 어찌하든지 항상 목사가 주관한다. 기도회에는 혹 남자 교인을 차례로 인도하게 할 수 있고 남녀가 합석한 때에는 여자 교인에게 인도하게 할 수 있으나, 당회가 허락하지 아니하면 여자는 말을 시키거나 기도를 인도하지 못한다.

* 정문 131문 : 기도를 기도서의 낭독으로 할 수 있느냐?

　답 : 예배 모범 제5장은 직접 기도를 지시하고 있다. 장로교회는 본래 남이 만든 기도문을 낭독하는 것으로 기도하는 규례가 없고, 제 생각대로 직접 기도하는 것이 옳다고 하였는데 1910년 미국

북장로교가 기도문을 수집하여 발간하고 기도의 모본으로 공부
하도록 하였다.

＊ 정문 132문 : 기도의 바른 자세가 어떠하냐?

답 : 장로교회는 전래하기를 공기도는 일어서서 하고, 개인의 은밀
기도는 무릎을 꿇고 기도하였으나, 공기도는 당회마다 정한 규
례대로 하고, 기도의 자세는 개인의 자유에 맡길 것이다.

(2) 찬송

1) 음악이 예배의 요소인가?

"… 참 하나님을 예배하는 정당한 방법은 하나님 자신에 의해 제정
되고 또 한 자신이 계시하신 그 뜻에 제한되어 있으므로, 인간의 상상
이나 공부 또는 사탄의 시사(示唆)에 따라 어떤 가시적인 표현이나 또
는 성경에 규정되지 아니한 어떤 방법으로 예배할 바가 아니다. 웨스
트민스터 신도개요의 이같은 교훈을 좇아 개혁 교회의 예배는 철두철
미 성경의 교훈대로만 예배드려야 하고 성경이 인정하지 아니하는 것
이라고 하면 모조리 금해야 함이 개혁파의 예배 원리이다. 그렇다면
음악이 과연 예배의 요소인가를 헤아리는 일은 신구약 성경이 음악을
예배에 용납한 여부를 찾는 것에서 올바른 해답을 구해야 할 것인 줄
안다.

그런데 신구약 성경은 이스라엘 백성들의 출애굽 시대부터(출
15:1~21, 민 21:17,27~30, 신 32:1~43) 음악이 예배의 요소가 되었
다는 사실이 완연히 나타날 뿐 아니라, 그후에도 사사 시대(삿

5:1~31), 통일 군왕 시대(삼하 6:5, 왕하 3:15, 대상 15:16~22, 대하 5:11~14)를 거쳐 신약 시대에 이르기까지 음악이 예배의 요소가 되어 왔다는 사실에 대해서는 다음 성구 등이 추호도 의심할 바가 없다는 사실을 밝히 증거하고 있다 하겠으니(대하 29:25~30, 시 9:11, 150:1~5, 느 12:27, 스 3:10~13, 7:7~10, 마 26:26~30, 행 2:47, 6:25, 고전 14:15,26, 엡 5:1, 골 3:16~17, 딤전3:16, 히3:15) 음악이 예배의 요소라 함은 의심할 바가 아니라고 하는 것이다.

2) 시편 찬송과 일반 찬송

시편에 곡조를 붙여 하나님을 찬미하는 일은 시편이 바로 하나님의 영감으로 기록된 하나님의 말씀이니 더할 나위가 없는 최상의 것이요, 더욱이 시편이 하나님을 중심으로 하는 내용이므로 이보다 더 훌륭한 찬송이 있을 수 없다고 할 것이다. 그래서 '칼빈'(Jean Calvin)도 공적 예배에서 시편 찬송을 하게 한 일은 너무나도 당연하고 청교도들에 의해서 크게 강조되는 일도 당연하다 하겠다.

그러나 찬송이 정녕 곡조 있는 기도일진대 기도는 그것이 반드시 성경의 인용으로 국한되어야 할 이유가 없고 얼마든지 기도자의 신앙과 품격에서 우러나오는 언어와 자유로운 표현 방법이 오히려 자연스럽다고 여겨진다.

고전 14:26, 골 3:16, 약 5:13, 히 13:5, 계 5:9, 14:3, 15:2~4 등의 성구는 시편가(歌)에 대한 다양한 표현으로 여기는 이들이 많다고 해도 신약 시대의 공예배에서 시편가 외에 일반 찬송을 가지고 하나님을 찬미하였다는 사실을 실증하기에 넉넉하지 않을까 생각되며, 가사는 물론 곡조까지 하나님의 영광에 합당하도록 최선을 다해야 한다고 함은 두말할 필요도 없다 하겠다.

3) 찬송과 복음 성가

찬송이란 곧 예배의 일부분으로 받으실 대상이 하나님이시고 복음 성가는 복음을 내용으로 노래하는 방법으로 전도하거나 혹은 그 신앙을 간증하는 사람을 향한 노래이다. 요즘 찬송가보다 복음 성가를 선호하는 경향이 두드러지게 나타나고 있으나 찬송과 복음 성가의 분별을 가져야 할 것이다.

4) 찬송에 대한 총회의 결의

찬송에 관하여는 예배 모범 제4장에 상론하고 있다.

① 1936년 제25회 총회 결의 "불신자의 집필(번역) 시는 찬송가에서 빼기로" 하였다.

② 1988년 제72회 총회 결의 "찬송가 582장(구 261장, '어둔 밤 마음에 잠겨')은 교회에서 부르지 않기로" 하였다.

③ 1993년 제78회 총회 결의 "예배 시 악기 사용과 복음 성가 사용 건은 찬송가만 사용하고 예배 시 몸가짐은 예배 모범에 따르도록 하다"라고 하였다.

④ 1999년 제84회 총회 결의 "열린 예배는 금지하기로 하다"라고 하였다.

＊ 정문 133문 : 예배당에서 찬송은 어떻게 부르느냐?

　답 : 예배를 주관하는 목사가 임의로 정할 것이니, 예배당에서나 집에서 시와 찬미로 하나님을 찬송하는 것은 교인의 본분이다. 예배당에서 찬송할 때에는 찬송가를 가지고 곡조를 배워 잘 맞도록 힘쓸 것이다(예배 모범 제4장).

＊ 정문 134문 : 교회가 성가대를 조직해야 하느냐?

　답 : 성가대를 조직하는 일은 제각기 당회 권한에 있다. 그런데 예배는 주의하여 항상 신령하게 드릴 것이요, 음악적인 재능을 나타내기 위해 노래하는 일은 주일에 하지 않는 것이 옳고 오직 예배드리는 일에 합당하도록 찬송해야 한다.

＊ 정문 135문 : 찬송할 때에 악기를 사용할 수 있느냐?

　답 : 성가대 조직처럼 이것도 당회 권한에 있으나 항상 조심하여 분쟁이나 무례한 일이 생기지 않도록 해야 한다.

　(3) 성경 낭독(행 15:21, 눅 4:16~17)

　예배 시간에 성경을 낭독한다는 것은 예배자들이 하나님의 말씀을 직접 듣는, 어떤 의미에서는 설교자를 매개로 듣는 것이 아니라 직접 하나님께 듣는 순서였다(눅 4:16~20, 행 13:14~15, 15:21). 그후 신약 시대에 이르러 신약 성경도 같이 낭독되었는데(골 4:16, 살전 5:27, 계 1:3) 한국 교회에서는 이것이 설교할 본문을 낭독하는 순서로 바뀌어 이어오고 있다.

성경 낭독은 예배 모범 제3장에 상론하였다.

1) 성경 낭독은 공식 예배 순서 중의 한 부분이니 엄숙하며 경건하게 하여야 한다.

2) 아무나 자의로 낭독할 수 없고 반드시 목사나 그 밖에 허락을 받은 사람이 봉독하여야 한다.

3) 성경은 청중들이 알아듣게 하기 위하여 한글 성경을 봉독하여야 한다.

4) 전체 예배 시간에 적당하게(균형 있게) 성경을 봉독하여야 한다.

(4) 성경 해석과 강도(딛 1:9, 행 9:20, 10:42, 눅 24:47, 딤후 4:2)

예배의 한 부분으로 행하게 되는 성경 해석과 강도는 원칙적으로 목사와 강도사 외에는 교회 헌법이 이를 용납하지 않는다. 평신도 지도자들과 평신도라고 해도 말씀을 읽고 증거할 수는 있어도 공적인 예배에서의 성경 해석과 강도는 목사와 강도사의 직무로 하고 있다 함이다.

성경으로 성경을 해석하도록 하는 일과, 신구약 성경을 하나님의 말씀으로 믿고 신구약 성경만이 신앙에 대한 정확 무오한 유일의 법칙이요, 또는 본분에 대한 정확 무오한 유일의 법칙으로 믿는 입장에서 흔들리지 않고 그 입장에 부합하도록 성경을 해석하며 강도해야 한다.

개혁 교회 예배 절차 중에서 가장 소중한 절차가 성경을 해석하거나 강도하는 절차가 틀림이 없다고 할 것인즉 인도자는 이 절차의 성패가 예배의 성패요, 교회 흥왕의 성패를 가름하는 절차가 된다는 사실을 명심하고 힘써 기도하면서 정성을 다해 준비해야 한다.

강도는 예배 모범 제6장에 상론하였다.

1) 강도는 사람을 구원하는 하나님의 방침이니 강도하는 사람은 정 성을 다하여 성경 해석에 오류가 없어야 한다.

2) 강도하는 사람은 그 언어가 성경에 적합하고 강도를 듣는 사람 이 알아듣기 쉽게 말해야 한다.

3) 강도하는 사람은 자기의 학문을 자랑하지 말아야 한다.

4) 강도하는 사람은 자기 행실로 도리를 빛나게 해야 한다.

5) 강도의 시간은 전체 시간에 알맞도록 배려하여야 한다.

6) 강도를 마친 후에는 기도로 하나님께 감사를 돌리고, 찬미와 축 도로 폐회함이 옳다. 장로교 예배 순서는 강도 후 강도자의 기도 와 찬송을 부르고 축도로 폐회하는 것이다.

7) 노회의 관할 하에 있는 모든 교회는 노회에서 파송한 사람외에 는 아무를 막론하고 당회나 담임 목사의 허락 없이 강도함을 허 락해서는 안 된다.

☞ 교회정치문답조례에서는 예배 인도자와 설교자 등에 대하여 아래 와 같이 설명한다.

＊ 정문 136문 : 교회에서 누가 예배를 인도하느냐?

답 : 예배는 본 교회 목사나 강도사 혹은 다른 목사가 인도하되, 당 회가 전권으로 주장한다. 타 교파 사람이라도 필요하면 당회가 청하여 맡길 수 있고 목사가 없으면 장로들이 주관한다. 직분 없

는 자라도 당회가 허락하면 기도회를 인도할 수 있으나 주일 예배는 인도하지 못한다. 여자도 당회가 허락하면 기도회를 인도할 수 있으나 설교는 할 수 없다(정문 130, 498문답).

* 정문 137문 : 목사가 설교를 낭독으로 할 수 있느냐?

답 : 설교를 작성하여 낭독할 수 있으나, 기록 없이 하는 것이 좋다. 그러나 무기록으로 하든지 기록으로 하든지 하나님의 영광을 나타내기 위하여 가장 좋은 설교를 준비하고 묵상하며 기도하여 말씀이나 뜻을 잘 나타낼 것이다(예배 모범 제6장 3항).

* 정문 138문 : 강해 설교가 무엇이냐?

답 : 강해 설교란 성경의 장절을 가지고 해설하는 설교이니 교인에게 유익하므로 자주하는 것이 좋다.

(5) 세례(마 28:19~20, 막 16:15~16)

세례는 죄를 회개하고 삼위일체 하나님을 공경한다는 신앙 고백을 받고 교회 회원이 되게 하는 입교 예식이기도 하다. 교회는 그 고백의 진실성을 헤아리기 위하여 성경을 하나님의 말씀으로 믿는 일과, 삼위일체 하나님과 십자가의 대속은 물론, 사도 신경, 주기도문, 십계명 등에 의해 구원의 지식을 시문(試問)하기도 한다.

유아 세례를 위해서는 그 부모에게 자녀를 주의 교양과 훈계로 양육하며, 그가 성장하여 입교 문답으로 입교하기까지 그 자녀를 위해서 기도하며, 자녀와 함께 기도할 것 등에 대해서 서약하게 한 후에야 유아 세례를 베풀게 된다.

세례에 관하여는 예배 모범 제9장과 헌법적 규칙 제6조에 상론하였다.

1) 어떠한 형편에서라도 평신도가 베풀 수 없다.

2) 세례는 반드시 목사가 베풀어야 한다.

3) 교회 안 회중(공회)앞에서 베풀어야 한다.

4) 세례는 교회당 회중 앞에서 베푸는 것이 당연하나 특별한 경우에는 사가(私家)에서도 행할 수 있으니 목사가 그 일에 대하여 결정한다.

5) 세례는 만 14세 이상 되고 예수를 믿은 지 6개월 이상 된 자에게 먼저 학습 예식을 행한 후 계속하여 6개월 동안 신앙생활을 잘 한 자에게 세례 문답을 하여 예식을 행한다.

6) 유아 세례는 만 2세까지의 유아에게 부모가 대신 신앙으로 양육할 것을 문답하고 예식을 행한다. 헌법적 규칙 제6조 2항에 부모 중 한 편만이라도 세례 교인이면(혹은 입교인) 줄 수 있다고 되어 있다.

(6) 성찬(고전 11:23~28)

성찬에 관하여는 예배 모범 제14장에 상론하였다.

성찬은 그리스도께서 세우신(마 26:26,28, 고전 11:23~28) 예식으로서 구원받은 성도가 대속의 은총에 감사하여 주님 다시 오실 때까지 주님을 기념하고 주의 죽으심을 전하게 하시려고 주께서 제정해주신 성례이다. 성찬은 1년에 2회 이상 거행하되 반드시 1주일 전에 광고하여 성도들이 기도와 금식으로 준비하게 하고, 감사 감격한 충정으로 임하게 하고 입교인 중에서 양심의 가책으로 참석할 수 없다는 자가 생겨나지 않도록 해야 한다. 성찬에 쓰고 남은 떡과 포도즙은 정한 곳에 묻거나 불에 태워야 한다(헌규 제6조 4,5항).

☞ 세례와 성찬 등 성례에 관한 교회정치문답조례의 교훈은 다음과 같다.

* 정문 139문 : 성례가 무엇이냐?

  답 : 성례란 예수께서 세우신 것인데 소요리문답 90문답에 자세히 설명하고 있다.

* 정문 140문 : 성례에는 몇 가지가 있느냐?

  답 : 구약 시대에 오직 두 가지가 있었는데 할례(Circumcision)와 유월절(Passover, 창 17:10, 출 12:)이요 신약 시대에도 두 가지이니 주께서 세우신 것이라. 곧 세례와 성찬이니(Larger Catechism, Qq. 164, 마 28:19, 26:26~27), 모든 개혁 교회들의 교리이다. 로마 교회는 아래와 같이 7성례를 말하고 있다.

  ① 세례(Baptism) ② 성찬(Lord' s supper)

  ③ 혼례(Marriage ceremony) ④ 장립례(Orders)

  ⑤ 고락례(Penance) ⑥ 견신례(Confirmation)

  ⑦ 종도례(終塗禮, Extreme Unction)

* 정문 141문 : 세례가 무엇이냐?

  답 : 세례는 예수께서 명하여 세운 것인데, 소요리문답에 자세히 설명하고 있다. 구약 시대 유대교에서는 할례를 입회 예식으로 삼

았고, 예수 교회에서는 세례를 입회 예식으로 삼았으니, 뜻은 같으나 신약에서는 할례를 폐하고(갈 5:2) 세례만 베푼다(행 2:38, 마 28:19) (Confession of Faith 27:5).

* 정문 142문 : 세례는 누가 베푸느냐?

답 : 세례는 목사가 베풀 것이요, 장로나 강도사나 벌 아래 있는 목사는 세례를 베풀지 못한다. 그러나 시벌 전에 베푼 세례는 그대로 인정한다. 어느 때든지 세례를 베푸는 중에 불법한 일이 있으면 그 세례의 당부(當否)를 조사하여 노회에 보고할 것이요, 노회는 이를 심사하여 처리한다.

로마 교회에서는 신부가 세례를 베풀지만, 급한 경우에는 남녀 간 아무든지 다 그의 허락으로 구역 내의 집사 목사라도 베풀 수 있다(Presbyterian Digest p.788).

* 정문 143문 : 세례의 효능이 베푸는 사람의 덕으로 말미암느냐?

답 : 세례의 효능이 베푸는 사람의 덕으로 말미암는 것이 아니니, 이는 소요리문답 91문답에 자세히 설명하고 있다.

* 정문 144문 : 다른 교파 교회의 세례를 합당한 것으로 인정하느냐?

답 : 어느 교파든지 예수의 교회로 인정할 수 있으면 혹 그 목사는 인정할 수 없어도, 그 교회의 세례는 합당한 것으로 인정한다. 유니테리안(Unitarian) 교회처럼 삼위일체이신 하나님의 도리를 부인하는 무리는 예수 교회로 인정치 아니하므로 그 세례를 부인한다. 로마 교회의 세례는 당회가 제각기 합당하다고 여기면 그대로 인정하거나 다시 세례를 베풀 수도 있다(Ibid., p.788,

정문 182문답).

＊ 정문 145문 : 세례를 받을 수 있는 자가 누구냐?

답 : 세례는 예수를 그리스도로 믿는 고백과 그에게 복종하기로 작
정한 자들에게 베풀 것인데, 소요리문답 95문답과 신도게요 제
28장 4항에 자세히 설명하고 있다. 부모 중 한사람만이라도 믿
으면 그의 자녀가 유아 세례를 받을 수 있으나, 벌 아래 있는 교
인의 자녀는 유아 세례를 받지 못할 것이요, 믿는 고아원 아이들
은 유아 세례를 받을 수 있다. 아기에게 세례를 베풀기 전에 당
회가 그 부모를 불러서 그 일에 대하여 문답하고 그 이치를 깨닫
게 하는 것이 옳다(Confession of Faith 28:4).

＊ 정문 146문 : 입회하지 아니한 부모의 자녀에게 유아 세례를 베풀
수 있느냐?

답 : 세례는 입회하는 예식이니, 그 부모가 세례인이라도 입회하지
아니하였으면 그 자녀에게 유아 세례를 베풀지 못한다(Presby-
terian Digest pp.665~666).

＊ 정문 147문 : 유아 세례를 받을 수 있는 나이는 몇 살까지냐?

답 : 이는 성경이 말하지 아니하였으니 목사나 당회가 정할 것이요
다만 여러 해 지체할 일이 아니다(역자주 : 만 2세까지 유아 세
례를 줄 수 있으되 부모 중 한 편만 믿어도 줄 수 있다〈헌규 제6
조 2항〉).

＊ 정문 148문 : 본 교회에 즉시 입회하지 않을지라도 당회 앞에서 신
앙을 고백하면 세례를 베풀 수 있느냐?

답 : 세례는 예수를 진실히 믿고 순종하기를 작정하는 자에게 베풀
　　고 입회를 허락하는 것이지만 '구스 내시'가 즉시 어느 교회에
　　입회하지 않을지라도 세례를 받은 것처럼, 혹 특별한 사정이 있
　　어 입회하지 못할지라도 당회가 합당하다고 인정할 수 있으면
　　세례를 베푸는 것이 옳다.

＊ 정문 149문 : 유아 세례는 다른 교파에서도 다 베푸느냐?

답 : 다른 교파에서도 유아 세례를 베푸는 교회가 많으나 침례 교회
　　에서는 장성한 남녀에게만 세례를 주되 온몸을 물에 잠근다. 그
　　러므로 침례 교회에서는 저희와 같이 세례를 받지 아니한 다른
　　교회 세례자들은 다시 온몸을 물에 잠그는 침례를 베푼 후에야
　　입회케 하며 성찬에도 참여케 한다(Ibid., p.677).

＊ 정문 150문 : 출교를 당하면 세례가 무효가 되며, 해벌하면 다시 세
례를 베풀어야 하느냐?

답 : 출교를 당해도 세례가 무효화 되는 것은 아닌즉 해벌만 하는
　　것으로 족하다.

＊ 정문 151문 : 세례를 어떻게 베푸느냐?

답 : 세례를 베푸는 방법은 아래와 같다.

① 성부와 성자와 성령의 이름으로 물을 가지고 씻는다(소요리문답
　　94문답).

② 온몸을 물에 잠글 필요가 없고, 물을 붓거나 뿌리는 것으로 씻는
　　예를 표하는 것이 정당한 방법이다(신도게요 제28장 3항).

③ 장로교회의 목사가 부득이한 경우 혹시 침례를 베풀지라도 죄는

아니다(Ibid., p.667).

＊ 정문 152문 : 세례를 베풀 장소는 어떠하냐?

답 : 세례는 예배 시간에 예배당에서 공중 앞에서 베푸는 것이 합당
하나, 혹시 특별한 사정이 있으면 목사의 판단을 좇아 사가(私
家)에서도 베풀 수 있다(예배 모범 제9장 6항, 정문 226문답③).

＊ 정문 153문 : 성찬 예식이 무엇이냐?

답 : 성찬 예식은 예수께서 세우신 것인데 소요리문답 96문답에 자
세히 설명하고 있다. 이는 구약 시대의 유월절 대신 세우신 성례
이다(마 26:17~30).

＊ 정문 154문 : 성찬 예식은 누가 베푸느냐?

답 : 성찬 예식은 목사가 베푸는 것이요, 장로나 강도사는 물론 벌
아래 있는 자는 목사라도 베풀지 못한다(Confession of Faith
27:4. 정문 142문답).

＊ 정문 155문 : 누가 성찬 예식에 참여할 수 있는 자는 아래와 같다.

답 : 성찬 예식에 참여할 수 있는 자는 아래와 같다.

① 무흠한 세례 교인

② 타 교파 교인이라도 예수 교회의 무흠한 세례 교인

③ 유아 세례를 받고 성년이 되어 입교한 자(유아 세례 받은 자가
만 14세가 되면 입교 문답할 연령이 된다.)

＊ 정문 156문 : 성찬에 참여할 수 없는 자가 누구냐?

답 : 성찬에 참여할 수 없는 자는 아래와 같다.

① 성찬의 뜻을 모르는 자

② 악행 하는 자

③ 교회 재판에 걸려 있는 자(그 재판을 속히 처결하여 칭원(稱寃)이 없게 할 것)

④ 남이 모르는 은밀한 죄를 범하고 회개하지 못한 자

⑤ 비록 재판에 걸려 있지는 않다고 해도 교회의 유익을 위하여 당회가 금한 자

* 정문 157문 : 성찬 예식에 쓸 수 있는 포도주가 어떠하냐?

답 : 포도주나 포도즙을 다 쓸 수 있으나, 총회에서는 포도즙이 더 좋다고 한다.

* 정문 158문 : 성찬 예식을 베풀 수 있는 장소가 어떠하냐?

답 : 성찬 예식은 예배당에서 베풀 것이요, 미리 준비 기도회를 가지는 것이 옳다. 성찬 예식은 마땅히 장로와 함께 베풀 것이지만, 선교사는 장로가 없어도 베풀 것이요, 따로 개인에게 베풀지 아니하나, 환자나 방금 사망하는 사람이 특별히 원하면 당회의 작정대로 목사 장로가 가서 성찬의 뜻을 분명하게 설명한 후에 성찬을 베풀고 당회록에 기록한다.

* 정문 159문 : 성찬 예식은 1년에 몇 번 베풀 것이냐?

답 : 성찬 예식은 자주 베푸는 것이 좋으나, 형편을 따라 목사나 장로들이 작정할 것이다(예배 모범 제8장 1항).

(7) 금식과 감사(눅 5:35, 빌 4:6, 딤전 2:1, 시 50:14, 95:2)

금식일과 감사는 예배 모범 제14장에 상론하였다.

주께서 십자가에 못 박혀 운명하신 성 금요일과 성찬을 베풀기 전 주간에 당회의 결의로 금식을 선포할 수 있고, 청빙한 강도사가 목사 고시에 합격하여 임직을 받게 될 때에 그 새로운 목사를 영접할 청빙 교회도 이를 위하여 금식하며 기도하는 관례가 있어왔다. 그러나 이 금식은 오직 기도와 하나님의 계시에 대한 순복과 회개에 있고 고행 주의를 목적으로 함이 아니며 혹은 예수 그리스도의 십자가의 고난을 체험적으로 깨닫고 그 크신 은혜에 대하여 감사하기 위함이요 역시 고행 주의적으로 행함이 아니다.

   예배 모범은 금식일 외에 감사일도 공포할 수 있도록 규정하고 있다. 그리고 그 감사란 예수 그리스도의 십자가 대속으로 말미암아 값 없이 주시는 구원의 은총이 그 바탕을 이루어야 한다. 그 이외의 것을 바탕으로 하는 감사는 그것을 거두어 가시거나 아니 주실 때에는 감사를 취소하거나 감사할 이유가 무너져 버려 오히려 불평하며 원망해야 할 이유로 바뀌는 것이기 때문이다.

   그리고 이 금식과 감사에는 교회적이거나 거(擧)교단적인 것일 수도 있고, 개인이 행하는 사사로운 금식과 감사도 포함하고 있다 함은 더 설명할 필요도 없으며, 미리 공포하여 육신의 일을 잠시 정돈하고 준비하여 이날에는 목사가 공동 예배를 인도하고 종일토록 통회하고 자복하는 마음과 감사함으로 지내야 한다.

☞ 교회정치문답조례의 교훈은 아래와 같다.
＊ 정문 160문 : 금식일과 감사일을 지키는 것이 옳으냐?

답 : 성찬 예식을 행하기 전에 장로교회에서도 금식하는 교회가 있
다. 복음은 주일 외에 거룩하게 지키라고 명한 날이 없으나 하나
님이 특별히 인도하시면(홍수나 한재 등이 있을 때) 금식일이나
감사일로 지키는 것도 우리 지혜와 성경대로 합당하게 행하는
것이다(예배 모범 제14장).

＊ 정문 161문 : 주일을 지키는 법이 어떠하냐?

답 : 주일을 지키는 법은 소요리문답 57, 58, 59문답에 자세히 설
명하고 있다.

주일에는 모든 세상일을 쉬고, 이날을 완전히 거룩하게 지켜야
할지니, 번잡하게 즐겨 노는 것과, 세상 육신에 관한 이야기와
생각까지도 그치는 것이 합당하다.

이 날에 죄가 되는 세상 모든 일은 쉬면서도, 즐겨 노는 것과, 관
광을 다니는 것과, 그 이튿날의 볼일을 위해 다니는 것과, 불신
자가 모여서 즐기는 곳에 가는 것과, 세상 신문을 보는 것 따위
는 괜찮은 줄로 여기는 자가 많으니, 교인 중에 만일 이런 자가
있으면 권면할 것이요, 순복하지 아니하면 책벌하는 것이 옳다
(예배 모범 제1장 1,2항).

＊ 정문 162문 : 주일 외에 지킬 날을 누가 지정할 수 있느냐?

답 : 개인적으로 금식하거나 감사하는 날 등은 개인이나 가족이 임
의로 지정할 것이요, 개교회를 위해서는 그 당회가 지정하며 노
회, 대회, 총회 등이 제각기 자기 관할 지역을 위해 지정할 수 있
다. 이미 아래와 같이 지정하고 시행하고 있다.

① 세계 기도 주간 : 1월 첫 주일부터 둘째 주일까지

② 대학을 위한 기도 : 1월 마지막 수요일

③ 어린이 주일 : 6월 둘째 주일(역자 주 : 한국 교회는 5월 첫 주일을 지키고 있음)

④ 교육부를 위한 기도 : 10월 첫 주일

⑤ 선교부를 위한 기도 : 11월 첫 주일

⑥ 청년 연합회를 위하여 : 11월 중에 전항과 함께 기도할 것

⑦ 위정자와 대통령을 위하여 : 11월 중 추수 감사절과 함께 기도할 것

(8) 성경 문답(히 5:12, 딤후 3:14~17)

성경의 교훈이나 교리를 잘 깨닫지 못하는 신자들을 가르치는 규례를 말한다. 성경 진리는 에누리 없이 그대로 믿는 것이 신앙이지만 그것이 성경의 교훈을 정면으로 거부하는 그런 교훈이라고 하면 그를 믿지 아니하고 오히려 대적해 싸우는 것이 올바른 믿음이다.

특히 여기저기서 일어난다는 이적에 대하여 한국 교회의 열심 있는 교인들은 덮어놓고 믿는 것을 옳게 여기는 경향이 있는데 안타까운 일이다.

웨스트민스터 신앙고백이나 대소요리 문답이 성경을 가장 체계 있게 설명한 것으로 장로교회들이 표준 문서로 채택하였으니, 교회가 주일 공과로 만족을 삼지 말고 이것을 힘써 가르쳐야 한다고 생각한다. 교회는 전반에 걸쳐 교리를 체계적으로 배움이 절대 필요하다. 성경을

교리적으로 이해하도록 성경 공부를 장려해야 한다.

☞ 교회정치문답조례의 교훈은 아래와 같다.

* 정문 170문 : 교회가 채택한 교리 문답서가 무엇이냐?

　답 : 미국 장로교회가 신경으로 확인 채택한 것은 대소요리 문답과 하이델베르그(Heidelberg Catechism) 문답이다(역자 주 : 한국 교회는 대소요리 문답만 채용한다).

* 정문 171문 : 소요리문답을 누구에게 가르치느냐?

　답 : 부모는 마땅히 그의 자녀들에게 가르치고, 당회는 세례 받은 아이들에게 암송하도록 할 것이요, 다른 아이들에게도 가르칠 것인데, 신학생들은 외우도록 배워야 장립할 수 있다. 이 문답은 교회의 도리이니 교인들이 다 외워야 한다.

* 정문 172문 : 소요리문답은 누가 가르쳐야 하느냐?

　답 : 소요리문답을 가르칠 자는 부모요, 주일 학교 교사요, 목사와 장로이다.

* 정문 173문 : 학습 교인(Catechumen)이 무엇이냐?

　답 : 학습 교인이란 본 교회에 입회하려고 도리를 학습하는 교인이니, 세례받기 전에 교리 문답서를 학습하는 세례 지원자이다.

(9) 헌금(행 11:27~30, 고전 16:1~4, 갈 2:10, 6:6)

지금은 제사도 제물도 제사장도 모두 폐지되었고 엄격한 의미에서 대속과 구원을 위한 제물은 있어도 안 되고 있을 수도 없다. 그러나 예수 그리스도의 대속으로 말미암아 구원 얻은 성도들이 하나님께 경배하면서 몸도 마음도 정성도 바치고 지성을 다해서 예물을 드리는 일은 너무나 당연하다 할 것인즉 대속의 제물처럼 여기거나, 무슨 규례에 얽매인 것으로 여기지 말고 자원하는 예물을 드릴 수 있도록 할 것인 줄 안다.

박윤선 박사는 성경은 가난한 자를 위한 헌금(행 11:27~30, 롬 15:25~29, 고전 16:1~4 고후 8:1~15, 갈 2:10)과 교역자를 위한 헌금(빌 4:10~20, 요삼 1:5~8)과 기타 주님의 사업을 위한 헌금(마 6:20, 막 12:41~44, 눅 8:3)으로 분류하고 있다.

헌금의 대상이 하나님이시니 즉흥적으로 하지 말고 힘써 기도하면서 계획적으로 할 것이요, 수입 형편에 따라(신 16:17, 고전 16:2) 희생적인 마음으로, 그러면서도 기쁜 마음으로(고후 11:7~9) 할 것이며, 특히 하나님의 것을 맡은 청지기의 심정으로(신 8:17~18), 각 사람이(고전 16:2, 눅 21:1~4), 풍성하게(고후 9:6), 최상의 것으로 바칠 것이다(레 22:2, 21, 말 1:7~10)라고 하였다.

☞ 교회정치문답조례는 아래와 같이 교훈하고 있다.
* 정문 174문 : 교회가 거둘 연보가 어떠하냐?
　답 : 교회가 거둘 연보는 아래와 같은데, 연보하지 아니하는 교회가 있으면 노회가 권면할 것이다.
　　① 구제비 ② 교회 경비 ③ 전도비 ④ 총회에 상납할 용비
　　⑤ 기타 당회 결의에 의한 연보라고 하였다.

헌금은 예배 모범 제18장에 상론하였다.

1) 헌금은 주일마다 해야 한다.

2) 헌금은 전능하신 하나님께 엄숙히 예배드리는 일부분이다.

3) 헌금에 관한 일은 목사와 당회의 결의대로 하여야 한다.

4) 주일 학교나 기타 부속 회는 헌금에 관하여 당회에 보고하여 허락을 받고 사용해야 한다.

(10) 권징(히 13:17, 살전 5:12~13, 고전 5:4~5, 딤전 1:20, 5:20)

권징에 관하여는 권징 조례에 상론하고 있다.

어떤 목적을 가지고 조직된 단체이든 그 단체의 목적을 수행하기 위해서는 불가불 정관이니 장정(章程)이니 규칙이니 하는 것을 가질 수밖에 없고, 일단 이런 법규를 제정하고 공인하는 과정을 거치고 난 다음에는 회원들에게 그 법규대로 준행할 의무가 따르고 그 의무를 이행하지 않는 자에게는 잘 교육하거나 계도(啓導)하거나 권고하는 과정을 거치어 징벌하는 일이 불가피하게 된다. 하물며 하나님의 말씀과 법도를 좇아 영위되는 하나님의 교회는 진리를 수호하며 교회의 신성과 질서를 지켜 머리 되신 예수 그리스도를 영화롭게 하며 악행을 제거하고 범죄자에게 회개를 촉구하며 바른 신앙생활로써 교회에 덕을 세우도록 함을 목적으로 하는 권징은 불가피하다고 하는 말이다.

진정한 교회의 3대 표지는 정당한 말씀 선포, 정당한 성례 거행, 정당한 권징의 시행일진대 권징이 없는 교회라고 하면 그 교회 교인들을 아무렇게 믿거나 아무렇게나 행동하거나 그것을 그대로 방치하는 교회라 할 것인즉 자고이래(自古以來)로 권징이 없는 교회를 진정한 교회로 보이지 않는 이유가 여기에 있다.

☞ 교회정치문답조례의 교훈은 아래와 같다.

＊ 정문 175문 : 권징이 무엇이냐?

　답 : 권징이란 교회 안에서 주 예수께서 세우신 권세를 행사하며, 자기 교회를 위하여 세우신 법도를 시행하는 것이니,

　① 교인과 직원과 치리회를 관리하며, 제각기 그 본분에 대하여 교육하며 훈련하며 보호하며 인도한다.

　② 교회 재판과 시벌하는 일을 주장한다(권징 제1장 제1조).

＊ 정문 176문 : 교회 권징의 대상자가 누구냐?

　답 : 권징의 대상자는 본 교회의 모든 세례 교인이요, 혹시 학습인들도 다소간 대상이 되는 수도 있다. 유아 세례 교인된 아이들도 그 대상이 되어야 한다는 설이 없지 아니하나, 어떠하든지 당회가 잘 돌보고 교육하여 범죄에 이르지 않도록 하고, 상당한 연한까지 기다려 입교케 한 후에 권징의 대상을 삼을 것이다.

　유아 세례만 받아 아직 완전히 입교하지 못한 아이를 교회가 재판하여 시벌하는 규례가 없다(권징 제1장 제6조).

＊ 정문 177문 : 모든 교인이 어느 치리회의 관할을 받느냐?

　답 : 교인의 관할은 아래와 같다.

　① 입교한 세례 교인들이 모두 그 당회의 관할을 받는다.

　혹시 그 교회가 폐지되면 노회가 그 교회들을 다른 교회에 이속

(移屬)케 할 것이요, 이속 이전에는 노회가 직접 관할하며, 미결 중인 재판 사건도 노회가 속행할 것이다(권징 제11장 제111조).

② 이명 증서를 가지고 이거하는 교인이라고 해도, 그 교회에서 이명을 접수하였다는 통지서가 본 당회에 도착하기 이전에는 여전히 본 당회 관할 아래 있으나, 일단 이명 증서가 발급된 후에는 직분은 자연 해면되고, 공동의회에서도 언권과 투표권이 없다(권징 제11장 제108조).

③ 이명 증서를 받은 교인이 1년 내에 다시 돌아와 그 이명 증서를 본 당회에 환부하면 당회가 받아 다시 회원으로 인정할 수 있으나 전에 가졌던 직분은 그대로 계속하지 못한다(권징 제11장 제108조).

④ 벌 아래 있는 회원은 아주 멀리 이사하지 아니하는 한 이명 증서를 발급하지 못하며, 멀리 이사할 때에는 벌 아래 있다는 사실을 이명 증서에 기록하여 발급할 것이다(역자 주 : '각 당회에서 책벌된 교우가 이사할 때에 천서 중에 책벌까지 기록함은 이후 회개하면 책벌 푸는 권한까지 허락하는 줄로 인정함.' 1909년 제3회 독노회록 p.25).

⑤ 장로와 집사는 완전히 본 당회 관할을 받아야 하나, 혹시 본 당회원의 수가 적어 장로의 범죄 사건을 다루기가 어려운 경우이면, 당회의 위탁으로 노회가 직접 판결한다(권징 제9장 제79조, 제80조).

⑥ 강도사와 목사 후보생은, 수업 관계는 노회의 관할을 받을지라

도 아직 지교회 회원이니, 마땅히 본 당회의 관할을 받는다(정문 213문답).

⑦ 목사들은 다 본 노회 관할 아래 있으나, 만일 노회가 폐지되면 목사의 이명 증서를 발급하거나, 미결된 재판 사건을 처결하는 등 대회가 노회의 시무를 인수하여 직접 수행하고, 혹 대회가 없으면 총회가 직접 수행한다(권징 제11장 제112조).

목사가 사직을 청원하여 노회가 이를 허락하면 그는 평신도이니 노회가 계속 관할하지 못하고, 평신도의 이명 증서를 발급하여 한 당회의 관할 하에 둔다(권징 제7장 제52조).

목사가 자격이 부족하여 노회가 사직케 하는 때에도 또한 같다.

⑧ 이상과 같이 목사와 장로, 집사, 교인, 등이 제각기 관할 치리회의 치리를 받으나, 하회가 상회의 명령을 거역하거나 순종을 게을리 하면 상회가 직접 처결한다(권징 제4장 제19조).

(11) 축복(고후 13:13, 엡 1:2)

축도란 우선 '축복 기도'의 준말이다. 축도도 기도일진대 마땅히 예수님의 이름으로 기도해야 할 것 같은데 왜 그렇게 하지 않는가? "축복 기도는 그리스도의 이름으로 하는 권위 있는 기도인데 두 가지 요소를 포함한다"고 전제한 후에 교회정치문답조례 178문답을 들어 "이 두 가지는 기도의 요소와 하나님의 뜻과 목적을 선포하는 것이다" 라고 축도를 기도라고 하는 견해와 "축도는 인사 중의 축복의 말씀과는 달리 공적 예배 끝에 행하여지는 하나님의 백성에 대하여 행하여지는 축복의 선언이라"는 견해가 있어 대조를 이룬다.

후자의 축도에 관한 견해는

첫째는 로마 카톨릭 교회와 희랍 정교회의 입장인 사제가 신의 이름으로 제사적 축복을 강복한다는 주장이고,

둘째는 축도자가 회중과 함께 또는 회중을 대표해서 축복을 기원한다는 것이고,

셋째는 축도란 그리스도와 계약적으로 교통하는 하나님의 백성에게 대하여 성령님이 전하는 영적 축복의 선언이 기도의 형식을 취한 것이라는 견해인데

첫째의 입장은 그 선언에 의해서 강복된다 함이요,

셋째 입장은 성령님이 축복하신다는 사실을 선언한다 함이니 이 경우 둘째의 입장과도 달리 하나님 편에서의 하나님의 백성을 향한 축복의 선언이 된다. 즉 축도자는 하나님 편에 서서 회중에게 축복을 선언하는 것이 축도라고 하였다.

삼위일체 하나님의 이름으로 축원한 바울의 기도는 어순상으로 구원론적 차례를 나타낸다. 인류의 구원의 길은 그리스도시니 그의 중보적 은혜로 말미암지 않고는 누구든지 하나님의 사랑에 이르지 못한다 (엡 3:12, 히 4:14~16 참조).

성령의 교통은 우리가 예수를 믿는 데에 현실적으로 관계된 중요한 것이다. 그리스도로 말미암아 성취된 구원을 우리로 하여금 받도록 하시는 실체적 방법은 성령께서 우리와 접촉하시며 교통하셔서 실현시키신다.

예배 모범 제6장 5항에 "강도를 마친 후에 목사가 기도하여 전능하신 하나님께 감사를 돌리고 그 다음에는 시나 찬미를 부르고 하나님을 대표하여 축복 기도로 폐회함이 옳다"고 하였다. 여기 축복 기도는 본 항의 축복과 같은 의미이다. 그러나 축도로 사용함이 가장 좋으며 축도는 고후 13:13대로 "있을지어다"라고 해야 한다.

우리 교단은 1960년 9월22일 회집한 제45회 총회에서 목사가 예배 폐회 때 삼위의 이름으로 축복 기도할 때에는 예배 모범에 있는 대로 "있을찌어다"로 일치하게 실시하기를 각 노회에 시달하도록 가결하였다.

그리고 교회정치문답조례는 축도는 강도사도 못하고 목사만이 할 수 있다고 설명한다. 목사와 평신도가 하나님 앞에서는 똑같은 죄인이므로 믿지 않고서는 구원 얻을 소망이 없는 자라는 의미에서 공통된다 하겠지만 다만 가르치는 일과 다스리는 일을 맡은 하나님의 종으로 하나님의 뜻을 전달하는 사역자라는 의미에서 평신도와 다르기 때문에 목사만 축도한다 함이 장로교의 규례이다.

☞ 교회정치문답조례는 아래와 같이 설명한다.

＊ 정문 178문 : 축복 기도는 누가 할 수 있느냐?

　답 : 축복 기도란 하나님의 백성에 대하여 예수의 이름으로 권세 있게 복을 비는 것이니, 목사가 할 것이요, 강도사나 장로 등 다른 직원은 하지 못하여 가부를 물어 작정할 것은 없으나 이미 모든 교파와 교회에 관례가 되었고 또한 장로회 정치가 축복 기도를

목사가 할 것으로 규정하였으니, 다른 직원이 폐회 기도는 할 수 있으나 축복 기도를 하지는 아니한다(정문 526문답, 정치 제4장 제3조 1항, 예배 모범 제6장 5항, 보통회의 규칙 44조, Presbyterian Digest pp.205~208).

* 정문 526문 : 강도사가 가지는 권한이 무엇이냐?

답 : 강도사란 설교 인허를 받은 성역의 견습자이다. 직무 관계로는 노회의 관할을 받으나 목사로 장립될 때까지는 평신도요 당회 관할 하에 있다. 성례를 베풀지 못하며, 축도도 못하며, 견습하기 위하여 방청은 할지라도 치리회 회원이 될 수 없으며, 혹시 임시 목사처럼 역사한다 할지라도 담임 목사가 아닌즉 당회에 참석치 못하며, 공동의회 회장이 될 수 없다(Presbyterian Digest p.402, 정문 43,142,154,164,178문답 참조, 예배 모범 제7,8장, Assembly's Digest pp.86,108).

2. 허위 교회의 예배

第二十一章　虛位敎會 禮拜 (1922年版)

一, 禮拜儀式

敎人等은 靈的知識을 擴充ᄒ기 爲ᄒ야 每主日에 會集禮拜ᄒᄂ거시 크게 要緊ᄒ니 此(이)ᄂ 禮意를 欽慕케ᄒ고 禮拜ᄒᄂ 習性을 堅固케 ᄒ며 하ᄂ님을 敬畏ᄒᄂ 誠心을 增進케 ᄒ고 聯絡ᄒᄂ 愛心을 奮興 케ᄒᄂ거시라 虛位敎會ᄂ 老會의 承認흔 講道者를 求得(구ᄒ야엇)지

못ㅎ엿슬지라도 一處或數處에 會集祈禱ㅎ고 讚頌ㅎ며 聖經을 朗讀ㅎ
고 本長老會의 著名ㅎ者의 講道文을 朗讀ㅎ는거시 可ㅎ니라
　　此等禮拜席에는 長老或執事가 主管ㅎ야 朗讀ㅎ고 聖經或講道文을
擇ㅎ기도ㅎ며 凡事를 秩序잇고 敬虔ㅎ게 引導홀거시니라

二, 強度者擇定
　　老會는 虛位敎會에 講道홀者를 直接派送ㅎ던지 委員으로 準備케ㅎ
던지 其(그)虛位堂會에 委任ㅎ야 擇定케홀거시니라 但何敎會(다만어느
敎會)에셔던지 十二個月以上되도록 牧師를 請聘치아니ㅎ면 老會가
講道홀 者를 擇ㅎ야 牧師를 請聘ㅎ야 委任홀 時(때)ㅆ지 直接管理홀
지니라

三, 講道者範圍
　　本長老敎各老會管轄下에 잇는 牧師나 講道師나 特別講道認許밧은 者
라야 虛位敎會에서 長久間講道(오릭동안강도)홀수잇고 無任牧師와 休職
牧師는 本老會境內虛位敎會를 도아줄 責任이잇느니라
　　本長老敎會와 交通ㅎ는 敎派의 牧師를 間或請邀ㅎ야 虛位敎會에서
講道ㅎ게ㅎ는것도 無妨ㅎ니라

(1) 허위 교회의 예배

담임 목사의 자리가 빈 교회를 허위 교회라 한다. 이런 교회를 어떻
게 관리하며 특히, 예배는 어떻게 관장해야 하느냐는 문제는 반드시
생겨날 수밖에 없다. 그런데 위와 같이 1922년판 헌법은 훌륭한 규정
을 가지고 있었는데 1930년판 이래로 이를 삭제하여 오늘날 각 교단
이 그런 규정이 있었다는 사실도 모르고 지내는 형편처럼 되었었다.
이런 교회의 예배를 어떻게 해야 하겠는가? 담임 목사가 없다고 해도

교인들이 예배를 궐(闕)하게 할 수는 없다.

1922년판 헌법에 의하면 이런 경우, 장로 혹은 집사가 본 장로회 목사의 설교집 중에서 적당한 것을 가려서 낭독하도록 해서라도 예배를 드려야 한다고 규정하고 있다. 현행 헌법은 장로에게 강도할 목사를 구하도록 하되, 여의치 못할 경우에는 장로가 친히 예배를 인도하라는 뜻으로 규정하고 있다. 그러나 치리 장로에게는 다스리는 직무가 전부인데 굳이 장로에게 말씀 직무에 속하는 예배를 인도하게 하기 보다는 오히려 말씀 직무를 수행하는 목사를 방조하는 입장이기는 해도, 전도사가 바로 말씀 직무를 수행하도록 규정 되었은즉 다스리는 직무를 맡은 장로보다는 전도사에게 예배를 인도하게 함이 옳아 보인다.

그 밖에 특히 돋보이는 규정은 "12개월 이상이 되도록 목사를 청빙하지 아니하면 노회가 강도할 목사를 택하여 위임할 때까지 직접 관리할지니라"는 점이다. 이리하여 지교회에서는 노회의 직접 관리를 면하기 위해서라도 속히 목사를 청빙하게 되고, 노회에서는 또한 허위 교회를 직접 돌보아야 할 직무를 수행하도록 하고 있다. 현행 제도처럼 사실상 방치하는 일이란 있을 수가 없다.

제8장 교회 정치와 치리회

1. 정치의 필요

第八章　教會政治 及 治理會 (1922年版)

一, 政治의 主要

教會를 治理홈에는 不得不明白히 制定혼 政治가 잇서야ᄒᄂ니라 (前哥전고 十四〇四十) 然則吾儕(그런즉우리)의 所認(아ᄂ바)은 事理에 適合혼 것과 聖經에 敎訓혼것과 使徒時敎會의 行事(ᄒᆡᆼᄒᆞᆯ일)를 依(의지)ᄒᆞ야 推觀혼 則(미리워본즉)敎會를 治理ᄒᄂ 權은 個人의게 잇지안코 宜當(맛당)히 堂會, 老會, 總會와 如(ᄀᆞᆺ)혼 治理會에 잇ᄂ니라(行十五〇六)

然(그러)이나 吾儕(우리)ᄂ 此(이)法이 適當혼 줄노 認定ᄒ고 遵行ᄒ나 他敎派中此等事(다른교파즁이런일)에 對ᄒ야 意見과 所行이 吾儕(우리)와 不同ᄒᆯ지라도 吾儕(우리)가 다 慈愛心으로 親睦ᄒᄂ니라(可(막)九〇三十八－四十)

제1조 : 정치의 필요

① 교회를 치리함에는 명백한 정치와 조직이 있어야 한다(고전 14:40).

② 정당한 사리(事理)와 성경 교훈과 사도 시대 교회의 행사(行事)에 의지한즉

③ 교회 치리권은 개인에게 있지 않고

④ 당회, 노회, 대회, 총회 같은 치리회에 있다(행 15:6).

☞ 교회는 예수 그리스도를 머리로 한 공동체이므로 정치가 필연적으로 요구된다. 그런데 그 치리권은 교인 개인에게 있는 것이 아니고 교인들이 투표하고 교회와 노회에서 위임한 장로와 목사로 구성된 당회, 노회, 대회, 총회로 말미암아 행사하는 것이다.

(1) 교회와 정치

사람은 '사회적 동물'이라는 말을 흔히 사용한다. 이 말은 혼자서 살 수 없는 것이 사람이요 두 사람만 모여도 사회성이 완연하다는 말이다. 여기에 사회성은 곧 정치의 필연성을 수반하는 것이다. 그런데 교회는 한 사람만 있을 때는 교회라고 할 수 없으므로 교회 정치의 필연성은 두말할 여지가 없다.

교회는 예수 그리스도를 머리로 하는 한 몸이요, 교인들은 그 지체들이니(엡 1:22~23) 그 몸을 단정히 하기 위해서는 정치가 필연적이다(고전 12:14~27).

그리고 세상 나라나 단체의 경우처럼 다스리지 못하고 교회는 더욱 주의 뜻대로 다스리는 정치가 필요하게 된다. 그러므로 하나님께서는 일찍이 이에 대처하려는 법과 예배 모범과 정치 모본을 우리에게 주신 것이 분명하다(정문 179문답, 겔 43:11~12, 딤후 1:13, 갈 6:16, 빌 3:16 참조).

(2) 교회와 조직

인간 사회는 각양 공동체를 형성하여 피차 유익을 도모하고 안녕과 질서를 위한 조직이 필요하다. 개인이 연합하여 가정을 이루고 가정이 모여 마을을 이루고 마을이 모여 광역을 이루고, 광역이 모여 국가를 이룬다. 따라서 한 국가의 안녕과 질서를 위해서는 각양 조직과 행정이 필요한 것이다.

이와 같이 교회도 당회, 노회, 대회, 총회, 등 치리회의 조직을 필요로 하고 있으며 각 치리회에서도 각양 조직을 통하여 건축 설계도의 도면대로 하나의 건물이 준공되는 것처럼, 성경이 가르친바 도리를 따라 그리스도의 몸 된 교회를 세워 가는 것이다(엡 2:20~22).

(3) 교회의 조직과 정치의 관계

교회는 사회성을 지니고 있기 때문에 반드시 조직이 따르게 되고 조직이 있는 곳에는 반드시 정치가 있기 마련이다. 그러므로 교회는 조직과 정치의 밀접한 관계를 유지하며 하나님의 나라를 확장해 가고 있는 것이다. 따라서 정치가 없는 조직은 허수아비와 같은 것이며 조직이 없는 곳에는 정치를 필요로 하지 않는다. 그러므로 조직을 떠난 교회는 생각할 수 없으며 정치가 없는 교회는 존재하지 않는다. 오직 조직과 정치가 공존하는 곳에 올바른 교회가 존재한다.

(4) 치리권의 소재

교회의 치리권은 개인에게 있는 것이 아니라 당회, 노회, 대회, 총회 등의 치리회에 있게 하였다. 만일 개인이 치리권을 행사하게 되면 치리권자의 영향력에 따라서 소신껏 일을 할 수 있겠고 신속하게 처리하는 장점은 있겠으나, 아무리 유능한 사람이라고 해도 유한한 인간이므로 치리권을 행사함에 오류를 전혀 범하지 않을 수 없는 것이다(천주교의 교황 무오설 등). 그렇다고 해서 치리회의 결정은 오류가 없다는 말도 아니다. 때로는 개인이 치리하는 것보다 더 큰 오류를 남기는 경우도 없지 않다(제27회 총회의 신사 참배 결의 등).

그러나 치리권이 개인보다 치리회에 있게 한 것은 여러 회원들의 중지(衆智)에 따라 치리권을 행사하는 것이 개인이 치리하는 것보다는 오류를 범하는 확률이 적을 것이라는 것이다. 보다 더욱 중요한 것은 성경이 치리권을 치리회에 있게 하였다는 사실이다. 사도행전 15장에 보면 예루살렘 교회의 제1차 회의에서 사도들과 장로들이 모여 의논함으로(행 15:6) 당시 유대인이나 이방인이나 사도들의 갈등을 해소하고 모두 다 납득할 만한 5가지의 결의안을 채택하여[① 이방인에게 할례 행하지 말 것 ② 우상의 제물을 먹지 말 것 ③ 목매어 죽은 것을 먹지 말 것 ④ 피를 먹지 말 것 ⑤ 음행을 금할 것(행 15:19~29), 후에 ①, ⑤번만 남기고 모두 폐지됨.]바울이 이방인에게 복음을 전하는데 크나큰 장애의 요소를 제거하였으니 성경의 역사가 치리권을 치리회에 있게 한 것이다.

교회정치문답조례 179문답에서 교회 정치의 필연성에 대하여 "정한 정치가 없이 교회가 유지 될 수 있느뇨?"라는 질문에 아래와 같이 명쾌하게 대답하였다.

＊ 정문 179문 : 정한 정치가 없이 교회가 유지 될 수 있느뇨?

답 : "어느 나라를 막론하고 정치가 없이 유지될 수 없는 것처럼 교

회도 정치가 없으면 유지되지 못하느니라. 성문(成文)이 없어서 알지 못하는 법을 백성이 지키지 못하고, 정한 정치가 없는 교회는 종종 분요가 생기느니라. 하나님께서 우리에게 법과 예배 모범과 정치 모본을 주셨으니 정치가 필요치 않다고 할 수 없느니라"(겔 43:11~12 , 딤후 1:13, 갈 6:16, 빌 3:16).

＊정문 180문 : 교회 정치를 제정할 때에 깊이 살필 것이 무엇이냐?

답 : 교회 정치를 제정할 때에 깊이 살펴야 할 것은 아래와 같다.

① 예수 교회의 본성을 살핀다.

② 성경 특히 신약에 나타난 교회 정치를 살핀다.

③ 초대 교회(A.D.100~A.D.300)의 정치를 살핀다.

④ 이 모든 교회 정치와 우리 교회의 형편에 적합한 여부를 살핀다.

이상 4개조를 살펴보면 적당한 정치는 당회, 노회, 대회, 총회를 조직하는 것과 목사와 교인의 대표자로 교인이 택한 치리 장로와 함께 다스리는 것과 심급(審級)을 두는 치리회의 조직으로 3심 제도를 두는 것과 전체 교회가 연합하여 한 몸을 이루는 것을 밝히 가르쳤는데, 이것이 장로회 정치이다(마 18:15~20, 행 15:2~28, 고전 5:4, 딤전 4:14).

＊정문 181문 : 장로회 정치만이 완전하냐?

답 : 장로회 정치만이 완전하다는 것이 아니니, 그리스도에 대한 신앙과 그의 법에 복종할 것을 고백하는 자이면 곧 유형 교회의 회원이니, 저희가 고백하는 신앙과 복종하는 정치가 완전치 못하여도 유형 교회의 회원이다.

정치가 불완전하여 위험한 일이 많아도, 예수를 믿는 것과 그에게 복종하는 이 두 가지만이 바른 교회와 교인되는 본질적 특성이니, 이 두 가지 증거가 있으면 우리 교회와 서로 같지 아니하여도 사랑하는 마음으로 서로 화목할 것이다.

* 정문 182문 : 다른 교파 교회를 우리가 어떻게 보아야 하느냐?

  답 : 그리스도에 대한 신앙과 그의 법에 복종할 것을 고백하는 교회와 교파는 어느 파를 불문하고 다 마땅히 사랑으로 서로 포용하고, 저희 신경과 정치와 예배와 성례와 권징을 존중히 여길 것이로되, 예수를 부인하는 유니테리안(Unitarian)이나 그와 같은 부류의 교회들과는 더불어 화목할 수 없다.

  아무 교회든지 목사나 교인이 교회의 정치를 복종하지 아니하고 교회를 분립하면, 우리 교회와의 연관은 없어져도, 다른 교파의 교회로 인정하고 대우할 것이다(Assembly 's Digest p.646, 정문 144문답).

2. 치리회의 성질과 관할

二, 治理會의 性質과 管轄 (1922年版)
教會治理하는 各會는 等級은 有(잇스)나 各會會員은 長老뿐인 故로 各會가 老會的性質이 잇느니라 己爲同一(임의동일)흔 資格으로 組織흔거신 故로 自然히 同一흔 權利와 勢力이 잇스나 其治理의 分揀은 敎會憲法에 定흔바에 잇느니라

然(그런)즉 敎會의 信經或政治에 對ᄒᆞ야 發生ᄒᆞᄂᆞᆫ 爭論事件은 聖經에 敎訓혼바에 依(의지)ᄒᆞ야 敎會의 聖潔과 和平됨을 成就ᄒᆞ기 爲ᄒᆞ야 順序(슌츠)대로 上會에 上告ᄒᆞᄂᆞᆫ 것이 可ᄒᆞ니라 各治理會ᄂᆞᆫ 各其事件을 適法히 處理ᄒᆞ기 爲ᄒᆞ야 管轄의 範圍를 定ᄒᆞᄂᆞᆫ거시 合當ᄒᆞ니 各會가 特定혼 事件에 對ᄒᆞ야 特立혼 原管轄이 잇스나 順次대로 上會의 檢査와 管轄을 밧ᄂᆞ니라

然則(그런즉)各治理會가 各立自專ᄒᆞᄂᆞᆫ 會가 되는거시아니오 互相聯絡되ᄂᆞᆫ거시니 何會를 不問ᄒᆞ고 何事(무슴일)를 處決ᄒᆞ던지 其決定은 法대로 代表된 治理會로 말미암아 行홀거시니 全敎會에 決定이 되ᄂᆞ니라

제2조 : 치리회의 성질과 관할

① 교회 각 치리회에 등급(等級)은 있으나

② 각 회 회원은 목사와 장로뿐이므로

③ 각 회가 다 노회적 성질이 있으며,

④ 같은 자격으로 조직한 것이므로 같은 권리가 있으나

⑤ 그 치리의 범위는 교회 헌법에 규정하였다.

1. 교회의 치리와 정치에 대하여 쟁론(爭論) 사건이 발생하면

① 성경 교훈대로

② 교회의 성결과 화평을 성취하기 위하여

③ 순서에 따라 상회에 상소함이 가하며,

④ 각 치리회는 각 사건을 적법(適法)하게 처리하기 위하여 관할 범위를 정할 것이요,

⑤ 각 회(各會)는 고유한 특권이 있으나 순서대로 상회의 검사와 관할을 받는다.

2. 각 치리회는 각립(各立)한 개체가 아니요 서로 연합한 것이니

① 어떤 회에서 어떤 일을 처결하든지

② 그 결정은 법대로 대표된 치리회로 행사하게 하는 것인즉

③ 전국 교회의 결정이 된다.

☞ 치리회는 당회, 노회, 대회, 총회 등이 등급이 있어 보이나, 각 치리회의 회원은 목사와 장로 그 이상도 그 이하도 아니다. 같은 사람이 노회에서나 대회에서나 총회에서도 계급이 없는 동등한 회원으로서 노회적 성질을 가지고 조직되어 같은 목적으로 각 치리회의 치리권을 행사한다.

(1) 각 치리회의 노회적 성질

당회나 노회나 대회나 총회의 회원은 계급 없는 목사와 장로로 조직되었기 때문에 총회 총대라고 하여 노회에서 특권이 있는 것도 아니고 총회장이라고 하여 소속 노회에서 특권이 부여된 것도 아니다. 이와 같이 동등한 권한을 가진 회원들이 같은 목적으로 각 치리회를 구성하여 치리권을 행사함에 있어서 그 치리회의 중심 치리회는 어느 치리회인가 하는 문제이다.

당회가 최하 말단 치리회이기는 하지만 교회를 설립하거나 당회를 조직하게 하는 권한이 당회에 있지 않고 노회에 있으니 당회가 중심

치리회일 수 없다. 그렇다고 해서 노회의 설립, 분립, 통합권이 대회에 있으니 대회가 중심 치리회라고 할 수도 없다. 그런데 노회가 있기 전에 대회는 전혀 생각할 수 없는데 교회에 대하여는 지교회(지교회는 총회의 지교회도 아니고 대회의 지교회도 아니고 노회의 지교회이다)라 칭하고 있다. 그것은 노회를 중심으로 하는 칭호이다.

또한 노회는 성직권을 가진 목사와 기본권을 가진 평신도의 대표자인 장로로 조직되어 같은 신령적 목적으로 대회적이고 총회적인 치리권을 행사한다. 따라서 장로회 정치의 중심 치리회는 노회이며 각 치리회는 노회적 성질을 갖고 있다. 이상과 같이 각 치리회가 노회적 성질을 가졌다는 의미는 다음과 같다.

1) 각급 치리회는 예외 없이 성직권을 가진 목사와 기본권을 가진 장로로 조직되어 피차 견제함이 노회적이다.

2) 각급 치리회에서 다루는 일이 신령적인 문제로서 신성 유지와 질서 유지권을 지닌 것이 노회적이다.

3) 각급 치리회가 자치권이 있을 뿐 아니라 동등한 상회권도 공유하여 감시를 받으며 감시함이 노회적이다.

4) 각급 치리회가 하나님의 영광과 그 뜻을 이루는 같은 목적이라는 면에서 노회적이다.

(2) 치리회의 3심제도

장로회 정치는 치리회를 단계적으로 조직하여 동일한 사건을 한 곳에서만 종결하게 하지 아니하고 상급 치리회로 하여금 재심하도록 하여 신중을 기하는 제도인데, 재심에서도 미흡할 때는 한번 더 차상급 치리회에 심사하게 하는 제도를 3심 제도라 한다. 그러나 3심제가 완벽하다는 것은 아니다. 이미 3심제 하에서 오류가 허다하게 드러났다. 그렇다고 해서 무한 심제로써 끝없는 시비를 방치할 수는 없는 일이기에 적절한 3심제 종결을 택한 것이다.

그런데 우리 헌법은 당회, 노회, 대회, 총회 등의 네 단계의 치리회가 있고 각 치리회마다 행정과 권징이 다 있는데 어찌하여 4심제라 하지 아니하고 3심제라 하는가 하는 문제이다. 그것은 모든 사건이 총회까지 올라가는 것이 아니고 대회가 최종 심의회가 되며 교회의 도리나 헌법에 관계되는 것만 총회까지 올라가게 된다(정치 제11장 제4조 8항).

그러므로 교회의 도리나 헌법 관계는 노회가 원심이 되어 총회에서 종결되고 그 외의 모든 사건은 당회가 원심이 되기 때문에 대회가 최후 종결 치리회가 된다. 따라서 대회제가 없으면 모든 사건도 부득불 총회가 최종 치리회가 될 수밖에 없다. 그러므로 대회제가 있어도 3심제요 대회제가 없어도 3심제이다.

(3) 치리회의 동등권

장로회 정치의 각 치리회는 그 구성원이 목사와 장로뿐이므로 각 치리회의 권한은 동등하다. 그러므로 목사가 목사권을 넘어서는 것은 월권이요, 목사권에 미치지 못하는 것은 직무 유기로서 하나님 앞에 면책을 피할 수 없을 것이요, 장로의 경우도 예외 없이 장로권을 월권할 수도 없고 유기할 수도 없는 중책이다.

따라서 치리회의 관할 범위는 각 치리회에 따라 다르지만 그 권한은 동동하다고 하겠다. 한 예로써 어느 작은 교회에서 교인을 권징 했을 때 그 교인은 전국 어느 교회로 옮겨가도 벌 아래 있는 교인이요, 어느 노회에서도, 총회에서도 무흠 입교인으로 인정할 수는 없는 일이다. 그러므로 한 지교회의 결정이 전국 교회의 결정과 같고, 한 노회의 결정도 전국 교회의 결정과 같으며, 총회의 결정도 전국 교회의 결정과 같은 것이다. 다만 각 치리회의 관할 범위가 넓고 좁은 차이일 뿐 각급 치리회의 권한은 동일하다 하겠다.

(4) 쟁론의 발생과 해결

천상의 무형 교회와는 달리 지상의 유형 교회는 항상 쟁론이 발생하기 마련이다. 교회는 신앙을 고백하는 입교인으로 구성되는데 신앙 고백을 거짓으로 하는 경우도 있겠고, 신앙 고백을 바로 한 입교인이라 해도 성화의 정도가 달라서 유형 교회는 항상 쟁론이 유발될 가능성이 잠재하고 있다 하겠다. 더욱 심각한 것은 때로는 가라지와 양의 탈을 쓴 이리가 교회 내부에 잠복할 경우에(마 13:24~30, 7:15~23, 눅 23:8~12) 교리나 정치 문제에 쟁론이 발생하는 것은 당연한 일이 아닐 수 없다.

중요한 문제는 교회 정치 문제가 진리와는 무관한 것처럼 지나치는 경우를 보게 된다. 그러나 정치 문제는 진리와 무관한 것이 아니라 정치 문제가 곧 진리와 직결되는 것이다. 왜냐하면 교회의 정치 원리는 성경으로 말미암은 것이니 모든 정치는 바로 그것이 진리요, 진리를 수호하기 위한 방편이 곧 교회 정치이다.

그러므로 지상 교회는 주님이 오시는 날까지 쟁론은 계속될 것이요, 그 쟁론의 해결책은 교회 정치의 요리에 따라 좌우되는 것이다(출 18:25~27, 행 15:5~6,19~20, 정문 296문답 참조).

(5) 각 치리회의 고유한 특권과 상회와의 관계

장로회 정치의 각급 치리회는 고유한 특권이 있다.

1) 당회

당회는 교인을 다스리는 원 치리회이다. 교인을 다스리는 원 치리권은 오직 당회에만 있고 노회, 대회, 총회도 교인에 대한 원 치리권은 갖지 못한다. 다만 상소나 상고로 말미암는 간접 치리권이 있을 뿐이다. 이것이 당회의 고유한 특권 중의 하나이다.

2) 노회

노회는 목사를 다스리며 지교회를 설립, 분립, 합병, 폐지하는 원 치리회이다. 노회가 가지는 고유한 특권은 목사에 대한 원 치리권이다. 당회는 물론 대회나 총회도 목사에 대한 원 치리권을 가지지 못한다. 다만 상고로 말미암는 간접 치리권이 있을 뿐이다.

3) 대회

대회는 노회를 설립, 합병, 분립, 폐지하며 노회의 경계를 결정하는 원 치리회이다. 그러므로 정치 제12장 제5조 2항은 개정되어야 마땅하다.

단, 대회제를 시행하지 않을 경우에는 총회에서 "대회제를 시행할 때까지 대회의 직무를 총회가 대행한다" 등의 결의로써 대행해야 할 것이다. 그런데 헌법에 대회의 직무와 총회의 직무에 동일하게 노회의 설립, 분립, 합병, 폐지하는 것과 구역을 작정한다고 하였으니 모순이라 아니할 수 없다.

4) 총회

총회는 헌법을 제정하거나 해석하는 전권이 있으며 혹은 도리를 해석하며 대회를 설립, 분립, 합병, 폐지한다.

이상과 같은 각 치리회의 고유한 특권은 순서대로 상회의 감시와 관할을 받아야 한다는 것이니 동일한 사건에 대한 동일인의 심리가 아니라 치리회의 위계적인 조직을 좇아 다른 치리회 회원들의 심리로 공정을 계도하려는 제도이다. 그러나 아무리 상회라 할지라도 하회가 위탁, 소원, 상소, 상고하는 일이 없으면 간섭할 수 없다. 다만 노회에서 어떤 장로가 잘못을 범했을 경우 소속 당회에 권징하도록 지시할 것이요, 지시함에도 시행하지 아니하면 직접 처리한다. 또한 각종 회록을 검사할 때 오류가 발견되면 교정, 지시하든지 직접 처리하기도 한다 (권징 제75조).

* 정문 183문 : 교회 치리회가 세상일에 대한 처벌권이 있느냐?

답 : 예수 교회는 하나님께 속한 신령한 공회이니, 세상일에 대한 처벌권이 없고, 하나님의 법과, 사람이 하나님과 더불어 관계되는 일만을 대상으로 삼는다. 그런즉 각급 치리회는 마땅히 하나님이 주신 도덕과 신령사(事)에 대하여 그 법도대로 섬기는 일

과, 그 법도를 선포하는 권세가 있을 뿐이다.

국가가 교회의 법을 제정하거나 적용하지 못하며, 또한 국가의 법을 가지고 교회가 시행하거나 처벌하지 못하되. 혹시 정부에서 도덕이나 미풍양속을 해치는 일(음주, 아편, 창기 등)에 개혁할 방침을 세우면서 교회의 협력을 구할 때에는 교회가 겸손하게 응락하여 그 방침에 대한 교회의 견해를 진술할 것이다.

* 정문 184문 : 치리회가 어떤 범죄에 대하여 신문(訊問)할 수 있느냐?

답 : 치리회가 자기 관할 아래 있는 모든 교인과 직원과 치리회가, 제각기 교리와 행위 중 하나님의 말씀과 법도를 거스리는 일에 대하여 신문할 수 있으며, 혹은 그 자체가 죄는 아니라고 해도, 그것이 남을 범죄케 하는 일과, 신령적 유익을 해치는 일에 대하여 신문할 수 있다(권징 제1장 제3조).

3. 치리회의 회집

三, 治理會會集 (1922年版)

敎會를 治理ᄒᄂᆫ 會ᄂᆫ 卽堂會와 老會와 總會니 此數種會(이여러회)ᄂᆫ 一年에 一次以上으로 會集ᄒᆯ지니라

제3조 : 치리회의 회집

① 당회와 노회는 매년 1회 이상

② 대회와 총회는 매년 1회 집회하되

③ 기도로 개회와 폐회한다.

☞ 각 치리회는 정기회와 임시회가 있는데 총회는 임시회가 없고 당회, 노회, 대회만 임시회를 소집할 수 있다. 정기회는 안건이 없어도 정한 장소와 날짜에 모여야 하고 임시회는 안건이 있을 때만 모인다.

(1) 각 치리회의 회집과 치리권

당회나 노회는 매년 1회 이상 회집해야 하고 대회와 총회는 매년 1회만 회집하도록 규정하였다.

1) 총회 회집

총회는 1년에 1회만 회집하고 폐회할 때는 '총회가 없어진다'는 의미로 '파회'를 선언한다. 그러므로 총회장은 교단을 대표하는 상징적 존재요, 다음 총회 시에 임원을 선출할 때까지 사회를 맡을 직무만 남아있고 그 외에는 아무 직무도 수행할 수 없다. 임원회나 각 부서도 총회가 맡긴 일만 처리하기 위하여 존재할 뿐이다. 그러므로 총회장이 총회가 맡긴 일 외에 연중행사처럼 임원 및 노회장 연석 회의 등을 소집하는 것은 월권이라 아니할 수 없다. 총회가 파회되기 전에 아직 처리하지 못한 일은 각 부서에 맡겼으니 총회는 존재하지도 않고 처리할 일도 없다. 임시회를 모일 수도 없는 이유가 바로 여기에 있다. 그러므로 1989년 제74회 총회에서 "총회장과 임원회의 1년간 활동 상황을 유인물로 총회에 보고하도록 한다"의 가결은 잘못된 결의이다.

우리 장로교는 철저한 의회 민주주의이기 때문에 회의에서 맡기지 않은 일은 어떤 일이라도 어떤 특정인이나 어떤 특정 부서가 시행할 수 없기 때문이다. 그러므로 총회 재판국이 상설 재판국이라고 해서 총회가 파회된 후에 어떤 사건이든 접수하여 처리할 수 있는 것이 아니다. 오직 총회에서 접수하고 총회가 맡긴 것만 판결할 수 있다.

2) 대회 회집

대회는 매년 정기회를 1회만 모일 수 있고 필요에 따라 임시회도 모일 수 있다. 임시회는 2개 노회의 목사, 장로 각 3인의 청원에(1개 노회 목사 3인, 장로 3인이요, 또 다른 1개 노회 목사 3인, 장로 3인이므로 도합 12인이다. 정치 제11장 제3조) 의하여 회장이 소집한다. 임시회는 개회 10일 선기하여 통지하고 통지한 안건만 처리한다.

3) 노회 회집

노회는 매년 1회 이상 정기회로 모인다고 규정하고 있으나 전국 노회가 연 2회 봄, 가을 노회로 회집하고 있다. 임시회는 각 다른 지교회 목사 3인과 각 다른 지교회 장로 3인(목사는 3인이요, 장로는 3인이로되 교회는 6교회이다. 정치 제10장 제9조)의 청원에 의하여 회장이 소집한다. 임시회는 노회 개회 10일 선기하여 통지하고 통지한 안건만 처리한다.

4) 당회 회집

매년 1회 이상 정기 당회로 모이도록 규정하고 있으나 전국 교회가 매월 1회 또는 매분기별로 1회 등으로 모이고 있다. 임시회는 목사가 필요로 할 때와 장로 반수 이상의 요청 시와 상회의 명령이 있을 때에 회집한다.

이상과 같이 하회일수록 자주 모이고 상회는 한 번만 모이는 것은, 당회는 많은 교인들의 원 치리권을 가지고 있으므로 상회보다 많이 모일 수밖에 없고, 대회나 총회는 종결 심의회로서 1년 이내에 자주 회집하여 하회의 결정을 곧 바로 다시 심리하거나 혹은 번복하는 일이 합당치 않으므로 1년에 한번 회집으로 하회 치리권을 존중하고 있는 것이다.

(2) 치리회 회집과 기도

각 치리회의 회집에 있어서 기도로 개회하고 기도로 폐회하도록 규정하였다. 그 이유는 치리회가 하는 일이 세속적인 일이 아니라 신령한 일이므로 하나님께서 원하시는 대로 처리해야 하기 때문이다. 그러므로 치리회는 기도로 개회하고 기도하는 마음으로 진행하고 기도로 폐회해야 한다.

개회하면서 기도하는 것은 모든 안건을 인위적으로 결정할 것이 아니라 하나님이 기뻐하시는 뜻대로 처리하기 위하여 기도해야 하며, 폐회 시의 기도는 하나님의 뜻을 찾아 처결하였으니 이 일을 통하여 하나님께 영광이 되며 결정한 일을 추진할 능력을 주실 것과 복 주실 것을 위하여 기도할 것이다.

4. 치리회의 권한

四, 治理會^{치리회}의 權限^{권한} (1922年版)

教會中此等各治理會^{교회중차등각치리회}가 國政^{국정}을 干涉^{간섭}ᄒᆞ는 權^권과 國法上^{국법상} 施罰^{시벌}ᄒᆞ는 權^권이 없는거시 合當^{합당}ᄒᆞ고(露(눅)十二○十三─十四 約(요)十八○三十六)
오직 道德上^{도덕상} 神靈上^{신령상} 事^사에 對^대ᄒᆞ야ᄒᆞᄂᆞ님의 命令^{명령}대로 奉行^{봉행}ᄒᆞ며 宣傳^{선전}ᄒᆞᆫ것 뿐이니라(行^행十五○一─三十二)
各治理會^{각치리회}의 權限^{권한}은 教人^{교인}으로 ᄒᆞ여곰 基督^{기독}(그리스도)의 法^법을 順從^{순종}케ᄒᆞ며 不服^{불복}ᄒᆞ고 不正^{부정}ᄒᆞᆫ者^자로 教人^{교인}의 特權^{특권}을 享有^{향유}치 못ᄒᆞ게 ᄒᆞ며 聖經^{성경}의 許諾^{허락}ᄒᆞᆫ 權^권을 成立^{성립}ᄒᆞ기 爲^위ᄒᆞ야 宜當^{의당}(맛당)히 證據^{증거}를 收合^{수합}ᄒᆞ야 責罰^{책벌}ᄒᆞ며 教會規例^{교회규례}와 政治^{정치}를 違犯^{위범}ᄒᆞᆫ者^자를 呼出^{호출}ᄒᆞ야 審査^{심사}ᄒᆞ기도 ᄒᆞ며 本管轄下^{본관할하}에 잇는 教人^{교인}을呼出^{호출}ᄒᆞ야 證據^{증거}를 提出^{제출}케 ᄒᆞᆯ수도 잇스나 最重^{최중}(가장즁)ᄒᆞᆫ 罰^벌은 教理^{교리}에 悖逆^{패역}ᄒᆞᆫ者^자와 悔改^{회개}치아니ᄒᆞ는 者^자를 教會中^{교회중}逐出^{축출}ᄒᆞᆯ뿐이니라
(太^태十八○十五─二十 前哥^{전고}(전고) 五○四五)

제4조 : 치리회의 권한

① 교회 각 치리회는 국법상 시벌(施罰)을 과(科)하는 권이 없고(눅 12:2~14, 요 18:36)

② 오직 도덕과 신령상 사건에 대하여 교인으로 그리스도의 법을 순종 하게 하는 것뿐이다(행 15:1,32).

③ 만일 불복하거나 불법한 자가 있으면 교인의 특권을 향유(享有)하

지 못하게 하며,

④ 성경의 권위를 보장하기 위하여 증거를 수합(收拾)하여 시벌하며,

⑤ 교회의 정치와 규례(規例)를 범한 자를 소환하여 심사하기도 하며,

⑥ 관할 아래에 있는 교인을 소환하여 증거를 제출하게 할 수도 있으니

⑦ 가장 중요한 벌은 교리에 패역한 자와 회개하지 아니한 자를

⑧ 교인 중에서 출교할 뿐이다(마 18:15~17, 고전 5:4~5).

☞ 교회의 각 치리회는 국법상의 권한이 아니라 교회법상의 권한으로 교회법을 어기는 자에게 그의 신령적 유익을 도모하며, 교회의 진리를 보호하기 위하여 권징하되 끝까지 순복하지 아니하는 자에게는 출교할 뿐이다.

(1) 국법과 교회법

각 치리회가 교회를 다스리는 것은 국법으로 하는 것이 아니라 교회법으로 하는 것이다(정문 183문답). 국법은 사람들이 모여 사람을 위하여 만든 것이지만 교회법은 그리스도와 그 나라를 위하여 성경에 근거하여 만든 것이므로 국법과 교회법은 부득불 마찰이 생기는 경우도 없지 않다.

성경의 역사를 보면 사드락과 메삭과 아벳느고가 느브갓네살 왕이 만든 금 신상에 절하라는 국법과 우상에게 절하지 말라는 교회법과의 마찰이나(단 3:13~18), 왕 외에 누구에게도 기도하지 말라는 메대와 바사의 국법과 하나님께만 기도하라는 교회법의 마찰(다니엘 6장) 등

을 생각할 수 있다. 이런 경우에 성도가 국법에 불순종하면 국법은 그를 징책할지라도 교회법은 그를 징책하지 아니하고 오히려 칭찬을 하게 된다.

근간에 교회의 이름으로 민권 투쟁에 앞장서고 노사 분규를 주도하거나 성직자가 특정 정치 단체를 두둔하고 정치인으로 추락하는 경우는 안타까운 일이라 아니할 수 없다. 그래서 우리 총회는 1954년 제39회 총회에서 "교회로서 정치 운동에 대한 직접 행사에 참관치 않도록 하여 달라는 것은 그대로 허락함이 가한 줄 아오며"(총회 제39회 회의록 p.297)로 가결하였고 1969년 제54회 총회에서는 성직자의 활동 한계에 대하여 다음 4개항을 확인하였다.

① 목사의 정치 운동에 있어서는 제38회 총회 결의(목사로서 국회 의원, 관공리, 사회 학교에 종사하는 자는 목사직을 사직할 것) 정신의 한계를 넘어가지 못할 것

② 정교 분리와 양심 자유의 기본 원리를 존중하되 집단 조직 행동에 참가하지 못할 것

③ 성직자는 언제나 예언자적 입장에서 복음 선교와 말씀을 전파하는 이외의 다른 활동에 삼가 함으로 교회의 순수성과 성직자의 권리를 지켜야 할 것

④ 성직자는 항상 하나님의 영광과 교회의 신성과 권위를 위하여 범사에 조심함으로 교회의 덕을 세우도록 할 것(제54회 총회 촬요 pp.11~12)

또 최근 교인의 사회법에 교인을 고발하는 문제에 대하여 1996년

제81회 총회에서 결의하기를 "상황에 따라 하되 상습적으로 사회법에 고발하는 자는 권징하기로" 하였다.

(2) 치리권의 범위

교회의 각급 치리회는 교인들에게 그리스도의 법을 순종하게 하는 일인데 만일의 경우, 순종하지 아니할 때는 교인의 특권 일부 혹은 전부를 제한하거나 끝까지 회개하지 아니한 자는 교인권 모두를 박탈하는 출교를 하게 된다. 출교에도 불복할 경우에는 오직 하나님의 진노에 맡기고 그 영혼을 위하여 간절히 기도할 일이요 그 이상의 다른 방도가 없다.

＊ 정문 185문 ; 교회 각 치리회의 권한의 범위가 어떠하뇨?

답 : 각 치리회의 권한은 아래와 같으니라.

① 본 교회 교인으로 하여금 예수의 법에 복종하게 하며 복종치 아니하는 자와 악행 하는 자로 하여금 교회의 회석(會席)과 예식에 참여치 못하게 하는 권이 있느니라.

② 성경에 의하여 얻은바 자기의 권세를 견고히 하기 위하여 증거를 수탐(搜探)할 권세도 있고 재판할 권도 있느니라.

③ 교회 정치와 규칙을 위반하는 회원을 호출할 수도 있고 증인으로 타 회원을 호출할 수도 있느니라.

④ 상회는 하회와 개인 회원을 다 치리하나니 만일 하회 혹 개인 회원이 상회의 치리를 복종치 아니하면 다 책벌할 권이 있느니라.

* 정문 186문 : 치리회가 범죄한 자에게 무슨 벌을 줄 수 있느냐?

답 : 범죄하고 회개치 않는 자에게 벌을 주되, 아래와 같이 가장 큰 죄인에게는 출교도 하고, 교회가 출입하는 것까지 거절하는 결정을 할 수 있으나, 그보다 더 큰 벌은 없다.

어떠한 벌이든지 처벌하기 전에 그 죄와 범행 형편을 자세히 살핀 후에 결정한다.

① 권계(Admonition)

② 견책(Rebuke)

③ 정직 혹은 ④ 면직(Suspension or Deposition from office)

⑤ 수찬 정지(Suspension from the Communion of the Church.)

⑥ 제명 출교(Excommunication, 가장 악한 자를 유형 교회에서 끊어 버림이다.) (마 18:15~20, 고전 5:4~5, 권징 제5장 제35조 참조).

(3) 치리회의 재판건

각급 치리회가 교회법에 의한 재판권을 가졌는데 사사로운 지혜나 지식이나 인간적 재주에 의존하지 말고 오직 겸비한 마음으로 예수 그리스도의 교훈에 따라갈 것이니 이는 그 판결을 선포할 때에 "주 예수 그리스도의 이름과 그의 직권과 그의 명의로"(예배 모범 제16장 5,6항) 하기 때문이다.

그리고 고소나 상소 사건이 아닌 경우에는 반드시 재판에 의하여 판결할 것이 아니라 그 사건에 대하여 재판할 가치가 있는지 여부를 먼저 살펴서 반드시 재판할 사건만 재판하고 그 외의 사안은 기각해야 한다.

또한 고소 사건이라고 해서 전부 재판 절차를 통하여 판결하는 것도 문제이지만 명백한 고소장을 재판국에 보내지 아니하고 정치부 등으로 보내는 것도 있을 수 없는 일이다. 이 일을 사회법으로 비유한다면 재판하는 법원을 외면하고 구청이나 시청에서 판결해 보려는 격이다.

따라서 치리회 석상의 범죄와 자복에 대하여도(권징 제48조) 재판 치리회를 말하는 것이지 행정 치리회를 말하는 것이 아니다. 만일 즉결 처단의 규례 중 치리회 석상의 범죄를 행정 치리회 석상의 범죄까지 포함한다면 이는 시청에서 난동을 부린 사건에 대하여 법원에서 재판할 때에 심리도 하지 아니하고 막 바로 판결을 하는 격(格)과 마찬가지이다.

＊ 정문 187문 : 교회의 시벌 절차가 어떠하냐?

답 : 교회가 시벌하는 절차는 아래와 같다.

가) 다음 각항은 재판 없이 즉시 시벌할 수 있으나, 그 밖에는 모두 치리회가 재판회로 회집하여 정식으로 재판한 후에야 시벌한다.

① 죄인이 자책하면서 나서는 경우

② 재판을 진행하기 전에 피고가 자복하는 경우

③ 재판 자리에서 범죄하는 경우(역자 주 : 행정 처리를 위한 회가 아님. 재판원이나 회중 앞에서 발악하거나 모욕하는 때)

④ 퇴직하기를 자청할 경우

⑤ 이명하지 아니하고 그냥 다른 데로 옮겼을 경우

⑥ 성례에 불참하는 경우

⑦ 이명 없이 타 교파에 가서 입회하는 때

⑧ 정직을 당한 후 끝끝내 회개하지 않는 자(권징 제6장 제41조, 제
4장 제22조, 제6장 제39조, 제7장 제48, 54조 참조)

나) 책벌하기로 판결하였으면, 본 교회나 혹 관계되는 교회에서만
공포한다(권징 제5장 제36조).

다) 목사, 장로 등 직원에게 처하는 벌은 아래와 같다.

① 권계 ② 견책 ③ 정직 ④ 정직 및 수찬 정지(정문 482문답)

⑤ 면직 ⑥ 면직 및 수찬 정지(정문 482문답) ⑦ 제명 출교

라) 정직된 목사에게서 1년 내에 회개의 열매를 볼 수 없으면, 관할
치리회는 재판 없이 면직할 수 있다(권징 제6장 제41조, 정문
187문답 가–⑧ 참조).

마) 목사를 중벌 할 때에는 온 교회 앞에 광고하는 것이 옳다.

* 정문 188문 : 교회의 해벌 절차가 어떠하냐?

답 : 교회의 해벌 절차는 아래와 같다.

① 벌 아래 있는 자가 진실히 회개한 줄로 알면 본 당회나 혹은 교
회 앞에 공개 자복케 한 후에 해벌한다.

② 목사는 비록 회개할지라도 오랫동안 겸손하며, 아름다운 행위를
나타내지 못하면 해벌할 수 없고, 본 치리회는 해벌하기 전에 사
사로운 사정만 생각하지 말고, 온 교회와 참 도리에 손상이 되지

않도록 조심할 것이다.

③ 해벌은 시벌한 원 치리회의 권고와 허락이 없는 이상 다른 치리회가 행할 수 없다(예배 모범 제17장 7항, 정문 230문답 참조, 역자 주 : 각 당회에서 책벌된 교우가 이사할 때에 천서 중에 책벌까지 기록함은 이후 회개하면 책벌 푸는 권한까지 허락하는 줄로 인정함. 1909년 제3회 총회록 p.25).

④ 하회의 시벌이 상회의 판결로 취소되면 구태여 해벌 절차를 취할 것 없음.

＊ 정문 189문 : 치리회가 가지는 다른 권한이 무엇이냐?

답 : 각 치리회에 아래와 같은 다른 권한이 있다.

① 증인에게 선서케 하는 권한

② 교회법을 해석하는 권한

③ 하회의 결정이나 회의록을 검사하는 권한

④ 회원을 입회케 하는 권한

⑤ 관할 아래 있는 자의 신령적 유익을 위한 방침을 결정하는 권한

⑥ 상회 총대를 택하는 권한

⑦ 목사 후보생을 고시하며, 강도사를 인허하며, 목사를 장립하는 권한

⑧ 목사의 임면을 주관하는 권한

⑨ 도리 및 정치 권징 조례에 관한 질문에 해답하는 권한

⑩ 이단을 밝혀 선고하는 권한

⑪ 교회를 시찰하며, 악한 것을 개정하며, 교회를 합병하거나 분립

하거나 신설하는 권한

⑫ 노회를 분립하거나 합병하는 권한

⑬ 교회 헌법을 노회들이 준수하는 일을 조사하는 권한

⑭ 대회를 신설하는 권한

⑮ 외국 교회와 교통하는 권한

⑯ 교회를 분립케 하는 쟁론을 진압하는 권한

⑰ 교회의 폐습을 교정하며, 사랑을 북돋우며, 모든 교회를 통하여 성도들에게 진실과 성결을 권고하는 권한

＊ 정문 192문 : 교인을 재판할 치리회가 몇이냐?

답 : 교인을 재판할 치리회는 당회, 노회, 대회, 총회이다

① 당회는 지교회의 모든 위임 목사와 장로들로 조직되는데, 이 당회원들은 모두 공동의회의 투표 절차를 받았다.

② 노회는 한 지방 안에 있는 5인 이상의 모든 목사들과, 각 교회에서 1인씩 파송하는 총대 장로로 구성한다.

③ 대회는 더 넓은 지방 안에 최소한 3개 노회 이상의 총대 목사·장로로 조직한다.

④ 총회는 각 노회가 파송하는 총대 목사·장로로 조직하는 장로교회의 최상급 치리회요, 장로회 각 지교회와 한 몸 됨을 나타낸다.

제9장 당 회

1. 당회 조직

第九章 堂　會 (1922年版)

一, 堂會의 組織

堂會라 ᄒᆞ는거슨 支會牧師와 治理長老로 組織ᄒᆞᆯ거시니라(行十四〇 二十三 多(도)一〇五)

제1조 : 당회의 조직

① 당회는 지교회 목사와 치리 장로로 조직하되

② 세례 교인 25인을 요하고(행 14:23, 딛 1:5)

③ 장로의 증원도 이에 준한다.

☞ 세례 교인 25인 이상이 있는 지교회에 담임 목사와 치리 장로가 있어야 완전한 당회라 할 수 있다.

(1) 당회 조직의 3대 요건

① 당회장(교회의 자유 : 성직권)

본조의 지교회 목사는 위임 목사인 당회장을 의미한다.

② 치리 장로(양심의 자유 : 기본권, 제5장 참조)

치리권은 목사와 동등 자격으로 평신도의 기본권을 대표하는 해 교회의 시무 장로이다.

③ 세례 교인 25인 이상

치리 장로 1인을 선택할 수 있는 세례 교인수이다(고려 : 30명으로 농어촌은 20명, 통합 : 30명, 합동 · 개혁 : 25명).

1) 당회장

당회를 조직하는 데는 반드시 위에서 밝힌 3요건을 갖추어야 한다. 먼저 일정수의 세례 교인이 있어야 하고, 세례 교인을 대표하는 치리 장로가 있어야 하며 당회장이 있어야 한다. 여기서 당회장이란 반드시 위임 목사를 가리키는 것은 아니다. 노회가 당회장권을 부여하였으면 시무 목사는 물론 지교회의 시무 목사가 아니라 해도 원칙적으로 무방하다고 본다.

그러나 위임 목사를 제쳐놓고 부목사에게 당회장권을 주는 법이 없으므로 부목사는 당회장이 아니며 당회원도 될 수 없다. 부목사는 목사이면서도 목사의 직무를 전담 수행하는 자가 아니라 위임 목사를 방조하는 직분일 뿐이기 때문에 가르치는 직무도 그러하고 다스리는 직무도 역시 마찬가지이다.

치리회 안에서 목사와 동등한 권한을 가지고 다스리는 직무를 수행하는 교인의 기본권을 대표하는 치리 장로들의 치리권을 견제하기 위한 목사의 성직권은 가르치는 권세와 다스리는 권세를 온전히 갖춘 목사(즉 당회장권이 있는 목사)이어야 한다.

시무 목사 중 당회장권을 가지지 못한 시무 목사의 경우도 부목사의 경우와 같이, 가르치는 권세를 행사하는 데는 별로 구애됨이 없다 하겠으나 다스리는 권세는 전혀 행사하지 못한다. 그러므로 목사는 "자기의 직분과 노회가 위임한 권세로 당회장이 되나"(정문 200문답) 그 어떠한 경우에도 당회원이 될 수 없음은 노회가 목사를 당회원으로 치리권을 주는 법이 없고 당회원은 평신도의 기본권을 대표하는 치리권자인데 이는 노회가 자격을 고시할 수는 있어도 목사처럼 노회의 위임으로 생기는 치리권자가 아니라 오직 교인의 투표로 말미암는 자이기 때문이다.

통합측이 부목사에게 당회원이 되게 한 규정은 이런 의미에서 부당하다고 여겨진다. 동 교단의 "… 당회장을 포함한 당회원 과반수" 당회 성수 규정대로 한다면 부목사 1명과 함께 일하는 담임 목사가 장로 1인으로 조직된 당회의 경우라면 당회장과 그를 돕는 부목사만으로도 당회의 성수를 이룰 수 있게 되므로 결국 목사들만으로 당회가 가능하게 되기 때문에 기본권을 무시한 치리권의 독주가 되어 양권의 동등과 형평을 이루어야 한다는 장로회 정치의 체계적인 원리에 위배된다고 할 것이다.

＊ 정문 200문 : 누가 당회장이 되느냐?

답 : 본 교회 담임 목사가 항상 당회장이 된다. 그는 자기의 직권과 노회의 임명에 의한 회장이다. 당회장 목사는 본 당회 치리권 하

에도 있는 것이 아니니 설혹 과실이 있을지라도 당회나 공동의회가 목사의 소송을 받을 수 없고 또한 목사가 본 교회 앞에서 변명할 처지에 있는 것도 아니다. 그는 오직 노회 치리권 하에 있으니 노회만이 시문하거나 재판을 주장할 수 있다(권징 제4장 제19조, 동 제11장 제107조). 그러므로 목사의 과실에 대하여 당회는 논란할 수 없고 노회 앞에서만 할 수 있다(Manual of Presbyterian Law and Usage p.167).

2) 치리 장로

장로를 당회 조직의 요건으로 규정한 이유는 당회장인 목사의 치리권이 자기의 직분과 노회의 위임으로 되는 것이고, 목사가 회장으로 시무하는 중에는 본 교회나 본 당회 치리권 하에 있지 아니하며, 당회장인 목사의 막강한 권세는 독주하면 부패하기 쉽기 때문에 조직 교회 시무 목사의 경우는 당회장권을 1년간만 허락하였다가 다시 공동의회의 결의를 따라 1년씩 더 연장하는 방법을 통해서라도 부패를 방지할 수 있게 하였으나, 위임 목사의 경우는 종신 시무권을 맡기는 것이고 그렇게 할 수도 없기 때문에 헌법은 평신도의 기본권을 항상 대표할 수 있는 대표자인 장로에게 목사와 동등한 치리권을 주어 상호 견제하게 함으로써 부패치 않고 건전한 번영을 거두도록 제도적으로 확립한 것이 장로회 정치이다. 조직 교회에만 위임 목사를 허락하고 미조직 교회는 시무 목사를 둘 수밖에 없는 이유도 여기에 있다.

3) 세례 교인 25인 이상(일정수의 입교인)

일정수의 입교인 수를 당회 조직의 요건으로 삼는 이유는 치리 장로는 최소한 세례 교인 25인 이상의 대표자로 삼는다는 것이요, 적어도 당회장인 목사의 치리권을 견제할 만한 동등한 치리권은 최소한 기본권자 25인 이상의 권세이어야 한다는 규정이다.

그런데 교인의 대표자인 장로를 세운 후에 세례 교인이 줄어 그 이하가 되는 경우에는 어떻게 할 것인가 할 때 우리 총회는(1928년 대한예수교장로회 제18회 총회록 p.44) "당회 존속에 대하여 세례 교인수 표준이 어떠합니까? 함은 10인 미만이 되면 당회라고 칭하기 난한즉 근처 교회와 연합하는 것이 가하나 노회가 형편을 살펴서 작정할 것이오며", 그 후 총회는 1976년 2월의 제60회 속회 총회에서 "목사 위임 후에 당회가 폐지되면 위임이 해지되느냐?"는 물음에 대하여 "폐 당회 후 2년 내에 장로를 세워 복구하면 다시 위임 절차를 밟을 필요가 없으나, 그렇지 못할 때는 임시 목사로 시무함이 가하니라"는 의결을 보았은즉 같은 이치로 장로도 세례 교인수가 일정수 이하로 떨어지면 조속히 규정된 수 이상으로 회복케 할 것이요, 상당한 기간을 경과하여도 세례 교인수를 확보하지 못한다면 자연히 휴직 장로로 있을 수밖에 없다고 해야 할 것이 아니겠는가?

(2) 장로의 증선 기준

장로 1인을 증선 할 때마다 25인을 요한다.

(3) 보조 당회원의 부당성(종종 있는 일이므로 취급함)

미조직 교회이거나 당회가 약할 때에 노회가 타 교회의 치리 장로로 보조 당회원을 삼아 일을 처결하는 경우가 있는 줄 안다. 그러나 문제는 보조 당회원 제도가 위헌적이란 점이다.

1) 보조 당회원 제도는 위헌적 발상이다

만일에 보조 당회원 제도가 시행된 일이 있었다면 이는 장로회 정치 원리 중에 가장 중심이 되는 양심의 자유를 짓밟은 일이요, 직원 선거권 원리에 대한 위법이다.

장로나 목사를 불문하고 지교회에 대한 당회의 치리권은 자기 교회의 교인에게만 있고 타 교회의 교인은 치리할 수 없도록 되어있다. 그 이유는 장로회 정치 원리에서 교인들이 양심의 자유(정치 원리 제1조)에 의하여 자기를 치리하는 치리권자를 자기가 선택해야 한다는 직원 선거권(정치 원리 제6조)을 규정하고 있기 때문이다. 길게 말할 것도 없이 보조 당회원 제도는 한 마디로 말해서 헌법 정치 제1장 1조(양심의 자유)와 동 제6조(직원 선거권)에 대한 위헌적 발상이다. 뿐만 아니라 우리 장로회 헌법 어디에도 보조 당회원에 대하여 언급한 일이 없을 뿐 아니라 용어조차도 찾아볼 수 없다.

2) 교인은 치리에 복종하겠다고 서약한 자들에게만 치리를 받는다

보조 당회원 제도가 불법이라는 이유는 교인들이 보조 당회원 될 자들에게 헌법이 보장(정치 제13장 제3조, 동 제15장 제11조)하고 있

는 치리에 복종하겠다는 서약을 하지 않았기 때문이다. 그러므로 교인은 치리에 복종하겠다고 서약을 한 자기 교회의 위임 목사와 시무 장로에게만 치리를 받는 것이다.

그래서 시무 목사는 교인의 투표와 노회의 허락으로 부임을 했지만 지교회의 시무 목사이면서도 당회장권이 없는 것이다. 다시 말하면 교인의 투표는 받았지만 교인이 치리에 복종하겠다는 서약을 하지 아니하였기 때문에 시무 목사는 당연직 당회장권이 없다는 말이다. 물론 조직 교회의 시무 목사도 당연직 당회장권이 없는 이유가 여기에 있는 것이다.

그렇다면 자기가 서약도 하지 아니하였는데도 노회가 파송한 당회장에게 치리를 받는 일이나, 자기가 뽑지도 않고 서약도 하지 아니했는데도 노회가 파송한 특별 위원회의 치리를 받는 것은 어떻게 생각하느냐고 반문을 하는 것은 자명한 순서일 것이다.

이 문제에 대하여서도 길게 말할 필요 없이 모든 교인들은 입교인 서약을 할때에 "교회의 관할과 치리에 복종할 것"(예배 모범 제10장)을 서약했기 때문에 교회 자유 원리에 의하여 노회가 파송한 당회장이나 노회가 파송한 특별 위원회의 치리에 복종하는 것이다. 이때에 노회가 파송한 특별 위원이나 당회장은 상회원권을 가지고 치리권을 행사하는 것이요 하회원권으로 행사하는 것이 아니다. 여기에서 명심해야 할 것은 특별 위원회의 치리권은 본회에서 맡긴 것만 처리할 수 있다는 점이다(권징 제117조, 제50회 총회 결의 회의록 p.57). 따라서 본회에서 맡기지 아니한 사안은 어떠한 이유로도 처리할 수 없는 것이다.

☞ 요약해서 정리해 보면

① 헌법에 그 근거를 찾아볼 수 없고 그 용어조차도 없다.

② 정치 원리 제1조(양심의 자유)와 제6조(직원 선거권)의 침해로 위헌적이다.

③ 지교회의 치리권은 상회에서 파송한 위원회의 행사로서 교회의 자유에 의한 치리는 복종해야 하나 그 외에 타 교회의 장로나 목사에게 치리를 받지 아니한다.

③ 자기가 선택하고 치리에 복종하겠다고 서약한 목사와 장로에게만 치리를 받는 것이 장로회 정치의 원리이다.

3) 교회정치문답조례에서도 불가함을 밝혔다

끝으로 우리 총회의 가결로서(1919년 제8월 총회), 헌법을 해석할 때 참고서로 채택한 교회정치문답조례(J. A. Hodge 원저)에서는 어떻게 설명하였는가를 밝힘으로 이해를 돕고자 한다.

＊ 정문 92문 : 장로가 본 교회 밖에서 그 직무를 행할 수 있느뇨?

답 : 장로는 투표를 받은 본 교회와 총대로 파송한 노회나, 대회 및 총회에서만 그 직무를 행하느니라. 장로는 두 교회를 겸하여 치리할 수 없느니라. 그러나 혹 부득이한 경우에는 가까이 이웃하고 있는 두 교회가 합하여 장로 1인을 투표로 택할 수 있으니 이런 경우에는 그 두 교회를 하나의 지교회로 인정하느니라.

＊ 정문 195문 : 노회가 특별 사건을 처리하기 위하여 자벽으로 특별 당회를 임시 조직할 수 있느뇨?

답 : 노회가 긴급한 사건이 있으면 시찰원을 파송하여 시찰케 할 수
는 있으나 타 당회원으로는 임시 당회라도 조직할 수 없느니라
고 하였다.

결론적으로 장로회 정치의 치리권은 교인이 자기의 기본권을 대표
할 장로를 선택하여 위임하는 일과 교회권을 대표할 목사를 투표하여
위임하되 교인들이 서약함으로 그 권세가 발생하는 것이다. 만일 당회
가 치리하기에 부득이한 경우에는 상회에 보고하여 치리하는 일과 위
탁 판결을 할 수 있는 헌법 규정이 있는데도 불구하고 불법적인 보조
당회원 제도를 운운하는 것은 장로회 정치에서는 절대로 용납할 수 없
는 일이다.

☞ 그러나 어느 지교회에 분규 사건이 있어 노회가 위원을 파송했을
경우, 내가 택하지 아니한 자들일지라도 노회가 파송한 위원은 목사이
거나 장로이거나 양심 자유 원리에 의한 하나의 대표자가 아니라 교회
자유 원리에 의한 상회권의 대표자인즉 마땅히 그의 치리를 받아야 한
다.

그러나 그는 어디까지나 상회를 대표하는 대표자일 뿐이므로 상회
권을 행사할 수는 있어도 아예 하회원이 되어 하회의 고유한 특권을
행사하거나 침해할 수는 없다 할 것이므로 어디까지나 상회를 대표하
는 위원일 뿐이요, 보조 당회원이 아니며 당회원이 아니므로 당회원
행사를 할 수도 없고 당회권을 침해할 수도 없다 함이다.

2. 당회의 성수

二, 堂會의 成數 (1922年版)
　堂會에　長老二人이　잇스면　長老一人牧師一人이　出席ㅎ여야
事務處理를 開홀 成數가 되고 長老三人以上이 잇으면 長老二人牧師
一人이 成數가 되느니라

제2조 : 당회의 성수

① 당회에 장로 2인이 있으면 장로 1인과 목사의 출석으로 성수가 되고,

② 장로 3인 이상이 있으면 장로 과반수와 목사 1인이 출석하여야 성수가 된다.

③ 장로 1인만 있는 경우에도 모든 당회 일을 하되

④ 그 장로 치리 문제나

⑤ 다른 사건에 있어 장로가 반대할 때에는 노회에 보고하여 처리한다.

☞ 당회의 성수는 당회장이 출석이 필수적이며 장로의 재적수에 따라 달라진다.

(1) 장로 3인 이상인 경우 : 당회장과 장로 과반수 출석

　이런 때에는 장로의 의견은 장로 과반이면 전원을 대표할 수 있다는 일반적인 원리를 따라서 장로 과반수와 목사 1인 즉 당회장의 출석

으로 성수가 된다. 그런데 여기서 '장로 과반수와 목사 1인의 출석'을 당회장을 포함한 전체 당회원의 과반으로 잘못하는 경우가 있다. 교회 자유 원리에 의한 성직권(교훈권과 치리권)과 양심 자유 원리에 의한 기본권을 대표하는 치리 장로의 치리권을 상호 견제하게 하는 것이 장로회 정치이니 이 두 원리에 의한 규정으로 이해하면 목사와 장로를 합한 수의 과반이라는 잘못은 생기지 않을 것이다.

(2) 장로 2인인 경우 : 당회장과 장로 1인 출석

장로 2인이 있는 경우 장로 1인과 당회장의 출석으로 성수가 되게 했다. 장로 1인이 혼자 당회 일을 할 수 있다는 말은 물론 아니다. 장로 과반수가 원칙이라 하겠으나 그렇게 되면 결국 장로 2인이 다 출석하기 전에는 사실상 당회가 그 기능을 발휘할 수 없게 되므로 목사 1인과 장로 1인으로 성수가 되도록 규정하고 있다.

(3) 장로 1인인 경우 : 전원 출석

목사 1인과 장로 1인으로 조직된 경우인데 부득불 당회장과 장로 1인, 도합 2인 전원이 모여야 성수가 되게 했다. 그러나 이런 경우에 2인이 합의하지 않는 한, 원만한 회의를 진행할 수 없다. 회의법에 의한다 해도 한 사람이 동의는 할 수 있으나 다른 한 사람이 동의에 찬동하지 아니하면 결국 재청하지 아니할 것이요 재청하지 아니한다면 그 동의는 자연 폐기될 수밖에 별도리가 없기 때문이다.

(4) 장로 1인 당회에서 처리할 수 없는 사건

1) 그 장로를 치리해야 할 경우

2) 장로가 반대하는 사건

3) 위 1), 2)항의 경우는 노회에 보고하여 위탁 처리한다.

4) 위 1), 2)항의 경우 이외에는 모든 것을 처리한다.

(5) 장로 2인 당회에서는 법리상 처리할 수 없는 사건의 이유

1) 헌법은 장로 1인 있는 당회에서만 처리할 수 없는 사건을 언급하였다.

2) 헌법은 장로 2인 있는 경우에 처리할 수 없는 사건을 언급하지 않았다.

3) 장로 2인이 있는 경우는 장로 1인이 반대할지라도 장로회 각 치리회 보통회의 규칙 8조에 의하여(제7회 총회 채택) 처리할 수 있다.

4) 장로 2인이 있는 당회가 그 중 1인을 치리할 경우

① 이런 경우에 할 수 없다는 규정이 헌법 어디에도 없다.

② 본조에 장로 1인만 있는 경우 그 장로 치리만 할 수 없고 그 외의 모든 교인은 치리할 수 있으므로 장로 2인 중 1인의 장로도 당연히 치리할 수 있다.

(6) 장로 없는 교회에서 당회장의 치리권

1) 행정건은 모든 것을 처리할 수 있다.

2) 재판건은 아예 성립도 되지 않는다.

3) 재판건이 발생할 경우에는 노회에 위탁 처리해야 한다.

3. 당회장

三, 堂會 會長 (1922年版)
堂會長은 依例히 該支敎會牧師가 될거시니라 然(그러)이나 萬一
事端이 잇셔 他(다른)敎會牧師가 會長되는거시 合當흔듯 흔 境遇에는
堂會의 許諾으로 本敎會牧師가 該老會에 屬흔 牧師中一人을 請흐야
代理會長이 되게 흘수잇느니라 且(또)本敎會牧師가 身病이 잇거나
出他흔 時(때)에도 此(이)와 곳치 行흘거시니라

제3조 : 당회장

① 당회장은 그 지교회의 담임 목사가 될 것이나

② 특별한 경우에는 당회의 결의로

③ 본 교회 목사가 그 노회에 속한 목사 1인을 청하여 대리 회장이

되게 할 수 있으며

④ 본 교회 목사가 신병이 있거나 출타할 때도 그러하다.

4. 임시 당회장

四, 堂會臨時會長 (1922年版)

堂會가 會集홀 時(때)마다 牧師가 會長이 되는거시 可흐고 特別히
裁判會로 會集홀 時(때)에 는 牧師가 會長이 되어야 더욱 合當흐니라
所以(그럼오)로 何(어느)敎會에서던지 牧師가 없슨즉 該敎會에서 牧師
를 請聘흐기까지 老會가 堂會長 될 牧師를 派送홀거시오 老會의
派送이 업는 境遇에는 該堂會가 會集홀 時마다 臨時會長될 牧師를
請홀수잇느니 若或(만일)牧師를 請흐는되 大端히 不便흔일이 잇스면
會長될 牧師가 없슬지라도 堂會가 事務를 處理홀수잇느니라

제4조 : 당회 임시 회장

① 당회장은 목사가 되는 것이므로

② 어떤 교회에서든지 목사가 없으면

③ 그 교회에서 목사를 청빙할 때까지 노회가 당회장 될 사람을 파송
할 것이요,

④ 노회의 파송이 없는 경우에는

⑤ 그 당회가 회집할 때마다 임시 당회장 될 목사를 청할 수 있으나

⑥ 부득이한 경우에는 회장될 목사가 없을지라도 재판 사건과 중대 사
건 외에는 당회가 사무를 처리할 수 있다.

☞ 당회장은 반드시 목사만 된다(제4조).

五, 堂會長輪次

一支敎會(각지교회)에 牧師二人以上이 잇셔 堂會에 同參ᄒᆞᆫ 境遇에는 輪次로 會長이 될거시니라

(1) 당회장의 종류

1) 당회장(제3조 : 노회에서 파송한 당회장)

① 당연직 당회장인 위임 목사

② 노회에서 미조직 교회에 파송한 목사

③ 노회에서 허위 교회에 파송한 목사

④ 조직 교회에 시무 목사가 있는 경우에 노회가 허락한 목사

노회가 파송하거나 허락한 당회장은 모두 당회장이라고 호칭하여야 한다. 위임 목사는 위임 공포와 동시에 당연직 당회장이요(제3조), 미조직 교회에 당회장으로 파송한 목사도 역시 당회장이요, 시무 목사에게 당회장권을 허락하는 경우도 당회장이요, 목사가 없는 교회에 목사를 청할 때까지 노회가 파송하는 목사도 당회장이다(제4조). 그러므로 노회가 파송하는 목사는 당회장 이외에 다른 칭호를 붙여서는 안된다.

2) 대리 당회장

(제3조 : 당회장이 있을 때 당회가 결의하여 초청한 당회장)

① 목사가 출타할 경우

② 목사가 신병이 있을 경우

③ 기타 특별한 경우

④ 당회의 결의로 당회장에게 노회원 중 청함을 받은 목사

위의 ① ② ③의 어느 한 경우만 해당되어도 가능하다.

교회에 당회장이 있을 때 그 당회장이 출타하거나, 신병이 있을 경우에나, 기타 특별한 경우에는 당회의 결의로 해 당회의 당회장이 노회원 중에서 초청하는 목사를 대리 당회장이라 하며, 그 시무 기간은 당회장이 허락한 기간까지이다.

대리 당회장이 필요한 것은 한 교회에 당회장이 두 사람이 있을 수 없기 때문에 해 교회의 당회장이 시무하기 어려운 경우에는 대리 당회장을 청하게 한 것이다(제3조).

3) 임시 당회장(제4조 : 당회장이 없을 때 당회가 초청한 당회장)

① 당회장이 없을 경우

② 노회의 파송도 없고

③ 당회 회집이 필요할 때마다

④ 당회가 회집되는 시간만 노회원 중 당회장으로 청함을 받은 목사, 말하자면 1회용 당회장이다.

위의 ① ② ③이 동시에 해당 될 때만 가능하다.

허위 교회에 당회장이 없을 때 당회의 청함을 받은 당회장을 임시 당회장이라 한다. 임시 당회장에 대하여 바로 이해하려면 제4조를 깊이 연구해야 한다.

정치 제9장 제4조(임시 당회장)의 내용은 "어떤 교회에서든지 목사

가 없으면 그 교회에서 목사를 청빙할 때까지 노회가 당회장 될 사람을 파송할 것이요, 노회의 파송이 없을 경우에는 그 당회가 회집할 때마다 임시 당회장 될 목사를 청할 수 있다"라고 되어 있다.

본조에서 분명하게 밝히기를 '노회는 당회장을 파송하고 당회는 임시 당회장을 청한다'고 하였다. 그러므로 교회에 목사가 없을 때 목사를 청빙할 때까지 노회가 파송한 사람은 임시 당회장이라고 해서는 안 되고 당회장이라고 해야 한다. 본조의 제목에 임시 당회장이라고 되어 있다고 해서 노회가 파송한 목사를 임시 당회장이라고 하는 것 같은데 그것은 본조의 조문을 자세히 살피지 아니했기 때문이다.

본조의 앞부분(어떤 교회에서든지 목사가 없으면 목사를 청빙할 때까지 노회가 당회장될 사람을 파송할 것이요 노회의 파송이 없을 경우)은 당회가 임시 당회장을 청할 수밖에 없는 배경을 설명한 것이요, 그 뒷부분(당회가 회집할 때마다 임시 당회장 될 목사를 청할 수 있다.)이 본조의 제목에 합당한 임시 당회장에 대하여 설명한 것이다.

그러므로 노회가 파송한 목사는 당회장이라고 해야 하고 그 시무 기간은 교회가 목사를 청빙할 때까지요, 당회가 초청하는 목사는 임시 당회장이라고 해야 하고 그 시무 기간은 당회를 시작할 때부터 마칠 때까지이다. 그래서 임시 당회장이라고 한다. 따라서 임시 당회장은 당회를 모일 때마다 청해야 하는데 그 대상은 해 노회 노회원이면 누구이든 상관없다.

(2) 당회 임시 의장

① 당회장이 없을 경우

② 임시 당회장도 청할 수 없을 때

③ 부득불 당회를 회집해야 할 경우에

④ 중대 사건과 재판 사건 외에 당회 사무에 대하여 장로 중 1명을 임시 의장으로 정하여 사무를 처리한다. 위의 ① ② ③항이 동시에 해당될 경우만 가능하다.

⑤ 본장 제4조 끝부분에 목사가 없을지라도 부득이한 경우 당회가 사무를 처리할 수 있도록 하였고 본장 제7조에도 목사가 없을 경우 필요에 응하여 장로 과반수가 당회를 소집할 수 있도록 하였다.

그러나 본장 제3조와 제4조에 당회장은 목사만 될 수 있도록 규정하고 있으므로 장로들만 모이는 당회는 장로 당회장이라고 할 수는 없고 당회 회의를 사회하는 의장일 뿐이니 당회 임시 의장이라 할 수밖에 없다.

그러므로 우리 총회가 "장로가 부득이한 경우에는 당회장이 될 수 있음"(제19회 총회록 p.33) 이라고 결의한 것은 위헌적 결의라고 할 수밖에 없다. 어디까지 나 장로는 당회장이 될 수는 없고 당회 임시 의장일 뿐이다.

결론적으로 노회가 파송한 목사는 모두 당회장(정치 제9장 제3조 및 제4조)이고, 당회가 초청한 목사는 대리 당회장과(정치 제9장 제3조) 임시 당회장(정치 제9장 제4조)으로 구분하는데 당회장이 있을 때는 대리 당회장을 청해야 하고, 당회장이 없을 때는 임시 당회장을 청해야 한다.

당회장과 임시 당회장에 대하여 정치문답조례 196문답에서도 "노회는 마땅히 당회장 될 목사를 파송하고 당회는 임시 당회장 될 목사를 청할 수 있다"고 해설하였고 헌법 어디에도 노회가 임시 당회장을 파송한다고 언급한 곳이 없다. 또한 국어 문법적으로도 정치 제9장 제4조는 "노회는 당회장을 파송하고 당회는 임시 당회장을 초청한다"고 이해되어야 한다.

5. 당회의 직무

六, 堂會의 職務 (1922年版)

堂會의 職務는 神靈上關係되는 諸般(모든)事務를 處理ㅎ는거시니라 (希(히)十三〇十七) 是故(이런고)로 堂會는 教人에 對ㅎ야 智識과 信仰上行爲를 總察ㅎ며 學習과 入教홀 者를 問答ㅎ야 酌定ㅎ기도 ㅎ며 入教人 된 父母를 勸勉ㅎ야 其 幼兒로 洗禮를 밧게ㅎ며 幼兒 洗禮밧아던자를 教人이 잇는 境遇에는 移名證書(學習 入教 洗禮 幼兒)를 接手도 하고 發送도 ㅎ며 該教會牧師가 없는 時에는 老會에 指揮대로 他牧師를 請ㅎ야 講道케ㅎ고 聖禮를 設行케 ㅎ기도 ㅎ며 長老執事選擧홀 事를 準備ㅎ기도 ㅎ며 被擇長老執事의 資格을 슮혀 長老는 老會許諾대로 將立ㅎ고 執事는 問答ㅎ야 將立ㅎ기도 ㅎ며 各項別捐補收集홀 時日과 方針을 酌定ㅎ기로ㅎ며 老會에 提出홀 請願을 接受ㅎ야 上送ㅎ기도 ㅎ며 本教會中犯罪者와 證人을 招致(불러)審問ㅎ기도 ㅎ며 必要홀 境遇에는 本教會會員이 아닌者라도 證人으로 招問홀수 잇스

며 犯罪_{범죄}혼 證據_{증거}가 明白_{명백}혼 時_시에ᄂᆞᆫ 勸勉_{권면}ᄒᆞ거나 責望_{책망}ᄒᆞ거나 責罰_{책벌}(聖餐_{성찬}
不參_{불참}케홈)ᄒᆞ거나 黜敎_{출교}ᄒᆞ기도 ᄒᆞ며 悔改_{회개}ᄒᆞᄂᆞᆫ 者_자를 解罰_{해벌}ᄒᆞ기도 ᄒᆞᄂᆞ니
라(전살 五〇十二—十三 후살 三〇六十 四五 전고十一—〇廿七—卅)
또 堂會_{당회}ᄂᆞᆫ 敎會_{교회}에 神靈的_{신령적} 有益_{유익}을 爲_위ᄒᆞ야 何事_{하사}(무슨일) 이던지 準備_{준비}
實行_{실행}ᄒᆞᆯ거시오 査經會_{사경회}와 主日學校_{주일학교}와 小兒會_{소아회}와 共勵會_{공려회}(勉勵會_{면려회})等_등 各會_{각회}
와 其他各項作用_{기타각항작용}을 監督_{감독}ᄒᆞᆯ거시오 또 老會_{노회}에 派送_{파송}ᄒᆞᆯ 總代_{총대}長老_{장로}를
選定_{선정}ᄒᆞ며 敎會_{교회}情況_{정황}을 老會_{노회}에 報告_{보고}ᄒᆞᆯ거시니라

☞ 당회의 직무는 8가지가 있으니 그 중 제1항은 신령적 직무이므로
영적 지도력이 요구되며 그 외의 직무는 반드시 당회의 결의로 당회록
에 기록된 대로 시행해야 한다.

제5조 : 당회의 직무

(1) 교인의 신앙과 행위를 총찰

① 당회의 직무는 신령상 모든 사무를 처리하는 것이니(히 13:17)

② 교인의 지식과 신앙상 행위를 총찰한다.

☞ 당회는 교회의 신성과 성결을 유지함이 그 본무이다. 그러므로 당
회의 직무에 대하여 먼저 히 13:17을 근거로 제시하였다. 이는 당회가
교인을 치리할 때에 자기를 살피듯 교인의 성결을 위하여 진력할 것을
암시하였다.

또한 교인들 역시 교회의 신성과 성결을 유지하기 위하여 당회의
교훈과 치리에 순종하고 복종할 것을 교훈하였다. 또한 본 조항은 제4

원리에서 제의한 바와 같이 신앙과 행위가 일치하도록 교인을 지도할 것을 강조하였다.

이에 대하여 주님의 가르치심은 "모든 족속으로 제자를 삼아 아버지와 아들과 성령의 이름으로 세례를 주고(전도) 내가 너희에게 분부한 모든 것을 가르쳐(교육)지키게 하라(실천, 행위) 불지어다 내가 세상 끝날까지 너희와 항상 함께 있으리라(축복, 마28:19~20)"고 하였다.

이 말씀은 신앙과 행위가 일치하는 교회에 주님이 함께 하시겠다는 약속이다. 또 산상보훈에서도 "그의 열매로 그들을 알지니 가시나무에서 포도를 또는 엉겅퀴에서 무화과를 따겠느냐 이와 같이 좋은 나무마다 아름다운 열매를 맺고 못된 나무가 나쁜 열매를 맺나니 좋은 나무가 나쁜 열매를 맺을 수 없고 못된 나무가 아름다운 열매를 맺을 수 없느니라 아름다운 열매를 맺지 아니하는 나무마다 찍혀 불에 던지우느니라 이러므로 그의 열매로 그들을 알리라"(마 7:16~20)고 하였으니 당회는 교인의 신앙과 행위가 일치하도록 본을 보이며 또한 그렇게 지도하는 것이 중요한 직무라 하겠다.

(2) 교인의 입회와 퇴회
　① 학습과 입교할 자를 고시하며
　② 입교인 된 부모를 권하여 그 어린 자녀로 세례를 받게 하며,
　③ 유아 세례 받은 자를 고시하여 성찬에 참여하게 하며
　④ 주소 변경한 교인에게는 이명 증서(학습, 입교, 세례, 유아 세

례)를 접수 또는 교부(交附)하며

⑤ 제명도 한다.

☞ 당회는 제9조에 명시된 8가지 명부 외에도 원입 교인 명부까지 작성하여 교인을 관리하여야 한다.

1) 교인의 입회

학습, 입교, 세례, 유아 세례 등의 교인은 반드시 당회의 고시에 합격한 자로 그 예식을 행한 후에 그 명부에 등재한다. 따라서 당회록에 없는 교인은 있을 수 없다. 타 지역에서 이사 온 교인은 이명서를 접수하고 이명 접수 통지서를 발송함과 동시에 교인 명부에 등재한다. 본 교단에 속한 타 교회의 교인은 이명서를 접수하고 등재함이 없이 본 교회에 등재할 방법이 없고(권징 제108조, 제111조, 제113조, 제115조 참조), 타 교단의 교인은 당회의 결의로 등재할 수 있다(권징 제53조 참조). 그러나 타 교단 교인이라도 이명서를 접수함이 더 옳은 일이나(정문 233문답) 타 교파 간에는 이명서를 교부하지 않는 것이 상례이기 때문이다.

2) 교인의 퇴회

교인을 그 명부에서 제명(퇴회)하는 경우에도 반드시 당회의 가결로 할 수 있으니 아래와 같다.

① 사망 시

② 이명 시(권징 제108조, 제113조)

③ 재판에 의한 제명 출교 확정 시(권징 제35조)

④ 타 교단에 가입 시(권징 제53조)

3) 이명에 대한 현실적 문제점

현대 교회의 행정은 이명 제도가 거의 상실된 상황이다. 이명 제도는 교회 행정과 권징에 있어서 중요한 부분에 속하며 교회는

① 말씀의 진정한 전파

② 성례의 정당한 거행

③ 권징의 신실한 시행, 이상의 3대 교회의 표지가 분명해야 한다. 그런데 그 중의 한 부분이 무너졌으므로 현대 교회는 반신불수의 교회라 하지 않을 수 없다.

이는 무질서한 교회 성장 또는 대교회 운동의 소산으로 교회의 행정과 권징을 무시하고 교회의 신성과 성결보다는 이기주의적 소산이라 하지 않을 수 없을 것이다.

4) 제명에 대하여

헌법이 규정하고 있는 제명은 두 종류가 있는데 하나는 본항과 같은 행정 처분이고, 또 하나는 재판에 의한 제명 출교에 따른 징계에 의하여 행해지는 것이다. 그리고 권징 조례 제50조와 제53조의 경우는 권징 조례에 규정하고는 있으나 행정 처분이 불가하다.

본항의 "제명도 한다"라는 말은 교인이 이명 했을 경우에 한하는

것이지 당회가 교인을 제명할 수 있는 권한이 부여된 것은 아니다. 당회가 교인을 제명할 수 있는 경우는 다음과 같은 경우뿐이다.

① 이명 증서를 발급한 후에 그 이명서를 접수했다는 회보가 왔을 때(권징 제11장 제108조, 동 제12장 제113조)

② 교인이 재판에 의한 제명 출교가 확정될 때(권징 제5장 제35조)

③ 교인이 다른 교파에 가입하였을 때(권징 제7장 제53조)

④ 교인이 사망하였을 때

따라서 본항의 "제명도 한다"라는 규정도 이상의 4가지 조건의 경우만을 의미한다.

(3) 예배와 성례 거행

① 목사가 없을 때에는

② 노회의 지도로 다른 목사를 청하여

③ 강도하게 하며 성례를 시행한다.

☞ 예배와 성례는 당회의 절대적 직무로서 특히 목사가 없을 때는 노회의 지도로 강론할 목사와 성례를 집행할 목사를 청하여 거행하도록 규정하고 있다. 이는 예배와 성례는 목사 외에 아무도 행할 수 없는 특별한 직무요, 장로는 그 방조자임을 암시하고 있다. 그러므로 법은 "목사가 없을 때에는 당회가 다른 목사를 청해서 강도하게 하라" 하고 있다. 그러나 다른 목사를 청할 수 없을 경우에는 장로는 물론 다른 이로 예배를 드리게 한다고 할지라도 성경 교훈에 위배됨이 없으니 마땅

히 용인할 일이라고 본다.

그러나 성례를 다른 이가 주장할 수는 없고 반드시 목사만이 주장한다. 그런즉 목사가 없으면 성례를 거행할 수가 없는 줄로 알 것이요 치리 장로만이 이를 방조한다. 그러면 치리 장로가 없으면 성례를 베풀 수 없겠는가 할 때에 전도 목사나 선교사 등에게 성례권을 주고 있으니 목사가 홀로 성례를 베풀수 없는 것은 아니지만 이는 목사의 사명이면서도 당회의 직무이니 장로가 있어야 하는 것이 원칙이라 하는 것이고, 장로가 없다고 해서 전도사나 집사 등에게 돕도록 할 것은 더욱 아니고, 오직 목사가 홀로 행하는 것이 마땅한 일이라 할 것이다. 항간에 교회 요람을 보면 예배 위원 중에 집사가 포함되어 있는 경우를 보게 되는데 이는 시정되어야 할 사안이다.

경우에 따라서 목사와 강도사 아닌 자가 말씀을 증거할 때에는 강론(설교)이라고 할 수 없고 간증이라고 하는 것이 적절한 표현이라 하겠다. 또한 성례를 행할 시에 장로가 없으면 떡과 잔을 나누는 것까지도 목사 혼자서 다 행해야 한다.

＊ 정문 225문 : 당회의 제3권이 무엇이냐?

답 : 당회의 제3권은 아래와 같이 교회가 회원을 받아들이는 입교권이다.

① 세인으로 하여금 자기 신앙을 고백하고 세례에 의해 입회케 하는 것이니, 이는 오직 당회에만 있는 고유한 특권이다(Presbyterian Digest p.678).

만국인이 회개하거나 말거나 다 구원을 얻어 천국에 간다는 보편 구원설을 지지하는 자와 사실상 모든 인류 종족과 타락한 천사가 구원을 얻는다는 자는 입회할 수 없으며, 물로 세례 받기를 거절하는 자도 입회할 수 없고, 자녀가 유아 세례 받는 것을 원치 않는 자는 당회가 판단하여 혹 입회케 할 수 있으나, 유아 세례에 대한 거리낌에 관하여 잘 가르치고 권면할 것이며, 결투자(決鬪者)와 그 부류들은 죄에 대한 만족한 회개의 확실한 증거를 나타낼 때까지 입회할 수 없다.

주일을 범하는 자들과 주일에 세상 직업을 위해 다니는 자와, 그 위에 더욱 숙명을 말하며 행운을 요구하는 자와, 세상 유익을 크게 여기는 자는 입회가 거절된다(Presbyterian Digest pp. 803~804). 또한 술을 만드는 자와, 파는 자와, 마시는 자 등 술과 관계하는 자에게 세례를 베풀지 않음이 옳다(Ibid., pp.490, 676, 483 ~493).

② 타 교회에서 이명 증서를 가지고 오는 회원을 문답 없이 입회케 한다. 규칙에 위반 없는 이명 증서가 아니면 받지 못하며, 또한 발급된 지 1년이 경과 되었으면 문답 후에야 받을 것이요, 타 교파에서 이명 청원이 거절된 채 이래(移來)한 교인은 행위와 성질에 대한 증서를 구해 볼 것이요, 그것조차 거절되면 당회가 그 신앙과 행위를 보고 문답함으로 입회케 한다.

③ 유아 세례 받은 자를 문답하여 입회케 한다. 당회는 성찬을 베풀기 1개월 전에 입회 후보자 교육을 위해서 목사가 가르치는 입

교 지원자 반을 조직한다.

④ 벌 받은 자를 회개와 개전의 만족한 증거에 의하여 해벌하고 온전한 교제를 회복케 한다(Ibid., pp.678, 803~804).

(4) 장로와 집사 임직

① 장로나 집사를 선택하여

② 반년 이상 교양하고

③ 장로는 노회의 승인과 고시한 후에 임직하며

④ 집사는 당회가 고시한 후에 임직한다.

☞ 장로는 전국 교회를 총찰함(제5장 제4조 1항)으로 노회의 허락과 고시가 필요하고 집사는 지교회의 직무만(제6장 제3조) 수행함으로 당회의 결의와 고시로 임직한다.

1) 장로의 임직

장로는 25인의 세례 교인이 있을 때 당회의 결의로 노회에 선택 허락 청원으로 승낙을 받은 후, 당회는 공동의회 날짜를 결의하여 1주일 전에 광고하고, 공동의회에서 투표수 3분의 2 이상의 투표를 받은 자를 당회가 만 6개월 이상 교양한 후 노회의 고시에 합격하면 당회가 임직한다.

2) 집사 임직

집사는 당회의 결의로 공동의회에서 투표수 3분의 2 이상의 투표를 받은 자를 당회가 만 6개월 이상 교양한 후 당회가 고시하여 합격하면 당회가 임직한다.

3) 고시 불합격자

고시를 행하는 것은 자격 심사를 하는 절차이므로 불합격되면 그 직분을 받기에 부적격자로 판명되는 것이기 때문에 원점으로 돌아가는 것이다. 교인들이 선거했고 당회의 교양과 훈련을 받았다 하더라도 노회 또는 당회 고시에 부적격자로 판명된 이상 임직할 수 없는 것이다. 그러므로 불합격 판명이 된 자가 다시 고시를 청원할 경우에는 선택 혹은 증선 절차와 피택 그리고 교양 절차를 다시 받은 후에 고시 청원을 하여야 한다. 여기에서 명심해야 할 것은 아무리 여러 번 불합격되었다 하더라도 무흠 입교인이기 때문에 교회에서 피선거권을 막을 수 없는 것이다.

(5) 각 항 헌금 수집하는 일을 주장
① 각 항 헌금 수집할 날짜와
② 방침을 작정한다.

☞ 교회 정치 제21장 제2조 3항에 교회의 재정 처리는 제직회에서 행하도록 규정하고 있으나 헌금을 수집하는 일에는 당회의 직무로 규정

하고 있다(예배 모범 제18장 2항, 3항 참조).

그러므로 교회의 각항 헌금하는 일에 대하여는 당회밖의 어느 누구도 관여할 수 없다. 그런데 교회의 재정 출납은 제직회의 직무로 규정하고 있으면서 헌금 수집에 대하여는 왜 당회의 직무로 구분하였는가 하는 것이다. 그 이유는 교인이 헌금하는 일은 신앙과 직결되는 문제이기 때문에 그 시기와 상황을 살펴서 적절하게 시행해야 할 중요한 사안이기 때문이다. 당회는 헌금에 대하여 지나치게 강요해도 안 될 것이며 지나치게 방관해도 안 되고 교인들의 신앙에 유익하도록 성경의 교훈한 바대로 지도해야 한다.

(1) 헌금은 미리 준비케 한다(고전 16:1~2).

(2) 헌금의 표준은 십일조이다(말 3:8~12).

(3) 절기 헌금에 반드시 참여케 한다(출 23:14~19)

(6) 권징하는 일

① 본 교회 중 범죄자와 증인을 소환 심사하며

② 필요한 경우에는 본 교회 회원이 아닌 자라도 증인으로 소환 심문할 수 있고

③ 범죄가 증거가 명백할 때에는 권계(勸誡), 견책(譴責), 수찬 정지(受餐停止), 제명(除名), 출교(黜敎)를 하며

④ 회개하는 자를 해벌한다(살전 5:12~13, 살후 3:6,14~15, 고전 11:27~30).

☞ 국가의 법정에서는 죄벌의 한계가 규정되어 있으나 교회의 권징은 당시의 재판국원들의 감정에 따라 최고의 벌을 줄 수도 있고 최하의 벌을 줄 수도 있는 약점이 있으므로 양심의 자유에 의한 신앙적 판결이 요구된다. 따라서 진리를 보호하고 악행을 제거하여 교회의 성결을 유지할 뿐 아니라 범죄자의 신령적 유익을 도모하는 권징의 목적에 어긋남이 있어서는 안 된다(권징 제2조).

그러므로 모든 사건에 있어서 마18:15~17에서 주님의 교훈한 바를 우선적으로 권면하고(권징 제18조) 권징의 모든 절차에 소홀함이 있어서는 안 된다. 기필코 재판을 해야 할 경우에는 불고불리의 원칙과 불리불벌의 원칙에 어긋남이 없도록 신중을 기해야 한다.

본항의 제명, 출교라고 제명 출교사이에 (,)를 찍어 두 가지 책벌로 되어 있는 점에 대하여는 기독신문에 게재되었던 내용 일부를 참고로 첨부함.

▶ 출판 과정에서 용어 변천의 문제

정치 제9장 제5조 6항과 권징 조례 제5장 제35조에 당회가 정하는 책벌 중에 '제명'이라는 벌이 헌법 수정도 거치지 아니하고 등장한 일이다. 이것은 금번 헌법 수정에서 삭제하거나 '제명 출교'라는 한 단어로 교정해야 할 것이다. 만일 그대로 두어야 한다면 과거에 헌법 수정했던 근거를 제시해야 할 것이다. 참고로 아래와 같이 그 변천 과정을 밝혀둔다.

1) 최초의 헌법인 1922년도판 헌법 정치 당회 직무 6항

"범죄한 증거가 명백할 시에는 권면하거나 책망하거나, 책벌(성찬 불참케함)하거나 출교하기도 하며"(조선예수교장로회 정치 p.109), 이와 같이 최초의 헌법은 권면(권계), 책망(견책), 책벌(수찬 정지), 출교(제명 출교)뿐이다.

2) 1934년도판 헌법 정치 당회 직무 제6조

"권계나 견책이나 수찬 정지나 제명, 출교를 하며"(조선예수교장로회 정치 p.96), 여기에서 헌법 수정도 없이 어느 누구인가가 자의로 용어를 삽입하였다. 헌법 수정이나 총회록에도 근거가 없다. 그러나 1934년도판 권징 조례에는 점도 없이 띄어쓰기도 없이 한 단어로 '제명출교'로 되어 있다(다음(3) 참조).

3) 1934년도판 헌법 권징 조례 제4장 제35조

"당회가 정하는 책벌은 권계, 견책, 정직, 면직, 수찬정지, 제명출교니 출교는 종시 회개치 아니하는 자에게만 하나니라"(권징 p.171).

4) 단기 4291년도판 헌법 정치 당회 직무(7) "권계나 견책이나 수찬 정지나 제명 출교를 하며"(정치 p.67), 이곳에서는 띄어쓰기는 하고 점은 찍지 않았다.

5) 단기 4293년도판 헌법 정치 당회 직무(7) "권계나 견책이나 수

제9장 당회 · 339

찬정지나 제명출교를 하며"(정치 p.47)

6) 단기 4293년도판 헌법 권징 조례 제35조

"당회가 정하는 책벌은 권계, 견책, 정직, 면직, 수찬정지, 제명출교니 출교는 종시 회개하지 아니하는 자만 한다"(권징 조례 p.72).

7) 결론

이상으로 보면 1960년(단기 4293년)도판까지는 제명 출교에 대하여 정치에서만 붙여썼다 · 띄어썼다 · 점을 찍었다 · 떼었다 하는 변천이 있었고 권징 조례에서는 한결같이 '제명 출교'의 한 단어로, 한 가지 벌로만 규정해 왔다.

이에 대한 확실한 근거로서 현행 우리 헌법의 예배 모범 제16장(시벌)에서도 '제명'에 대한 시벌은 없고 '출교'에 대한 시벌뿐이며 제17장(해벌)에서도 제명된 교인을 해벌하는 조항은 없고 '출교' 당한 교인을 해벌하는 조항뿐이다. 그런데 현행 우리 헌법에는 '제명, 출교'의 두 가지 벌로 되어 있으니 문제가 아닐 수 없다.

한 가지 묻는다면 당회가 교인을 출교도 아니 하고 제명만 했다면 그 교인의 신분이 어떻게 된다는 말인가?

출교가 되면 자동 제명이 되니 '제명 출교'는 될 수 있어도 '제명, 출교'라는 것은 있을 수 없는 것이다. 그래서 권징 조례 제53조와 제54조에서는 제명해야 할 경우에 대하여는 각 조문에 제명하도록 직접적으로 규정하였다. 당회가 교인을 제명할 수 있는 경우는 다음 4가지 경우뿐이다(정문 238문답 , 241문답, 권징 제11장, 제12장).

① 출교 시 ② 사망 시 ③ 이명서 접수 통지서 접수 시 ④ 타 교파에 가입 시(권징 제53조), 이상 4가지의 경우 외에는 당회가 어떠한 방법으로도 교인을 제명할 수 없다. 그러므로 당회의 책벌 중 '제명'이라는 벌이 들어있는 것은 혼동만 야기할 뿐이요 당회가 교인을 '제명'해야 할 경우가 전혀 없다.

따라서 헌법에 당회의 책벌 중에 '제명'이라는 벌은 헌법 수정이나 총회 결의 등도(총회 결의로는 할 수 없지만) 그 근거도 찾을 수 없이 등장된 벌이므로 마땅히 삭제되어야 하며, 아니면 '제명, 출교'가 아닌 '제명 출교'로 회복되어야 할 것이다.

(7) 신령적 유익을 도모하며 각 기관을 감독

　　① 당회는 교인의 신령적 유익을 도모하며,

　　② 교인을 심방하고

　　③ 성경을 가르치는 일과

　　④ 주일 학교를 주관하며,

　　⑤ 전도회와 면려회와 각 기관을 감독한다.

☞ 당회는 교회의 신령적 유익을 도모하기 위하여 교인을 심방하여 그 신앙을 살피고 성경으로 교훈하며 각 기관을 지도 감독한다(제20장에서 상론).

1) 주일 학교

당회의 가결로 목사를 방조할 부교역자를 청빙하여 각부의 지도 교역자로 임명하고 각부의 부장과 교사를 임명하여 당회의 지도와 감독하에서 성경을 가르치게 한다.

당회는 성경을 가르치는 일에 구애됨이 없고 효과적인 성과가 나타나도록 교육 시설과 교재와 교편물(敎鞭物)과 교사의 자질 향상 등을 관리하는 모든 문제가 당회의 책임이요 권리인즉 당회가 방임하면 결국 쇠잔해지고 말 것이다.

교회정치문답조례를 통하여 만국 장로교회의 방법을 배우자.

✱ 정문 247문 : 당회가 주일 학교를 어떻게 주관하느냐?

답 : 당회가 주일 학교를 아래와 같이 주관한다.

① 주일 학교는 목사와 당회 관리 아래 있으니 신령적 훈련을 위한 모든 일을 지휘하며 또는 감독해야 한다.

② 목사 직무에 주일 학교를 감독하는 일도 포함되었으니, 목사는 종종 주일 학교에 출석하여 조력하며, 어린이를 위한 특별 집회를 가지며, 가끔 목사가 설교한다.

③ 교과서와 기타 교재와 보조 교재 및 도서실의 모든 도서를 검사하여 작정하며, 교회 자체 출판물을 특별히 추천한다.

④ 성경은 가장 위대한 교과서이다. 또한 소요리문답을 조심하여 가르치되 그 교리와 교회 제도에 대하여 확실히 기억하여 흔들리지 않도록 잘 가르친다.

⑤ 주일 학교의 통계 보고서를 노회와 총회에 제출한다.

⑥ 임원과 교사를 선택한다.

⑦ 교사 준비 공부와 어린이의 예배 출석과 어린이들이 일찍 그리
스도에게로 돌아오며, 저희 총명이 저희 하나님의 교회와 결합
되도록 그 사업을 권하며 감독한다.

⑧ 장로교회의 제도를 주일 학교에서 가르칠 일

⑨ 각항 찬송과 악기와 성가대에 관한 일을 검사하여 허락할 일

⑩ 주일 학교의 연보는 본 교회 주일 학교와 상회 관계 부서를 위해
서 쓰게 할 일

2) 각 기관

남녀 전도회와 청장년 및 학생 면려회 등 각 기관은 자율 기관으로
성도의 교제와 복음 전파에 진력하게 하되 각 임원과 사업 계획은 당
회의 인준을 받아 시행케 하고 당회의 결의로 고문을 배정하여 지도
감독케 한다.

교회정치문답조례의 교훈을 보면

＊ 정문 248문 : 당회가 면려회나 전도회나 기타 부속회를 어떻게 주
관하느냐?

답 : 아래와 같이 각 부속회를 주관한다.

① 장정과 규칙을 제정해 주고 위반하지 않도록 할 일

㉠ 신구약 성경은 신앙과 행위에 대하여 정확 무오한 유일의 법
칙으로 받을 일

㉡ 믿는 행위 중에 성령이 큰 관계되는 도리를 믿게 할 일

ⓒ 세례와 입교 맹세의 중대함을 깨닫게 할 일

ⓡ 본 교회 주일 예배와 삼일 기도회와 기타 회집에 참석하는 것을 교인의 본분인 줄을 알게 하며 또한 은혜임을 깨닫게 할 일

ⓜ 교회와 또한 교회 소속 각 부속회들이 국사(國事)에 간여치 말 일

② 회집 시일과 장소를 작정할 일

③ 임원을 선거한 후에 가결할 일

④ 각회에서 연보하는 재정은 그 회와 상회의 관계 부서를 위해 쓰게 할 일

⑤ 장로교회의 사기와 신경과 정치를 학습하도록 할 일

3) 각 구역

구역 편성과 구역장, 권찰, 교구 담당 교역자를 임명하여 당회의 감독 하에서 성도의 교제와 복음 전파에 진력하게 한다.

4) 심방

심방은 교인들의 사정을 알아보고, 상담하며, 위로하고, 치유하며, 교회를 은혜 중에 성장케 하는 방편이다. 그래서 교회의 법은 모든 직원에게 심방하는 책임을 규정하고 있다(정치 제5장 제3조 3,5항, 제3장 제3조 3항, 제6장 제3조). 그럼에도 불구하고 심방은 교역자들만 하는 것으로 여기는 오해가 있는데 이는 시정되어야 하겠다. 당회는

마땅히 조심하여 심방자와 심방을 받을 자를 정하는 일이나 심방의 방침을 정하는 일에 신중하고 친히 심방할 것이요, 심방은 자칫 잘못하면 말꼬리를 물어내거나 파당을 짓는 역효과를 내는 수가 있으므로 당회는 심방할 직원들의 교육은 물론 지도 감독을 해야 한다.

(8) 노회에 총대를 파송하며 청원과 보고
　　① 노회에 파송할 총대 장로를 선정하며
　　② 청원을 제출하며
　　③ 교회 정황을 노회에 보고한다.

☞ 본항에 총대라 함은 파송하는 장로를 의미한다. 목사는 안수 직후 혹은 노회에 이명 접수 직후 노회원권이 부여되고 장로는 각 지교회에서 세례 교인수에 따라 당회가 파송한 총대를 노회 서기가 호명한 후부터 노회원권이 부여된다.

　1) 총대 파송
　정치 제10장 제2조에 규정한 대로 세례 교인 200명 미만인 교회는 1명, 200명 이상 500명 미만인 교회는 2명, 500명 이상 1,000명 미만인 교회는 3명, 1,000명 이상인 교회는 4명의 장로를 선택하여 당회록에 기록된 대로 노회에 총대로 파송한다. 총대 파송의 필연성은 성직권과 기본권의 조화를 위한 노회가 되게 하기 위함이다.

2) 청원권

노회에 청원하는 각종 서류는 목사의 생각대로 청원하는 것이 아니라 당회의 가결로 당회록에 기록된 대로 청원한다. 참고로 노회가 접수할 수 있는 서류를 언급하면

① 당회장의 청원 ② 상비부장의 청원 ③ 시찰장의 청원 ④ 노회 임원회의 결의로 임원 회장의 청원 ⑤ 고소장 ⑥ 상소 및 소원건(권징 제85조 및 제96조에 의하여 시찰회에 경유치 않음) ⑦ 노회원 30인 이상이 서명한 긴급 동의안 ⑧ 상회의 서한 ⑨ 치리회간의 서한이요, 그외의 모든 서류는 접수할 수 없고 개인은 호소(진정)하는 길밖에 없다 (제2회 총회 회의록 p.32).

(3) 상황 보고 규칙에 정해진 보고 양식에 따라 시찰회를 통하여 한 회기 동안의 교회 정황을 보고한다.

6. 당회의 권한

七, 堂會의 權限 (1922年版)
堂會는 長老會禮拜模範에 依ᄒ야 禮拜에 關ᄒᆫ 事(讚頌의 關ᄒᆫ 事까지)를 專管ᄒ되 講道와 其他各項會集時間과 處所를 酌定ᄒ거시오 該教會에 屬ᄒᆫ 土地家屋을 使用ᄒᄂᆫ 事도 堂會가 專管ᄒ거시니라

제6조 : 당회의 권한

① 당회는 예배 모범에 의지하여 예배 의식을 전관하되

② 모든 집회 시간과 처소를 작정할 것이요,

③ 교회에 속한 토지 가옥에 관한 일도 장리(掌理)한다.

(1) 예배 의식의 전관

예배 모범에 규정한 대로 예배 의식, 장소, 시간을 당회가 정하여 시행할 것이며 강도권은 목사의 전무에 속한 것이므로 당회는 목사의 의견을 존중함에 벗어나서는 안 된다. 예배 의식에 관계되는 모든 것은 당회 허락 없이는 아무 것도 할 수 없다. 예배드리는 처소와 시간을 작정하는 일은 예배의 성패를 좌우한다고 할 만큼 중요하다.

예배당 관리에 신중해야 하고 예배당 이외의 장소를 정할 때는 예배 분위기를 흐리지 아니할 합당한 장소를 선택해야 하고 예배 시간도 대중이 회집하기 쉽도록 적당히 작정해야 하나 항상 세상일을 다 보고 남은 부스러기 시간이 아니면 하나님께 바칠 수 없다는 불신앙적인 생각에 지배를 받는 일이 없도록 해야 할 것이다. 특히 주일에는 예배 의식 외에는 위임식, 임직식, 헌당식 등은 비록 교회 행사라 할지라도 다른 날로 정하여 시행하여야 한다.

(2) 부동산 관리

교회의 일반 경상비는 제직회에서 관리하나 교회에 속한 토지와 가옥 등 모든 부동산은 당회에서 관리한다. 그런데 대법원 판례에는 등기권자가 개인 명의로 되었거나, 몇사람의 공동 명의로 되었거나, 혹은 재단 법인의 명의에 신탁된 재산임을 가리지 않고 모조리 그 지교회 교인들의 총유 재산이란 판례를 남기고 있다.

이 총유 재산이란 법인 아닌 사단이 공동으로 소유하는 재산이요, 교인들에게는 지분권이 없는 재산이요, 사용 수익의 권한만 있고 관리와 처분은 단체의 권한에 귀속되는 재산이라는 점을 명심해야 할 것이다. 당회는 교회 재산을 관리함에 있어서 분규가 있을 때는 법정에 호소하는 경우가 빈번하므로 이를 참고하지 아니할 수 없다. 지교회 당회가 부동산을 관리하는 중 변론이 생길 때에는 그 부동산에 대하여 노회가 처리하게 된다(정치 제10장 제6조 8항).

7. 당회의 회집

八, 堂會會集 (1922年版)
堂會는 便利대로 三個月에 一回式定期會로 會集ㅎ되 本教會牧師가 必要흔 줄노 認定홀 時와 長老二人以上이 請求홀 時와 老會가 會集을 命홀 時에 召集홀거시오 萬一牧師가 없는 境遇에는 長老二人이 당회를 召集홀수 잇나니라

제7조 : 당회 회집

① 당회는 1년 1회 이상 정기회로 회집하며,

② 본 교회 목사가 필요한 줄로 인정할 때와

③ 장로 반수(半數) 이상이 청구할 때와

④ 상회가 회집을 명할 때에도 소집하되,

⑤ 만일 목사가 없는 경우에는 필요에 응하여

⑥ 장로 과반수(過半數)가 소집할 수 있다.

(1) 정기 당회

당회의 규칙으로 연 1회 이상 정하여 정기 당회로 모임이 편리하다. 당회의 정기회를 1년 1회로 하는 교회는 의례히 당회의 임원을 개선해야 할 것이고 1회이상 여러 번 회집하는 경우에는 연초 첫 정기 당회에서 임원을 개선하게 된다. 정기회는 안건이 있으나 없으나 반드시 모여야 한다.

(2) 임시 당회

정기 당회까지 기다릴 수 없는 긴급한 사안이 있을 때 아래와 같이 회집한다.

1) 목사가 필요하다고 인정될 때

2) 장로 반수 이상이 안건을 제시하며 요청할 때

3) 상회가 회집을 명할 때

4) 만일 목사가 없을 때 장로 과반수의 요청으로 모일 때는 제4조에 규정한 대로 회집할 때마다 노회원 중에 임시 당회장을 청해야 하며 만부득이할 경우에는 재판건과 중요 사안은 상정할 수 없고 그 외의 사안은 장로 임시 의장을 선정하여 회집할 수 있다.

8. 당회 회의록

제8조 : 당회 회의록

① 당회록에는 결의 사항을 명백히 기록하고

② 당회록과 재판회록은 1년 1차씩 노회 검사를 받는다.

☞ 회의록이란 회의체가 회집하여 회무를 처리하고 폐회하기까지의
전 과정을 기록한 기록물로서 아래와 같은 목적으로 작성하게 된다고
본다.

① 훗날에 결의 사항을 집행함에 있어 그 효력과 내용에 대하여 문제
가 발생하였을 경우 그 효력과 내용에 대하여 증거 가치가 있는 자
료로 삼기 위함이고

② 회의 공개의 원칙에 따라 회의체 안팎에 회의 내용을 알리는 수단
을 삼기 위함이며

③ 회의체 자체가 후고(後考)케 하기 위해서이며

④ 회원들의 결의안에 대한 찬성과 반대에 나타난 활동 상황이 기록 되
게 함으로 그 책임감을 더욱 높여 신중을 기하게 하기 위해서이다.

⑤ 역사적인 관점에서 볼 때에도 그 귀중한 사료가 되게 하기 위해서

이다.

☞ 당회록은 교회의 역사와 모든 증거 자료가 되므로 사실대로 명백하게 기록하고 1년에 1차씩 노회의 검사를 받아야 하며 당회록은 기록할 때 아래 사항을 유의하여야 한다.

① 모든 회록은 제안자의 이름을 기록하지 않기로 1971년 제56회 총회에서 가결하였다. 그러므로 결의된 내용만 기록하면 된다.

② 당회록에는 유인물을 부착해서는 안 되고 서기가 기록하되 정정 할 때에는 정정한 글자가 보이도록 줄로 긋고 서기가 날인해야 한다.

③ 회의록 내에 여백을 남겨두어서는 안 되고 계속 기록해야 하며 반드시 마감 표시를 해야 한다.

9. 각종 명부록

十, 各種名簿

　堂會는 宜當(맛당)히 教人名簿를 準備ᄒ되 大畧左와 如(又)히 事項을 記錄ᄒ거시니라

(一) 學習年月日

(二) 入敎年月日

(三) 責罰及解罰年月日

(四) 別世年月日

(五) 移名書接受年月日

(六) 成婚年月日

(七) 幼兒洗禮, 聖餐參預許諾年月日

姓名은 民籍대로 記錄ᄒ고 夫人의 記名은 夫의 姓名과 本 姓名을 병ᄒ 야 記錄ᄒ것시오

成婚者와 他處에 가셔 居住未詳者ᄂ 別로 名簿를 編製ᄒ거시오 二 年以上失踪者ᄂ 敎人名簿에셔 除名ᄒ되 移名證書接受(이명증서주고맛) ᄒᄂ 것과 除名ᄒᄂ 事ᄂ 堂會로 決定ᄒ거시니라

제9조 : 각종 명부록

당회는 아래와 같은 명부록을 비치(備置)한다.

① 학습인 명부(학습 년 월 일 기입)

② 입교인 명부(입교 년 월 일 기입)

③ 책벌 및 해벌인 명부(책벌, 해벌 년 월 일 기입)

④ 별명부(1년 이상 실종된 교인)

⑤ 별세인 명부(별세 년 월 일 기입)

⑥ 이전인 명부(이명서 접수 및 발송 년 월 일 기입)

⑦ 혼인 명부(성혼 년 월 일 기입)

⑧ 유아 세례 명부(세례 및 성찬 허락 년 월 일 기입)

☞ 행정의 기본이 되는 명부록이라 하겠으니 교인이 출생으로부터 사망하기까지 유아 세례 혹은 학습을 거쳐 입교인이 되고 결혼하고 제직이 되고 시벌을 당하기도 하고 해벌되어 다시 일하다가 하나님께 부르심을 받는 전 과정을 상세히 기록한 명부여야 한다.

※성명은 호적대로 기록하되 여자와 아이는 친족의 성명도 기입한다.

10. 연합 당회

十二條 聯合堂會 (1930年版)

都市에 堂會가 二個以上있으면 敎會共同事業의 便利를 爲하야
聯合堂會를 組織하되, 그 會員은 各堂會員으로 하며, 本會에 治理權
은 없으나 協同事業 及 其他敎會 有益을 互相計圖할수 있나니라

제10조 : 연합 당회

① 도시에 당회가 2개 이상 있으면

② 교회 공동 사업의 편리를 위하여

③ 연합 당회를 조직할 수 있나니,

④ 그 회원은 각 당회원으로 하며

⑤ 본회는 치리권은 없으나

⑥ 협동 사무 기타(其他) 교회 유익을 서로 도모할 수 있다.

☞ 제21장 제3조의 연합 제직회와 쌍벽을 이루는 연합 기구이다. 독자적인 움직임만 가지고서는 큰일을 이룰 수가 없는 경우가 비일비재하다. 구속력도 치리권도 없고 피차 유익한 일만 도모하기 위한 기구이며 개교회가 단독으로 할 수 없는 일을 협력할 수 있는 일종의 협의체이므로 원만한 합의가 되지 않는 이상 실효를 거두기도 쉽지 않다.

제10장 노 회

1. 노회의 요의

제1조 : 노회의 요의(要義)

① 그리스도의 몸 된 교회가 나뉘어 여러 지교회가 되었으니(행

6:1~6, 9:31, 21:20)

② 서로 협의하며 도와 교회 도리의 순전을 보전하며,

③ 권징을 동일하게 하며,

④ 신앙상 지식과 바른 도리를 합심하여 발휘(發揮)하며,

⑤ 배도(背道)함과 부도덕(不道德)을 금지할 것이요,

⑥ 이를 성취하려면 노회와 같은 상회(上繪)가 있는 것이 긴요하다(사도 시대 노회와 같은 회가 있었나니 교회가 분산한 후에 다수의 지교회가 있던 것은 모든 성경에 확연하다)(행 6:5~6, 9:31, 21:20, 행 2:41~47, 4:4).

⑦ 이런 각 교회가 한 노회 아래 속하였고(행 15:2~4, 6:11,23~30, 21:17~18)

⑧ 에베소 교회 외에도 많은 지교회가 있고 노회가 있는 증거가 있다 (행 19:18, 20). (비교 ; 고전 16:8, 9, 19, 행 18:19, 24~26, 20:17 ~18, 25~31, 36~37, 계 2:1~6)

☞ 조문의 칭호가 1922년판에서는 '노회의 기원'으로 되었다가 1930년판 이래로 노회의 요의로 바뀌어 오늘도 그대로 이어져 내려오고 있다.

성경은 교회를 사람의 육체로 비유하여 머리는 그리스도요 몸은 그의 지체로 하여 알기 쉽게 설명하였다(엡 1:22~23). 그런데 그 교회는 여러 지체가 모이고 또 한 몸을 이룬 것처럼 여러 지교회가 모여 사도시대부터 노회와 같은 상회를 필요로 하였다.

(1) 노회가 무엇인가?

노회란 초대 교회 이래로 하나님께서 일정한 구역 내에 존재하는 지교회들이 서로 협력하며 돕기 위해 연합하게 하는 기구이며, 혹은 경내 지교회들의 상회로서 공동 감시 구역을 이루어 서로 감시하며 감시를 받아 교회의 신성과 질서를 지켜 하나님을 영화롭게 하는 목적으로 구성되는 지교회들의 상급 치리회이다.

노회를 통하여 교회의 통일성과 많은 교회들의 합심 협력에 의한 교회의 지속 발전 및 신앙과 행위의 순결을 위하고, 많은 교회들의 협력에 의하여 교권주의자들의 활동을 막음으로 회중의 자유를 수호하며, 하나님의 말씀대로 교회의 모든 일이 유지되고 동일한 권징을 행하며, 이단을 배격하고 진리를 수호하며 오늘에 이르렀다.

(2) 사도 시대의 노회

예수님께서 승천하시기 직전에 사도들에게 특명을 내리셨으니 "성령이 임하시면 너희가 권능을 받고 예루살렘과 온 유대와 사마리아와 땅 끝까지 이르러 내증인 되리라"(행 1:8)고 하셨다. 그런데 오순절 성령이 임한 후에 예루살렘을 중심한 여러 교회들, 그리고 갈라디아 지방의 비시디아 안디옥, 이고니온, 루스드라, 더베, 버가 교회들(사도행전 13~14장), 그리고 소아시아 지방의 에베소, 서머나, 버가모, 두아디라, 사데, 빌라델비아, 라오디게아 교회들(요한계시록 2~3장), 그리고 마게도니아 지방의 빌립보, 데살로니가, 베뢰아, 아덴, 고린도, 겐그레아 교회들(사도행전 16~17장)은 노회의 성격을 띠고 각 지역별로 연합하여 협력하고 주님의 명령을 수행했다고 할 수 있다.

예루살렘과 유다와 사마리아 지역을 볼 때에도 베드로가 복음을 전할 때 한번에 3천명 혹은 5천명이 회개하고 교회를 이룬 유대인들과 또한 다메섹에 사울이 '여러 교회에 갈 공문을 청함'(행 9:2)은 예루살렘을 중심한 여러 교회들이 모여 노회와 같은 연합이 있었음을 생각할 수 있다. 그래서 사도행전 15장의 예루살렘 회의는 다메섹, 사마리아, 유다 등지에서 모인 여러 교회의 대표자들로 조직된 제1차 독노회 혹은 제1차 총회라고 해도 잘못이 아닐 것이다.

(3) 노회의 필요성

교회는 광대한 지역에 흩어져 사는 성도들이 한곳에 다 함께 모일수 없으므로 각 지역마다 지교회를 세우게 되었고 각 지역의 교회들은 같은 방법과 같은 목적으로, 하나님의 뜻을 이루는 교회가 되기 위하여 노회와 같은 연합체를 필요로 하게 된다. 이에 대하여 만국 장로교회가 통용하는 교회정치문답조례 274문답에는 "… 여러 갈래의 교회들이 서로 협의하며 돕기 위해 연합하는 무슨 기관을 설립할 필요성을 느끼고 설립하였다"라 하고 있다.

예수님께서도 연합을 위하여 기도하셨고(요 17:20~21) 이를 위하여 여러 지교회들이 하나의 상회 관할 아래 속해 있었던 실증이 초대교회에 나타나고 있다. 사도들도 각 서신에서 연합이 요긴함을 가르쳤다고 하였다.

(4) 노회를 통한 교회의 유익

노회적 연합이 없이 개교회별로 교회를 운영하게 되면 교회마다 각양각태의 사건들이 발생할 것이며 그 사건들의 수습도 요원할 것이다. 그러나 노회적 연합을 통하여 그 사건의 수습은 물론 모든 면에서 유익을 얻게 된다.

1) 진리 보호

교회가 노회와 같은 연합이 없이 개교회적으로 진리를 수호하려 할 때에 어느 정도는 가능할지 모르겠지만 교리를 세우는 일이나 이단의 침범을 막는 일 등에는 한계가 있을 수밖에 없다. 그러나 노회와 같은 연합체 즉 노회, 대회, 총회 등의 교회 연합을 하였을 때는 도리에 대한 지식이 더 투철해지고, 그 바른 도리를 수호하기 위한 능력도 더욱 강해지고, 이단이 발생할 때 이단 됨을 밝히고 진리와 비진리를 식별하며 참 교회와 거짓 교회를 식별하여 성경적 진리를 보호하기에 용이하다 하겠다(정문 275문답).

2) 권징의 일치

교회가 서로 연합함으로 교회의 신성과 순결을 유지하기 위해 행하게 되는 권징을 동일한 기준을 좇아 형평하게 시행함으로써 공평한 질서를 따라 교회 번영에 기여하게 된다. 참 교회의 표지는 진정한 말씀 선포, 진정한 성례 시행, 진정한 권징의 시행의 3대 요소가 갖추어져야 한다. 그런데 각 교회들이 권징을 시행함에 있어서 개교회가 종결하고 더 이상 상회가 없다면 경우에 따라서는 오류를 범하는 일이 빈 번해질 것이다. 범죄의 내용이나 동기, 목적, 정상(情狀)이 같은데도 어떤 교회에서는 가벼운 벌을 주고, 어떤 교회에서는 중벌을 내리고 또 어떤 교회에서는 무혐의 처리되는 경우가 없다고 누가 장담하겠는 가? 그러나 노회와 같은 상회가 있어서 상소하거나 상고할 길이 있기 때문에 하회도 상소를 의식하여 모든 사건을 가볍게 여기지 못할 뿐 아니라 노회와 같은 상회를 통하여 권징을 일치하게 행할 수 있다 하 겠다.

3) 신앙의 일치

같은 성경을 가지고 신앙생활을 하지만 감리교와 침례교의 신앙이 다르고 우리 장로교의 신앙이 다르다. 그러나 우리 장로교 간에는 일 반적으로 일치한 신앙을 유지한다고 하겠다. 그런데 같은 장로교회들 가운데도 기독교 장로교회와 통합측 장로교회와 우리 합동측 장로교 회와는 서로 약간씩의 차이가 있다. 그 이유는 노회와 같은 상회가 서 로 다르기 때문이다. 따라서 우리 총회 산하의 모든 지교회들은 같은 사상과 같은 교리와 같은 신앙으로 교회를 봉사하는 것이다.

진리를 선포하는 일은 여러 가지 모양으로 행할 수 가 있다. 그 중 에 가장 으뜸 되는 방법은 신학교를 설립하여 진리의 사신(使臣)들을 키워내는 일이요, 신문 서적과 방송 시설 등 매스컴을 통한 방법도 있 다. 그런데 이같이 중대한 일을 개인이나 개교회가 독자적으로 행하기 는 어려운 일이므로 힘을 연합해서라도 마땅히 수행하여야 한다. 이단을 방지하며 부도덕을 금하는 일로 권징만이 능사는 아니며 신령한 지식과 바른 도리를 합심하여 발휘하면 멸망의 자식들 외에는 다 진리를 따르게 될 것이다.

4) 정치의 일치

이는 권징의 일치와는 약간 다른 각도에서 생각하는 것이다. 권징은 재판을 통한 시벌을 하는 일이지만 정치는 각 교회들이 동일한 행정을 수행한다는 말이다. 노회를 통해서 각 교회의 인사 행정과 일반 행정을 동일하게 시행하며 각종 서류의 양식 통일 등으로 각 지교회들이 피차 유익을 도모하게 된다.

5) 노회와 지교회의 협력 관계

노회는 도리의 순전을 보전하는 일과 권징을 동일하게 하는 일과 진리 선포로 비진리를 제척(除斥)하는 등 거창한 사업을 위해 연합한 치리회니 지교회와는 비교할 수 없는 기대가 걸린 성회이다. 지교회는 노회를 통하여 각 교회 간에 상호 협력과 유익을 창출하며 하나님의 뜻을 이루어 가고 있다. 또한 노회는 여러 교회의 연합을 통하여 개교회가 할 수 없는 대형 사업을 추진하기도 하고 개교회는 이와 같은 사업의 자원이 된다.

그러므로 노회는 지교회의 협력을 외면하고는 아무 일도 할 수 없으며 지교회는 노회를 떠나서는 반쪽 교회일 뿐이요 교회의 기능을 최대한 발휘할 수도 없는 것이다. 그러므로 노회는 지교회를 잘 다스리고 지교회는 노회를 섬기는 유대 관계를 유지하면서 하나님의 뜻을 이루는 상회와 하회가 되어야 할 것이다.

2. 노회의 조직

二. 老會組織
老會는 一定ᄒᆞᆫ 一地方內에 諸(모든)牧師(五人以上됨을 要ᄒᆞᆷ)와 各堂會에셔 總代로 一人式派送ᄒᆞᄂᆞ 治理長老로써 組織ᄒᆞᄂᆞ니라
本總會나 老會의 議決노 職務를 負擔케아니ᄒᆞᆫ 牧師와 本長老敎會에셔 俸給을 直接支撥치 안는 牧師는 投票權이 업스나 言權이 잇고 委員會에ᄂᆞ 投票權잇ᄂᆞ 會員이 될수 잇ᄂᆞ니라

제2조 : 노회 조직

① 노회는 일정한 지방 안에 모든 목사와

② 각 당회에서 총대로 세례 교인 200명 미만이면 1인, 200명 이상 500명 미만이면 2인, 500명 이상 1,000명 미만이면 3인, 1,000명 이상은 4명씩 파송하는 장로로 조직한다.

③ 단, 21당회 이상을 요한다.

☞ 노회는 일정한 지방 안에 21당회의 조직된 교회를 필요로 하고 노회 관할 안에 있는 해 노회에 소속된 목사와 각 당회에서 파송한 총대 장로로 조직한다.

(1) 일정한 지역

원칙적으로 노회는 대회가 정하여 준 노회의 관할 경계 안에 있는 교회의 목사와 총대 장로로 조직된다. 그래서 대부분 그 지방의 이름으로 노회명을 정하게 된다.

노회를 지역으로 조정하여 조직하기보다 오히려 좀 먼 곳에 있다고 해도 아주 가깝게 잘 지내는 분들 일정수가 모여 노회를 조직하도록 한다면 노회가 더 은혜롭게 모든 일이 더 잘되지 않겠느냐고 생각해 볼 수도 있어 보인다.

그럼에도 불구하고 예전부터 그렇게 조직하지 아니한 것은 첫째는 성경이 노회를 그렇게 사람 따라 조직하지 않고 지역 따라 조직했기 때문이며, 둘째는 노회는 어떤 의미에서 지역 교회를 돌보며 감시 감독하며 서로 돕고 힘을 모아 이단 사설을 배척하며, 교회의 신성과 질서를 지켜 하나님을 영화롭게 하는 거룩한 교제를 위함이라 할 것이므로 먼 곳보다는 가까운 곳이 순리적이요, 셋째로 친숙한 사람들끼리의 조직이라고 하면 노회 회무가 하나님의 말씀에 의한 공정성의 토대 위에서 행해지기보다는 십중팔구 사사로운 정실에 흐를 확률이 더 많아진다고 해야 할 것이기 때문이요, 넷째로 만일 지역을 초월하여 친숙한 사람 따라 끼리끼리 노회를 조직한다고 하면 결국 가까운 한 지역 교회를 섬기면서도 너하고는 교제할 수 없다는 교회들의 요구를 수용하는 결과가 되니 성도 교제의 본뜻을 어기는 것이 되며, 사람들 사이는 서로 다투고 헤어지는 상황이 없을 수 없다는 이유 등등 얼마든지 실례를 들 수 있다.

어찌 되었든 성경이 지역 따라 노회를 조직했다고 보기 때문에 법은 오늘도 일정한 지방 안에 있는 목사와 각 당회에서 총대로 파송한 장로로 조직한다고 되어 있다. 교회정치문답조례 284문답에 의하면 "노회가 관할 지역이 있어야 하느냐?"는 물음에 대하여 "아주 비상한 경우를 제외하고는 노회가 관할 지역이 있어야 한다"고 대답하고 있어 예로부터 무지역 노회가 있을 수 있다고 볼 수 있으나 일시적인 현상으로는 부득이한 일이라고 해도 항구적인 무지역 노회 용납은 폐단이 적지 않다고 본다.

그런데 우리나라는 남북이 분단된 이후에 이북에서 피난 온 노회들에 한하여 수복을 전제로 1953년 제38회 총회에서 무지역 노회를 인정한 것이 오늘에 이르렀다. 현재 무지역 노회가 아닌 지역 노회 간에도 한 지역 안에 두 노회가 있는 노회들은 지역을 나누어 조정하든지 노회를 하나로 합병해야 할 일이며 지역을 초월한 몇몇 개교회들도 관할 지역 노회로 돌아가야 할 것이다.

헌법을 접어두고 상회가 지역을 초월하여 좋아하는 사람들끼리 노회 조직하는 것을 허락하는 일은 위헌일 뿐 아니라 하나님께서 기뻐하시지 않는 일이라 하겠다. 또한 무지역 노회에 소속되어 있는 각 교회들도 1983년 제68회 총회의 결의대로(무지역 노회는 가급적 속한 시일 내에 지역 노회에 귀속하기로) 시행하여 헌법과 총회 결의를 준수해야 할 것이다.

(2) 교회수

한 노회 안에 교회수에 대하여는 '21당회 이상을 요한다' 라고 하였으니 반드시 조직 교회수가 21개가 되어야 한다는 말이다. 그러나 미조직 교회는 하나도 없어도 그만이고 아무리 많아도 상관없다, 따라서 21당회 이상을 요구함은 목사수는 몇 명이든 관계없고 반드시 장로는 21명 이상이 되어야 한다는데 의미를 두고 있다고 하겠다.

미조직 교회는 수백의 교회가 있다 해도 조직 교회 21개가 되지 못하면 노회는 조직할 수 없다. 과거의 헌법은 목사 5인만 있으면 노회를 조직할 수 있도록 함으로 장로는 한 명도 없어도 되는 모순을 보완한 것이라 하겠다. 그러나 과거의 헌법에도 노회 성수에서 장로 3인, 목사 3인의 출석을 요하고 있으므로(제5조) 목사 5인 뿐만이 아니라 최소한 3당회 이상의 요함도 암시하고 있었던 것이다.

(3) 목사와 장로의 수

대회와 총회는 선거로 선출한 동수(同數)의 목사와 장로를 총대로 파송하기 때문에 목사와 장로의 수가 같다. 그러나 노회는 그 지방 안에 있는 모든 목사(노회에 이명접수 된 목사)는 다 노회원이 되고 장로는 당회에서 파송한 장로들만 회원권이 구비함으로 그 수가 같지 않다.

그래서 목사는 노회원이라고 하고 장로는 총대라 하는데 세례 교인 200명 미만인 당회는 장로 1명, 세례 교인 200명 이상 500명 미만인 당회는 장로 2명, 세례 교인 500명 이상 1,000명 미만인 당회는 장로 3명, 세례 교인 1,000명 이상인 당회는 장로 4명을 노회에 총대로 파송하여 노회 서기가 장로 총대를 호명함과 동시에 회원권이 구비된다. 그러므로 노회에 따라서 목사수가 더 많을 수도 있고 장로수가 더 많을 수도 있다.

(4) 목사와 장로의 비율

당회는 목사의 성직권과 교인의 기본권을 대표하는 치리 장로의 치리권을 동등하게 하여 서로 견제하게 하는 조직이다. 그러나 노회는 교회 자유의 원리에 의한 대표자의 권리(목사)와 양심의 자유의 원리에 의한 대표자의 권리(장로)가 서로 동등하게 하여 서로 견제하여 조화를 이루는 치리회라 함이 적절한 표현이라 하겠다.

그러므로 그 수는 다르지만 당회는 성직권과 기본권의 동등한 견제를 이루는 치리회요, 노회는 교회의 자유 원리에 의한 대표권과 양심의 자유 원리에 의한 대표권이 동등한 관계를 이루는 치리회이다.

三條 會員資格: (1930年版)
各支敎會 視務牧師와 元老牧師와 功勞牧師와 總會나 老會가 敎會事務를 委任한 牧師는 會員權이 具備하고, 其他牧師는 投票權이 없으나 言權이 있고 委員會에서는 投票權과 上會에 總大權도 있나니라
四條 總代:
總代長老는 書記가 薦書를 接受點名한 後부터 會員權이 있나니라

제3조 : 회원 자격

① 지교회의 시무 목사와

② 정년 이전의 원로 목사와

③ 총회나 노회가 파송한 기관 사무를 위임한 목사는 회원권을 구비하고,

④ 그 밖의 목사는 언권 회원이 되며 총대권은 없다.

☞ 본조의 회원은 목사를 의미하는데 목사의 시무 형편에 따라서 회원권이 구별된다.

그러므로 노회원이라고 하면 목사를 의미하며 장로는 노회원이라 하지 아니하고 장로 총대라고 하는데 노회 서기가 호명을 한 후에는 회원권이 구비되므로 노회 회원이라 한다.

(1) 정회원

정회원은 편의상 노회원으로 모든 권한이 구비한 목사로서 지교회를 시무하는 ① 위임 목사 ② 시무 목사 ③ 부목사와 ④ 정년 이전 원로 목사 그리고 총회나 노회에서 파송한 목사 ⑤ 기관 사무를 위한 목사 ⑥ 교육 목사 ⑦ 종군 목사 ⑧ 선교사를 칭한다.

(2) 무임 목사

무임 목사도 당당한 노회원이다(정문 283문답). 그러나 정회원이 가지는 권한의 일부가 제한된다는 것이 다르다. 노회에서 선거권과 피선거권이 없고 언권만 있으며 노회 산하 지교회에서 필요로 할 때 임시 당회장이나 대리 당회장으로 청함을 받을 수도 있다(정치 제4장 제

4조 5항).

(3) 전도 목사

전도 목사도 당당한 노회원이다. 그러나 노회원으로서의 모든 권한이 제한되고 언권만 허용된다. 전도 목사도 노회원이기 때문에 노회 산하 지교회의 임시 당회장이나 대리 당회장으로 청함을 받을 수도 있다(정치 제4장 제4조 6항).

4. 총대 장로

三, 總代派送
堂會가 總代長老一人式老會에 派送홀 權이 잇고 管理牧師二人 以上을 두는 境遇에는 牧師의 數에 依ᄒᆞ야 總代長老를 派送홀거시니라
四, 虛位區域:
法規대로 組織혼 堂會가 虛位堂會가 되어 牧師가 업슬지라도 總代長老一人式派送홀수잇ᄂᆞ니라
五, 總代薦書:
總代長老는 本堂會의 薦書를 携帶ᄒᆞ는거시 可ᄒᆞ니라

제4조 : 총대

① 총대 장로는

② 서기가 천서를 접수, 호명한 후부터 회원권이 있다.

☞ 노회에서의 총대는 당회에서 파송한 장로를 말하는데 노회가 모여 서기가 호명하기 전에는 회원일 수가 없다. 서기가 호명하기까지는 하급 치리회에서 선정하여 추천한 예비 회원일 뿐이다.

(1) 총대의 의미

총대는 '어떤 일에 대한 관계자의 대표'를 의미하는데 치리회에서의 총대는 하회를 대표하여 상회에 파송된 자를 말한다.

대회와 총회의 총대는 목사와 장로의 수를 같게 하여 투표로 정하기 때문에 목사나 장로 모두를 총대라 한다. 그러나 노회의 경우 목사는 전원이 회원이기 때문에 노회원이라 하고 장로는 당회에서 선택하여 노회에 파송한 자이니 총대라고 한다.

(2) 총대의 회원권

목사는 그 소속이 노회이기 때문에 목사 안수를 받음과 동시에, 사망 시까지 항상 노회원이다. 다만 이명 절차에 따라서 어느 노회의 회원이냐가 다를 뿐이다.

그러나 장로는 항상 당회원일 수는 있으나 항상 노회 회원일 수는 없다. 오직 당회에서 노회에 파송할 총대를 선정하여 당회장이 노회장에게 추천하고 노회 서기는 천서를 접수하여 정당여부를 확인하고 작성한 명부를 호명함과 동시에 회원권이 구비되고 향후 1년 동안만 회원권이 유지된다.

5. 노회의 성수

六, 老會 成數 (1922年版)
老會가 預定흔 處所와 時日에 本老會에 屬흔 牧師三人以上과 長老
二人이 會集ᄒ면 開會홀 成數가 되ᄂ니 老會에 一切事務를 處理홀수
잇ᄂ니라

제5조 : 노회의 성수

① 노회가 예정한 장소와 날짜에

② 본 노회에 속한 정회원 되는 목사와 총대 장로 각 3인 이상이 회집
하면

③ 개회할 성수가 되나니

④ 노회의 일체 사무를 처리할 수 있다.

☞ 노회는 예정한 날짜와 장소에서 목사 3인, 장로 3인의 최소 개회
성수가 모여야 개회하여 회무를 처리한다.

(1) 개회 성수의 3대 요건

노회가 개회하려면 반드시 다음과 같은 3대 요건이 갖추어져야 한
다. 3대 요건 중 한 가지만 미비 되어도 안 되고 개회 요건 중에 무엇
이 부족하여도 개회할 수 없다.

1) 예정한 날짜

여기에 날짜란 연, 월, 일, 시를 말한다. 만일에 예정한 일시를 바꾸어 한 시간만 전에 모여도 안 되고 후에 모여도 안 된다. 날짜를 바꾸어 모였을 때는 다수가 모여도 안 되고 전원이 모였다 해도 개회할 수 없다. 그 이유는 개회 성수의 첫째 요건을 갖추지 못하였기 때문이다.

2) 예정된 장소

각급 치리회는 예정된 장소에 모여야 한다. 만일 다른 장소에 모였을 경우에는 다수가 모였을지라도 단 1인이 빠졌다고 할지라도 그 모임은 불법이요, 어떤 결정을 하였다 해도 무효일 수밖에 없다. 아무리 다수가 찬성하여도 한 사람이 불법을 선언하면 그만이다. 성수의 둘째 요건을 갖추지 못했기 때문이다.

3) 최소한의 성수

최소한의 성수인 목사 3인과 장로 3인은 반드시 모여야 한다. 아무리 급한 일이라도 목사나 장로 어느 쪽 중 단 한명만 모자라도 개회할 수는 없다. 다만 시간이 되었는데도 성수가 되지 아니할 때는 우선 예배를 드리고 회원 호명을 할 때에 최소한의 성수가 되면 개회할 수 있다. 그래서 노회는 의무와 권리를 하찮게 여기는 그런 회원들 때문에 회무를 늦추지 아니하고 적극적으로 회원의 의무와 권리를 따라 소집한 그대로 노회에 출석한 최소한의 회원들만으로도 하나님의 영광을 위한 존귀한 노회의 직무를 수행할 수 있게 하려고 해서 최소한의 숫

자로 개회 성수가 되도록 규정하였다. 그러나 예배 시작 시간에는 다수가 모였더라도 회원 호명을 할 때에 성수가 안 되면 개회할 수 없다.

(2) 노회의 개회 성수

어느 회든지 개회 성수가 정해져 있다. 일반적으로 제직회는 과반수를 성수로 하는 것이 통례이다. 그러나 노회의 개회 성수는 재적수가 수십 명이든 수백 명이든 관계없이 목사 3인, 장로 3인만 출석하면 개회 성수가 된다. 개회 성수가 될 뿐 아니라 "노회의 모든 사무를 처리할 수 있다"고 첨언하였다. 목사 수백 명이 출석했을지라도 장로 3인이 안되면 성수가 되지 못하며 장로 수백 명이 출석했을지라도 목사 3인이 안되면 개회할 수는 없다.

그러므로 수가 많고 적음에 관계없이 개회 성수의 요건은 3인의 목사와 3인의 장로가 긴요하다. 특히 정회원이어야 함을 명시하였으니 여기서 정회원이라 함은 언권, 선거권, 피선거권이 구비된 회원을 말한다. 또 한 가지 혼동하지 말아야 할 것은 임시 노회의 소집 청원 시에는 각각 다른 지교회 장로 3인과 목사 3인이어야 하기 때문에 6교회의 목사, 장로이어야 하지만 노회 성수는 그와 같은 조건 없이 단순하게 목사 3인, 장로 3인이면 된다. 그러므로 한 교회의 목사 3인과 장로 3인이 출석하여도 성수에 하자는 없다는 말이다.

(3) 개회 성수의 의미

제직회의 개회 성수는 과반수이고(통상적 사무는 모이는 대로) 공동의회의 개회 성수는 모이는 수이다. 또 총회의 개회 성수는 노회수의 과반수와 목사 과반수, 장로 과반수가 출석해야 하며 대회의 개회 성수는 목사 7인, 장로 3인이 출석해야 하고 노회의 개회 성수는 목사 3인, 장로 3인이 출석해야 개회 성수가 된다.

다른 회의와 달리 어찌하여 치리회는 이렇게 목사수, 장로수가 반드시 요구되는가? 치리회는 어느 회든지 의회 민주 정치이기 때문에 교회권의 대표인 목사와 기본권의 대표인 장로가 피차 견제하여 진리를 보호하며 부패를 방지하고 하나님의 뜻을 선히 이루어 가기 위함이다.

또한 일반 회의는 대부분 과반수의 다수로써 개회를 하는데 치리회, 특히 노회는 수백 명의 회원 중에 목사 3인과 장로 3인인 불과 6명의 개회 성수를 고집하는가?

그것은 노회의 회무가 사람의 뜻을 이루는 회무가 아니라, 하나님의 뜻을 이루는 것이며, 하나님의 영광을 위한 신성한 본분이므로 노회의 무관심한 결석자를 기다렸다가 결정할 만큼 한가한 일이 아니므로 일단 노회를 소집하면 반드시 안건을 처리한다는 '결정 도출의 원칙'을 존중하는 의미도 없지 않다.

더욱 분명한 것은 노회를 출석하는 자의 노회요, 출석하지 않는 자의 모든 권리를 박탈하는 의미로 보아야 할 것이다. 또한 결석하는 자들은 그 수와 관계없이 출석하는 자들의 어떠한 결정도 따르겠다는 의사를 수용하는 좋은 의미로 생각할 수도 있다. 그러므로 결석자는 어떤 결정도 반대하거나 불복할 수 없고 조건 없이 순종해야 한다.

6. 노회의 직무

七, 老會의 職務 : 老會의 職務는 左와 ㅈ호니라

(一) 老會는 其區域內에 잇는 堂會와 支教會와 牧師와 講道師와 牧師候補者와 아직 組織못흔 支教會를 總察호느니라

(二) 老會는 各堂會에셔 規則대로 提出호는 獻議와 請願書와 告訴及公訴와 問議를 接受호야 判斷호는 權이 잇스며 (裁判홀 事件은 老會의 決議대로 勸懲條例에 依호여 裁判局을 세워 委任處理케 홀수잇느니라 전고六〇一-八 전됨五〇十九) 控訴호는 公函을 接受하야 總會에 上送호기도 하며 또 牧師候補者될 者를 試取호야밧고 管轄下에 두고 教育호는 거슬 主管호기도 호며 旣(임)의 牧師候補者된 者를 試取호야 講道師를 認許도호고 休職도호고 移名도 호고 免職도 호며 長老選擇호기를 許호기도 호고 被擇흔 長老를 問答호야 將立호기를 許호기도 호며 牧師를 將立도호고 委任도 호고 解任도 호며 轉任도호고 移名書를 보내기도호고 밧기도호며 審判도호며(됨전四〇十四 행十三〇二-三)

堂會錄을 檢查호야 認準호기도 호고 勸誡호기도 호며 道理와 勸懲에 關호야 合當흔 問議를 解釋호기도 호며(행十五〇十 갈二〇二-五) 教會의 神聖과 和平을 妨害호는 誤見을 惡흔것스로 公布호기도호며 (행十五〇二十二-二十四)

教會의 弊害되는 거슬 矯正호기 爲호야 各支教會의 形便을 視察호기도호며 (행廾〇十七, 卅, 六〇二, 十五〇三十六)

支教會를 新設도호고 分設도호며 合設도 호고 迎納(밧기)도 호고 廢止도호며 堂會와 支教會와 未組織教會에 對호야 牧師請聘호는 것과 職員選擇 호는것과 傳道, 學校, 財政 等 一切事項을 處理하는 方針을 勸告홈으로 助給도호며 請願書와 獻議를 總會에 上送호기도호며 總會에서 下送호는 公函을 接受호야 其指揮대로 擧行호기도호며 教會事를 秩序잇게 處理호며 (전고十四〇三十三, 四十) 外人의게 傳道호게도 호며 總會總代를 選定派送도호며 凡事를 管下各教會에 神靈的 有益이 되

도록 力行(힘써힝)홀거시니라 (엡六○十八, 빌四○六)

(三) 何(어느)支敎會에 屬혼거슬 勿論ᄒ고 土地或家屋事件에 對ᄒ야
辯論이 生ᄒ면 老會가 處斷홀 權이 잇ᄂᆞ니라

(四) 老會ᄂᆞᆫ 敎會監督ᄒᆞᄂᆞᆫ 治理權을 行使ᄒ기 爲ᄒ야 其所屬牧師及(와)
長老中에셔 視察委員을 選擇ᄒ야 支敎會及(와)未組織敎會를 巡察ᄒ고
諸般事項을 協議ᄒ야 老會에셔 作定홀 거시니라

視察委員은 治理會가 아니니 牧師請聘請願을 加納ᄒ거나 牧師의게
直傳ᄒ지 못홀거시오 또 老會모히지아니홀 동안 臨時牧師라도 擇立權
이 업ᄂᆞ니라 然(그러)ᄒ나 虛位敎會된 堂會에셔 主日에 講道홀 牧師를
請ᄒᆞᄂᆞᆫ 事에 對ᄒ야는 共議(ᄯ치의론)홀수잇고 또 該地方牧師及(와) 講道
師의 役事홀 處所及(와)俸給에 對ᄒ야 經營ᄒ야 老會에 報告홀거시니라

(五) 老會가 老會未集間(로회모히지아닐동안)에 虛位된 處所를 顧見(도라보)
기 爲ᄒ야 視察委員或特別委員의게 委託ᄒ야 老會開會時까지 臨時
役事홀 牧師를 擇定ᄒ게 홀수 잇고 或 臨時堂會會長될 者를 擇定ᄒ게
홀수 잇ᄂᆞ니라

視察委員을 選定ᄒᆞᄂᆞᆫ 普通目的은 各敎會及(와)堂會를 眷顧ᄒ고 老會
를 爲ᄒ야 敎會의 形便을 視察ᄒᆞᄂᆞᆫ 것시니 視察委員은 請흠을 밧던지
아니밧던지 該地方内에 잇ᄂᆞᆫ 各堂會及(와)都堂會와 諸職會와 其他敎會
에 屬혼 各會에 言權傍聽員으로 出席 홀수잇고 投票權은 업ᄂᆞ니라

各堂會는 牧師及(와)長老와 助事를 選定홀 事(일)에 對ᄒ야 議論홀
時에는 視察委員部에 勸告를 求홀거시니라

各視察委員部는 自己區域内敎會情形과 委託밧은 事件을 老會에
報告홀거시나 堂會或敎人이 敎會憲法에 依ᄒ야 엇은 直接請求權은
侵害ᄒ지 못홀거시니라

(六) 老會는 視察委員의게 命ᄒ야 三年에 一回式特別히 各牧師의 敎會
를 巡察 홀거시니라 此(이)特別巡察時에 敎會의 神靈上形便과 財政上

形便과 傳道形便과 主日學校及(와) 其他敎會所屬各會形便을 視察홀거 시오 또 牧師가 結果잇고 有益ᄒ게 役事ᄒᄂ여부와 其(그)敎會長老等 (들)이나 堂會와 諸職會나 敎會代表者等의 提出ᄒᄂ 問議及(와)請願書 를 老會에 提出ᄒ거시니라

視察委員은 各牧師及(와)各長老와 各堂會와 諸職會에 對ᄒ야 附錄 대로 逐答홀거시니라(必要가 잇는 時에는 他人의게도 探問홀수잇슴)

視察委員은 以上視察ᄒ 情形을 老會에 報告ᄒ고 要求홀 事件이 잇스 면 提議홀수잇ᄂ니 老會는 該(그)會議에 對ᄒ야 議決ᄒ 後委員一人을 派送ᄒ야 該(그)決定書를 該敎會에서 朗讀케홀거시니라

제6조 : 노회의 직무

(1) ① 노회는 그 구역 안에 있는

② 당회와 지교회와

③ 목사와 전도사와 강도사와 목사 후보생과

④ 미조직 교회를 총찰한다.

☞ 노회는 위로 대회와 총회의 상회가 있어 대회에 헌의, 청원하는 일 과 하회로는 각 지교회의 당회가 있어 당회에서 청원, 헌의, 위탁 판 결, 질의하는 일을 처리하며, 각 지교회를 총찰하며 강도사의 인허와 목사, 목사 후보생, 피택 장로와 전도사를 고시하고 관리하며 장로, 전 도사를 제외한 이들의 이래, 이거의 인사 행정을 처리하고 접수된 각 종 고소, 상소건과 소원건을 처리한다.

1) 총찰할 구역

노회는 대회가 정하여 준 경계 지역 안에 있는 모든 지교회의 모든 사무를 총찰한다. 그런데 경계 지역 안에 있는 교회라 할지라도 본 노회에 가입한 지교회와 노회의 각종 명부에 기록된 자들의 인사건에 한하여 총괄한다.

2) 총찰할 대상

1922년판의 노회 직무 규정을 지금도 거의 그대로 유지하고 있는데 그 규정 중에 "… 당회와 지교회와 … 미조직 교회를 총찰한다"고 하였는데 그냥 지교회라고 하면 조직 교회와 미조직 교회가 다 포함될 터인데 굳이 '당회와 지교회와' 라고 굳이 미조직 교회를 따로 규정한 이유가 무엇인가?

이 일을 헤아리려면 1918년 조선예수교 서회 발행 장로교회 사전 휘집의 기록을 찾아야 한다. 우리 장로교회는 총회가 조직되기 훨씬 이전 공의회 시대로부터 "미조직 교회는 그 지경에 있는 노회에서 주관할찌니"라고 규정한 것을 보게 된다. 그런데 같은 책 또 한 곳에는 "각기 지방 내 당회 미성한 교회를 가합한 자에게 당회권을 허여하여 조고(助顧)하도록 하였다"는 기록을 보게 된다. 얼른 생각되기는 '노회에서 주관할찌니' 하였으면 그만일 터인데, '가합한 자에게 당회권을 허여하여 조고하도록 하였다' 고 했으니 미조직 교회 통치권이 이중적으로 된 것처럼 곡해하기 쉽다.

그러나 당시 공의회의 규정은 노회는 주관하고 당회권을 가지는 목사는 노회의 주관을 돕는 처지에서 일하라고 하는 뜻이다. 그러니 원래 지교회는 노회의 총찰 대상이었고 미조직 교회는 총찰의 대상이 아니라 주관의 대상이었는데 그 후 헌법을 조성하는 작업 과정에 총찰과 주관으로 나누어 놓은 참뜻을 옳게 헤아리지 못하여 그저 모조리 총찰의 대상으로 만들어 버리고 말았다라고 보아야 한다.

오늘날 미조직 교회 당회장에게 당회권을 준다고 옳게 규정한 것 외에도 "미조직 교회 임시 목사에게 당회장권을 줄 수 있다"고 하였던지 혹은 미조직 교회 당회장을 당회 없이 회장이 있다는 상태를 부당하게 여겨 '치리장'이라고 호칭하였던지 표현은 다르다고 해도 이 미조직 교회의 당회장들이 그 지교회를 혼자 모두 통치케 하지 않고, 홀로 할 수 있는 일은 행정권을 가지고 처결하는 일뿐이고 권징권의 행사는 모두 노회에 보고하여 혹은 노회에 위탁 판결을 청구하여 처결토록 규정하고 있는 것이 사실이다.

결국 지금도 미조직 교회는 노회가 주관하는데, 다만 가합한 자에게 당회권을 주어 조고토록 하고 있다고 보아도 무방하다고 여겨진다. 즉 행정 처결은 당회권을 맡은 미조직 교회 당회장이 미조직 교회를 주관하는 노회를 조고하라. 그러나 권징권 행사는 1인 통치에 내어 맡길 수가 없으니 그것은 주관하는 노회 직할에 속하는 것이라 돕는 위치에서는 손대지 말라는 말이다.

당회와 지교회와 목사와 강도사와 전도사와 목사 후보생으로 열거하였다. 여기에서 당회는 조직 교회의 목사와 장로로 조직된 치리회를 말하는데 당회장을 노회가 위임 및 파송하여 교회를 치리함으로 노회가 당회를 총괄하는 것이요, 지교회라 함은 조직된 교회를 의미함인데 지교회는 당회의 치리 하에 있으므로 노회가 총괄함이요, 미조직 교회는 노회에서 당회장을 파송함으로 노회가 총찰함은 두말할 여지가 없다.

그 외의 인사 관리에 있어서는 목사의 시무 정도(정치 제17장 제4조 등)와 강도사의 강도 정도(정치 제14장 제8조 등)와 목사 후보생의 교육 정도(정치 제3장 제4조 2,3항) 등을 총찰한다.

(2) ① 노회는 각 당회에서 규칙대로 제출하는

　② 헌의와 청원과

　③ 상소와 소원과 고소와 문의와 위탁 판결을 접수하여 처리하며,

　④ 재판건은 노회의 결의대로 권징 조례에 의하여 재판국에 위임 처리하게 할 수 있다(고전 6:1,8, 딤전 5:19).

　⑤ 상소건 등은 접수하여 상회에 보낸다.

1) 노회의 접수 서류

우선 목사 관계 고유권이 노회에 있으니 목사를 청빙하는 일은 노회에 해야 하고 장로를 고시하고 전도사를 고시하는 일도 역시 노회가 행하게 되어 있다. 그러니 노회에 청원할 수밖에 없다. 교회를 설립하거나 분립하거나 폐지, 합동 등 지교회 관계 고유권도 역시 노회에 속하게 되니 또한 노회에 청원할 수밖에 없고 또한 하회가 노회의 고유

권에 따른 통치를 올바로 해달라고 진정하거나 헌의하는 일도 있게 마련이다.

여기서 한마디 부언할 것은 상소건 외에는 모두 당회장과 시찰장의 경유가 있어야 노회가 접수하여 처리하게 되는데 그 문서는 노회장 귀하로 된 문서이지 당회장이나 시찰장에게 보내는 문서가 아니다.

따라서 당회나 시찰회가 그 문서가 합당하지 아니하다고 하면 경유를 거부할 수는 있어도 그 문서를 기각할 권한은 없다. 그리고 경유를 거부할 때에는 마땅히 그 사유를 부전(附箋)해서 본인에게 돌려줘야 하고, 본인은 또한 당회나 시찰 위원회가 부전도 없이 반려하면 그 사유를 청원인이 직접 부전하여 노회 서기에게 제출하면 그만이다.

당회에서 규칙대로 제출하는 여러 가지 서류를 열거하였는데 우선 규칙대로 된 서류를 당회장 혹은 시찰장 경유인(經由印)은 물론이요, 법적으로 미비점이 없는지 여부를 따라 서기가 접수한 서류는 노회가 규칙대로 처리한다. 혹 당회장이나 시찰장이 경유를 거부하였을 때에는 경유인이 없을 것이 자명한 일이다. 이때에는 부전으로써 경유 사실을 확인하고 적부를 따라 서기가 서류를 접수할 수 있다.

2) 행정건의 처리

헌의와 청원과 문의를 규칙대로 접수하여 처리하되 노회 본회의에서 직접 처리하거나 상비부에 위탁하여 보고 받는 방법 등으로 처리한다.

3) 재판건의 처리

고소와 고발, 상소와 소원, 위탁 판결에 대하여 규칙대로 처리하되 본회를 재판회로 바꾸어 권징 조례의 규례대로 직접 처리하거나 재판국을 설치하여 재판 규례에 따라 처리한다.

(3) ① 목사 후보생을 고시하여 받고 그 교육, 이명, 권징 하는 것과

② 강도사를 인허하고 이명, 권징, 면직을 관리하며

③ 지교회의 장로 선거를 승인하며 피택 장로를 고시하여 임직을 허락하고

④ 전도사를 고시하여 인가하며

⑤ 목사 지원자의 고시, 임직, 위임, 해임, 전임, 이명, 권징을 관리하며(딤전 4:14, 행 13:2~3)

⑥ 당회록과 재판회록을 검열하여 치리 사건에 찬부(贊否)를 표하며

⑦ 도리와 권징에 관한 합당한 문의를 해석한다(행 15:10, 갈 2:2~5).

1) 노회의 인사권

노회가 가지는 인사권은 목사 후보생, 강도사, 목사의 인사 행정에 있어서는 노회에 전반적인 관리의 권한과 책임이 있다. 이명, 권징 등을 행하며 강도사의 인허와 목사의 임직, 위임, 해임, 전임 등은 노회의 고유 권한이며 목사 후보생에 대한 교육 감독 등을 수행한다.

2) 회의록 검사

각 지교회의 당회록과 재판회록은 1년에 1차씩 검열하여(정치 제9장 제8조) 모든 행정건과 재판건이 규칙대로 처리되었는지에 대한 적부를 살펴서 찬부를 표한다.

3) 도리와 권징에 대한 문의 해석

정치 제12장 제5조 1항에 헌법(신조, 요리 문답, 정치, 권징 조례, 예배 모범)의 해석에 대한 전권이 총회에 있고 교리와 권징에 대한 쟁론도 총회에서 판단하는 권이 있다고 규정하였다. 그러므로 노회의 직무 중에 도리와 권징에 대한 문의 해석권에 대한 문제는 각 지교회에서 쟁론이 생겨 노회에 질의하였을 때 해석해 주는 것이니 지교회를 지도하는 입장에서 해석하는 것이다.

그러나 치리회의 일반 회의 중에 규칙에 대한 법적 해석이 요구될 때는 그렇지 않다. 이런 경우 어떤 치리회든지 우선 회장에게 해석권이 있고 회장이 기립 공포 했을 때 그대로 시행해야 하며 만일 회원 중 2인 이상이 항변하면 회장은 변론 없이 가부를 물어 공포한 해석을 바로 잡아 시행해야 한다(정치문답조례 613문답 ⑮, 장로회 각 치리회 보통회의 규칙 6조, 제7회 총회에서 교회정치문답조례 618문답을 장로회 각 치리회 보통회의 규칙으로 결의하였다).

(4) ① 교회의 신성과 화평을 방해하는 언행을 방지하며(행 15:22,24)

② 교회 실정과 폐해(弊害)를 감시하고 교정(矯正)하기 위하여

③ 각 지교회를 시찰한다(행 20:17,30, 6:2, 15:30).

1) 지교회 시찰권

시찰의 목적은 지교회의 거룩과 화평을 보존하기 위하여 각 지교회가 요청하거나 청함이 없을지라도 폐해의 정도를 감지하였을 때 시찰하여 감시하고 교정하여 교회의 본질이 훼손되지 않도록 하기 위함이다. 교회의 거룩과 평안을 손상케 하는 도리의 제창이나 그와 관계된 언행을 그대로 방임하면 누룩과 같이 크게 번져서 큰 손해를 가져오게 될 것인즉 결코 용납할 수 없는 악행이다.

만일 목사가 그렇다고 하면 그러한 목사는 면직하는 것이 마땅하다고 중벌을 규정하고 있다. 장로와 집사 등 모든 직원도 또한 마찬가지이다. 제9항~제11항에 시찰회를 통한 시찰권을 행사함은 치리권 행사의 방조와 허위 교회를 돌아보는 일과 교회의 정황을 이해하기 위함이거니와 본항에는 교회의 도덕적이고 신령적인 면에서 특히 언행에 대한 실정을 위한 시찰이다.

(5) ① 지교회를 설립, 분립, 합병, 폐지 및 당회를 조직하는 것과

② 지교회와 미조직 교회의 목사 청빙과

③ 전도와 학교와

④ 재정 일체 사항의 처리 방침을 지도 방조한다.

1) 지교회 관리

노회 지역 안에 있는 지교회와 미조직 교회를 관리하되 당회장을 파송하여 치리케 하며, 위임 목사와 시무 목사를 허락하여 시무케 하며, 장로의 선정과 고시를 통하여 당회원의 자격을 승인하므로 노회가 지교회를 관리하고 시찰회를 통하여 관리 감독한다. 또한 신 설립 교회를 허락하고 타 노회 또는 보수적인 타 교파의 교회 가입을 심사 허락하며 각 지교회 간에 분립, 합병, 폐지 등을 처리하고 미조직 교회의 당회 조직 허락 등을 통해서 교회를 관리한다.

2) 복음 전파의 원리

교회의 성장을 위하여 직간접으로 전도하고 직영 학교를 운영하고 지교회의 모든 재정처리 방법 등을 지도 협력한다. 그래서 재정 규모가 큰 교회는 많이 상납케 하여 미자립 교회를 보조하는 등 균형 있는 지교회 성장과 운영을 지도 관리한다.

(6) ① 본 노회의 청원과 헌의를 상회에 올려 보내며
　　② 상회에서 내려 보내는 공한(公翰)을 접수하여 그 지휘를 봉행(奉行)하며,
　　③ 교회 일을 질서 있게 처리하며(고전 14:33,40),
　　④ 전도 사업을 직접 경영함과
　　⑤ 상회 총대를 선정 파송함과
　　⑥ 범사(凡事)에 관한 각 교회의 신령적 유익을 도모한다.

1) 하회로서의 의무

노회는 대회와 총회인 상회가 있고 당회인 하회가 있는바, 상회에서 하달하는 공한을 접수 처리하며 노회가 상회에 청원 헌의안을 발송하고 상고, 상소, 소원건을 규칙대로 처리하는 일과 상회에 총대를 선정하여 파송하고 각종 통계와 상황을 보고하는 일이다.

2) 상회로서의 책무

노회의 하회인 당회에서 헌의 청원한 안건을 처리하고 상소, 소원, 고소건을 적법하게 처리하며 각 지교회를 위하여 노회 전도부로 하여금 직접 또는 간접적으로 전도하여 교회의 성장을 방조하며 지교회의 모든 일과 특히 신령적 유익을 도모케 한다.

(7) ① 목사 고시를 시행하되 그 과목은

　　② 신조, 권징 조례, 예배 모범, 목회학

　　③ 면접 등이다.

1) 목사 고시의 필요성

목사 고시는 하나님의 사자가 되기 위한 최후 고시로서 가장 중요한 관문이다. 이는 한 지교회와 교단의 흥망성쇠가 달려있는 중요한 일이다. 목사 한 사람의 그릇된 주장과 가르침은 곧 한 사이비 집단이나 이단이 형성되기도 하기 때문이다.

또한 목사가 되기까지는 목사 후보생 고시, 신학 입학 고시, 신학 졸업 고시, 강도사 고시 등이 있다. 이 과정에서는 혹 심사가 잘못되었을지라도 마지막 고시인 목사 고시가 남아 있어서 그동안의 부실한 심사를 보완할 기회가 있으나 목사 고시에서 실수를 하게 되면 돌이킬 수 없는 오점이 남게 된다.

그런데 이와 같이 중요한 목사 고시에 대하여 대부분의 경우 응시자나 고시자나 목사가 되기 위한 한 과정으로 생각하고 응당 합격하는 것으로 오해하는 경우가 없지 않다. 응시자는 사명 의식이 투철하여 먼저 사람에게보다 하나님 앞에 합격점을 받아야 하겠고, 고시자는 교단의 장래를 좌우하는 중차대한 직무임을 명심해야 할 것이다.

2) 고시 과목

고시 과목에 대하여 신조, 권징 조례, 예배 모범, 목회학 등의 필기 과목을 열거하였고 면접을 추가하였다. 필기 과목은 정당한 말씀 선포(신조)와 정당한 권징(권징 조례) 정당한 성례(예배 모범)를 시행하는 목회를 할 수 있는(목회학) 여부를 심사하는 일과, 면접으로써 인품을 검증하도록 하였다. 그런데 대부분의 노회가 헌법에는 명시되어 있지 않는 설교를 고시하고 있는 것이 현실이다.

본건은 법적으로도 현실화해야 할 것으로 생각된다. 참고로 1922년도판인 최초의 헌법 정치 제15장 제11조에 목사 시취(試取)과목을 소개하면 철학, 신학, 교회사, 성경 원문(히브리 원문, 헬라 원문), 기타 요긴한 학문, 교회 헌법 규칙, 정치 원리, 권징 조례, 강도 1~2편 작성, 강도이며 합격한 후 "목사 임직일이 정해지면 시무할 교회의 교

인들은 목사 임직일 전일에 금식 기도하는 것이 가하니라"고 하였다
(p.151).

(8) ① 어느 지교회에 속한 것은 물론하고
   ② 토지 혹 가옥 사건에 대하여 변론이 나면
   ③ 노회가 처단할 권한이 있다.

1) 부동산에 관한 노회의 권한

교회 분규 사건이 발생하면 처음에는 다른 일 때문에 분규의 발단
이 되었다가도 나중에는 거의 모두가 부동산의 분규로 바뀌어 진다.
그런즉 부동산 관계 헌법 규정은 대단히 중요하다. 정치 제9장 제6조
에 당회의 권한으로 "교회에 속한 토지 가옥에 관한 일도 장리(掌理)
한다'고 당회의 권한으로 규정하였다. 그런데 본조에도 '노회가 처단
할 수 있다"고 노회의 직무에 포함한 것은, 평상 시에도 교회가 장리
하면서 노회도 처단하기도 하는 상충 조항이 아니라 지교회의 부동산
관리권은 교회에 있고 지교회에서 부동산에 관한 문제가 발생하여 변
론이 생겼을 경우에만 노회가 처단하도록 규정하였다.

여기에서 문제 발생 시 노회의 처단권은 지교회의 상소나 소원에
의한 것이 아니고 노회가 인지하였을 때는 직접 처단할 수 있도록 하
였다. 이때 당회가 불만이 있을 때에는 총회에 상고하여 판결을 받게
하였다(정치 제12장 제5조 4항). 그런데 노회와 총회 사이에 대회가
있는데도 총회에 상고하는 것은 지교회 재산 관리권이 지교회와 총회

에 있음을 암시하고 있다. 지교회 재산에 대한 시비가 생겼을 때 총회
는 상고에 의해서 판결하나 노회는 상소하는 일이 없어도 교회 자유
원리에 의하여 직접 처단권을 행사하게 하였다.

(9) ① 노회는 교회를 감독하는 치리권을 행사하기 위하여

② 그 소속 목사 및 장로 중에서 시찰 위원을 선택하여

③ 지교회 및 미조직 교회를 순찰하고 모든 일을 협의하여

④ 노회의 치리하는 것을 보조할지니

⑤ 위원의 정원과 시찰할 구역은 노회에서 작정한다.

⑥ 시찰 위원은 치리회가 아니니

⑦ 목사 청빙 청원을 가납(可納)하거나 목사에게 직전(直傳)하지
못하고

⑧ 노회가 모이지 아니하는 동안 임시 목사라도 택하여 세울 권
한이 없다.

⑨ 그러나 허위 당회에서 강도할 목사를 청할 일을 같이 의논할
수 있고

⑩ 또 그 지방 목사와 강도사의 일할 처소와 봉급에 대하여 경
영하여 노회에 보고한다.

1) 시찰 위원회의 조직

시찰 위원은 노회에서 정해준 구역 안에 있는 목사와 총대 장로 중
에서 선정된 자로 조직하며, 위원회의 수와 선출 방법도 노회에서 정

한 규칙대로 선출 조직하여 각 지교회를 감독하여 노회의 직무를 방조한다.

2) 시찰 위원의 조직 목적

시찰 위원의 조직 목적은 시찰회 경내의 모든 교회(조직 교회, 미조직 교회, 허위 교회 등)를 순찰하여 노회의 치리를 보조하며, 허위 교회에 노회가 모이기까지 강도할 목사를 임시로 청하는 일과 그 지방의 목사와 강도사의 사역지를 알선하는 일과 생활비 등을 정하는데 협력하여 노회에 보고하는 일을 목적으로 한다.

3) 시찰 위원회의 성격

시찰 위원회는 노회의 상설 위원으로서 당회의 상회도 아니고 치리회도 아니므로 목사 청빙 등 모든 지교회이 사건을 가납하거나 결정할 권한이 없고 당회나 지교회에 명령권도 없으며 노회 치리에 협의체일 뿐이다.

그러므로 각 지교회가 노회로 보내는 공문을 시찰회에 경유하도록 규칙을 정할 수는 있으나 그 공문을 기각하거나 유안하거나 보류할 수도 없다. 다만, 서류의 미비점이나 부적격하거나 불법적인 서류에 대하여 보완하도록 지도할 것이요, 상회에 보낼 수 없는 서류는 경유인을 날인함에 거부권을 행사할 수 있는 정도이다.

그러므로 시찰 위원회와 지교회는 엄격한 의미에서 피차 아무런 구속력도 없다. 그렇다고 해서 지교회가 시찰회를 통한 노회권 자체를 부정해도 된다는 의미는 아니다.

(10) ① 노회는 허위 교회를 돌아보기 위하여 시찰 위원 혹은 특별
위원에게 위탁하여

② 노회 개회 때까지 임시로 목사를 택하게 할 수 있고 혹 임
시 당회장도 택하게 할 수 있다.

③ 시찰 위원을 두는 목적은 교회와 당회를 돌아보고 노회를
위하여 교회 형편을 시찰하는 것이니

④ 시찰 위원은 교회의 청함이 없을지라도 그 지방 안에 있는
당회와 연합 당회와 제직회와 부속한 각 회에 언권 방청원
으로 출석할 수 있고 투표권은 없다.

⑤ 각 당회는 장로 및 전도사를 선정할 일에 대하여 의논할 때
에는 시찰회와 협의함이 가하다.

⑥ 시찰 위원은 그 구역 안 교회 형편과 위탁받은 사건을 노회
에 보고할 것이나

⑦ 당회나 교인이 교회 헌법에 의하여 얻은 직접 청구권을 침
해하지 못한다.

1) 시찰 위원과 허위 교회

노회는 노회의 폐회 기간 동안에 허위 교회가 발생할 때에 허위 교
회를 돌아보기 위하여 폐회하기 전에 특별 위원이나 시찰 위원에게 임
시 노회를 모이지 않더라도 당회와 협의하여 임시로 설교할 목사를 택

하거나 당회로 하여금 임시 당회장을 청하여 당회 행정에 차질이 없이 지교회를 돌보게 하였다.

여기에서 유의해야 할 것은 허위 교회에 한해서 위탁하는 특례이다. 목사는 노회의 사임 허락 후에 교회를 떠나는 것이 법리이나 특별한 사정에 의하여 갑자기 교회에서 목사가 떠나게 되면 행정적으로 다음 노회를 통하여 목사의 사임을 받는 절차가 이루어지나 실제로는 교회에 목사가 없으니 설교할 목사가 있어야 하고 행정을 담당하는 당회장이 있어야 하는데 아직 사임한 목사의 당회장권이 해임되지 아니하였으므로 당회장을 파송할 수는 없고, 법리상으로는 당회의 가결로 대리 당회장을 정할 수 있으며, 목사가 사망했을 경우에는 당회에서 초청하는 임시 당회장을 택하게 한 것이다.

2) 시찰 위원의 시찰권

시찰 위원은 시찰 경내의 각 지교회의 당회나 연합 당회나 제직회나 교회 각 부속회 등에 청함이 없을지라도 필요 시에는 언권 방청으로 출석하여 시찰할 수 있게 하였다. 이는 교회 자유 원리에 의한 노회권에 근거한 것이므로 지교회가 시찰 위원회의 협의에 대하여 불응할 수는 있을지라도 시찰 위원의 시찰은 거부할 수 없게 한 것이다.

그러나 시찰 위원의 시찰에 대하여 양심의 자유 원리에 의한 교회의 기본권을 보호하기 위하여 교회에 지나친 간섭은 하지 못하도록 어디까지나 언권 방청으로 제한하고 '투표권은 없다' 고 명문화 하였다.

3) 시찰 위원의 협의권

시찰 위원의 협의에 대하여 지교회는 양심의 자유 원리에 의하여 거부할 수도 있으나 시찰 위원의 시찰권이나 협의권도 교회의 자유 원리에 의한 노회권에 뿌리를 두고 있다는 것도 무시할 수 없는 일이다. 시찰 위원의 협의는 각 지교회의 유익을 위한 것이므로 노회에 상정할 의안이 노회에나 교회에나 유익하지 못할 안건들은 사전에 지교회와 협의하여 정리함으로 노회의 치리권을 방조하는 협의체이다.

제9항에서는 허위 교회의 강도할 목사를 청하는 일과 구역 내의 목사와 강도사의 생활비를 협의하여 노회에 보고하도록 하였는데 본항에서는 각 당회가 장로와 전도사를 선정할 일에 협의할 것을 첨부하였다. 그러나 교회가 원치 않는데 시찰 위원회가 장로를 증선하게 하거나 전도사를 청빙하게 하는 강제권은 행사할 수 없는 일이다.

4) 교인과 당회와 시찰회의 관계

시찰회는 당회와 지교회를 시찰하고 협의하여 노회의 치리권을 방조하는 상설 위원일 뿐이요 치리회는 아니다. 그러므로 시찰 위원회의 시찰권과 협의권은 양심의 자유 원리에 위한 교인권(청원권, 소원권, 상소권, 선거권, 피선거권, 성찬 참여권, 봉사권 등)의 범위와 당회권(교인 직접 치리권, 예배권, 장로, 집사 임직권, 상회 총대 파송권)의 범위를 침해해서는 안 된다.

따라서 교인이 상회에 올려 보내는 서류에 대하여 원칙상 정당한 서류의 경유를 거부할 수 없다. 그래서 상회에서는 부전의 정당성이 인정될 때는 경유인이 없어도 서류를 접수하여 처리하는 것이다. 한마디로 표현한다면 시찰 위원회는 교인이나 당회가 헌법에 보장된 직접 청구권에 대하여 침해하지 못하고 당회도 교인의 직접 청구권을 침해해서는 안 된다. 이 일에 대하여 월권행위가 있을 때는 노회가 징책해야 할 것이다.

(11) ① 시찰 위원은 가끔 각 목사와 교회를 순찰하여

② 교회의 신령상 형편과 재정 형편과 전도 형편과 주일 학교 및 교회 소속 각 회의 형편을 시찰하고

③ 목사가 결과 있고 유익하게 역사하는 여부와

④ 그 교회 장로와 당회와 제직회와 교회 대표들의 제출하는 문의(問議) 및 청원서를 노회에 제출한다.

1) 시찰 위원의 직무

시찰 위원의 직무는 다음 3가지로 나누어 생각할 수 있다.

① 지교회의 신령한 형편과 전도에 대한 상황과 주일 학교 및 교회 각 기관의 형편을 파악하여 노회에 보고하는 일인데 정기 노회 시에 각 시찰회의 보고를 하는 것으로 이해하면 되겠다.

② 목사가 교회를 시무하는데 주님의 명하시는바 양 무리를 치고 먹이며(요 21:15~22) 이단을 방지하고 진리를 수호하는 여부를 살피는 일이며

③ 당회와 제직회와 교회 각 기관의 대표들이 문의, 헌의, 청원, 진정

하는 일들을 경유하여 노회에 제출하는 일이다.

이상 3가지의 직무를 행함에는 교회의 유익을 위함이고 노회의 치리권을 방조하는 일에 지나지 않도록 해야 한다.

7. 노회록과 보고

八, 老會會錄과 報告
老會는 會錄을 準備ᄒ야 處理ᄒᄂ 一般事件을 明白히 記錄홀거시오 每年一次式講道師의 認許와 牧師의 將立과 會員의 移去移來와 別世와 敎會分設 合設新設ᄒ것과 其他本地方內各敎會의 變遷된 事項을 一一히 總會에 報告홀거시니라

제7조 : 노회록과 보고

① 노회는 강도사 및 전도사 인허와

② 목사의 임직과 이명과 별세(別世)와 후보생의 명부와

③ 교회 설립, 분립(分立), 합병과 지방 안 각 교회 정황(情況)과

④ 처리하는 일반 사건을 일일이 기록하여

⑤ 매년 상회에 보고한다.

☞ 노회록은 인사건과 교회의 설립, 분립, 합병, 폐지 및 교회 현황을 육하원칙에 의하여 기록 보존하며 처리된 모든 안건도 상세히 기록하고 회의록과 다름없이 상회에 보고하고 검사를 받아야 한다.

(1) 노회록의 기재 사항

인사에 관한 기록은 목사와 강도사와 목사 후보생의 고시, 인허, 임직, 전임, 이명 등의 결정 날짜를 확실하게 기록하고, 교회의 상황과 전도사의 고시 합격 날짜도 기록해야 하고, 모든 사건 처리 상황 등을 기록하여 영구 보존함으로 장차 인사건이나 사건 처리에 대한 시비가 있을 때에 근거 자료가 되며 교회와 노회의 역사 자료가 된다.

(2) 노회의 보고 사항

노회가 정기적으로 상회에 보고해야 할 사안은 노회록 검사와 인사 변동 사항과 각 교회 현황과 통계표 등인데 그 중에 노회록 검사는 교회 자유의 원리에 의한 상회의 공동 감시권에 대한 하회의 의무요, 상황 보고와 통계표 제출은 검사를 받는 의미보다는 상회가 하회의 실정을 정확하게 파악하여 감독하는 기초 자료를 삼기 위한 것인즉 반드시 보고해야 할 사안이다.

8. 노회가 보관하는 각종 명부

(1930年版)

(一) 視務牧師 (시무 목사) (二)無任牧師 (무임 목사) (三) 元老牧師 (원로 목사) (四)功勞牧師 (공로 목사) (五)講道師 (강도 사) (六)候補生 (후보생)

제8조 : 노회가 보관하는 각종 명부

① 시무 목사 ② 무임 목사 ③ 원로 목사 ④ 공로 목사

⑤ 전도 목사 ⑥ 목사 후보생 ⑦ 강도사 ⑧ 은퇴 목사

☞ 노회가 보관해야 할 각종 명부는 역사의 자료가 되므로 정확하게 기록 및 정리하여 영구 보존해야 한다. 특히 인사 사항이므로 기록만 해놓고 변동 사항을 정리하지 아니하면 가치 없는 문서가 되고 만다.

(1) 명부 작성 시 기재 사항

모든 명부는 이름만 등재해서 될 일이 아니요 그 근거를 정확하게 기록해야 한다. 전도사의 합격 연월일이 노회록과 맞아야 하고 목사, 강도사, 목사 후보생 등의 임직, 인허, 합격, 이명 접수, 이명 연월일이 노회록과 동일하게 기록해야 한다.

그리고 시무하는 목사 명부에 기록해야 하는 대상은 위임 목사, 시무 목사, 부목사, 종군 목사, 교육 목사, 선교사, 교단 기관 목사 등이요 그 구별은 비고란에 표시해두면 편리하다. 그리고 제4장 제4조 11항에 은퇴 목사가 신설되었으니 은퇴 목사 명부도 비치하여야 한다.

9. 노회 회집

九, 老會會集 (1922年版)

老會는 每回會集日時와 處所를 每閉會前에 酌定홀거시오 萬若酌定

흔 會日前에 特別흔 事件이 잇스면 牧師二人과 各異(각 다른)흔 支教會長老二人의 承諾이나 請願에 依ᄒᆞ야 會長이 臨時會를 召集ᄒᆞᆯ거시니라 (會長이 出他ᄒᆞ엿거나 別世ᄒᆞ엿거나 事故가 잇셔 召集지 못ᄒᆞ면 原書記가 代理召集ᄒᆞᆯ거시니라)

會長이 臨時會를 召集ᄒᆞᆯ 時에는 會議ᄒᆞᆯ 事件과 會集ᄒᆞᆯ 日字를 十日先期ᄒᆞ야 管下各牧師와 各虛位教會堂에 通知ᄒᆞᆯ거시오 會集ᄒᆞᆯ 時에는 通知書에 記載흔 事件만 議決ᄒᆞᆯ거시니라

十, 開會及(와)閉會規則

老會는 每會集時에 便宜대로(會長或他人員이) 講道ᄒᆞᄂᆞᆫ거시 可ᄒᆞ고 祈禱호 開會ᄒᆞ고 閉會ᄒᆞᆯ거시니라

十一, 傍聽規則

老會以上各會가 來賓에 對ᄒᆞ야 左에 三則대로 行ᄒᆞᆯ거시니라

(一) 本總會에 屬흔 他老會에 無欠牧師 此等(이런)來賓이 會에 決議에 依ᄒᆞ야 言權을 得ᄒᆞ면 諸般議事에 參與ᄒᆞ며 勸告도 ᄒᆞᆯ수잇ᄂᆞ니라

(二) 他教會牧師或特別來賓 此等來賓이 在席ᄒᆞᆯ 時에는 任事部의 提議나 或 會長의 決定에 依ᄒᆞ야 祝辭를 請ᄒᆞ던지 會中에 特別付託事件에 對ᄒᆞ야 說明케 ᄒᆞᆯ수잇ᄂᆞ니라

(三) 總代되지 아닌 長老老會의 決議대로 特別事件에 對흔 報告맛기 爲ᄒᆞ야 言權을 許ᄒᆞᆯ수잇스나 本堂會가 旣(임)의 派送흔 總代가 잇스니 諸般 事件은 總代로 報告케 ᄒᆞᄂᆞᆫ거시 可ᄒᆞ니라

제9조 : 노회 회집

① 노회는 예정한 날짜와 장소에 회집하고

② 특별한 사건이 있는 경우에는

③ 각 다른 지교회 목사 3인과 각 다른 교회 장로 3인의 청원에 의

하여

④ 회장이 임시회를 소집할 수 있다(회장이 유고한 때는 부회장 혹은 서기가 대리로 소집한다).

⑤ 회장이 임시회를 소집할 때는 회의(會議)할 안건과 회의 날짜를

⑥ 개회 10일 선기(先期)하여 관하(管下) 각 회원에게 통지하고

⑦ 통지서에 기재한 안건만 의결(議決)한다.

☞ 모든 의결체는 정기회가 있고, 임시회가 있다. 정기회란 기본적으로 의결체의 전반적인 목적에 따르는 의결 기능을 발휘하기 위한 회의이고, 임시회란 수시로 특정 사안을 처결토록 하기 위한 비정기적인 회의이다.

노회는 정기회와 임시회로 구분하는데 정기회는 안건이 있으나 없으나 모여야 하고 임시회는 노회 폐회 기간 중에 안건이 있을 때 각각 다른 교회 장로 3인과 목사 3인의 요청에 의하여 회장이 소집한다.

(1) 정기 노회

정기 노회의 날짜는 노회 규칙에 정해져 있는 것이 통례이고, 장소는 노회가 폐회되기 전에 미리 정해두거나 임원회 등에 위임하여 통지케 한다. 그러므로 천재지변이나 변란 등 부득이한 경우가 아니고는 반드시 정한 날짜와 장소에 모여야 한다.

그 이유는 소수 다수를 불구하고 어느 특정 계층을 막론하고 아무라도 치리회를 불법 분리하는 악행이 '예정한 날짜와 장소에 회집' 되었을 경우는 거의 불가능해도 다른 날짜 특히 다른 장소에서는 용의

(用意)하게 진행될 수가 있기 때문이다.

정기 노회에 상정되는 모든 서류는 노회 규칙에 정한 대로 미리 서기에게 접수되어야 하고 해당 상비부에 분배되어 심의한 후 본회가 보고를 받으면 종결되며, 변론이 있는 사안은 본회에서 토의 후 다수결로써 결정된다. 이때 다수의 결정이 모두 옳다는 것은 아니다. 때로는 소수의 판단이 더 옳은 경우도 허다하다. 그러나 한번 가결된 사안은 소수의 주장이 진리이었다 할지라도 승복하고, 재론하든지, 항의 또는 상회에 소원하는 절차를 따라 수정할 수 있다.

(2) 임시 노회

임시회는 정기 노회를 모이기까지 반드시 처리하지 아니하면 안 되는 중요한 안건이 있을 때 각각 다른 교회의 목사 3인과 장로 3인이 임시 노회 소집 청원서를 회장에게 제출하면 회장은 10일 전에 안건과 함께 임시 노회를 소집, 통지하고 통지된 안건만 처리한다.

1) 임시 노회의 필요성

한 개인이나 가정에도 예기치 못한 긴급한 경우를 위해서 비상금을 소지하거나 예치해 두는 것은 삶의 지혜요 사회적 통례이다. 불과 5~6명 되는 한 가정에도 예기치 않은 일들이 발생하는데 수백 명 내지 수천 명이나 되는 노회 경내의 지교회 성도와 수많은 교회 목사, 강도사, 목사 후보생, 전도사 등을 총찰하는 노회에 더구나 정기회는 6개월이 지나야 다시 모이는 기간 동안에 더더욱 예기치 못했던 일들이 발생하는 것은 자명한 일이므로 임시회를 둘 수밖에 없는 일이다.

또한 노회의 일은 세상적인 일이 아니요 신령한 일에 속한 것이므로 미룰 수 없는 일이요, 더 미룰 때에 지교회가 많은 피해를 입게 되고 오랜 시일이 지날 경우 수습하기조차 어려운 상황에 처할 경우를 생각지 않을 수 없는 일이다. 그러므로 임시 노회를 통해서 교회 사무를 신속하게 처리하며 안녕과 질서를 유지할 수 있게 한 것이다.

2) 임시 노회의 안건

임시 노회의 안건은 정기 노회 때에 알지 못했던 일이 발생한 모든 행정건은 안건이 성립된다. 그러나 재판 사건은 임시 노회에서 심판하지 않는 것이 원칙이요 특별히 증거가 있어 당시에는 입증할 만하나 정기 노회까지 기다릴 경우 증거가 소멸될 것 같은 경우는 임시 노회에서 안건으로 다룰 수가 있다(정문 382문답).

그러면 왜 재판건은 임시 노회에서 심판하지 않는 것을 원칙으로 하였는가? 노회의 재판 안건이라면 ① 당회에서 재판한 것을 불복하여 상소하거나 소원한 것이요 ② 목사에 대한 고소건이요 ③ 당회의 위탁 판결 등인데 당회의 판결을 6개월도 지나지 않아서 번복하게 되면 '주 예수 그리스도의 이름과 그 직권으로' 판결하거나 결정한 당회의 권위가 실추되며 치리회의 신성과 질서가 훼손될 우려가 없지 않을 것이다.

그리고 목사의 고소는 권징 조례 제37조에 경솔히 접수하지 말도록 규정하고 있는바 신중을 기하라 함이다. 그렇다고 해서 임시 노회가 결정한 것은 정기 노회의 결정과 차등하다는 의미는 결코 아니다. 그리고 위탁 판결은 당회에서 판결하기 곤란한 사건을 상회에 의탁하는 것이므로 노회에서는 더욱 신중히 해야 할 것이다. 이 일도 역시 임시 노회는 신중성이 정기 노회보다 차등하다는 의미는 아니다.

3) 임시 노회의 청원권

임시 노회의 청원권은 노회원 전원과 총대 장로 전원에게 부여된다. 다만 정기 노회 시에 알지 못했던 새 안건이 있을 때 그 안건을 처리하기 위하여 6명의 합의가 있어야 하는데 반드시 '각 다른 지교회 목사 3인과 각 다른 지교회 장로 3인의 청원'이 있어야 하므로 결국 여섯 교회 각각 3명의 목사와 3명의 장로이어야 한다.

만일 같은 당회의 목사 장로 3인씩으로도 가능하다면 목사 3인이나 장로 3인이나 목사 장로 관계없이 3인으로 청원하는 것과 마찬가지일 수도 있을 것이다. 왜냐하면 사람만 6명이지 결국은 3교회 목사가 각각 자기 교회 장로 한 사람씩 서명케 하거나 3교회 장로가 각각 자기 교회의 목사를 서명케 할 수는 얼마든지 가능하기 때문이다. 6교회의 3인의 목사와 3인의 장로가 임시 노회 소집 청원권을 발동하게 한 것은 임시 노회 소집의 신중성을 강조한 것으로 이해된다.

또한 임시 노회 청원권에 있어서 안건의 수는 헌법에 정하지 아니하였으므로 혹 노회에서 임시 노회는 안건 몇이 모여야 한다는 규칙을 정하는 것은 위헌일 수밖에 없다. 본래 임시 회의 안건이 정기회 때에 모르던 사건이 발생하여 차기 정기회 때까지 기다릴 수 없을 만치 긴급을 요하는 안건이어야 하기 때문에 단 한건이라도 처리해야 할 안건이라면 임시 노회는 소집되어야 한다.

또한 특정 안건 때문에 임시 노회를 요청하는데 노회 임원들이 결의를 내세워 다른 안건을 임의로 추가함은 청원인의 청원서를 변조하는 죄악이요, 수임 사항 외에는 할 수 없는 것이 임원임에도 불구하고 본분에서 벗어나는 월권이요 탈선이므로 엄히 금해야 한다고 하겠다.

4) 임시 노회 소집권

임시 노회나 정기 노회를 불문하고 소집권은 회장에게 있다. 단, '회장이 유고 시에는 부회장 또는 서기가 대리로 소집한다'고 되어 있다. 그런데 본조에 '회장이 임시회를 소집할 수 있다'라고 되어 있으니 회장이 소집할 수도 있고 소집하지 않을 수도 있는 임의 규정으로 오해해서는 안 된다. 본래 무슨 회든지 회를 소집하는 데는 회장이 필요한 경우에 회를 소집하고, 또한 회원의 요청에 의해서 회를 소집할 수 있게 하였는데 그 이유는 회를 대표하는 회장권의 독주를 막고, 위축되기 쉬운 회원의 권리를 보호하기 위해서도 반드시 필요한 민주 방식이기 때문이다. 결국 회장은 단독 결정으로 회를 소집할 수 있을 만큼 강한 권리가 보장된다.

그러므로 회원들도 법이 규정하는 바에 따라 상당한 회원들의 공동 결정에 의해 회를 소집할 수 있도록 그 권리가 강할 수밖에 없다는 말이다. 그런즉 '회장이 임시회를 소집할 수 있다'는 조문은 정기회는 물론 임시회도 가능하다는 규정이요, 요건을 갖춘 청원이 있어도 소집할 수 있고 소집하지 않을 수도 있다는 임의 규정이 아니라는 말이다. 그러므로 요건을 갖춘 임시 노회 소집은 원칙적으로 그 청원인들이 소집할 수 있어야 마땅하다 할 것이다.

법은 당회나 공동의회는 당회장이나 당회 등의 단독적인 결정에 의해 소집할 수 있게 하여 그 권리를 동등하게 하였으나 노회의 경우는 아예 회장의 단독 결정에 의한 소집권 자체를 배제하고 있은즉 더욱 청원인들이 직접 소집하는 것이 마땅하다 할 것이다.

회장은 안건과 소집 청원권자에 대하여 하자가 없으면 반드시 소집하여야 한다. 왜냐하면 장로회 정치는 의회 민주 정치이기 때문에 회의의 결정이 아니면 회장 단독으로 아무 것도 결정할 수 없는 것이다. 그러므로 임시 노회 소집 청원에 대한 가부 결정도 본 회의에서 가결한다. 다만, '할 수 있다'는 용어의 의미는 회장의 임의 사항이 아니라 정기 노회는 반드시 소집해야 하고 임시 노회도 소집할 수 있다는 의미이다.

5) 서기의 임시 노회 소집권과 임시 노회 의장

만일의 경우 회장과 부노회장의 유고 시에 서기가 임시 노회를 소집할 경우, 다른 모든 공문서는 회장 명의로 발송되나 소집 통지서는 서기 명의로 발송된다. 만일 서기도 유고 시에는 서기를 보좌하는 부서기 명의로 발송하는 것은 당연하나 회장과 부회장과 서기와 부서기 모두가 유고 시에는 임시 노회를 소집할 수 없다. 헌법에 그렇게 규정하고 있기 때문이다. 즉 모두 유고 시에는 대행자를 규정하지 아니했다는 말이다.

그리고 서기가 임시 노회를 소집하기는 했으나 임시 노회를 개회하는 의장은 서기가 될 수 없다. 이는 우리 총회가 제7회 총회에서 채택하기로 가결한 장로회 각 치리회 보통회의 규칙 2조에 의하여 최종 증경 회장 우선 순위와 모두 유고 시에는 노회원 중 최선 장립자가 의장이 된다.

6) 임시 노회 소집 통지서의 발송 시기

임시 노회의 소집 통지서는 회집할 날짜에 10일 선기하여 각 회원에게 통지하여야 한다고 규정하고 있다. '10일 선기'란 개회 일까지 10일이란 말이 아니고 11일이어야 한다는 뜻이다. 1일 선기라고 하면 당일이 아니고 바로 그 전날을 가리키는 것이니 당일까지는 결국 2일 전이 되는 것이다. 그러므로 10일 선기에 대하여는 만으로 10일 되어야 하므로 날짜 수로는 11일이 되어야 하고, 통지서에 기록된 날짜로 10일이 아니라 우체국의 소인이 찍힌 날짜와 소집일의 날짜들을 합하면 11일이 되어야 한다.

그리고 통지서에 기록된 일자와 우체국에 소인이 찍힌 일자(발송 일자)가 다를 때는 마땅히 우체국 소인의 일자를 그 기준으로 할 것이요, 통지서의 일자를 취택하지 말아야 하는 이유는 통지서는 미리 작성해 놓고도 발송이 늦어 회를 맞이하는 회원들에게 지장을 주는 경우가 얼마든지 있을 수 있기 때문이다. 상당한 기간 전에 알리고 준비하고 기도하고 회의에 임하게 하기 위한 규정이 사무 당국의 실수나 고의에 의해 유린될 수는 없기 때문이다.

　7) 임시 노회가 처리할 수 있는 안건

　임시 노회는 "각 회원에게 통지하고 통지서에 기재한 안건만 결의한다"고 헌법으로 규정하였다. 그런데 대부분의 임시 노회가 통지되지 않은 안건이라도 출석 회원 만장일치로 추가해서 처리하자고 가결만 하면 얼마든지 처리해도 상관없는 것으로 오해하고 있다. 이것은 큰 오류를 범하고 있는 것이다.

① 기재한 안건만 의결한다는 헌법 규정은 어길 수 없다.

② 출석하지 아니한 자들이 기재된 안건만 결정하는 대로 따르겠다는 의사를 무시한 것이다. 정기 노회는 안건이 통지되지 아니하였으므로 결석자의 책임이 중하나 임시 노회만은 결석자의 의사에 통지된 안건만 결의대로 따른다는 의사 존중이 요구된다. 그렇다고 하여 임시 노회는 결석을 해도 된다는 의미는 아니다.

③ 소집 청원자 권한을 약화시킨 것이다. 소집 청원자는 기재된 안건만을 위하여 청원했지 다른 안건을 위해서 청원한 것은 아니다. 청원자가 추가 동의했다고 해도 10일 선기에 대한 월권이요 위헌이다.

제11장 대 회

　　장로회 정치 체계는 당회, 노회, 대회, 총회로 되어 있으나 3심제 (三審制)의 재판 체제를 가지고 있다(정치 총론 5항 참조). 당회에서 제기되는 교인들에 대한 재판은 3심제 원리에 의하여 대회가 최종 심의회가 되고, 노회에서 제기되는 목사의 재판 사건과 교회의 도리나 헌법에 관계되는 사건은 3심제 원리에 의하여 총회가 최종 심의회가 된다. 이렇게 헌법상으로는 대회제가 보장되었으나 실제로는 대회가 조직되지 못하고 있는 실정이다.

　　대회제에 대한 기록을 보면 1922년판 원 헌법 정치 제11장에서는 "조선교회에셔는 대회를 아직 조직하지 아니함으로 정치가 업슴"이라고 규정했고, 1934년판 헌법에서는 이 구절까지 삭제하였고, 1964년판 헌법에서는 제11장 제6조에서 대회제에 대한 조항을 신설했다. 1968년 제53회 총회에서는 대회제 실시를 결의하되 중부대회, 충청대회, 호남대회, 영남대회, 서울대회 이상 5개 대회를 조직하였으나, 지역 노회와 무지역 노회에 대한 문제로 1972년 제57년 총회에서 폐지하되 휴전선이 해결되기까지 거론하지 않기로 결의한 후 지금에 이른 것이다.

1. 대회 조직

제1조 : 조직

① 대회는 1지방 안 모든 노회(3개 이상 노회 됨을 요한다)를 관할
   하는 회니

② 각 노회에서 파송하는 총대 목사와 장로로 조직하되

③ 목사와 장로는 그 수를 서로 같게 한다. 총대는 매 5당회에 목
   사 장로 각 1인 비율로 파송하며 5당회가 미급(未及)되고 3당회
   이상이면 목사 장로 각 1인씩 더 택하고 3당회가 미급되는 노회
   는 목사 장로 각 1인씩 언권 회원으로 참석한다.

단, 1당회에 총대 목사 장로 각 1인을 초과하지 못한다.

(1) 대회의 정의

3개 노회 이상의 넓은 지역에서 노회처럼 그 일정한 지역 내의 목
사들과 장로들로 회집하는 치리회인데 3개 노회 이상을 관할하는 것
이다. 대회는 그 방법과 비율 등을 노회와 대회가 결정하여 조직하며
대회의 회원은 노회가 선택 파송한다. 특히 대회라 함은 일정한 지역
이 연합하여 조직해야 하는 것이므로 무지역으로 조직하는 것은 원리
가 아니다(정문 391문답).

(2) 대회의 조직

대회는 총회가 설립하며, 대회의 지역도 총회가 결정한다(정문 392 문답). 단, 노회에서 파송하는 총대 목사와 장로로 조직하여 목사와 장로는 그 수를 같게 한다(정문 391문답, 394문답).

(3) 대회 총대

매 5당회에서 목사 장로 각 1인씩 비율로 파송하며, 5당회가 미급하고 3당회 이상이면 목사 장로 각 1인씩 더 택하고, 3당회가 미급되는 노회는 목사 장로 각 1인씩 언권 회원으로 참석한다. 단, 1당회에서 총대 목사 장로 각 1인을 초과하지 못한다(정문 394문답).

2. 개회 성수

제2조 : 개회 성수
예정한 날짜와 장소에 목사 7인과 장로 3인 이상이 회집하면 개회 성수가 된다.

☞ 예정한 시일과 장소에 목사 7인과 장로 3인이 출석하면 개회할 성수가 되나 만일 출석 목사 7인 중 3인 이상이 동일한 노회 소속이면 성수가 될 수 없다. 성수 미달이면 아무런 사무도 처결하지 못하나, 다시 회집할 시일과 장소는 작정할 수 있다(정문 395문답).

3. 언권 방청

제3조 : 언권 방청

다른 노회 목사나 또는 서로 교통하는 교파 목사를 언권 방청원으로 허락할 수 있다.

☞ 대회의 언권 방청 회원은 그 회의 결의에 의해서 된다(정문 402문답, 390문답, 426문답).

4. 대회의 권한과 직무

제4조 : 대회 권한과 직무

1. 노회 판결에 대한 공소 및 상고를 수리 처결한다.
2. 모든 하회의 문의에 대하여 결정 지시권이 있다.
3. 각 노회록을 검사 인준한다.
4. 각 노회에 법규(法規)를 위반한 사실이 있으면 교정하게 하고 교회 헌법을 잘 준수하게 한다.
5. 노회를 설립, 합병, 분설(分設)하며 노회 구역을 변경하는 일을 행할 수 있다.
6. 교회의 건덕(健德)과 유익될 일을 각 교회에 권장하며 총회에 헌의할 수 있다.

7. 대회는 고소, 소원, 공소, 상고에 대한 결정을 전권으로 행하되 직접 판결하든지 또한 하회에 반환할 수 있다.

8. 대회에 제기한 상고, 고소, 문의의 안건이 교회의 도리나 헌법에 관계되는 일이 아니면 대회가 최종 심의(最終審議)회가 된다.

9. 당회는 교인을 직접, 노회는 목사를 직접 재판할 수 있으나 대회는 노회에서 판결한데 대하여 불복 상고한 것이나 노회에서 제출한 문의 같은 문서(文書)를 받은 후에야 재판할 수 있다.

10. 대회가 하회(下會)에 대하여 만일 불법한 사건이 있는 줄로 아는 때는 상고하는 일이 없을지라도 자세히 조사하며, 하회 회록을 검사하여 과연 사실이 있으면 심사 교정하든지 하회에 명령하여 교정하게 한다.

11. 대회는 재판국을 두어(국원은 목사 장로 9인 이상) 권징 조례대로 재판한다. 재판국 개회 성수는 국원 4분의 3 이상이 출석하여야 개심하고 재판국 판결은 법규에 대한 사건 외에는 변경하지 못한다.

    그러나 대회가 직접 재판회로 다시 일일이 재판한 후에 재판국 판결을 변경할 수 있다.

12. 대회는 총회에 헌의와 청원을 제출할 수 있고 다른 노회나 대회의 헌의에 대하여 동의(同意)를 표할 수 있다.

(1) 대회의 재판권

노회 판결에 대한 고소 및 상소를 수리 처결한다. 대회 재판은 두 가지 성격의 상급심이라고 할 수밖에 없다. 본조 제8항의 규정대로 '교회의 도리나 헌법에 관계되는 일'은 대개 노회가 원심이 되니 대회는 2심이지만, 기타 일반 사건에 대해서는 당회가 원심이거나 노회가 원심이거나 대회가 최종 심의회가 된다. 그러나 대회제를 시행하지 않고 있으므로 지금은 물론 모든 소송 사건이 총회까지 올라간다.

(2) 결정권과 지시권

모든 하회(당회와 노회)의 문의에 대하여 결정 지시권이 있다. 일반 문의는 물론, 교회의 도리나 헌법 관계 문의라 해도 결정권과 지시권이 있다. 그러나 도리나 헌법 관계 문의도 전항과 같이 대회의 결정과 지시로 끝나는 것이 아니다. 일반 문의는 종결되어도 상기 1, 2항의 대회의 결정에 목사의 재판 사건과 교회의 도리나 헌법에 이의가 있을 시는 총회에 올릴 수 있다(본조 8항).

(3) 회록 검사권

각 노회 회의록을 검사 인준한다. 상회가 가지는 하회 관할과 감독권에서 생기는 권한이다. 권징 조례 제9장 제72조~제77조에 의거, 명문으로 보장된 권한이니 성실히 이행할 것이다.

(4) 교정권과 명령권

각 노회에 법규를 위반한 사실이 있으면 교정하게 하고 교회 헌법을 잘 준수하도록 지도 감독한다.

(5) 노회 설립권

노회를 설립, 합병, 분설하며 노회 구역을 변경하는 일을 행할 수 있다. 노회의 지역을 획정하며, 노회를 신설하거나 분설하거나 합병하거나 폐지하는 권은 대회의 고유한 특권이다. 그러나 대회제를 시행하고 있지 않으므로 이 권한도 총회로 옮겨진다.

(6) 권장권과 헌의권

교회의 건덕과 유익될 일을 산하 각 교회를 향해서는 권장하며 상회(총회)에 헌의할 권이 있다.

(7) 환송권

대회는 고소, 소원, 상소에 대한 결정을 전권으로 행하되 직접 판결은 물론 원심을 파기하고 환송하는 판결도 할 수 있다.

(8) 대회권의 한계

대회에 제기한 상소, 고소, 문의의 안건이 목사의 재판 사건과 교회의 도리나 헌법에 관계된 일이 아니면 대회가 최종 심의회가 된다. 이는 교인은 원 치리회가 당회이기에 3심제에 의하여 대회가 최종 심의회가 되고 목사의 원 치리회는 노회이기에 3심제에 의하여 총회가 최종 심의회가 되기 때문이다.

대회는 물론 관할 구역 안의 제반 사항에 대하여 전권으로 처결할 권이 있다. 그러나 자기 관할 구역 안의 일이라고 해도 교회의 도리나 헌법에 관계되는 사항에는 처결권은 있어도 전권으로 처결한 권은 없고 이 권한은 오직 총회가 갖는다.

(9) 대회의 원 치리권

당회는 교인을 원 치리권이 있고 노회는 목사에 대한 원 치리권이 있으나, 대회는 교인이나 목사에게 대한 원 치리권이 없고 노회에 대한 원 치리권이 있을 뿐이다. 그러므로 교인이나 목사에게 직접 재판권이 없고 노회의 위탁과 혹 노회에서 판결한데 대하여 불복 상소한 것이나 노회에서 제출한 문의 같은 문서를 받은 후에만 재판권이 미치게 된다는 말이다.

(10) 조사 처결권

하회를 향한 관할권과 감독권은 반드시 상고에 의한 판결만을 의미하지 않는다. 대회가 하회에 대하여 만일 불법한 사건이 있는 줄로 아는 때는 상소하는 일이 없을지라도 자세히 조사하며 노회의 회의록을 검사하여 과연 사실이 있으면 심사 교정하든지 하회에 명령하여 교정하게 할 권(權)이 있다.

(11) 대회 재판국

대회는 재판국을 두어 재판하는데 그 판결은 변경하지 못한다. 단, 대회가 직접 재판회로 개심한 후에는 재판국 판결을 변경할 수 있다.
1) 대회는 재판국을 두어 권징 조례대로 재판한다(재판국원은 목사 장

로 9인으로 하되 목사가 한 사람 더 많게 한다).

2) 재판국 개회 성수는 국원 4분의 3이 출석하여야 개심하며 재판 국 판결은 법규에 대한 사건 외에는 변경하지 못한다. 이는 대회 재판 국은 법률심이기 때문에 재판국이 재판 절차에 관한 법규를 어겼거나 법률을 잘못 알고 적용하였거나, 부득이한 경우 증거조(證據調)를 취급하되(권징 제9장 제94조 참조) 증거 채증(採證) 법칙을(권징 제8장 참조) 위반했을 때, 그 진부(眞否)를 재판하는 법규에 대한 사건 외에는 변경치 못한다는 것이다.

3) 그러나 재판국의 보고를 채용하지 않고, 대회를 재판회로 변격(變格)하여 재판한 후에나, 특별 재판국을 설치하여 재판한 후에는 재판국의 판결을 변경할 수 있다(권징 제13장 참조).

☞ 본항과 권징 조례 제13장 제124조~제133조의 규정에 다소의 차이나 표현상의 상이점을 찾아볼 수 있는데 법조문이기 때문에 사소한 것 같은 부분이라도 일치되고 부합되는 것이 더욱 바람직하다고 하겠다. 차이점을 살펴보면

① 본항의 규정대로 한다면 목사 장로의 인원 비례가 자유롭고, 권징 조례의 규정대로 한다면 목사 장로의 인원 비례는 명백하나 '이상'이라는 말이 없으므로 고정 인원이 되어야 하는데 본항에는 '이상'이 있어 고정 인원일 필요는 없게 된다.

② 본항대로 국원 4분의 3 출석이면 개회 성수가 되나 권징 조례에 의하면 4분의 3이 될 뿐더러 그 중 목사가 반수 이상이라야 한다. 이

것은 아주 큰 차이점이고 모순이다.

③ 본항에만 규정되어 있고 그밖에는 어디서도 찾아볼 수 없는 규정으로 당회나 노회나 총회 재판국에도 없는 규정인데 유독 본항에만 규정되어 있어 이해에 곤란을 가져오게 하고 있다.

권징 조례에 의하면 대회 재판국이나 총회 재판국 판결은 대회나 총회가 검사하여 채용하거나 환부하거나 특별 재판국을 설치하여 그 사건을 다시 판결하여 보고케 할 수 있다(권징 제13장 제131조, 제141조)고 하였을 뿐 일단 재판국에 위탁한 일을 다시 본회가 직할 심리할 수 있도록 할 수 있다는 규정이 없다. 그럼에도 불구하고 유독 교회 정치에만 그것도 대회의 경우에만, 이같이 대회가 직접 재판회로 다시 일일이 재판한 후에 재판국 판결을 변경할 수 있도록 하고 있다.

그러므로 이 조항은 이렇게 이해하는 것이 합당하리라고 생각한다. 노회 재판국이 회기 중에 판결하여 본회에 보고할 때에 "전부 채용 혹은 취소할 수 있고 취소할 때에는 그 안건 전부를 재판 규칙대로 직접 심리 처결할 수 있다"(권징 제13장 제121조 1항)고 한 것처럼 대회 재판국 판결도 노회 재판국 판결의 경우처럼 전부 채용 혹 취소할 수 있고 취소할 때에는 그 안건 전부를 재판 규칙대로 직접 심리 처결할 수가 있다. 일부만 채용하고 일부만 취소한다고 할 수 없는 것은 취소하는 그 일부 때문에 사건의 성질이 달라질 수 있고 혹은 그렇지 않다고 해도 반드시 시벌의 종류(형량)에 영향을 끼칠 것이기 때문이다.

그런데 노회 재판국 판결을 취소하고 본회가 직접 심리 처결할 때는 아무런 제약을 받지 않으나 다만, 대회 재판국 판결을 변경할 때에는 제약을 받아야 한다. 곧 '법규에 대한 사건 외에는 변경치 못한다' 는 제약이다. 재판국이 재판 절차에 관한 법규를 어겼거나, 법률을 잘 못 헤아렸거나, 법률을 잘못 적용하였거나, 기타 증거조를 취급할 수 밖에 없는 경우(권징 제9장 제94조 참조), 채증 법칙(採證法則)을 위 배했을 때 그 진부를 재판하는 '법규에 대한 사건' 외에는 변경치 못 한다 함이다. 노회는 사실심이지만 대회는 법률심이기 때문에 사실심 에 속하는 부분에 대해서는 대회 재판국은 물론 대회도 할 수 없다는 제약이다.

물론 노회의 위탁 판결일 때에는 대회가 사실심이 되는 경우가 없 지 않다. 그런즉 대회 재판국도 이런 경우에는 아무런 제약을 받지 않 는다. 그러나 대회가 대회 재판국의 판결을 취소하고 직할 심리할 때 에는 역시 '법규에 대한 부분' 외에는 손대지 못한다. 아무런 제약을 받지 아니하려면 다시 그 재판국에 환부하거나 특별 재판국을 설치하 여 위탁하는 길이 있을 뿐이라는 말이다.

(12) 동의권

대회는 총회에 헌의와 청원을 제출할 수 있고 다른 노회나 대회의 헌의에 대하여 동의를 표할 수 있다(정문 403문답~412문답). 대회가 총회에 직접 헌의할 수 있다고 함은 6항에서도 표시하였거니와 여기 서는 다른 노회나 대회의 헌의에 동의할 권이 있는 것을 말한다.

당회나 노회에서는 설혹 다른 당회나 다른 노회와 동일한 헌의를 할 수는 있을지언정 남의 헌의를 동의하는 권은 없었는데 이것은 대회가 갖는 특색 있는 권한이라고 하겠다.

5. 대회 회집

제5조 : 대회 회집

① 대회는 매년 1회 정기회로 회집하고

② 필요한 때는 임시회와 계속회도 할 수 있다.

③ 임시회는 2개 노회의 목사 장로 각 3인의 청원에 의하여 회장이 임시회를 소집한다. 임시회는 개회 10일 선기하여 회집 통지서와 의안을 관하 각 회원에게 통고하고 통지(通知)서에 기재한 안건만 의결(議決)한다.

(1) 정기회

대회는 매년 1회 정기회로 회집하고 필요할 때는 임시회와 계속회도 할 수 있다. 당회나 노회가 정기회로 회집하는 일에 대해서는 회수에 대한 규제가 없으나 대회나 총회는 매년 1회로 규제하고 있다. 모두 최종 심의회가 되는 까닭에 하회의 판결과 결정 등에 대하여 최소한 1년의 기간을 경과하지 아니하면 사실상 변경할 수 없게 한 것이 하회권을 존중한다는 측면이나, 상회의 권한을 두고 생각할 때 모두 바람직스러운 것이라 할 것이다(총회는 임시회가 없으나 대회는 임시회가 있는 것이 다르다).

(2) 임시회

임시회는 2개 이상 노회의 목사 장로 각 3인의 청원에 의하여 회장이 임시회를 소집한다. '두 노회의 목사 장로 각 3인의 청원에 의하여'라고 하였으니 갑 노회의 목사 장로 각 3인 즉 6인과 을 노회의 목사 장로 각 3인 즉 6인 도합 목사 6인, 장로 6인이 되어야 한다는 말인지, 목사 3인과 장로 3인 도합 6인이면 되는데 그 6인이 모두 한 노회 소속이면 안 되고 두 노회 소속이어야 한다는 말인지 문맥상 얼른 납득할 수가 없다.

그런데 교회정치문답조례 401문답이 후자의 해석을 취하고 있으니 후자가 옳다고 할 것이다. 그러므로 이 조문은 '두개 노회의 목사 장로 각 3인의 청원에 의하여'로 할 것이 아니라 '두개 노회 이상의 회원 중 목사 장로 각 3인 이상의 청원에 의하여 소집하되'로 표현했어야 그 뜻이 더 분명했으리라고 본다.

(3) 소집 통지서와 10일 선기

임시회는 개회 10일 선기하여 회집 통지서와 의안을 관하 각 회원에게 통고하고 통지서에 기재한 안건만 의결한다(정문 401문답, 414문답).

6. 회록 및 보고

제6조 : 회록 및 보고

① 서기는 회의록을 작성 보관하며

② 특별히 재판 기록을 자세히 하여 총회의 검사를 받으며 대회 상황을 총회에 보고한다.

☞ 회록 및 보고

1. 서기는 회의록을 작성 보관하며, 특별히 재판 기록을 자세히 기록하여 총회의 검사를 받고, 대회 상황을 총회에 보고한다(정문 418 문답, 419문답).

2. 대회 회록은 1년에 한번 씩 총회의 검사를 받는다.

3. 각 노회원과 노회의 논쟁점에 대해서도 총회에 보고한다.

4. 대회록을 검사받는 목적은 노회가 당회록을 검사하는 목적과 같다(정문 269문답).

   검사 중에 큰 잘못을 발견하면 재고나 정정을 요구하든지 혹은 시간을 정해 명령대로 그것을 취소하고 보고하게 해야 한다.

5. 재판 사건은 회록 검사에 의해서 변경되지 아니하고, 대회에 명령하여 다시 재판하게 하든지 총회가 친히 재판한 후에야 이를 변경할 수 있다. 대회록과 함께 권징 조례에 의한 검사이니 게을리 하지 말 것이요, 만일 검사를 흔쾌히 여기지 아니한다면 그것이 바로 자기도 식견이 천박하여 일을 그르칠 수밖에 없는 존재라는 사실을

부인하는 태도이니 심히 부당하다 할 것이므로 마땅히 계책할 것이 다(권징 제9장 제75조, 제76조 참조).

6. 총회가 대회 회록을 검사할 때에 대회 회록을 상송(上送)치 않았으면 그 대회를 권면하든지, 혹 그 대회 서기를 불러 총회에 회록을 상송치 아니한 이유를 물어야 한다(정문 417문답).

제12장 총 회

1. 총회의 정의

제1조 : 총회의 정의(定義)

① 총회는 대한예수교장로회의 모든 지교회 및 치리회의 최고회(最
高會)니

② 그 명칭은 대한예수교장로회 총회라 한다.

☞ 총회는 장로회 정치 3심제 하에서 최고 치리회이다. 그러나 총회는
당회나 노회나 대회와는 달리 총회 개회 시부터 산회 시까지만 총회이
고 총회를 마친 후에는 없어진다. 그래서 총회는 파회를 선언한다.

(1) 총회는 최고회

장로회의 각 치리회는 당회, 노회, 대회, 총회가 있는데 당회, 노회,

대회의 결정도 절차를 따라 총회에서 변경되거나 번복케 되는 경우가 얼마든지 있을 수 있거니와 그 중 총회가 최고회라 함은 총회가 심리하여 결정하고 난 다음에는 변경할 회가 지상에는 없음을 의미하는 것이다. 총회의 결정은 전기(前期) 회에서 결정한 것을 후기(後期) 회에서도 번복할 수가 없다고 교회정치문답조례 421문답에서 해설하고 있다.

결국 총회의 결의는 잘된 것이든 잘못된 것이든 번복이나 변경을 할 수 없고 복종할 수밖에 없으며 만천하가 잘못 결정이라고 인정하는 사안이라도 역사로 남게 되고 후손들에게 평가 받는 것으로 남을 수밖에 없다. 그러므로 총회는 모든 안건을 신중히 토의하고 심사숙고하여 고퇴(敲堆)를 두드려야 할 것이다.

＊ 정문 421문 : 총회가 어떤 의미에서 최고 치리회가 되느냐?

답 : 총회가 각 치리회의 최종 심의회가 됨이니, 당회와 노회, 대회에서 결정한 안건에 대하여 억울한 줄로 아는 자들이 상고할 수 있고 총회가 심리하여 결정한 후에는 다시 변경할 회가 없고, 총회에서도 전회 시에 결정은 후회가 재론하여 번복할 수 없느니라.

(2) 총회 명칭의 변천

1) 대한국 예수교 장로회 노회(1907년 제1회 독노회)

"하나님께서 은혜를 풍부히 주심으로 수년 전에 미국의 남장로교회와 북장로교회와 영국의 캐나다 장로교회와 오스트레일리아 장로

교회 등이 네 곳 총회에서 특별히 대한국 장로회 노회를 세우기로 허락한 고로 장로 공의회 회장 마포삼열 목사께서 네 곳 총회의 권을 얻어 한국 교회에 노회 되는 취지를 설명하시되 이 노회는 머리되시는 주 예수 그리스도를 힘입어 십자가를 튼튼히 의지하고 견고하여 흔들리지 말고 세상사람 앞에 영화로운 빛이 되며 하나님 앞에 거룩하고 정결한 노회를 이루어야하겠다 하시고 주 강생 일천구백칠년 구월십칠일 오정에 한국노회를 설립한 후에 대한에 신학교 졸업 학사 일곱 사람을 목사로 장립하고 "대한국 예수교 장로회 노회라 하셨으니 이는 실로 대한 독립 노회로다. 할렐루야 찬송으로 성부 성자 성신님께 세세토록 영광 돌리세 아멘"(독노회록 p.3).

2) 예수교 조선 장로회 총회(1912년 제1회 총회)

"주후 1912년 9월 1일 상오 10시 30분에 예수교 장로회 조선 총회 제일회로 평안남도 평양 경창문 안(內) 여성경학원에서 전 회장 리눌서씨가 히브리서 12장에 '장자회'라는 문제로 강도함으로 개회한 후에 마포삼열 씨는 떡을 가지고 원두우 씨는 포도즙을 가지고 축사함으로 성찬례를 거행하고 정회하였다가 하오 2시 30분에 계속하여 김석창 씨의 로마서 8장에 '나는 괴롭다'는 문제로 강도한 후에 김종섭 씨의 기도로 폐회하다. 서기 한석진(제1회 총회록 p.1).

3) 조선 예수교 장로회 총회(1915년 제4회 총회)

"1915년 9월 4일 하오 8시에 조선 예수교 장로회 제4회 총회가 전

주부 서문 밖 예배당에 회집하여 회장 배유지 씨가 기도하고 부회장 양전백 씨가 딤전 4:1~16을 낭독함으로 개회하다"(제4회 총회록 p.1).

4) 대한 예수교 장로회 총회(1949년 제35회 총회)

"조선 예수교 장로회는 금후로는 대한 예수교 장로회로 함이 가한 줄 아오며"(제35회 총회록 p.51)

2. 총회의 조직

二, 總會의 組織 (1922年版)
總會는 各老會에셔 派送ᄒᆞᆫ 牧師와 長老로써 組織ᄒᆞᆫ 거신데 牧師와 長老는 其數를 셔로 ᄀᆞᆺ게ᄒᆞᆫ니라
總會員을 派送ᄒᆞᆫ 方法은 各老會地方에 잇는 堂會數대로 每七個堂會에셔 牧師一人과 長老一人式을 總代로 派送ᄒᆞᆯ지니라 (單數가 生ᄒᆞᆫ 境遇에는 七分의 四以上은 堂會에 準ᄒᆞ야 總代를 派送ᄒᆞᆯ 것

제2조 : 총회의 조직

① 총회는 각 노회에서 파송한 목사와 장로로서 조직하되

② 목사와 장로는 그 수를 서로 같게 하고

③ 총대는 각 노회 지방의 매 7당회에서 목사 1인 장로 1인씩 파송하되

④ 노회가 투표 선거하여 개회 2개월 전에 총회 서기에게 송달(送

達)하고

⑤ 차점순(順)으로 부총대 몇 사람을 정해 둔다.

⑥ 단, 7당회 못되는 경우에는 4당회 이상에는 목사 장로 각 1인씩 더 파송할 수 있다.

⑦ 3당회 이하 되는 노회는 목사 장로 각 1인씩 언권 회원으로 참석한다.

⑧ 총회 총대는 1당회에서 목사 장로 각 1인을 초과하지 못한다.

☞ 총회의 조직은 각 노회에서 헌법에 규정한 대로 목사와 장로를 투표 선거하여 파송된 자들로 조직한다.

(1) 총회 조직의 구성원

총회는 전국 각 노회에서 목사와 장로의 수를 같게 선출하여 총회 개회 2개월 전에 총회 서기에게 송달된 자들로 구성된다. 단, 각 총대는 서기가 천서를 접수 호명한 후부터 회원권이 있다. 당회는 목사 1인과 장로 전원으로 형평을 이루게 하였고, 노회는 목사수도 유동적이고 장로수도 유동적이므로 목사의 수와 장로의 수가 같을 경우는 거의 희박하다. 그러나 대회와 총회는 당회수를 비례하여 동수로 선거하기 때문에 전국 총대수 역시 목사와 장로의 수가 같기 마련이다.

(2) 총대 파송 기준

1) 각 노회에서 총대를 파송하는 기준은 반드시 총회 전 정기 노회

에서 선택하되

2) 총회 개회 6개월 이상을 격(隔)하여 선거하지 못하고(정치 제22
   장 제1조 1항)

3) 각 노회가 파송할 총대의 수는 매 7당회에 목사 장로 각 1명씩
   으로 하고 7당회 미만일 경우에는 4당회 이상이 되면 목사 장로
   각 1인씩 더 파송할 수 있다.

4) 단, 1개 노회가 3당회 이하인 노회는 언권 회원으로 목사 장로
   각 1인씩 파송할 수 있다.

5) 총회 총대는 1당회에서 목사 장로 각 1인을 초과하지 못한다.
   영주권자도 상비부장 및 총회 임원 후보자 자격을 주기로 가결
   (2007년 제92회 총회 결의)하였으므로 노회 정회원인 영주권자
   는 총대로 선출될 수 있다.

그러면 당회수를 기준하여 총대수가 결정되는데 당회수의 계산 기
준 날짜는 언제로 해야 할 것인가 하는 것이 문제이다. 그 기준에 따라
서 때로는 한 노회에 총대 2인이 늘기도 하고 줄기도 하게 된다.

이 일에 대하여 우리 총회는 1932년 제21회 총회에서 전년도 통계
표를 기준하도록 결의하였고("총회 총대 파송하는 것은 차후로부터는
금년 통계표에 의하여 명년도 총대수를 정하여 파송할 것이오며" 제
21회 총회록 p.50), 1976년 제60회 속회 총회에서는 "총대를 선거할
당시의 당회수를 비율로 정하도록" 가결하였다.

그렇다면 여기에 두 곳에서 가결한 내용 중에 어떤 것으로 기준해
야 할 것인가? 이는 '선결의 우선의 원칙'과 '후결의 우선의 원칙'에

따라 시행되어야 한다. 같은 회기 내에 동류(同類)의 결의에 대하여는 '선결의 우선의 원칙'이 적용되고, 다른 회기에 동류의 결의에 대하여는 '후결의 우선의 원칙'을 적용하는 것이 만국 통상 회의법이다. 따라서 본건은 제21회 총회 결의보다 제60회 속회 총회 결의가 후결의이므로 총대 선거 당시의 당회수 비율을 기준으로 총대수가 결정된다고 하겠다.

(3) 총대 선출 방법

총대는 '노회가 투표 선거하여'라고 하였다. 일반적으로는 구두 호천(口頭呼薦), 전형 위원 일임, 회장 자벽(自辟), 연장순 지명, 장립순 지명, 투표 등으로 다양하다. 그런데 총대 선출에 대하여는 '투표 선거'라고 못 박았으니 다른 모든 방법은 배제되었다. 여기 '투표 선거'라는 말은 무기명 비밀 투표를 의미한다(헌규 제7조 1항). 그리고 선거권자는 노회이니 노회원 목사와 총대 장로이다.

그러므로 총대 선출은 본 노회가 무기명 비밀 투표하여 선출하는 이외의 다른 방법이 없다. 여기에서 투표할 때에 연기명(連記名)이냐 단기명(單記名)이냐 하는 것이 대두된다. 물론 단기명으로 해서 득표 순위대로 정해진 인원을 선출해도 되겠으나 헌법적 규칙 제7조 3항에 연기명 시 계표 기준을 설명한 규정에 의하여 총대 선거는 연기명으로 하는 것이 전국 통례(通例)이다.

(4) 부총대

부총대는 총대 중에 유고가 생길 때를 대비하여 차점순으로 몇 인씩 미리 정해 두는 예비 총대이다. 그런데 총대 교체 방법에서 문제가 발생하는 것이 현실이다.

과거 선배들이 시행했던 예를 보면 총대수와 부총대수를 같이 하여 1번부터 끝번까지 짝을 지어 짝들끼리만 교체를 하도록 한 예가 있는데, 이 방법은 같은 번호가 모두 유고 시에는 부득불 결석 처리할 수밖에 없는 일이고, 또 차점부터 우선 순위로 부총대를 선정해 두었다가 누가 유고 되든지 1번부터 교체 우선 순위로 정하는 방법인데, 이런 경우 부총대 1번이 총대 중 누구를 양보케 하고 자기가 총대로 가는 경우는 다반사이고, 심지어는 총대가 총회 현장에 초회 참석차 와있음에도 부총대로 교체하려다가 말썽이 생기는 경우가 있는데 도대체 총대가 무엇인지 안타까운 일이 아닐 수 없다.

(5) 총회 언권 회원

총회 언권 회원으로 헌법에 보장된 자는 외국에서 파견증만 가지고 와서 본 총회 산하에서 종사하는 외국 선교사와 총회 증경 회장(정치 제22장 제3조)으로 규정하고 있다. 그런데 우리 총회는 헌법 개정도 없이 장로 부총회장을 언권 회원으로 인정하고 있으나 장로 부총회장은 헌법을 개정하기 전에는 언권 회원이 될 수 없다(현행 헌법은 목사 및 장로 부총회장은 언권 회원으로 규정하고 있지 않다).

그리고 본조에 3당회 이하의 노회는 목사와 장로 각 1인씩 언권 회원으로 참석토록 하였다. 이는 많은 총대를 매 7당회 당 1인씩 파송하고 4당회가 남는 노회에 1인씩 더 파송하면서 이미 노회 조직을 허락했는데 3당회라 하여 언권 회원으로 하는 것은 모순이 아닌가 싶다. 이미 노회 조직을 허락했다면, 단 1당회만 되더라도 총대로 하는 것이 바람직하다 하겠다.

3. 총회의 성수

三, 總會의 成數 (1922年版)
總會가 預定훈 處所와 時日에 老會의 過半數와 總代의 過半數가 出席ᄒ면 開會훌 成數가 되어 一般事務를 處理훌수잇ᄂ니라 (出席員 中半數가 牧師라야 成數가 되고 또 總代牧師中過半數가 出席ᄒ여야 開會훌수잇슴)

제3조 : 총회의 성수

① 총회가 예정한 날짜에

② 노회의 과반수와

③ 총대 목사 장로 각 과반수가 출석하면

④ 개회할 성수가 되어 일반 회무를 처리한다.

☞ 총회의 성수는 노회수 과반수와 목사수 과반수, 장로수 과반수가 참석하면 개회 성수가 되고 일반 회무를 처리한다. 총회는 최종, 최고

회의인 만큼 신중하여야 한다.

(1) 총회 성수의 3대 요건
총회의 성수 요건에서 사람수만 따지는 잘못을 범하기가 쉽다. 그러므로 아래의 요건을 갖추어야 한다.

1) 예정한 날짜와 장소
본조의 조문 중에는 '예정한 날짜에'라고만 되어 있는데 예정한 장소도 요건을 갖추어야 한다. 노회와 대회의 성수에는 '예정한 장소와 날짜에'라고 했는데 왜 총회에는 장소를 누락했는지 이해할 수가 없다. 노회와 대회의 요건과 같이 총회도 장소까지 요건을 갖추도록 개정함이 바람직하다고 본다. 그 이유는 제7조 파회 선언 시에 "이 총회같이 조직한 총회가 다시 아무 날 아무 곳에서 회집함을 요하노라"고 하였기 때문이다.

2) 노회의 과반수
전국 노회수에 대한 과반수의 노회가 참석해야 한다. 노회원의 참석수는 관계없이 총대수가 수십 명이 되더라도 장로나 목사 관계없이 한 사람만 참석해도 그 노회는 성수 요건에 계수된다. 여기에서 언권 회원은 성수에 포함되지 않는다. 언권 회원의 성수에 대하여 노회, 당회도 마찬가지이다.

3) 목사 장로 과반수

이는 목사와 장로의 수를 합한 과반수가 아니고 목사 재적의 과반수와 장로 재적의 과반수가 모여야 한다. 목사 전원이 모여도 장로 과반수가 안 되면 안 되고, 장로 전원이 모여도 목사 과반수가 안 되면 안 된다. 여기에서 과반수란 반이 넘는 수를 의미한다. 이상의 3요건 중 어느 것을 궐해도 성수가 되지 못한다.

4. 총회의 직무

四, 總會의 職務 (1922年版)

　　總會는 所屬各敎會의 諸般事務와 聯合關係를 總察ㅎ며 主管ㅎ거신데 下會에서 規則에 依ㅎ야 提出ㅎ는 獻議와 請願과 上告와 控訴와 問議를 接受ㅎ야 處理ㅎ고(裁判事件은 勸懲條例에 依ㅎ야 裁判局에 委任ㅎ야 判決ㅎ수잇슴)
　　各老會會錄을 檢查ㅎ야 認準ㅎ者者는 認準ㅎ고 戒責ㅎ 者는 戒責ㅎ거시오 事故를 因ㅎ야 指示를 求ㅎ는 者의게는 敎會憲法에 依ㅎ야 訓示ㅎ거시오 管下各敎會間에서로 連絡ㅎ며 和睦ㅎ며 交通ㅎ며 信賴케ㅎ는 機關이되느니라

제4조 : 총회의 직무

① 총회는 소속 교회 및 치리회의 모든 사무와 그 연합 관계를 총 찰하며,

② 하회에서 합법적으로 제출하는 헌의와 청원과 상고와 소원과 고

소와 문의와 위탁 판결을 접수하여 처리하고,

③ 각 하회록을 검열하여 찬부를 표하고

④ 산하 각 교회 간에 서로 연락하며 교통하며 신뢰(信賴)하게 한다.

☞ 총회의 직무는 전국 교회와 각 치리회의 사무와 그 연합 관계와 합법적인 행정건 및 재판건을 접수 처리하고 하회의 회록 검사 및 각 교회 간의 연락, 교통, 신뢰 관계를 지도하는 일을 한다.

1) 연합 관계를 총찰한다. 총회의 직무는 지교회와 지교회 사이, 또는 노회와 노회 사이, 대회와 대회 사이의 연합을 공고히 함이다.

2) 산하 치리회들이 제출한 의제들을 처리한다.

3) 하회에서 합법적으로 제출하는 모든 헌의, 청원, 상소, 소원, 고소, 문의, 위탁 판결 등에 대한 처리를 한다.

4) 각 하회 회의록을 검열하여 찬부를 표한다.

5. 총회의 권한

五, 總會權限의 一 (1922年版)

總會는 敎會의 憲法 (信經과 要理問答과 政治와 勸懲條例와 禮拜模範)을 解釋홀 全權이 잇스며 又는 敎理와 勸懲에 關훈 爭論을 判斷홀거시오 또 何如(엇더)훈 支敎會老會를 不問ᄒ고 敎理에 對ᄒ야 誤解ᄒ거나 行爲에 對ᄒ야 悖惡ᄒ거시잇스면 總會는 警責ᄒ며 勸戒ᄒ며 反證ᄒ야 밝힐거시니라

又(또)總會는 老會를 新設ᄒ기도 ᄒ며 合設ᄒ기도 ᄒ며 分設ᄒ기도

ᄒ며 廢ᄒ기도ᄒ며 區域을 作定ᄒ기도ᄒ며 全國敎會에 諸般事를
統率ᄒ기도ᄒ며 本總會와 他敎派敎會間에 定ᄒᆫ 規例에 依ᄒ야 交通
ᄒ기도ᄒ며 敎會를 分裂케 ᄒᄂᆫ 爭端을 鎭壓ᄒ기도 ᄒ며 全(온)敎會
를 爲ᄒ야 品行을 端正케 ᄒ고 仁愛와 誠實과 聖潔ᄒᆫ 德을 擴張ᄒ
기위ᄒ야 議案을 提出ᄒ야 實行ᄒ도록 計圖ᄒ거시며 어나敎會에서
던지 敎會財産에 對ᄒ야 爭論이 잇셔 老會가 決定ᄒᆫ 後總會에 上告
ᄒ면 總會가 此(이)를 接受ᄒ야 判決ᄒᆯ 全權이잇스며 또 總會가
內外地傳道事業을 主管ᄒᆯ 委員이나 其他重大ᄒᆫ 事件을 主管ᄒᆯ 委員
을 낼수 잇스며 神, 大, 中, 學校等(들)을 設立ᄒᆯ수있ᄂ니라

六, 總會權限의 二
總會는 本管下에 잇ᄂᆫ 老會各治理會憲法上權限에 關ᄒᆫ 規則이
憲法에 對ᄒ야 變更ᄒ거나 새로制定ᄒ자ᄂᆫ 獻議가 잇ᄂᆫ 境遇에ᄂᆫ
몬져 該議案을 各老會에 垂議 ᄒ야 各老會書記의게 答書를 밧은 後
에 可決ᄒ되 全老會의 過半數와 投票數의 三分의 二가 可決되어야
ᄒᆯ거시오 其(그)後에 本敎會憲法에 附加ᄒᆯ거시니라

제5조 : 총회의 권한

제1항 ① 총회는 교회 헌법(신조, 요리 문답, 정치, 권징 조례, 예배 모
범)을 해석할 권이 있고

② 교리(敎理)와 권징에 관한 쟁론(爭論)을 판단하고

③ 지교회와 노회의 오해와 부도덕(不道德)한 행위를 경책하며
권계(勸戒)하며 변증(辨證)한다.

☞ 총회는 헌법 해석권과 교리 논쟁을 판단하고 대회의 관리와 지교회
의 재산에 대한 쟁론이 있을 때 판결하며 강도사 고시와 신학교와 대

학교를 설립, 운영한다.

(1) 헌법 해석권

우리 장로회 치리회는 당회, 노회, 대회, 총회가 있는데도 4심제라 하지 아니하고 3심제라 함은 최종 심리를 대회로 하는 사안이 있고 총회로 하는 사안이 있기 때문이다. 그 중에 헌법 해석권은 최종 심리권에 속한 것이 아니고 총회의 고유한 권한이다. 당회나 노회, 대회에서는 헌법 해석권이 전혀 없고 총회에 절대권을 가진다. 그 이유는 노회나 대회는 여러개 있기 때문에 서로 달리 해석할 경우 하회들이 혼동하기 쉬우나 총회는 하나뿐이기 때문에 해석을 잘했던지 잘못했던지간에 전국 교회가 일관성 있게 시행할 수 있다는 점이다.

(2) 변증권과 경책권

치리회 상호간의 오해와 불신이 하나님의 영광을 훼상하며 교회의 건전한 번영을 가로막는 암이 된다는 사실은 긴 설명이 필요하지 않다. 하물며 지교회를 관할하는 상회와 하회 사이의 오해와 불신은 설명할 필요도 느끼지 않는다. 오해와 불신과 상호 마찰은 마침내 온갖 부도덕한 사단(事端)을 유발하게 된다.

이와 같은 일이 전국적으로 만연하고 고질화될 때에는 그야말로 교단 존폐의 위기까지 몰고 갈 위험성이 있다고 할 것이므로 교리에 대한 논쟁이나 도덕적인 논쟁이나 교회와 교회, 교회와 노회 등 어떤 관계이든 간에 권징에 대한 논쟁이 있을 때는 총회가 면밀히 파악하여 일관성 있게 변증하여 상호간의 오해와 불신을 종식시키고 질서를 유지하고 전국 교회의 건전한 발전과 부흥에 장애되는 요소를 제거하는데 그 목적이 있다. 그래서 경우에 따라서는 견책과 권계도 행하게 한 것이다.

제2항 ① 총회는 노회, 대회를 설립, 합병, 분립하기도 하며 폐지하는 것과 구역을 작정하며

② 강도사 지원자를 고시하며

③ 전국 교회를 통솔하며,

④ 본 총회와 다른 교파 교회 간에 정한 규례에 의하여 교통한다.

(3) 대회 관할권

총회는 대회의 설립, 분립, 합병 폐지 등의 권한을 가지고 있으며 대회와 대회간의 구역을 작정하는 일과 경우에 따라서는 그 구역을 변경하는 권한을 가지고 있다. 그런데 노회의 설립, 분립, 합병, 폐지 및 구역 작정권까지 규정한 것은 정치 제11장 제4조 5항과 대치되기 때문에 모순이 아닐 수 없다.

이는 대회의 권한에서 삭제하든지 총회의 권한에서 삭제하든지 하여 어느 한 곳에만 권한을 부여해야 할 것이다. 만일 그대로 둔다면 총회와 대회가 서로 다르게 결정 되었을 때 어느 결정을 따라야 한다는 말인가? 그러므로 총회는 독단을 피하고 상대방 혹은 노회, 대회의 의견을 존중하며 돕는 태도로 처리해야 한다.

최초의 헌법인 1922년판 정치 제12장 제5조에 보면 "총회는 노회를 신설하기도 하며 분설하기도 하며 폐하기도 하며 구역을 작정하기도 하며"(1922년도판 정치 p.128)라고 되어 있다.

여기에는 대회에 관한 권한이 전혀 언급되지 않았다. 그 이유는 당시에는 대회에 대한 규정은 장만 남겨두고 정하지 않았기 때문이다(제11장 대회, "조선교회에셔는 대회를 아직 조직하지 아니함으로 정치가 업슴" 동 p.125).

그런데 그 후 대회제를 실시하면서 대회에 관한 규정을 할 때 대회가 노회에 관한 권한을 이양 받으면서 총회에 관한 규정에 노회에 관한 권한도 그대로 두고 대회에 관한 권한만 가입한 실수를 범한 것이다. 그러므로 총회의 권한 가운데 노회에 관한 권한은 삭제하고 대회제를 실시하지 않을 때는 '총회가 대회제를 실시할 때까지 대회의 직무 중 필요한 사안은 이를 총회가 대행하기로' 가결하고 시행하면 차질이 없을 것이다.

(4) 강도사 고시권

교회정치문답조례 312문답에 보면 강도사 고시권이 노회에 있는 것으로 해석되어 있다(노회의 제2권은 목사 후보생을 시취하며 강도권을 인허하는 것이니 목사 후보생이 되려고 하는 자가 있을 때에는 본 당회가 노회에 추천할 것이요, 노회는 그가 공부하는 일을 인도하며 학력을 시험하여 강도를 인허할 것이니라). 그 연유는 목사 후보생을 노회가 시취하고 신학교에 위탁 교육하여 강도사 고시와 강도사 인허를 노회가 하고 또 강도사를 시취하여 목사 임직을 하는 것까지 모두 노회의 권한에 속한 것이다(1922년도판 정치 제10장 제7조 2항 : 강도사 시취권, 동 제15장 제11조 : 목사 임직권, pp.118, 151).

그런데 해방 이후 신학교의 난립과 각 노회의 동요로 인하여 신학적 혼란이 심각하게 되자 우리 총회는 물밀듯이 밀려드는 신(新)신학, 자유주의, 이단 사설(邪說)을 방지하기 위하여 1956년 제41회 총회에서 결의하여 목사 고시를 총회에서 시행하기에 이르렀다. 그 후 1960년 12월 제45회 속회 총회에서 세칭 고려파와 합동하면서 고려파에서 시행하고 있던 목사 고시는 노회에서 행하고 강도사 고시는 총회에서 실시했던 그대로 헌법을 개정하여 오늘에 이른 것이다.

이상과 같은 과도기적 상황이 지나가고 안정된 현하(現下)에서 총회의 강도사 고시로 말미암은 부정 사건이 연중행사처럼 교단의 위상을 실추시켰던 적도 있었는바, 오늘날에 강도사 고시는 원상대로 노회에 이양되는 것이 바람직하다고 본다.

(5) 전국 교회 통솔권

총회 산하의 전국 교회가 동일한 같은 헌법에 의해 치리된다고 할지라도 반드시 통솔권이 있어야 한다. 영토가 있고 백성이 있어도 이를 다스릴 주권이 필수적인 것과 같다. 두드러지게 드러나는 일은 예배 모범에 의해 예배드리는 한 교단 지교회들이 어떻게 예배드리는 양상이 가지각색인가? 언제 우리 장로교회가 찬송하면서 박수를 하며 어깨춤까지 추었던가? 또한 기도를 하면서 "주여! 주여!" 3창(唱)을 하며 기도 시간에 전자 악기나 드럼 등으로 흥을 돋우어 주었던가?

뿐만 아니라 주일에 임직식이나 위임식이나 예배 외의 기타 행사를 하는 경우와 체육 대회나 야외 예배 등을 행하는 일, 동일한 교회 정치를 채용하고 있으면서도, 동일한 권징 조례에 의해서 다스리고 있으면서도 성수주일 하지 않는 자와 십일조의 의무를 이행하지 않는 무자격자가 성직을 맡거나 항존직을 맡을 때 과연 누가 통제하며 교정할 것인가?

이 모든 일에 대하여 총회는 통솔권을 가지고 이와 같은 일들을 면밀히 살펴 바로 잡힐 수 있도록 계도하며 권장하고, 교정하며 징책하여 전국 교회가 건전한 번영과 경건하게 성장할 수 있도록 근실히 통치권자로서의 사명을 잘 감당해야 할 것이다. 또한 총회의 전국 교회 통솔권은 하회에서 질의, 헌의, 상소, 소원하는 일을 접수 처리하는 일로써도 행사한다 하겠다.

(6) 교제할 교파의 결정권

교회의 독립성과 연대성은 불가불 다른 교파와의 교제를 필연케 한다. 교회의 머리이신 예수 그리스도의 몸을 이루는 지체라는 의식은 반드시 나와 같지 않다고 해서 적대시 할 바가 아니라, 한몸을 이루는 지체답게 서로 돕고 의지하며 사랑해야 한다고 할 것이다.

타 교파와의 교제는 주로 연합 활동이나 강단 교류 등이 중심이 된다 하겠다. 본 총회는 W.C.C.를 영구히 탈퇴한 상황이나 N.C.C.에 가입하지 않는 상황을 고려하면 교제할 수 있는 교파를 인지할 수 있을 것이다.

우리 총회는 1971년 이래 "타 교파와의 강단 교류는 고려파, 기성, 예성파와 교류하되 당회의 신중한 결의와 상회의 지도 하에서 시행하기로 결의하였다(제56회 총회 촬요 p.8)"라고 하였고, 1973년 제58회 총회에서는 "타 교파와 연합 사업을 하거나 강단 교류에 대하여 총회 결의를 위반했을 경우에는 해 노회로 하여금 시벌하기로 가결하다(제58회 총회 촬요 p.6)"라 하였다. 1997년 제82회 총회에서는 "타 교단과의 강단 교류는 본 교단과 신앙 고백이 같고 성경관과 구원관이 동일한 복음주의적이고 개혁주의적인 신앙을 고수하는 경건한 교단은 해 교회 당회장이 책임지고 교류하도록 한다"로 가결하였다. 그러므로 '후결의 우선의 원칙'에 의하여 제82회 총회 결의대로 당회장의 재량권이 부여된 반면 책임도 그만큼 강화된 격이 되었다고 하겠다.

제3항 ① 교회를 분열(分裂)케 하는 쟁단(爭端)을 진압하며

② 전교회(全敎會)를 위하여 품행을 단정케 하고,

③ 인애(仁愛)와 성실과 성결한 덕을 권장하기 위하여

④ 의안(議案)을 제출하여 실행하도록 계도(計圖)한다.

(7) 분열 쟁단 진압권

교회 분열 쟁단이란 아직 교회가 분열하는 자리에까지 이르지 아니하였을지라도 이를 미연에 방지하도록 하는 권세가 곧 쟁단을 진압하는 권세이다. 즉 그대로 내버려두면 점점 더 크게 확대될 것이므로 이

런 경우 총회는 분열을 미연에 방지하기 위하여 그 진압권을 가지게 한다(정문 428문답).

(8) 의안 제출권

총회는 하회에서 제출된 헌의와 청원 등을 좇아 결정하여 시행케 한다. 그러나 하회에서 올라온 헌의와 칭원이 없을지라도 전국 교회에 필요한 사안이 있을 때는 각 상비부가 의안을 본회에 상정하여 총회가 채택하고 전국 교회가 시행하도록 하는 권한이다.

제4항 ① 어느 교회에서든지 교회 재산에 대하여 쟁론이 있어

② 노회가 결정한 후 총회에 상고하면

③ 이것을 접수하여 판결한다.

(9) 지교회 재산 처리권

정치 제9장 제6조에 "교회에 속한 토지 가옥에 관한 일도 장리(掌理)한다"고 규정하여 당회가 재산 관리를 하게 되어 있고, 정치 제10장 제6조 8항에는 지교회의 "토지 혹 가옥 사건에 대하여 변론이 나면 노회가 처단할 권이 있다"고 하였는데 또 다시 총회의 권한에서도 처결권이 있게 한 것은 노회에서도 원만하게 해결되지 못하여 총회에 상고했을 경우에 한하여 처결권을 갖게 한 것이다. 재산 처리권에 대하여 대회의 권한에 언급이 없는 것은

① 최초의 헌법인 1922년도판에 대회 정치가 없었기에 노회가 총회로 상고토록 한 것을 그대로 전수되었을 가능성과

② 3심제 하에서의 재산에 대한 최종 심의권을 총회에 두기 위함이 었
  을 가능성과

③ 대회에는 유지 재단권이 없기 때문에 총회에 상고하게 한 것 등으
  로 생각된다.

제5항 ① 내외지(內外地) 전도 사업이나

     ② 기타 중대 사건을 주관할 위원을 설치(設置)할 수 있으며

     ③ 신학교와 대학교를 설립할 수 있다.

(10) 상비부 설치권

총회는 비상설체 조직이어서 파회하면 다 없어지고 다만 임원회,
상비부, 이사회, 특별 위원 등이 1년간 총회의 권한을 가지고 총회가
위탁한 안건 등을 처리하게 된다.

각 상비부는 총회 기간은 물론 총회가 파한 후에도 총회가 맡긴 사
건을 처리하기 위하여 상비부를 설치하여 총회의 직무를 대행케 하였
다. 그러나 총회가 맡기지 않은 일은 어떠한 일이라도 처리할 수 없는
의회 민주 정치가 장로회 정치이다. 과거에는 한번 총회 상비부원이
되면 3년 동안은 총대가 되든지, 안 되든지 그 상비부에서 일할 수 있
게 하였다. 그래서 제21회 총회에서는 "비총대라도 상비부원이 될 수
있다"고 가결한 바 있다.

그런데 1973년 제58회 총회가 규칙을 변경하여 "비회원은 기득권
이 없고 각 상비부원은 일체 타 부원을 겸임하지 못한다(총회 제58회

촬요 pp.5~6)로 되어 있어 해마다 3분의 1씩 교체되는 것으로 오늘에 이르고 있다. 그러므로 과거와는 달리 총대 탈락과 함께 상비부원까지 탈락되므로 상비부는 총회 총대만으로 구성되도록 변경된 것이다.

(11) 특별 위원 설치권

특별 위원의 권한과 임무 등은 물론 총회가 정하고 특별 위원은 맡은 사건에 대하여 총회의 권한을 가지고 일할 것이지만 마땅히 총회에 보고하여 채택케 함으로써 그 직무를 종결하고 위원도 끝나게 된다.

상비부는 그 부서에 해당하는 업무를 헌의부의 보고와 본회의 위탁에 따라 처리하거니와 특별 위원은 상비부에서 처리하기에는 애매한 특별한 사안을 위하여 위원을 선정하여 맡기는 위원회로서 상비부원이라도 겸임하여 구성된 특별 위원회이다. 특별 위원은 총대가 아니더라도 맡을 수 있고 한번 맡게 되면 총대에서 탈락되더라도 그 사건을 처리할 때까지 '사건처결 우선주의 원칙'에 의하여 계속 위원이 된다.

(12) 신학교와 대학교 설립권

신학교를 설립하는 권한은 총회가 가지는 특권이다. 이는 외국과는 달리 한국 교회는 거의 교단이 하나 생기면 신학교가 같이 생기게 되고 신학교가 생기면 교단도 따라서 생기는 것이 현실이다. 지방 신학교의 설립(인준)권이 절대적으로 총회의 권한에 속한 것도 그 이유 중의 하나이다. 그러므로 지방 신학교의 설치 인준도 정치적으로나 지연, 인연에 따라 난립되어서는 안 되고 꼭 필요한 지역과 경우에만 허락되어야 할 것이다.

총회 직영 신학교는 그 어떠한 경우에 있어서도 본 총회의 교리 신조 및 원칙과 정책 등 기본 노선에 어긋남이 없도록 전통적인 순수 장로교 신학 교육에 구애됨이 없도록 인사권, 재산권, 경영권 등등 실권을 항상 총회가 직접 장악하도록 하고, 일처리를 함에 있어서 총회와 뜻이 다를 때에는 위촉했던 권한을 즉시 해제하고 바로 잡는 일에 구애됨이 없도록 법규를 제정하여 시행해야 할 것이다.

제6항 ① 총회 재산은 총회의 소유로 한다.

(13) 총회 재산

총회의 재산은 총회 직영으로 유지하는 모든 기관의 사무실, 토지, 건물 등의 모든 재산은 총회의 소유로 한다는 말이다. 물론 각 지교회의 토지, 가옥, 차량 등의 모든 재산도 총회 유지 재단에 등록되었을 경우에는 총회 소유의 재산일 수밖에 없다. 이는 그 관련자들이 교단을 배신하고 사유화 등의 폐단을 방지하기 위한 조항이기도 하다.

6. 총회 회집

七, 總會集會 (1922年版)

總會는 每年一次以上을 會集ᄒ되 豫定ᄒᆫ 一時에 會長(會長이 出席

지못홀時는 前會長)이 講說홈으로 開會ㅎ고 新會長을 選擧홀時까지 會場을 管理홀거시니라 各總代는 各其(그) 薦書를 書記의게 提出ㅎ야 名簿를 調製케 홀지니 其名을 名簿에 記入하기까지는 投票權이 업는니라

제6조 : 총회의 회집

① 총회는 매년 1회 정례로 회집하되 예정한 날짜에

② 회장이 출석하지 못할 때는 부회장 또는 전 회장이 개회하고 신
회장을 선거할 때까지 시무할 것이요,

③ 각 총대는 서기가 천서(薦書)를 접수 호명(呼名)한 후부터 회원
권이 있다.

☞ 총회는 1년에 1회밖에 모일 수 없고 각 노회에서 파송한 총대를 호
명한 때부터 회원권이 구비하고 개회 선언 시부터 산회 시까지만 존재
하는 치리회이다.

(1) 총회의 정례회

총회는 매년 1회의 정례회로 회집하고 회의를 마칠 때는 파회하는
것으로 되어 있다. 노회는 임시회가 있으므로 계속 존속되나 총회는
산회되면 다시 모이는 임시회가 있을 수 없다. 총회가 모이면 당석에
서 직접 처결하는 일 외에는 1년 동안 행할 일을 의결하여 상비부에
맡기고, 총회는 사실상 없는 상태로 돌아가고, 총회에서 위탁받은 일

들을 임원회, 상비부, 이사회, 특별 위원회가 1년간 총회의 권한을 가지고 각각 대리하도록 함이 성직의 계급이나 특권층을 형성하여 처결하는 로마 교회와 다른 우리 장로회 정치의 입장이요, 이것이 바로 총회 운영의 전통적 방법이다. 하회에서 총회에 상정되는 안건은 헌법 및 교리 관계나 대회의 설립, 분립, 합병, 폐지, 구역 조정 그리고 목사에 대한 상소 외에는 대회에서 종결하게 된다. 그리고 총회가 임시회로 모이지 못하도록 규정한 것은 교권주의로 흐르게 될 위험을 예방하고 부패를 방지하려는 데에 더 큰 목적이 있다고 할 것이다.

현실적으로 문제가 되고 있는 것은 대회제를 실시하지 않고 있기 때문에 종결해야 할 사건까지 총회로 올라오고 있는 현하(現下)에 그 문제들이 1년간이나 기다려야 하는 불편함이 없지 않다는 사실이다.

대회제 문제는 1967년 제52회 총회에서 시행하기로 가결하여 5년간 시행한 후에 폐지하기로 가결하여 한국 교회 100년사에 대회제는 겨우 5년간만 시행하였다.

(2) 회장 유고 시 의장 대리 서열

회장 유고 시에 부회장이 대리하는 것은 규칙이 아니더라도 일반적 상식에 속한 것이다. 그런데 부회장도 유고 시는 어떻게 할 것인가? 이는 교회정치문답조례 618문답의 내용을 우리 총회가 제6회 총회에서 임시 채용하기로 한 것을 1918년 제7회 총회에서 정식으로 채택하여 통용해 온 만국장로회 각 치리회 보통회의 규칙 2조에 의하여 직전 회장 그리고 증경 회장순으로 하고 증경 회장이 모두 유고 시에 최선

장립자가 의장이 된다. 최선 장립자가 다수일 때는 최연장자가 맡게
된다.

(3) 총대권

총대는 각 노회에서 투표로 선출 되었다고 해서 총회의 총대가 되는
것이 아니라 서기가 천서를 접수한 후 호명함과 동시에 회원권이 부여
되는 것이다. 이는 천서에 아무런 하자가 없다는 공표이기도 하다.

7. 개회 폐회 의식

八, 總會의 儀式

總會는 맛당히 祈禱로써 開會ᄒ고 閉會ᄒᄂ니 總會가 事務를 다
處理ᄒ고 閉會ᄒ기로 決定ᄒᆫ 後에 會長이 宣言ᄒ되 『敎會가 余(나)
의게 委託ᄒᆫ 權으로 今(이)總會는 罷흠이 可ᄒᆫ줄노 앎으로 今玆(이제)
閉會ᄒ며 此(이)總會와 ᄀ치 組織ᄒᆫ 總會가 다시 某日某處에 會集흠
을 命ᄒ노라』ᄒᆫ 後에 祈禱흠과 感謝흠과 祝禱흠으로 散會ᄒᄂ니라

제7조 : 개회 폐회 의식(儀式)

① 총회가 기도로 개회하고 폐회하되 폐회하기로 결정된 후에는
② 회장이 선언하기를 "교회가 나에게 위탁한 권세로 지금 총회는
　 파(罷)함이 가한 줄로 알며 이 총회같이 조직한 총회가 다시 아
　 무날 아무 곳에서 회집함을 요하노라" 한 후에

③ 기도함과 감사함과 축도로 산회(散會)한다.

☞ 각 치리회 중에 당회, 노회, 대회는 폐회를 선언하여 계속 존재하나 총회의 폐회는 파회이다. 파회(罷會)란 뜻은 그 총회는 파회되는 순간부터 없어진다는 것이다. 파회한 후 1년 동안은 지교회의 어떤 일이든지 총회의 권위로서도 관여하지 못한다. 개회 의식은 각 치리회가 동일하게 기도로 개회한다. 총회는 해마다 새로 조직하여 모이는 회합이다. 산회 후의 봉사는 각 상비부서와 각 위원회가 하도록 되어 있다. 각 상비부서와 각 위원회는 총회가 그 회무 중에 지시한 범위 안에서만 사역하는 법이다(정문 429문답, 462문답).

∗ 정문 429문 : 총회와 하급 치리회의 구별이 어떠하냐?

　답 : 총회와 하급 치리회의 구별은 아래와 같다.

　① 총회는 전체 교회의 대표회가 된다.

　② 상소의 최고 최종 심의회가 된다.

　③ 총회만이 교회법을 전권으로 해석한다.

　④ 총회만이 노회의 수의(垂議)를 거쳐 헌법을 제정하거나 변경한다.

　⑤ 교회들을 연합하게 하는 기반이요, 타 교파와의 교통(交通)을 주관하는 대표가 된다.

　⑥ 교회 덕행의 지휘자가 된다.

　⑦ 목사수의 증가를 위해 힘쓴다.

⑧ 총회는 상설체(Permanent body)가 아니므로 폐회로 해산되고 (Sine die) 익년 총회를 새로 회집한다.

＊ 정문 462문 : 총회가 어떻게 개회하고 폐회하느냐?

답 : 총회가 회집하여 개회하며 정회하며 속회하며 폐회하는 것을 매번 기도로 해야 한다. 또한 전체 회무를 마치고 현 총회를 파회(dissolving)하기로 가결하면 회장은 회장석에서 "이 총회는 파회되었기에 교회가 나에게 위탁한 권세를 따라 이에 산회를 선포하오며, 새 총대들로 이룩할 총회가 명년 9월 셋째 주일 후 화요일 오후 6시 반에 ○○에서 회집할 것을 명령합니다"라고 한 후에 기도와 감사와 축도로 산회한다.

(1) 기도로 개회와 폐회

총회는 기도로 개회한다고 명문화 했으나 당회나 노회나 대회는 기도로 개회하고 기도로 폐회한다는 명문이 없다. 그렇다고 해서 총회만 기도로 개회하고 기도로 폐회하면 되는 것으로 이해해서는 안 된다.

모든 치리회는 그 안건이 주님의 일인 까닭에 사사로운 의견을 좇아 처리할 수 없다. 그러므로 하나님의 뜻을 찾아야 하고 그래서 회집하였는데 기도로 개회하고 기도로 진행하고 기도로 마치는 것이 마땅한 일이 아니겠는가? 법 이전의 신앙 문제이다. 적어도 회장의 개회 선언은 상당한 절차를 거쳐야 할 수 있다. 기도로 개회해야 하고 성경 봉독이나 설교는 생략해도 회원 호명, 성수 보고 등의 모든 절차가 끝나고 난 다음에야 선언하는 것이다.

(2) 총회의 파회 선언의 의미

총회는 장로회 각 치리회 중 당회와 노회와 대회와는 달리 '파회'를 선언한다. 그러므로 총회는 회기 내에 처리하지 못한 것은 각 상비부와 특별 위원회에 맡긴 일만 처리하게 하고 총회는 없어진 것이다. 그러므로 총회는 존재하지 않을 뿐 아니라 임원회도 총회가 맡긴 일이 없으면 해산된 것이다. 그런즉 총회가 모여서 상비부나 특별 위원이나 이사들을 조직하고 저들에게 일을 맡기고 난 후에는 할 일이 없으므로 총회는 다시없는 상태로 돌아간다는 말이다.

다만 총회장은 교단을 대표하며 상징적으로 존재하며 차기 총회 시에 새임원을 선출할 때까지 의장의 직무가 남아있을 뿐이다. 따라서 총회장이 노회장 연석회의나 각 노회에 명령 지시하는 일을 할 수가 없으며 어떤 구속력을 행사할 수도 없다. 그러므로 장로회 각 치리회는 노회적이라는 의미가 바로 여기에 있다.

제13장 장로 집사 선거 및 임직

1. 선거 방법

第十三章 長老 執事 及 任職 (1922年版

右數章에 敎會諸職과 諸治理會에 關ᄒ야 詳言(자세히말)ᄒ엿슨즉 玆
又(이제도)諸職에 對ᄒ야 選擧任職ᄒᄂᆫ 方法과 奉職行使ᄒᄂᆫ 要例를
擬定ᄒ노라

一, 選擧方法

治理長老와 執事(按手式으로 任職ᄒᄂᆫ 執事를 가ᄅ친거시니 二下
도 同(又홈) 는 各支敎會가 各其定規에 依ᄒ야 選擧ᄒᄂᆫ거시니라 然
이나 本敎會에 聖餐參預ᄒᄂᆫ 敎人中男子로 擇홀지니 (고전 十四○四
十) 選擧ᄒ기 前主日에 預先廣告ᄒ고 聖餐參預ᄒᄂᆫ 會員이 投票選擧
ᄒ되 投票數는 長老는 三分二와 執事는 過半數로 選定ᄒᄂ니라

제1조 : 선거 방법

① 치리 장로와 집사는 각 지교회가

② 공동의회 규칙에 의하여 선거하되

③ 투표수 3분의 2 이상의 찬성을 요한다.

④ 단, 당회가 후보를 추천할 수 있다.

☞ 장로와 집사는 선거 운동도 할 수 없고 공동의회 규칙에 따라 무기명 비밀 투표로써 3분의 2 이상의 찬성으로 선출하는 것을 원칙으로 하되 경우에 따라서는 당회가 후보자를 추천할 수 있게 하였다.

(1) 공동의회 규칙

공동의회 기본 규칙은 무흠 입교인이 회원이 되고 당회의 결의로 1주일 전에 안건과 함께 회집 광고로 모이는 대로 개회한다. 공동의회의 일반적 결의는 과반수로 가결하고 목사, 장로, 집사, 권사 선거는 3분의 2 이상의 찬성으로 가결된다(정치 제21장 제1조). 이와 같은 기본 규칙을 포함하고 헌법에 어긋나지 않는 한 각 지교회가 공동의회의 규칙을 정하여 행할 수도 있다.

(2) 선거 제도

장로와 집사는 교회의 항존직으로서 교회의 모든 직원 중에 그 비중이 심히 크고 중요한 위치에 있는 직분이다. 그런데 그 직원을 선택함에 있어서 우리 장로교의 정치는 선거로써 결정하도록 규정하였다.

구약 시대나 사도 시대에는 하나님의 직접적인 선택이나 하나님의 지시에 따라 직원을 선택하는 경우가 대부분이었다. 몇 가지 예를 들어 본다면 모세를 하나님께서 특별히 뽑아 선택한 일이나, 사무엘을 통하여 다윗을 기름 부어 세운 일이나, 선지자와 사사들을 하나님께서 부르신 일이나, 다메섹 도상(途上)에서 전격적으로 사울을 사로잡아 바울이 되게 하신 일 등을 생각할 수 있다.

이와 같은 선택 방법은 성경이 완성되기 이전에 직원 선택의 특별한 방법이었으나 교회가 세워지고 성경이 완성된 후 교회의 정치 제도가 수립된 후에는 선거 제도를 통하여 교회의 직원을 선택하게 한 것이 통례이다. 교회 시대의 직원을 선택하는 선거 제도의 의미는 크게 두 가지로 생각할 수 있다.

1) 성령의 역사

성경과 교회 시대 이전에는 성령께서 음성과 꿈, 환상 등으로 계시하였던 것과 달리 성경이 완성된 오늘에는 그와 같은 방법을 거두시고, 성도들이 기도하고 투표에 임할 때에 그 마음에 성령의 감화를 통하여 하나님의 뜻에 합당한 자를 선택하도록 하신다는 말이다.

물론 기도하고 선거에 임한다 하더라도 성도들의 믿음의 분량에 따라 천태만상의 인간적인 요소가 개입되지 않을 수는 없는 것이다. 친분과 인연과 이해관계와 정실에 따라 인간적인 방법이 동원되기도 한다. 그래서 투표의 결과는 산표(散票)가 되기 일쑤이다. 그러나 그런 경우를 감안한다 할지라도 투표의 결과는 곧 성령의 감동으로 말미암은 하나님의 뜻이라고 믿는 것이 그 첫째의 의미이다.

2) 정치 원리적 의미

교회는 하나님의 백성들이 하나님을 영화롭게 하기 위한 공동체이므로 그 공동체의 직원을 뽑는데 있어서 가장 좋은 방법으로 선거 제도를 하나님께서 허락하신 것이다. 그래서 정치 원리의 가장 중심적인 양대 지주(支柱)가 되는 양심의 자유와 교회의 자유에 의하여 "어느 회에서든지 그 직원을 선정하는 권한은 그 회에 있도록"(정치 제1장 제6조) 하였다.

그래서 교회는 양심의 자유에 의하여 자기의 대표자를 자기가 뽑아 치리하게 하고 또한 봉사자를 세워 자기와 함께 충성하게 한 것이다. 따라서 교회의 선거 제도는 정치 원리적 의미를 가지고 하나님의 뜻을 물어 교회의 직원을 선택하는 제도이다.

(3) 3분의 2 이상의 의미

장로와 집사를 선출하는 일에 있어서 선거로써 결정하는 것은 법적으로나 신앙적으로나 가장 이상적인 방법임에는 틀림없는 일이다. 그러나 상술한 바와 같이 같은 성령의 역사임에도 불구하고 그 결과는 천태만상으로 산표가 되어 일치를 보지 못하는 것이 대부분이다. 오히려 양심의 자유에 의한 투표 결과라면 당연한 것 일지도 모르는 일이다.

따라서 완전한 일치를 볼 수 있다면 그보다 더 좋은 일이 없겠으나 끝내 일치를 보지 못할 경우, 교회의 직원을 선택하는 일을 방치할 수 없는 일이므로 최적정선 3분의 2 이상의 의견을 전체 의사로 간주하여 투표할 때는 부표를 했다고 하더라도 소수가 다수에게 승복하고 순종하며 결국은 만장일치의 선택으로 간주하자는 의미를 부여하고 있는 것이다.

장로회 정치의 선거 제도는 양심의 자유에 의한 직원을 선택한 것으로 소수의 양심이 다수의 양심을 따르게 하는 정치 제도요, 성령의 역사임을 전제하고 있는 것이다. 그래서 소수의 양심의 자유가 다수의 양심의 자유를 존숭(尊崇)하여 수용하라는 하나님의 명령인 것이다.

그러나 때로는 이와 같은 의미를 벗어나 다수의 오류를 시인할 수밖에 없는 경우를 자주 보게 된다. 제27회 총회가 신사 참배를 결의한 일이나, 여호수아와 갈렙의 보고를 무시하고 10명의 정탐군의 불신앙적인 보고를 채택한 가데스 바네아의 결의나, 예수님을 십자가에 못박고 바라바를 석방해 달라는 군중들의 아우성에 의하여 판정한 빌라도의 법정이 바로 그것이다. 따라서 다수파는 항상 소수가 진리일 수도 있으며 그것이 하나님의 뜻일 수도 있다는 것을 항상 상기하며 겸비한 자세로 선거에 임하는 자세가 필요하다고 하겠다.

(4) 당회가 후보를 추천하는 경우

교회의 직원을 선택하는 일에 있어서 당회가 후보자를 추천하는 일은 반드시 그렇게 하라는 규정은 아니다. 이는 대형 교회의 양산으로 제직회원끼리도 서로 몰라보는 경우가 비일비재하여 직원 선택에 있어서 선거가 거의 불가능하게 되자 단항(但項)을 신설하기에 이른 것이다.

그렇다고 해서 당회가 평신도의 기본권을 완전히 빼앗는 것이라고 생각해서는 안 된다. 당회가 추천은 하였으나 최종 선택권은 교인에게 있기 때문이다. 아무리 당회가 후보를 추천한다 해도 교인들이 거부권을 행사하면 그만이다.

따라서 당회가 후보를 추천하는 일에 있어서 중소 교회의 경우 대부분의 성도들이 서로가 한 가족처럼 잘 알고 교제하는 경우는 후보 추천을 하지 않는 것이 헌법 정신이라 하겠다. 그래서 헌법의 규정은 '추천한다' 라고 하지 아니하고 '추천할 수 있다' 라고 하였다. 그러므로 만부득이한 경우에만 당회의 추천으로 선거하는 것이 바람직하다고 하겠다. 따라서 당회가 후보를 추천하였을 경우라도 추천을 받지 아니한 자가 3분의 2 이상의 투표를 받으면 그 사람도 피선자임은 물론이다.

(5) 선거권과 피선거권

선거권은 공동의회 회규(會規)에 본 교회 무흠 입교인을 회원으로 하도록 규정하고 있으니 별문제가 없어 보인다. 헌법적 규칙 제7조 2항에 "… 무고히 계속 6개월 이상 본 교회 예배회에 참석하지 아니한 교인은 선거와 피선거권이 중지된다"는 규정은 평소에는 예배에 계속 불참하다가도 공동의회가 있는 주일에 나타나서 교인권 행사를 하겠다고 덤벼드는 자를 용납하지 말라는 규정이다.

그런데 항간에는 이 규정의 법의(法義)를 왜곡하여 이명(移名) 이래(移來) 입교인이라도 본 교회에 출석한지 6개월 미만이면 선거권이 없다고 주장하는 이들이 없지 아니한 것 같다. 이명 증서를 당회가 받았으면 곧 그 시각부터 본 교회 교인이니 6개월 미만 운운하면서 선거권을 주지 않는 일은 명백한 불법이요, 또 본 교회 교인 중 비록 6개월 이상 본 교회 예배회에 참석하지 아니한 분이라고 해도 '무고히' 가 아니고 인정할 만한 사정이 있어 불출석한 분이라면 물론 선거권이 있다

하겠다.

　문제는 선거권 규정이다. 1922년판 원 헌법은 "… 然이나 본 교회에 聖餐參預(성찬 참예) 하난 교인 중 남자로 택할찌니라"고 한 것을 제5장과 제6장에서 각기 '남자 입교인' 혹은 '남교인'으로 규정하여 그대로 유지하고 있다.

　성경을 하나님의 말씀으로 믿는 교회와 교단이라고 하면 '남자 입교인' 혹은 '남교인'에게만 장로 집사 피선거권을 주도록 한 규정은 절대 불가변의 규정이라고 단정해도 무방하다고 하겠다.

＊ 정문 90문 : 장로를 선거할 때에 어떠한 자가 투표할 것이뇨?

　답 : 본 교회 교인 중 성찬에 참여하는 무흠한 교인이라야 투표할 권이 있느니라.

＊ 정문 91문 : 장로로 피선할 자의 자격은 어떠하뇨?

　답 : 본 교회 세례 교인 중에 성찬에 참여하는 무흠한 남자라야 택할 것이니라. 유아 세례 주는 것을 합당치 못한 일로 아는 자와, 그 지교회에 출석하는 무임 목사나 공로 목사를 투표하여 장로로 택하지 못하느니라.

＊ 정문 92문 : 장로가 본 교회 밖에서 그 직무를 행할 수 있느뇨?

　답 : 장로는 투표를 받은 본 교회와, 총대로 파송된 노회나 대회 및 총회에서만 그 직무를 행하느니라. 장로는 두 교회를 겸하여 치리할 수 없느니라. 그러나 혹 부득이한 경우에는 가까이 이웃하고 있는 두 교회가 합하여 장로 1인을 투표로 택할 수 있으니, 이런 경우에는 그 두 교회를 하나의 지교회로 인정하느니라.

* 정문 94문 : 장로는 교인의 투표가 있어야 하겠느뇨?

　답 : 목사가 자기 임의로 교인의 투표 없이 장로를 자벽하여 장립하면 그 사람을 장로라 칭할 수 없고 시무도 못하느니라.

* 정문 95문 : 장로가 장립과 위임을 받아야 하겠느뇨?

　답 : 장로가 장립과 위임을 받기 전에는 당회에 참여할 수 없고 교회를 치리하지 못하느니라. 장로가 장립은 생전에 한 번만 받고 위임은 여러 번 받을 수 있느니라. 목사가 장로를 장립할 때에 혹 안수하고 기도하기도 하며, 혹 기도만 할 수 있으나, 사도들이 안수하였은즉 그같이 하는 것이 좋으니라.

* 정문 96문 : 장로는 어느 회 치리 하에 있느뇨?

　답 : 장로는 한 지교회의 회원인즉 본 교회 당회 치리 하에 있느니라. 장로가 피고가 되어 소송하는 경우에는 노회가 마땅히 그 재판을 주관할 것이니라. 장로가 무슨 연고로 말미암던지 교회에 덕을 세우도록 자기 직분을 행할 수 없는 경우에, 본인이 당회 혹 노회에 제의하면 재판 없이 그 직분을 해면할 수 있느니라.
　노회가 아무 때든지 당회의 청함을 받지 아니할지라도 어느 교회든지 가서 시찰한 후에, 착오된 일이 있으면 개정하라고 권하며, 범죄한 장로를 심문하고 면직할 권이 있느니라.

☞교회정치문답조례 박병진 목사의 2009년 수정판

* 정문 96문 : 장로는 어느 치리회 관할 하에 있느냐?

　답 : 지교회에 한 분밖에 없는 장로나 혹은 모든 장로가 피소되었으

면 노회가 마땅히 그 재판을 주관한다(Presbyterian Digest p.118, 권징 제4장 제19조 "목사에 관한 사건은 노회 직할에 속하고, 일반 신도에 관한 사건은 당회 직할에 속하나, 상회가 하회에 명령하여 처리하라는 사건을 하회가 순종하지 아니하거나, 부주의로 처결하지 아니하면, 상회가 직접 처결권이 있다", 역자 주 : 정치 제2장 제9조 … 장로 1인만 있는 경우에도 모든 당회 일을 행하되, 그 장로 치리 문제와 다른 사건에 있어 장로가 반대할 때에는 노회에 보고하여 처리한다).

장로가 교회를 섬기는 일에 유익을 끼칠 수 없게 되었으면 본인의 승낙이나 노회의 권고로 당회가 처결한다(정치 제13장 제5조). 노회는 지교회를 방문하고 교회 상황을 물을 수 있고, 신령한 문제를 명할 수 있으며 당회의 요구가 없을지라도 장로를 시무 정지할 권한(Shall cease to act)이 있다(Presbyterian Digest p.350).

2. 임직 승낙

二, 就職承諾 (1922年版)
　前條에 記한 方法에 依하야 治理長老或執事로 選擧한 後에 老會가 承認하고 (執事는 除홈) 被選擧된 本人도 承諾한 後에 下文의 規例에 依하야 任職할거시니라

제2조 : 임직 승낙

① 치리 장로 혹은 집사를 선거하여

② 노회가 고시 승인하고(집사는 제외한다),

③ 선거된 본인도 승낙한 후에

④ 당회가 임직한다.

☞ 임직할 자를 교회가 만장일치로 환영한다고 해도 먼저 본인이 수락해야 하고, 또한 노회가 자격을 심사하여 허락한 후에 당회가 임직하는 순서를 따라야 한다.

(1) 본인의 승낙

교회의 모든 직분은 비록 피택이 되었다고 할지라도 본인이 그 직분에 임직할 것을 승낙한 후에야 노회나 당회의 고시도 응하게 되고 임직을 받게 된다.

교회의 직분은 본인이 "아멘"으로 승낙하지 않는다면 강제로 임직하지 못한다. 선거와 노회의 고시 등 모든 과정을 마쳤으면 이제는 하나님의 뜻으로 확신하고 순복해야 하겠는데 이를 거절하는 정도의 인사라면 아직은 성직을 맡기기에 합당하다 할 수 없고 더욱이 양심 자유 원리에 비추어 임직을 거절할 권한이 장로 집사로 당선된 본인에게도 있다고 보는 것이 헌법의 입장이다.

교회의 모든 직분은 어떤 면에서 성직이라 할 수 있으니 억지로 맡길 수는 없고 본인이 기쁜 마음으로 순종할 때 그 직분을 잘 감당할 수 있으며 하나님께서도 기뻐하시고 그 직분을 잘 감당할 수 있도록 은혜를 주시리라 믿는다.

(2) 노회 고시의 대상

정치 제9장 제5조 4항에 "장로나 집사를 선택하여 반년 이상 교양하고 장로는 노회의 승인과 고시한 후에 임직하며 집사는 당회가 고시한 후에 임직한다"고 규정하였다.

그러므로 임직자로서 노회 고시의 응시 자격을 갖춘 자는 ① 노회의 선택 허락을 받고 ② 교인의 선택을 받아 ③ 본인이 승낙해야 하며 ④ 당회의 반년 이상 교양을 받은 자가 ⑤ 당회장이 고시 추천을 받아 ⑥ 장로 고시 허락 청원을 제출한 자이어야 한다. 여기에서 집사는 노회 고시 대상에는 제외되고 대신 당회의 고시로 임직을 받게 된다는 점이 다르다. 그러면 장로나 집사 모두 다 당회의 관하에 있으면서 '왜 집사는 당회에서 고시를 하고 장로는 노회의 고시를 받아야 하는가?' 하는 점이다.

그 이유는 집사는 치리권이 없고 노회 총대가 될 수 없고, 장로는 당회의 구성 요원으로 당회 안에서 전권으로 다스리는 자치권이 있을 뿐더러, 목사와 같이 상회원이 되어 상회 관할 구역을 통치할 권한 즉, 공동 감시권 행사가 가능하기 때문에 노회의 고시를 받아야 하고 또한 치리회에서는 목사와 동등한 권세로 회원권을 구비함으로 노회 고시에 합격해야 함이 필수 요건이라 하겠다.

(3) 당회의 임직

목사의 임직은 목사가 안수하나(정문 567문답) 장로와 집사는 목사와 장로가 함께 안수 임직한다(정문 474문답). 그래서 본조에 '당회가 임직한다' 고 규정하였다.

＊ 정문 567문 : 목사를 장립할 때에 누가 안수하느냐?

　　답 : 목사를 장립할 때에 안수할 자는 본 노회 목사와 언권 회원이요, 가끔 그 예식에 동참한 타 교파 목사도 안수한다. 강도사는 물론이고, 치리 장로는 설혹 본 노회 회원일지라도 순서를 맡을 수 없다. 남장로회는 치리 장로들도 목사 장립식에 안수해 왔다.

＊ 정문 474문 : 장로 집사 장립식은 누가 주장하느냐?

　　답: 그 지교회 담임 목사가 주장한다. 만일 그 지교회가 아직 노회의 설립 위원이 일하고 있을 때에는 그 설립 위원이 주장한다. 장립에 대하여는 그 권한이 목사에게 속했으니, 장로의 안수를 거절하고 오직 목사만 안수해야 한다고 하는 한편, 또한 전 당회가 다 안수하는 것이 합당하다고 하니, 둘 중 어느 방법이든지 교회가 유익하도록 취할 수 있다(Presbyterian Digest p.347).

그런데 정치 제6장 제1조에 "집사직은 목사와 장로직과 구별되는 직분이니 무흠한 남교인으로 그 지교회 교인들의 택함을 받고 목사에게 안수 임직을 받는 교회 항존직이다"라고 규정하였다. 그렇다면 어떤 곳에는 '목사가 안수 임직한다' 하였고 어떤 곳에는 '목사와 장로가 안수한다' 고 하였으니 어느 장단에 춤을 추어야 한단 말인가? 모순이 아니냐 하는 말이다. 이에 대하여 '장로와 집사를 당회가 임직한다'는 것을 모범으로 생각하면 되겠고, '목사에게 안수 임직을 받는다'는 것은 특례로서 미조직 교회에서도 목사 혼자서(당회장) 안수 임직할 수 있다는 예외 규정으로 이해하면 될 것이다.

그래서 우리 총회는 미조직 교회의 안수 집사에 대하여 1912년 제1회 총회에서는 "조직하지 아니한 교회에서는 안수 집사를 세울 정도는 어떠하뇨? 에 대하여는 조직 교회에서 하되 노회 규칙에 의할 것이요, 만일 노회의 특별한 규칙이 없으면 각 당회가 유익하도록 할 것이오며"라고 가결하였다. 결과는 미조직 교회에서도 목사가 집사를 안수 임직할 수 있다는 의미이다.

3. 임직 순서

三, 任職順序(1922年版)

敎會가 堂會에 定한 時日과 處所에 會集ᄒ야 開會ᄒ고 牧師가 講道ᄒ 後에 其職(그직분)(長老或執事)의 根源과 性質의 何如(엇더)ᄒ 것과 품행과 책임의 如何(엇더) ᄒ거슬 簡短히 說明ᄒ고 敎會 前에셔 被選者의게 對ᄒ야 左記五條를 問答홀지니라

(一) 新舊約聖經은 하ᄂ님의 말삼이오 또 信仰과 行爲에 對ᄒ야 獨一無二正確無誤ᄒ 法則으로 밋ᄂ뇨

(二) 本長老會信經과 要理問答은 新舊約聖經의 敎訓ᄒ道理를 總括ᄒ거스로 알고 誠實ᄒ모음으로 受容(밧어용납)ᄒ야 自己의 使用홀거스로 承諾ᄒᄂ뇨

(三) 本長老會政治와 勸懲條例를 正當ᄒ거스로 承諾ᄒᄂ뇨

(四) 此支敎會長老(或執事)의 職分을 밧고 하ᄂ님의 恩惠를 依ᄒ야 眞實

ᄒᆞᄆᆞ음으로 本職에 關ᄒᆞᆫ 凡事를 力行ᄒᆞ기로 盟誓ᄒᆞᄂᆞᆨ

(五) 本敎會의 和平과 聯合과 聖潔흠을 務圖ᄒᆞ기로 盟誓ᄒᆞᄂᆞᆨ

被選者가 各間辭(각 뭇는말)에 對ᄒᆞ야 唯(네)라 答흔 後에 牧師는 또 本支敎會會員의게 對ᄒᆞ야 左記와 如히 問答ᄒᆞᆯ지니라

此(이)支敎會會員들이여 某氏를 本敎會의 長老(或執事)로 밧고 聖經과 敎會政治에 ᄀᆞᄅ친바를 좇차서 主內(주안)에서 貴重히 녁이며 懇勞ᄒᆞ고 服從ᄒᆞ기로 盟誓ᄒᆞᄂᆞᆨ

敎會員들이 擧手로써 承諾의 意를 表흔 後에牧師가 牧師堂會代表로나 全堂會로나 按手와 祈禱흠으로 被選者를 治理長老(或執事)의 職에 任ᄒᆞ고 새로히 任職흔者와 敎會員의게 對ᄒᆞ야 特別히 合當흔 言으로 勸勉ᄒᆞᆯ거시니라

四, 任職歡迎

長老를 新立ᄒᆞᆯ 時에 旣(임)의 組織堂會가 잇스면 將立式을 行ᄒᆞᆯ 後에 該堂會員이 敎會前에서 當(맛당)히 新立長老와 握手ᄒᆞ고 言ᄒᆞ기를 『吾儕(우리)와 同一흔 職分을 밧으섯스니 此(이)握手로써 歡迎ᄒᆞ노라』ᄒᆞᆯ거시니라

제3조 : 임직 순서

① 예배 : 교회가 당회의 정한 날짜와 장소에 모여 개회하고 목사가 강도한 후에

② 취지 설명 : 그 직(장로 혹 집사)의 근원과 성질의 어떠한 것과 품행과 책임의 어떠한 것을 간단히 설명하고,

③ 임직자 서약 : 교회 앞에 피선(被選)자를 기립하게 하고 아래와 같이 서약한다.

1. 신구약 성경은 하나님의 말씀이요 또한 신앙과 행위에 대하여 정

확 무오(正確無誤)한 유일(唯一)의 법칙으로 믿느뇨?

2. 본 장로회 신조와 웨스트민스터 신도게요 및 대소요리 문답은 신구약 성경의 교훈한 도리를 총괄할 것으로 알고 성실한 마음으로 받아 신종(信從)하느뇨?

3. 본 장로회 정치와 권징 조례와 예배 모범을 정당한 것으로 승낙하느뇨?

4. 이 지교회 장로(혹 집사)의 직분을 받고 하나님의 은혜를 의지하여 진실한 마음으로 본직(本職)에 관한 범사를 힘써 행하기로 맹세하느뇨?

5. 본 교회의 화평과 연합과 성결함을 위하여 전력하기로 맹세하느뇨?

이상 4와 5항은 취임 서약이다.

④ 취임 서약 : 피선(被選)자가 각 묻는 말에 대하여 서약한 후에 목사는 또 본 지교회 회원들을 기립하게 하고 아래와 같이 서약한다.

이 지교회 회원들이여, 아무 씨를 본 교회의 장로(혹 집사)로 받고 성경과 교회 정치에 가르친 바를 좇아서 주 안에서 존경하며 위로하고 복종하기로 맹세하느뇨?

교회원들이 거수로써 승낙의 뜻을 표한 후에 목사가 개인으로나 전당회로 안수와 기도하고, 피선자를 치리 장로(혹 집사)의 직을 맡긴 다음 악수례를 행하고, 공포한 후, 새로이 임직한 자와 교인에게 특별히 합당한 말로 권면한다.

☞ 장로와 집사의 임직은 반드시 당회가 작정한 일시와 장소에서 거행하여야 하며 그 순서를 ① 예배 ② 취지 설명 ③ 피선자 서약 ④ 교인 서약 ⑤ 안수 ⑥ 악수례 ⑦ 공포 ⑧ 교인 권면 등으로 진행한다.

(1) 임직 예배

임직 예식을 행하기 전에 먼저 정한 날짜와 장소에 임직자와 전교인이 모여 예배를 드린 후에 임직 예식을 거행한다. 본조에는 간단하게 '목사가 강도한 후에'라고만 명문화 되어 있으나 그 의미는 임직에 앞서 하나님께 예배드리는 절차를 요약한 의미로 보아야 할 것이다. 무엇보다도 교회의 성직을 받는 예식에 먼저 하나님께 예배드리는 절차가 없이 임직 예식을 행할 수는 없는 것이다.

(2) 취지 설명

예배를 마친 후 임직자 서약을 하기 전에 목사는 장로와 집사직의 근원과 그 직분의 성격과 그 책임이 어떠함을 설명하여 임직에 임하는 자나 지교회의 교인들에게 그 직의 성격과 중요성을 상기하도록 한다.

(3) 임직 서약

장로와 집사를 임직함에 있어서 서약해야 할 자는 임직을 받을 당사자요, 둘째는 그가 임직할 수 있도록 그를 택하여 준 본 교회 회원들이다. 임직 서약의 근거는 교회 자유 원리에 의한 것으로 교회가 자기를 대표하는 일꾼을 임직하면서 성경과 헌법(신조, 대소요리 문답, 정치, 권징 조례, 예배 모범)을 인정하지 않는 자에게 교회의 치리와 봉사를 맡길 수 없는 일이다. 따라서 임직 서약은 임직자가 신구약 성경은 하나님의 말씀이요 교인이 신앙생활을 하는데 있어서 정확 무오한 유일의 법칙인 것과 헌법은 정당한 것임을 확인하는 것이다. 그러므로 서약문 중에 장립 서약은 1~3항까지를 의미하고, 4~5항은 위임 서약이며, 장립과 위임을 동시에 행하는 것을 임직이라 하고, 취임은 위임과 같은 의미이다.

(4) 위임 서약

피택자들에게 서약하는 5개 항목 가운데 상술한 바와 같이 1~3항은 장립 서약이고, 4~5항은 위임 서약이다. 이는 별항에 명시한 대로이다. 그런즉 새로이 임직하는 분에게는 장립 서약과 위임 서약을 다할 것이지만 이미 장립된 분을 다시 위임하는 때에는 굳이 장립 서약을 다시 해야 할 이유가 없다. 위임 서약만으로 족하다는 말이다.

그러므로 목사가 그 직임을 공포할 때에 구분하지는 아니할지라도 장립과 위임이 동시에 공포되는 것이다. 그 이유는 서약을 할 때에 두가지 다 서약을 하였기 때문이다. 따라서 장립식과 위임식(취임식)을 동시에 행하는 것을 임직 예식이라 한다.

(5) 교인 서약

장로 집사 등을 세우는 지교회 회원들이 행하는 서약은 자기가 양심 자유 원리에 바탕을 둔 기본교권을 행사하여 투표함으로 뽑힌 당선자를 자기의 대표자로 세워 치리와 봉사의 직무를 행할 장로와 집사를 임직함에 있어서 장로 혹은 집사로 받아들이겠다는 서약은 마땅한 것이겠고, 또한 임직을 받은 후에 성경과 헌법에 따라 치리를 행사할 때 복종함은 물론이요, 주 안에서 존경하고 위로하고 사랑하며 순종할 것을 서약하는 것이다.

(6) 임직 서약과 의무

임직을 받는 자나 그 직원을 맞이할 교회가 하나님 앞과 교회 앞에서 서약하고 난 다음에는 그 임직 서약대로 행하여야 할 새로운 의무가 부과된다. 맹서하기 이전에는 아무 상관없거니와, 이제는 그 의무를 이행하지 아니하는 것은 바로 권징 조례에 의해 징벌을 받아야 할 죄가 된다고 하는 말이다. 성직자가 피소되는 죄는 거의 다 이 장립 맹서(盟誓) 위반에서 나오는 죄임을 명심하고, 첫째는 훌륭한 직원이 되어 하나님께 영광을 돌리고 교회에 덕을 세우는 자가 되어야 하겠으니 장립 맹서에 충실해야 하겠고, 둘째는 충실하지 못하거나 위배하면 이제는 교회법에 의한 징책을 면할 수 없게 되었으니 그것을 위해서라도 장립 맹서에 충실한 자가 되어야 할 것이다.

(7) 안수 기도

장로와 집사의 임직은 당회의 권한에 속한다. 그러므로 조직 교회의 경우에는 당회원 전원이 안수하고 당회장이 기도하며 미조직 교회의 경우는 상술한 바와 같이 당회장 혼자서 안수 기도를 해도 잘못일 수는 없다. 그러나 현실적으로는 순서를 맡을 여러 목사를 청하여 당회원과 함께 안수 위원이 되어 안수하고 당회장이 기도하는 것이 통례이다.

(8) 공포

교회의 모든 예식에 있어서 공포문은 경우에 따라 달라진다. 어떤 경우에는 삼위 하나님의 이름으로 공포해야 하는 경우가 있고, 어떤 경우에는 주 예수 그리스도의 이름과 교회 혹은 노회의 권세로 공포하는 경우가 있고, 어떤 경우는 주 예수 그리스도의 이름과 그 직권으로 하는 경우가 있다. 이 일로 인하여 치리회 현장에서도 논란이 비일비재하므로 이에 대하여 선별해 둠이 유익할 줄로 알아 그 예를 들어보기로 한다.

1) 삼위의 이름으로 공포하는 경우

학습, 세례, 유아 세례, 입교식, 장로, 집사, 임직식, 약혼 · 결혼 예식, 교회당 헌당식, 직원 은퇴식(예식서 참조)

① "○○○, □□□, △△△ 씨는 대한예수교장로회 ○○교회 치리 장로(혹 집사, 학습 교인, 세례 교인, 유아 세례 교인, 입교인) 된 것을 성부와 성자와 성령의 이름으로 공포하노라 아멘."

② "신랑 ○○○ 군과 신부 ○○○ 양은 부부가 된 것을 성부와 성자와 성령의 이름으로 공포하노라 아멘." "이러한즉 이제 둘이 아니요 한 몸이니 하나님이 짝지어 주신 것을 사람이 나누지

못할지니라(마 19:6) 아멘."

③ "대한예수교장로회 ○○교회 교우들의 헌금으로 건축된 이 전은 하나님께 봉헌한 하나님의 전으로 성별된 것을 성부와 성자와 성령의 이름으로 공포하노라 아멘." "그런즉 이 전은 주님 다시 오시는 그 날까지 오직 하나님을 섬기는 일에 사용되고, 세속적인 일에 사용됨을 용납지 못할 것입니다 할렐루야! 아멘."

2) 주 예수 그리스도의 이름과 교회 혹은 노회의 권세로 공포하는 경우 (강도사 인허식, 목사 위임식, 목사 임직식)

① 강도사 인허 공포문(정치 제14장 제6조)

"교회에 덕을 세우기 위하여 주신 권세와 주 예수 그리스도의 이름으로 우리가 하나님의 지도하시는 곳에서 복음을 전파하기 위하여 그대에게 강도사 인허를 주고, 이 일을 선히 성취하기 위하여 하나님께서 그대에게 복을 주시며, 그리스도의 성령이 충만하기를 바라노라 아멘."

② 목사 위임식 공포문(정치 제15장 제11조)

"내가 교회의 머리되신 주 예수그리스도의 이름과 노회의 권위로 목사 ○○○ 씨를 본 교회 목사로 위임됨을 공포하노라."

③ 목사 임직식 공포문 (목사 위임식 공포문에 준거함)

"내가 교회의 머리되신 주 예수그리스도의 이름과 노회의 권위로 ○○○, □□□ 씨는 대한예수교장로회 ○○노회 목사된 것을 공포하노라."

3) 주 예수그리스도의 이름과 그 직권으로 공포하는 경우

(시벌, 해벌)

① 시벌 공포문(예배 모범 제16장 참고)

ⓐ 권계, 견책 공포문

"지금 대한예수교장로회 ○○교회 회원 ×××씨는 ○○ 죄를 범한 증거가 분명하므로 본 당회는 주 예수 그리스도의 이름과 그 직권으로 권계(혹은 견책)하노라 아멘."

ⓑ 유기 시벌 공포문

"대한예수교장로회 ○○교회 장로(혹 집사, 권사 등) ××× 씨는 ○○죄를 범한 증거가 분명하므로 본 당회의 심사한 결과 장로(혹 집사, 권사)직을 행함이 만만부당(萬萬不當)한 줄 확인하므로 지금 주 예수 그리스도의 이름과 그 직권으로 장로(혹 집사, 권사)직을 파면하고 그 직분을 행함을 금하노라 아멘."

ⓒ 면직, 출교 공포문

"대한예수교장로회 ○○○교회 장로(혹 집사, 권사 등) ××× 씨는 ○○죄를 범한 증거가 분명하므로 지금 주 예수 그리스도의 이름과 그 직권으로 장로(혹 집사, 권사 등)직을 파면하고 그 직분 행함을 금하노라 아멘."

② 해벌 공포문(예배 모범 제17장 참고)

ⓐ 권계, 견책의 해벌

권계와 견책은 살전 5:12~14에 근거하여 권고와 충고 및 책

망이므로 별다른 해벌 절차를 필요로 하지 않는다.

ⓑ 유기 시벌에 대한 해벌

유기 시벌은 일정한 기간 동안만 시벌하는 것이므로 시벌 기간이 만료되면 바로 시벌 이전 상태로 돌아간다. 따라서 해벌 절차를 취할 이유가 없다. 단, 본인이 원할 때는 광고하고 기도하는 것까지는 무방하다.

ⓒ 무기 시벌의 해벌 공포문

"지금 정직의 벌 아래 있는 장로(혹 집사, 권사 등) ×××씨는 이제 회개한 증거가 분명하여 교회를 만족케 하므로 대한예수교장로회 ○○교회 당회는 주 예수 그리스도의 이름과 그 직권으로 그대를 해벌하고 장로(혹 집사, 권사 등)직을 복직하며 그 직에 대한 일체의 권리를 회복하노라 아멘."(해벌 기도)

ⓓ 출교, 면직 해벌의 복직 공포문

본건은 공포문 외에 해벌과 복직에 대한 모든 의식 절차가 필요하므로 그 순서까지 참고로 첨부한다.

① 공 고 ⋯⋯⋯⋯⋯⋯⋯⋯⋯⋯⋯⋯⋯⋯⋯⋯⋯⋯⋯⋯⋯⋯⋯⋯⋯ 당 회 장

○○○○년 ○○월 ○○일 장로(혹 집사, 권사 등) 면직 및 출교를 당한 ×××씨는 회개한 증거가 분명하여 하나님 앞에서 교회를 만족케 하므로 대한예수교장로회 ○○교회 당회는 ×××씨의 면직과 출교를 해벌하기로 가결하고 해벌한 바 있

거니와 장로(혹 집사, 권사 등)로 복직하기 위하여 ○○○○년 ○○월 제 ○회 ○○노회의 허락을 얻어 정치 제13장에 의한 공동의회에서 가결을 보았으므로 본 당회는 그 복직의 예전을 거행하기로 의결하게 된 것을 공고합니다.

② 해벌 문답 ·· 당 회 장

(1문) 그대가 하나님을 배반하여 거역하는 죄와 그의 교회를 해한 큰 죄를 단 마음으로 자복하고 면직 및 출교 당한 것이 공평하게 자비함으로 행한 줄 아느뇨?

(답) 예

(2문) 지금은 그대의 죄와 고집한 것을 위하여 진실한 회개와 통회함을 원하는 마음으로 고백하며, 겸손한 마음으로 하나님과 그의 교회의 용서하심을 구하느뇨?

(답) 예

(3문) 하나님의 은혜를 힘입어 겸비한 마음과 근신 중에 살기를 허락하며, 힘써 우리 구주 하나님의 교훈을 빛나게 하며, 그대의 언행을 복음에 합당하도록 힘써 행하겠느뇨?

(답) 예

③ 권면과 위로 ·· 당 회 장

④ 찬 송 ·· 다 같 이

⑤ 기 도 ··· ○○○ 장로

⑥ 성 경 ·· 집 례 자

⑦ 찬 양 ·· 찬 양 대

⑧ 설 교 ·· 설 교 자

⑨ 서 약 ·· 당 회 장

　복직할 분에게(1문~5문까지 장로 장립 서약과 같음)

　교우에게(1문으로 장로 장립 시 교우 서약과 같음)

⑩ 안수 기도 ·· 당 회 장

⑪ 악 수 례 ·· 위 원

⑫ 공 포 ·· 당 회 장

　"지금 면직 및 출교의 시벌과 동시에 성도와 절교 되었던 ×××씨는 교회가 만족할 만한 회개를 나타내었으므로 주 예수 그리스도의 이름과 그의 직권으로 대한예수교장로회 ○○ 당회는 전날에 선언한 면직 및 출교를 해제하여 영원한 구원을 성취하게 하며, 주 예수의 모든 은혜에 동참케 하기 위하여 교회와 교통하는 권을 회복케 하는 한편 치리 장로(혹 집사, 권사 등)로 복직된 것을 공포하노라 아멘."

⑬ 송 영 ·· 찬양대

⑭ 권 면 ·· ○○○ 목사

⑮ 답 사 ·· 보직 장로

⑯ 찬 송 ·· 다 같 이

⑰ 축 도 ·· ○○○ 목사

⑱ 폐 회 ·· 안 녕 히

4) 공포할 때에 성부, 성자, 성령의 이름으로 하는 경우를 구분하는 방

법은 '주 예수 그리스도의 이름과 교회 혹은 노회의 권위로' 하는 경우와 '주 예수 그리스도의 이름과 그 직권으로' 하는 경우에는 삼위의 이름을 붙이지 아니하고 그 외에는 삼위 하나님의 이름으로 공포하는 것으로 구분한다.

(9) 권면

권면은 임직자에게와 교인에게 구분하여 권면할 것이며 임직자에게는 서약에 따르는 의무를 어김없이 이행하여 위임받은 성직에 충성할 것을 권면하고 교인에게는 서약한 대로 임직자들이 맡은 직임에 충성 봉사할 때에 위로하고 협력하며 순종함으로 교회의 화평과 하나님을 영화롭게 할 것을 권면해야 한다.

4. 임 기

五, 任期 (1922年版)
治理會長及(와)執事의 職은 終身恒職인즉 本人이 任意로 辭免ᄒ지못ᄒᆯ거시오 免職ᄒᆯ 事外에ᄂᆫ 敎會도 任意로 解除ᄒ지못ᄒᆯ거시니라

제4조 : 임기

① 치리 장로, 집사직의 임기는 만 70세까지이다.

② 단, 7년에 1차씩 시무 투표할 수 있고

③ 그 표결수는 과반수를 요한다.

☞ 장로와 집사직의 임기를 70세로 제한하였으며, 7년에 1차씩 그 신임을 묻는 투표를 할 수 있게 하였고, 선거는 3분의 2 이상으로 하는 것과는 달리 신임 투표는 과반수로써 신임을 결정하도록 하였다.

(1) 종신직과 임기

원래의 헌법은 종신직일 뿐 그 임기를 규정하지 아니하였다. 그런데 현행 헌법은 장로직과 집사직의 임기를 70세로 정하였으니 장로혹은 집사는 70세가 넘으면 장로로 호칭할 수 없고 평범한 세례 교인으로 돌아간다. 종신직인 장로와 집사에 대하여 그 직을 70세로 제한하게 된 변천 과정은 다음과 같다.

1) 1922년도 헌법(정치 제13장 제5조, 임기 p.134)

"치리 장로와 집사의 직은 종신 항존직인 즉 본인이 임의로 사면하지 못할 것이요, 면직할 일 외에는 교회도 임의로 해제하지 못할 것이니라." 본인도 사면할 수 없고 교회도 해제할 수 없게 하여 철저히 종신직이다.

2) 1935년 제40회 총회에서 개정

"장로 집사직은 종신직이다. 단, 3년에 1차씩 시무를 투표하고 표결수는 과반수를 요한다." 이는 3년마다 반드시 시무 투표를 하도록 의무 규정으로 개정하였다.

3) 1958년 제43회 총회에서 개정

"단, 3년에 1차씩 시무 투표할 수 있고 그 표결수는 과반수를 요한다." 의무 규정에서 임의 규정으로, 경우에 따라서 해도 되고 안 해도 되는 융통성을 주었다.

4) 1964년 제49회 총회에서 정년제 헌의 기각

"정치부장 정세영 씨로부터 한남노회장 신언각 씨가 헌의한 목사 장로 시무 정년제 실시에 관한 헌의건을 보고하매 축조심의하는 중 목사 장로 시무 정년제 실시에 관한 것을 받을 때까지 시간 연장하기로 가결하다. 목사 장로 시무 정년제는 폐지하기로 가결하다"(제49회 총회록 p.51).

이는 정치부 보고 중에 시간이 되어서 '목사 장로 정년제 실시'에 관한 건을 보고 받을 때까지 시간을 연장하기로 가결하였고 그 건은 결국 '기각하기로' 결정해야 할 것을 '폐지하기로' 가결한 것처럼 기록에 남아 있으니 문제를 남긴 가결 사항이다. 왜냐하면 '폐지하기로' 가결하는 것은 과거에 정년제를 실시하기로 가결한 후 실시하다가 폐지하는 경우를 말하는 것인데 우리 총회가 제49회 총회 이전에 목사 장로 정년제를 가결한 일도 없고 시행한 일도 없기 때문이다. 그러므로 본건은 '폐지 가결'이 아니고 '기각하기로' 가결했어야 옳은 일이다.

그런데 근간 총회 촬요에 각 총회의 주요 가결 사항을 요약하는 가운데 제80회 총회 촬요 19페이지에 보면 "목사 장로 시무 정년제는 폐지하기로 하다"로 계속 인쇄하고 있으니 '과거에 목사 장로 정년제를 가결했던 것을 제49회 총회에서 폐지하기로 하였다' 라고 오해를 하기 십상이다.

이와 비슷한 내용을 객담(客談)으로 하나 더 언급해 보면 제80회 총회 촬요 15페이지에 보면 마치 28회 총회에서 "불신자 간의 혼인식을 목사가 주례는 할 수 있으되 교회 안에서는 못한다"라고 가결한 것처럼 인쇄되어 있다. 그러나 그것은 사실이 아니다. 이에 대하여 제28회 총회 총회록(p.15) 정치부 보고를 보면 "불신자 간에 하는 혼인 예식에 목사의 주례 여부의 유안건은 목사 개인이 신중히 고려하여서 하되 예배당 안에서는 하지 못하게 하실 일이외다(당석에서 반려하기로 가결)"로 되어 있다.

이는 정치부 보고를 본회에서 반려하기로 가결하였으니 촬요에 가결 사항으로 인쇄되어 나오는 것은 대단히 잘못된 일이다. 그런데 그것이 계속 출판되어 나오고 있으니 그 결과에 대하여는 누가 책임을 질것인가? 과거에 부산의 모 교회에서는 이를 근거로 불신자 결혼을 주례했다가 사임을 당한 사례가 있었고, 제81회 총회 시에 남부산노회에서는 제28회 총회에서 가결한 '교회당 밖에서 목사가 불신자 주례' 에 대하여 지금 주례를 해도 가능한지 여부에 대한 질의를 하게 되는 해프닝까지 벌어진 것이다(제81회 총회 촬요 p.14).

5) 1993년 제78회 총회에서 개정

"치리 장로, 집사직의 임기는 만 70세까지이다, 단, 3년에 1차씩 시무 투표할 수 있고 그 표결수는 과반수를 요한다." 본조에 임기를 정한 것은 시무는 70세까지로 하되 그 직은 종신직으로 한다는 의미로 보아야 할 것이다. 다만, 본 조항의 문장대로 70세 이후의 장로는 장로로 호칭할 수 없는 것으로 이해할 수밖에 없다. 그러므로 본 조항은 조속히 원 상태로, 즉 종신직으로 개정해야 한다.

6) 2000년 제85회 총회에서 개정

"치리 장로, 집사직의 임기는 만 70세까지이다. 단, 7년에 1차씩 시무 투표할 수 있고, 그 표결수는 과반수를 요한다." 여기에 시무 투표를 7년으로 개정한 것은 신임을 묻는 일에 그 의미가 약화되었다. 최초의 헌법은 신임 투표도 없고 종신 항존직으로서 본인 또는 교회도 함부로 해제할 수 없도록 하였으나 여러 차례 개정하면서 교회 항존직인 것만으로 오해의 소지를 남겼다.

(2) 시무 투표

시무 투표를 규정한 것은 교회의 부패를 방지하기 위한 의미로 생각할 수도 있겠고, 한번 임직한 후에는 시무하는 동안에 주권자인 교인의 견제를 받는 장치가 없기 때문에 치리권자의 치리와 주권자인 교인과의 상호 견제의 형평을 위한 것으로도 여겨진다.

그리고 7년에 1차씩이라는 용어에 대하여 7년, 14년, 21년 등에 해당하는 연도에만 투표를 할 수 있는 것으로 착각하는 경우가 종종 있으나 이는 7년만 지나면 언제든지 7년 반이 되든 8년이 되든 필요에 따라 만 7년만 되면 할 수 있고, 신임 투표를 한 날로부터 다시 7년이 되면 또 투표할 수 있다는 의미로 보아야 한다. 그런데 신임 투표를 할 바에는 3년으로 하는 것이 적절하였는데 다시 7년으로 개정한 것은 큰 의미가 없고 차라리 최초의 헌법대로 삭제해 버리고 문제가 발생할 때에는 재판하여 처리하는 것이 오히려 바람직하다고 하겠다.

＊ 정문 106문 : 집사의 임기가 어떠하냐?

　답 : 집사는 장로와 같이 종신 직원이니 임의로 사면하지 못하며, 재판 없이는 면직할 수도 없다. 그러나 98문답에서 장로 직무를 정지하고 무임이 되는 경우를 열거한 것처럼 집사의 경우도 그와 꼭 같다.

＊ 정문 120문 : 시무 기간을 정하고 집사를 택할 수 있느냐?

　답 : 장로를 그렇게 택할 수 있는 것처럼 집사도 시무 기간을 정하고 택할 수 있다. 대개 시무 기간을 3년 이내로 정하고, 연조제로 3반으로 나누며, 매년 3분의 1씩 택한다.

5. 자유 휴직과 사직

六, 自由辭職

長老或執事가　老昏ᄒ거ᄂ　身病으로　視務키　不能ᄒ던지　異端이나

惡行^{악행}은 업슬지라도 敎會員太半^{교회원태반}이 其^기(그)視務^{시무}를 不悅^{불열}ᄒ게 되면 堂會^{당회}의 許諾^{허락}으로 職務^{직무}를 辭免^{사면}ᄒ고 休職長老^{휴직장로}가 될수잇고 本職^{본직}까지도 辭免^{사면}홀수잇ᄂ니라

제5조 : 자유 휴직과 사직

① 장로 혹 집사가 노혼(老昏) 하거나

② 신병으로 시무할 수 없든지

③ 이단이나 악행(惡行)은 없을지라도 교회원 태반이 그 시무를 원하지 아니할 때

④ 본인의 청원에 의하여

⑤ 휴직과 사직을 당회의 결의로 처리한다.

☞ 자유 휴직과 사직은 본인의 청원이 선결이요, 당회의 결의로 처리된다. 휴직 사유는 노후, 신병, 다수 교인이 그 시무를 원치 아니할 때라고 규정하고 있다.

(1) 자유 휴직

교회 정치 원리 제3조에서 교회의 직원은 '교회의 머리되신 주 예수 그리스도께서 그 지체된 교회에 덕을 세우기 위하여 직원을 설치한다'고 규정하였다. 그러므로 교회의 직원은 어떠한 이유에서든지 교회의 덕을 세우지 못할 경우에는 마땅히 스스로 사직하는 인격을 갖추어야 한다.

종신직 혹은 70세 정년제가 있다고 해도 교인들이 임직할 때의 계약과는 달리 세월이 흐름에 따라 자기에게 잘못이 없을지라도 교회원 태반이 시무를 원치 않고 싫어하거나, 임직자가 지병으로 시무하기 어려운 경우나 양심적으로 가책을 받아야 할 이유가 된다고 할 수는 없다고 해도 그와 같은 상황에서 교회에 덕을 세울 수는 없다고 하겠으므로 교회의 덕을 위하여 휴직함이 마땅할 것이다. 그런데 휴직은 얼마동안의 기간에 시무를 쉬는 것이므로 다시 시무를 계속할 수 있다.

(2) 자유 사직

사직은 얼마동안 시무를 쉬는 휴직의 경우와는 달리 그 직을 그만두는 것이므로 사직원을 제출하는 본인이나 그 사직원을 처리하는 치리회는 심사숙고하여 결정해야 한다. 항간에 직분을 사임할 의사로 사임서를 제출한다는 것이 한 글자를 바꾸어 사직서로 제출함으로 그 직을 박탈당하는 경우가 허다하다.

용어에 따라서 본인의 의사와는 달리 처리되지 않도록 유의해야 한다. 휴직원은 얼마동안 직무를 쉬겠다는 것이요, 사임원은 그 직무를 포기하겠다는 것이요, 사직원은 그 직을 포기하겠다는 것이다. 그러므로 휴직은 유기 휴직에 한하여 휴직 기간이 지나면 자동 복직되는 것이요, 사임은 다시 투표를 받고 임직을 하면 되나, 사직은 세례 교인으로 돌아가기 때문에 투표를 받고 안수도 다시 받아야 한다.

* 정문 98문 : 장로가 어떠한 경우에 그 직분을 잃거나 직무를 행치 못하느뇨?

답 :

① 세상을 떠나는 때(사망)

② 연로하거나 신병으로 말미암아 시무치 못할 때, 이러한 경우에는 그 직무는 쉬고 장로의 본직은 그대로 가지느니라.

③ 범죄한 일이나 이단을 가르치는 일이 없을지라도 사고로 말미암아 본 교회 모든 회원과 서로 불합하여 본인이 당회에 제의하여 사직하거나 당회가 노회에 제의하여 노회의 허락을 얻어 휴직할 때

④ 범죄한 일이 있던지 이단을 교훈함으로 당회에서 재판하여 정직 혹 면직할 때

⑤ 노회나 대회 및 총회를 복종치 아니함으로 면직될 때

⑥ 노회나 대회 혹 총회가 교회를 평온케 하기 위하여 장로에게 사면하는 것이 좋은 줄로 권고하여 사면케 하는 때(이런 경우에 장로는 사직 청원서를 그 본 당회에 제출하고 본 당회는 이를 허락할 뿐이니라.)

⑦ 이명 증서를 받아 타 교회에 이거한 후 투표하여 위임식을 받지 못한 때와, 본 교회로 돌아 왔을지라도 투표하여 위임식을 받지 못한 때

⑧ 지랄병이나 실성(失性)이나 특별한 사고로 말미암아 직무를 감당하기 어렵고 교회에 수치까지 됨으로 정직 혹은 면직된 자

⑨ 본 지교회의 규례에 의하여 휴직된 자(정문 93문답 참조)

* 정문 99문, 100문 : 장로가 죄로 말미암아 정직되고 기도와 성찬에

도 불참하게 되었다가, 회개함으로 말미암아 그 당회가 상당한 처리로 해벌하고 성찬에 참여하게 되면, 장로의 직분까지 회복되느뇨?

답 : 장로가 직분에 관계되어 정직되는 것과, 기타 사건에 관계되어 벌 아래 있음으로 겸하여 기도나 성찬에 참여 못하는 것은 각각 현수(懸殊)하니 정직만 당한 장로가 회개하면 본 당회가 교인의 가부를 기다릴 것 없이 해벌하고 직무를 복속(服屬)할 수 있고, 정직과 성찬에 불참할 죄까지 당하였으면 당회가 때때로 심찰(審察)하여 합당하면 해벌하고 성찬에 참여함을 허락할 수 있으나, 직무에 대하여는 교회의 가부 결정에 의하여 조처(措處)하되, 불가라 하면 다만 정직 장로만 있을 것이니라.

* 정문 101문 : 면직 당한 장로가 복직할 수 있느뇨?

답 : 장로가 혹 광질(狂疾)같은 특별한 연고로 말미암아 직무에 방해가 되고 교회에 수치까지 될 경우에는 퇴직(退職)을 명할 수 있으나, 복직할 도리는 없고, 교회가 다시 투표하여 장립 예식을 행한 후에야 장로로 임직하게 되느니라.

* 정문 102문 : 장로가 타 교회로 이거하고 아직 해 교회에 입회하지 않고 본 교회로 다시 돌아와서 입회하면 장로 직무를 여전히 행할 수 있느뇨?

답 : 본 교회의 투표와 위임 예식을 다시 받은 후에야 직무를 행하느니라.

6. 권고 휴직과 사직

七, 勸告辭職 (1922년판)
　　長老와 執事가 犯罪는 업슬지라도 前條事件과 彷佛ᄒᆞᆫ 事故가 잇
셔 敎會에 健德(덕을세우)게되도록 行事치못ᄒᆞ게 된 境遇에ᄂᆞᆫ 堂會가
協議決定ᄒᆞ야 休職케ᄒᆞ고 該事由와 決議ᄒᆞᆫ거슬 會錄에 詳記ᄒᆞᆯ지니
라 然ᄒᆞ나 該人(그ᄉᆞ름)이 承諾지 아니ᄒᆞ면 老會에 提議ᄒᆞ야 承認을
밧은 後에 行ᄒᆞᆯ거시니라

八, 視務班次
　　何支敎會(어나지교회)셔든지　無欠ᄒᆞᆫ　洗禮敎人過半數의　投票로
長老及(와) 執事의 視務期限과 班次를 定ᄒᆞᆯ수잇ᄂᆞᆫᄃᆡ 其規例ᄂᆞᆫ 左와
如ᄒᆞ니라
(一) 期限은 三個年以上으로 ᄒᆞᆯ것
(二) 班은 三班으로 分ᄒᆞ고 每年에 一班式 交遞ᄒᆞᆯ것
(三) 旣(임)의 任職ᄒᆞᆫ 長老는 視務期限이 滿了(차게)되고 다시 治會ᄒᆞ
ᄂᆞᆫ 職務를 밧지못ᄒᆞᆯ지라도 其職(그직분)은 恒存ᄒᆞᆯ거신즉 堂會或 老會에
選擧를 밧아서 上會에 總代로 派送될수잇ᄂᆞ니라

제6조 : 권고 휴직과 사직

① 장로나 집사가 범죄는 없을지라도

② 전조(前條) 사건과 방불하여 교회에 덕을 세우지 못하게 된 경우
에는

③ 당회가 협의 결정하여 휴직 혹 사직하게 하고

④ 그 사실을 회의록에 기록한다.

⑤ 본인이 원하지 아니하면 소원할 수 있다.

☞ 자유 휴직과 사직이 본인의 의사에 따라 청원하여 결정하는 일이라면 권고 휴직과 사직은 본인의 의사와는 관계없이 당회의 결정으로써 휴직 또는 사직을 당하는 경우이다. 그러므로 본인이 원치 않을 때는 상회에 소원할 수 있는 기회를 주고 있는 것이다.

(1) 권고 휴직과 사직의 결정

장로나 집사가 교회에 덕을 세우지 못할 형편이면서도 본인이 휴직이나 사직원을 내지 않는다면 당회는 언제까지나 방치할 수 없고 적절한 행정적 결단을 내려야할 것이다. 이는 예수 그리스도의 몸 된 교회가 개인의 명예나 사정을 따라 피해를 입어서는 안 되기 때문이다. 그러면서도 직원에게 억울한 일을 당하지 않게 하기 위하여 이와 같은 행정 처분에 대하여 본인이 불복할 때는 소원할 수 있는 길을 열어 놓은 것이다.

특히 조심해야 할 것은 소원은 하회가 결정한 후 10일 이내에 절차를 밟아야 하는 것임에도 불구하고 이 같은 권징 조례의 규정을 몰라 때를 놓치는 일이 허다하기 때문이다(권징 제9장 참조).

九, 女執事選擧

女執事를 選擇홀 必要가 잇스면 堂會는 眞實하고 聖潔혼 女人中에셔 自辟選定홀 수 잇느니 祈禱로 任職하되 按手式은 업느니라

오늘날 권사직으로 바뀐 안수 집사가 아닌 집사이면서도 안수 집사

와 함께 종신직에 넣었던 직원인데 1930년판이 이를 삭제하였고 그
후 권사직으로 바꾸어 오늘에 이르고 있다.

* 정문 115문 : 여자도 집사로 택할 수 있느냐?

　답 : 집사는 모든 무흠 입교인 중 남자 가운데서 택할 것이다. 롬
　　　16:1의 '뵈뵈'와 롬 16:12, 행 9:36에 있는 여인들과, 딤전 3:11,
　　　5:11이 말하는 여인이 모두 여집사를 가리킨 말이라고 하나 확실
　　　한 것은 아니니, 여자 사역자를 교육하는 것은 옳으나, 여집사를
　　　장립할 이유는 없다.

제14장 목사 후보생과 강도사

1. 양성의 요의

제1조 : 양성의 요의(要義)

① 목사의 중임(重任)을 연약하고 부적당(不適當)한 자에게 위임함 으로 성역(聖役)이 사람의 멸시됨을 면하기 위하며,

② 또한 교회를 교도(敎導) 치리할 자의 능력을 알기 위하여 성경 에 명한 대로 목사 지원자를 먼저 시험하는 것이 가하다(딤전 3:6, 딤후 2:2).

③ 이러므로 총회가 신학 졸업생을 고시하고,

④ 노회가 강도사로 인허한 후,

⑤ 그 강도사는 특별한 이유가 없으면 총회 고시 합격 후 1개년 이상 노회 지도 아래서 본직의 경험을 수양한 후에야 목사 고시에 응할 수 있다.

(1) 목사 후보생

1) 목사 후보생의 정의

목사 후보생이란 목사가 되기 원하는 자이니, 노회가 실시하는 그의 신앙과 출신 관계와 경건한 생활과 목사가 되고자 하는 동기와, 목사 직분에 대한 자격 유무의 고시와 심사를 통과해서 신학교에 입학한 자이다(정문 313문답).

구체적으로 말하면 목사 후보생이란 목사가 되기를 원하여 신학을 학습하는 남자 세례 교인인데, 자기를 받아 그 수학하는 일을 감독해 달라고 노회에 청원하여 노회가 받기로 결정한 후에 비로소 목사 후보생이 되는 것이다. 그 날부터 장립되는 날까지 목사 후보생의 명칭을 갖는 것이다. 노회는 본인이 하나님께 목사로 부르심을 입은 줄 분명히 알고 또 그 의지가 진정한 것을 발견할 때까지 목사 됨을 허락해서는 안 된다. 왜냐하면 용렬(庸劣)한 사람과 악한 사람이 목사가 될까 염려해서이다(정문 496문답 참조).

2) 목사 후보생 양성의 역사적 배경

☞ 1922년판의 규정이 이어지고 있다.

목사직 희망자들을 신학적으로 훈련시켜야 할 필요성은 종교 개혁 직후의 지도자들이 절실히 느꼈다. 그때에 로마교에서 일하던 신부들이 떠돌아다니면서 개혁 교회의 지교회에서 일하기를 원했으므로 그들을 방관할 수 없었다. 왜냐하면 종교 개혁 이전 로마교의 신부들은 무식하여 진리를 분변하지 못하는 형편이었고, 이것은 중세 때 교회 부패의 중요한 원인들 중 하나였다. 종교 개혁 후에 개혁 교회에는 목사들의 수효가 부족했고, 일하겠다고 찾아 온 신부들은 자격이 없으므로 개혁 교회 치리회는 교역자 양성을 강조하게 되었다.

3) 목사 후보생의 자격

① 남자라야 함

성경의 원리와 법의 규정에 의하여 남자들에게만 목사 후보생의 자격을 부여하고 있다.

② 무흠한 입교인이라야 함

무흠 세례 교인이라야 목사 후보생이 되고 타 교회 및 타 교파 교인은 이명하여 총회에 속한 지교회에 입회하여야 그 노회 관할 하에 속한 목사 후보생이 될 수 있다(정문 502문답).

③ 소명 의식이 분명한 자

목사로 소명을 받은 사람은 다음 네 가지 조건에 의해서 소명을 분별할 수 있다.

첫째, 성령의 인도 : 성령께서 그 사람에게 목사 될 권능을 주사 하나
님을 영화롭게 하며 예수님께 복종하는 열심을 분발하게 하시
나니 이는 실로 신령한 부르심이다.

둘째, 본인이 소명 받은 자 됨을 자각하는 증거

가) 자기 마음 속에 성령이 주신 능력이 있는 것과 성령께 이끌린
바 된 것을 깨달음

나) 자기의 형편을 성찰해 보고 하나님의 특별한 지도로 알아 자
기의 생각을 확정함

셋째, 그 사람의 확실한 소명 여부에 대하여 교회가 심찰(審察)할 조건

가) 그 능력이 목사 될 자격에 합당한 여부

나) 목사 직분을 구하는 것이 성령의 인도를 좇아 합당한 주의(主
意)로 행한 여부

넷째, 장립은 목사 후보생을 하나님께서 목사로 신성하게 부르신 것
을 입증하는 예식인데, 상당한 권리 있는 자로 말미암아 정식
장립을 받으면 하나님께 부름 받은 일로 확정케 하는 것이다.
본인이 아무리 원한다고 할지라도 이 확정케 하는 장립이 없
으면 누구든지 목사의 일을 할 수 없는 것이다.

④ 건강한 자

심신이 건강해야 한다. 물론 목회자 가운데 과로하거나 사고로
인하여 약해질 수도 있다. 그러한 경우는 예외로 하고 목사 지망
생은 이 점에 유의할 필요가 있다.

4) 자격 시험의 중요성

현대는 사회적으로 지식 수준이 날로 높아지고 성도들의 성경 지식 수준도 향상되고 있어서 목회자가 무식하다는 평가를 받으면 안 된다. 그러므로 목사 지망자는 두 가지로 자격을 구비해야 된다.

첫째, 믿음과 덕을 겸전(兼全)함이 필요한데 그것은 경건, 겸손, 균형 있는 도덕 생활, 지혜 등이다.

둘째, 지식면의 자격인데 일반 지식도 고등 교육 이상 수학하고 신학 적 지식도 풍부해야 진리를 바로 분변할 수 있다.

성역이 사람의 멸시를 받지 않도록 신앙과 신덕, 품격, 지식, 교도 능력, 치리 능력 등을 알아보아, 목사의 중임을 맡길만한 자에게 맡기 게 하기 위하여 고시하는 일은 성경 교훈에도 의합하다 함이다. 교회는 건전한 신학 교육에 의하여 목사 후보생들을 철저히 양성시켜야 한다.

(2) 강도사

1) 강도사의 정의

강도 인허를 받은 목사 후보생을 강도사라 한다(정문 525문답).

2) 강도사 인허가 무엇인가?

정규 신학교를 졸업하고 총회 고시부에서 강도사 고시에 합격한 자를 노회에서 정식으로 승인하는 예식을 강도사 인허식이라 한다. 교회 정치문답조례에서는 "강도사 인허가 무엇이뇨?" 하는 질문에서 "목사 후보생의 능력을 시험키 위하여 본 노회가 임시로 강도함을 허락하는 것인데, 교회가 그의 강도를 듣고 칭찬한 후에야 노회가 목사로 장립할 수 있느니라"고 되어 있다(정문 508문답).

3) 강도사의 권한

강도사란 설교 인허를 받은 성역의 견습자이다. 직무 관계로는 노회의 관할을 받으나 목사로 장립 받을 때까지는 평신도요, 당회의 관할 아래 있다. 강도사는 성례를 베풀지 못하며, 축도도 하지 못하며, 견습하기 위하여 방청은 할지라도 담임 목사가 아닌즉 당회에 참석지 못하며 공동의회 회장이 될 수 없다(정문 526, 142, 154, 164, 178문답, 예배 모범 제7장, 제8장).

4) 강도사의 임기

강도사가 4년간 아무 교회에든지 청빙을 받지 못하면 노회가 권고하고 1년간 더 허락하였다가 그래도 역시 청빙을 받지 못하면 그 인허는 취소할 것이며, 노회가 보기에 그 사람의 행사가 교회에 덕을 세우지 못하면 그 인허를 취소할 수 있다(정문 529문답).

5) 군목 후보로서의 강도사

군목으로 안수 받을 강도사는 3개월 이내에 소집될 자로 하고, 임직 후 설교를 청하는 교회가 있을 때는 설교할 수 있으며 안수는 임시 노회라도 소집하도록 하되, 안수 후에는 대기 상태이며, 지교회의 정식 청빙을 할 수 없고 당회장권 행사도 불가하다(1971년 제56회 총회 결의).

6) 합격 후 1년

총회가 시행하는 강도사 고시에 합격되어 강도사로 인허를 받았다고 할지라도 '본직에 관한 경험을 수양함'이 없이는 목사의 중임을 옳게 수행할 수가 없다. 합격 후 1년을 노회 지도 아래서 수양을 하도록 규정한 이유가 바로 여기에 있다.

군목 지원자의 경우 총회가 결의로써 1년 경과 규정에 구애 없이, 즉시 목사 고시 후 안수하여 군목으로 파송할 수 있도록 행한 일은 4년제 신학교 졸업 후에 즉시 목사가 되는 타 교파의 경우를 두고 감안할 때에는 7년 동안이나 공부한 우리 교단 후보생들을 총회가 우대함은 적절한 조처로 보아 찬성할 수는 있으나, 총회의 결의가 헌법보다 우선할 수 없다고 하는 것을 법 이론적으로 따질 때에는 그 조치는 위헌이요, 불법임을 면치 못한다 할 것이므로 마땅히 헌법을 정식 개정하는 정당한 절차를 취해야 한다 함이다.

2. 관 할

二, 管轄 (1922年版)
牧師候補者되기를 願ᄒᆞᄂᆞᆫ 者ᄂᆞᆫ 所屬本老會에 請願ᄒᆞ야 該老會管下에셔 養成밧ᄂᆞᆫ 거시 可ᄒᆞ니라 或便宜를 因ᄒᆞ야 遠地(먼곳)에 잇ᄂᆞᆫ 他老會에 養成을 밧고져 ᄒᆞ면 本老會或本老會管下에 잇ᄂᆞᆫ 無欠ᄒᆞᆫ 牧師二人의 薦書를 엇어 該老會에 提出홈이 可ᄒᆞ니라
薦書ᄂᆞᆫ 該人(그사ᄅᆞᆷ)의 無欠敎人된것과 模範的信仰과 其他牧師됨에 合當資格有無를 證明ᄒᆞᄂᆞᆫ거시라

誰某(누구)를 不問하고 何(어느)神學校에던지 入學코즈홀 時에는 맛
당히 該本老會에 請願을 提出하야 老會管下에 屬흔 牧師候補者가
됨이 可하니 若不然則(만일그러치 아닌즉) 卒業後講道師되기 前에 六
個月以上老會管下에 屬흔 候補者가 되어야 홀거시오 或時老會決議
대로 本長老會所管神學校에셔 一個月間別神學課를 修學홀거시라

제2조 : 관할

목사 후보생 지원자는 소속 본 노회에 청원하여 그 노회 관하에서
양성을 받는다.

1. 혹 편의(便宜)를 인하여 멀리 있는 다른 노회 아래서 양성을 받고
   자 하면 본 노회 혹 본 노회 관할 아래 있는 무흠 목사 2인의 천
   서를 얻어 그 노회에 제출한다.

2. 천서는 그 사람의 무흠 교인된 것과 모범적 신앙과 기타(其他)
   목사 됨에 합당한 자격 유무(有無)를 증명한다.

3. 누구든지 총회가 인정하는 어느 신학교에 입학코자 할 때에는
   마땅히 본 노회에 청원을 제출하여 노회 관할 아래 속한 목사 후
   보생이 되고, 대한예수교장로회 노회의 지도 아래서 수양 받지
   아니한 자는 신학 졸업 후 노회 관할 아래 후보생으로 1년간 총
   회신학교에서 신학과 교회 헌법을 수업한 후에 강도사 고시 자
   격을 얻을 수 있다.

(1) 목사 후보생의 이명

목사 후보생 지원자(신학 교육을 받기 원하는 자)에 대한 취급은 엄격해야 한다. 그가 노회 아래에서 감독을 받도록 된 것은 매우 필요한 일이다. 사정에 의하여 그가 본 노회를 떠나서 타 노회로 옮길 경우에는 무흠 목사 2인의 추천에 의해서 목사 후보생을 옮길 수 있게 한 1922년판의 규정이 오늘도 이어지고 있다. 무흠 목사 2인의 추천서를 제출하도록 된 것은 그를 위한 노회의 감시가 계속 따르고 있음을 알려준다.

목사 후보생은 성격상 이중 관할 아래 있다. 즉 개인으로는 그 당회 관리 아래 있고, 직무상으로는 노회 관리 아래 있다(정치 제3장 제4조 3항). 다른 노회 관리 아래서 양성을 받고자 할 경우에 노회의 이명이 있어야 하느냐? 본 노회 소속 무흠 목사 2인의 천서만으로도 가능하냐? 할 때에 제1항이 두 가지를 다 인정하였은즉 할 수 없다고는 못할 것이나, 굳이 노회의 이명 없이 무흠 목사 2인의 천서로 이명을 대신하게 할 이유가 무엇인지 알 수가 없다.

아직 노회원은 아니라고 해도 노회에 비치할 명부로 규정이 있는 이상(제10장 제8조 ⑥) 정식 이명이 바람직하고, 편의상 노회 이전에 옮겨야 할 경우라고 하면, 노회 서기에게 전권을 위탁하여 이명을 떼어 보내도록 하는 일이, 무흠 목사 2인의 천서로 이명을 대행하는 것보다 유익하리라 본다. 그러나 무흠 목사 2인의 천서로 대행할 수 있도록 헌법이 보장하였으니, 물론 어느 것이나 다 합법이라 해야 할 것이다.

(2) 타 교파 출신 후보생

본 장로회 총회 산하 노회에서 목사 후보생으로 총회신학교를 졸업하지 아니한 자는 신학교를 졸업한 후에 마땅히 소속 노회의 목사 후보생으로 1년간 총회신학교에서 신학과 헌법을 수업한 후에 강도사 고시 자격을 얻을 수 있다고 하였다.

장로교의 도리를 알지 못하고 장로교 목사가 될 수 없고, 장로교 헌법을 알지 못하고 장로교 목사가 될 수는 없기 때문이다.

2005년 제90회 총회시에 교단 합동으로 합동 당시 신대원에 입학하고 있는 광신대학교 신대원 재학생은 2개월간 총회가 실시하는 특별 교육을 받음으로 강도사 고시 자격을 주기로 하였고, 2008년 제93회 총회에서 광신대, 대신대, 칼빈대 졸업생은 총신에서 1, 2월에 교육을 받아 당해 연도 강도사 고시에 응시할 수 있게 하였다.

그리고 총회신학교는 이같이 타 교파 출신 후보생들이 신학과 헌법에 대하여 본 총회 산하 노회의 후보생들보다 더 철저하고 더 확실한 신념이 생기기까지 교육에 만전을 기하여 본 교단 교역자가 되고난 이후에도 타 교파의 도리나 그 정치에 미련을 버리지 못하고 연연(戀戀)함으로 혼란을 빚는 일이 없도록 최선을 다해야 할 것인 줄 안다.

3. 강도사 고시 및 인허

三, 講道認許 (1922年版)

講道認許를 請願ᄒᆞᄂᆞᆫ 者는 반다시 그의 德行과 端正홈과 支敎會의 無欠會員됨을 證明ᄒᆞᄂᆞᆫ 薦書를 提出홀거시오 老會는 該人(그사ᄅᆞᆷ)의 信德과 宗敎上履歷을 試問ᄒᆞ며 聖役을 求ᄒᆞᄂᆞᆫ 所由에 對ᄒᆞ야 採問ᄒᆞ되 此等試驗은 一一히 謹愼ᄒᆞ며 詳細히 홀거시니라

他敎派에셔 移來ᄒᆞᄂᆞᆫ 候補者와 朝鮮以外 各地方神學校卒業生을 試取홀時에ᄂᆞᆫ 特別히 審愼(삼가)홀거시니라 此等(이런)境遇에ᄂᆞᆫ 如何(엇더)ᄒᆞᆫ 者를 不問ᄒᆞ고 本老會管下에셔 一年以上講道師로 視務ᄒᆞᆫ 後에 牧師로 將立홀수잇ᄂᆞ니라

凡(무릇)志願者는 大學校에셔 밧은 學士나 或 文士證書나 其他學力을 證明홀 만ᄒᆞᆫ 證書를 提出케 홈이 可ᄒᆞ니라

제3조 : 강도사 고시 및 인허

① 강도사 인허를 청원하는 자는

② 반드시 총회가 그 덕행(德行)이 단정함과 지교회의 무흠 회원 됨을 증명하는 당회 증명과 노회 추천서 및 지원서와 이력서를 제출하게 할 것이요,

③ 총회는 그 사람의 신덕과 종교상 이력을 시문(試問)하며 성역(聖役)을 구하는 이유를 묻되 그 고시는 신중히 하고 인허는 노회가 한다.

(1) 강도사 고시의 필요성

신학교 교수들과 학생들로부터 강도사 고시 제도에 대한 의문을 제기해 온 것이 사실이다. 그러나 강도사 고시를 준비하면서 3년씩 배웠던 신학과 목회에 절대 필요한 제반 과목들을 총정리 함으로써 신학의

기반을 튼튼히 세워 나가는 아주 유익한 제도임을 재인식해야 할 것이다. 이렇게 신학을 재정립함으로 '칼빈주의' 개혁 신앙의 확고한 기반을 세우고 교단의 정체성을 살려 나가야 한다.

(2) 강도사 고시의 연혁

목사는 노회에 소속되었기에 노회에서 강도사 고시를 행함이 당연하다고 보여 진다. 그럼에도 불구하고 총회가 관장하였던 것은 해방 후 한국 교회가 성경 유오(有誤)설을 공공연히 주장하는 등 신학적인 혼란이 거듭될 때에 교회의 순결을 지키는 일에 유익하다는 생각에서였다고 보여 진다.

(3) 강도사 인허의 중요성

강도사 고시 응시자에 관하여 그의 덕행에 대한 당회의 증명과 노회의 추천서를 필요로 하는 제도는 지도자의 양성에 있어서 책임 있는 처사를 하기 위함이다. 당회와 노회는 그 일에 있어서 유일한 증인이다. 지교회의 올바른 발전은 결국 치리회에 의하여 좌우된다고 할 수 있다.

1) 제출 서류
① 당회장의 증명서(품행 단정 여부, 무흠 기록을 갖출 것)
② 노회의 추천서(목사 되기에 합당하다는 내용을 갖출 것)
③ 본인의 지원서와 이력서
④ 신학교 졸업 증명서

2) 시문 범위

지원자의 신덕과 신력(信曆) 및 성역을 구하는 이유를 묻되 제4조 고시 종목에 의할 것이다.

3) 노회가 인가

목사를 노회가 장립하게 되니 강도사는 마땅히 노회가 인허할 것이요, 실은 그 고시도 노회가 행할 노회권에 속한 사항이라 할 것이므로 정상적인 시행이 요구된다고 할 것이다.

4. 고시 종목

四, 試取科目

牧師의 聖職을 庸劣無識한 者의게 委任하는거슨 聖敎에 羞恥되고 敎會에 危害가 되느니 老會는 講道師될 者의게 對하야 漢文或英文 聖經原文(希伯來希臘文:히브리헬라문) 과 技述과 科學과 本國方言聖經과 諸般神學과 敎會史記政治聖禮에 對하야 詳 試(ㅈ세히시험)홀거시오 老會員中四分의 一이 神學에 關한 答을 不足히녁이면 筆記로 試驗 홀수 잇고 該筆記한 答文을 老會書記의게 交付홀거시니라 (大學校에 셔 밧은 學士或文士의 證書를 提出한者의게는 各國文과 技術科學에 試驗은 老會의 決議로 免許홀수잇슴)

又(또)老會는 該人(그사람)이 聖經道理를 解釋하며 確實히 證據하며 施行 홀 實地能力이 잇는 與否를 알아보기 爲하야 左記와 如히 試驗을 밧을 거시니라

(一) 神學의 要緊한 問題一, 을 擇하야 漢文이나 他國方言으로 論文 一篇을 作하게 홀것

(二) 註釋 聖經中 或一章이나 或數節을 擇하야 正意가 通透하도록 註譯케홀것

(三) 講說 或講論은 聖經或科學으로 講說케홀것
(四) 通常講道一度를 作ᄒ게 홀것

五, 失支試取
　老會는 講道師되기를 願ᄒᄂᆫ 者의 信仰과 學識과 敎導홀 能力의
有無를 알기 爲ᄒᆞ야 前數條에 記載ᄒᆫ바와 其他方法으로 試驗홀수잇
ᄂᆫ데 講說과 通常講道는 老會나 或支敎會前에서 實地로 ᄒ게홀수도
잇ᄂᆞ니라

六, 資格의 範圍
　聖役의 職(직분)을 資格不足ᄒᆫ 者가 밧지안케 ᄒ기 爲ᄒᆞ야 特別ᄒᆫ
境遇를 除ᄒᆫ 外에ᄂᆫ 大中學校를 卒業ᄒ고 二年間老會가 指定ᄒᆫ
牧師의게서 修養ᄒᆫ 者나 神學校에서 卒業ᄒᆫ 者의게만 講道師를
認許홀수잇ᄂᆞ니라

제4조 : 고시 종목

고시는 구두(口頭)와 필기 2종이 있으니 그 과목은 아래와 같다.

① 조직 신학, 교회 헌법, 교회사, 논문, 주해(註解), 강도

② 고시부장은 강도사 지원자의 실지(實地) 능력을 알아보기 위하여
고시 5개월 전에 아래와 같은 고시 문제를 준다.

논문, 주해, 강도

☞ 목사 고시 과목은 신조, 권징 조례, 예배 모범, 목회학 등의 필답 고
사를 치른다. 그러나 강도사 과목은 조직 신학, 교회사. 교회 헌법, 논
문, 주해, 강도(설교)이다.

(1) 조직 신학

조직 신학은 성경에 근거하여 신론부터 말세론까지 체계화 한 신학의 알파와 오메가라 할 수 있다. 강도사 고시 과목이라 중요하지만 이 조직 신학을 가장 먼저 배치하는 이유는 이 과목을 완벽하게 익히고 소화시키지 못하면 목회자나 신학자로서 자격을 상실하거나 혹은 이단 사상에 현혹될 수가 있기 때문이다.

(2) 교회사

목사 후보생으로서는 교회가 어떻게 설립되었으며, 하나님께서 어떻게 역사하셨는가 하는 문제를 학문으로 체계화한 것이 교회 역사이며, 역사 신학이다. 역사는 이렇게 중요한 것이기에 구약 성경이나 신약 성경에서도 역사를 중요한 위치에 배정한 것이다. 목사가 목회 현장에서 하나님께서 어떻게 간섭하셨고, 어떻게 선교하셨으며, 어떻게 발전해 왔는가 하는 역사를 잘 터득해야 할 것이다. 그러므로 역사 신학도 중요한 위치에 서있는 것이다.

(3) 교회 헌법

목회자가 교회를 먹이고 칠 때에나 혹은 치리회에서 교정 활동을 함에 있어서 모든 분규와 난관에 부딪칠 때에는 그냥 '은혜롭게' 라는 편의한 구호 아래 적당히 넘어가는 것을 볼 수 있다. 그러나 두고두고 후회가 없는 질서 유지를 위해서는 확실한 법적용을 하여서 문제를 해결해 나가야 한다. 법은 질서이다.

(4) 논문

논문이란 어떤 사건이나 주제를 논리적으로 진술하는 학문이다. 목회자는 그 누구보다도 월등한 논술자가 되어야 하고, 또 모든 사건을 처리함에 있어서나 설교를 할 때에도 논리에 모순을 범한다면 성령께서 말씀하고자 하는 본 취지에서 벗어나는 수가 있다. 그러므로 논문역시 목사 후보생에게 있어서 무시하지 못할 중요한 과목이다.

(5) 주해(註解)

설교자로서 가장 소중한 과제는 역시 성경 주해이다. 그리고 설교의 꽃 중의 꽃은 주해 설교이다. 그러므로 이 주경 신학을 철저히 연구하고 개발할 능력을 시험하는 것이다.

(6) 강도(설교)

목회자는 하나님의 말씀을 전하는 설교가 전문 과목이다.

우리 주님께서 "내양을 먹이라" "내양을 치라"(요 21:15~17)고 하신바 목회자는 이 사명, 곧 죽을 때까지 강도하는 일을 감당하기 위해서 하나님께 시험을 치르는 심정으로 실력을 향상해야 할 것이다.

5. 인허 서약

七, 認許問答

老會가 試驗ㅎ야 相當흔줄노 認定흔時에는 定흔 規式에 依ㅎ야 認許ㅎ되 老會長이 該(그)志願者의게 如左히 問答홀거시니라

(一) 新舊約聖經은 하느님의 말삼이오 信仰과 行爲에 對ㅎ야 獨一無二 正確無誤흔 法則으로 밋느뇨

(二) 長老會信經과 要理問答은 新舊約聖經에 敎訓흔 道理를 總括흔거스로 알고 誠實흔ᄆᆞᆷ으로 受容(밧아용납)ㅎ야 自己의 使用홀거스로 承諾ㅎ느뇨

(三) 敎會의 和平과 聯合과 聖潔홈을 務圖(힘써도모)ㅎ기로 盟誓ㅎ느뇨

(四) 主內(쥬안)에서 本老會의 治理를 服從ㅎ고 他老會에 移居홀 時에는 該 老會에 治理를 服從ㅎ기로 盟誓ㅎ느뇨

제5조 : 인허 서약

노회는 강도사 인허할 자에게 아래와 같이 서약한다.

1. 신구약 성경은 하나님의 말씀이요, 신앙과 행위에 대하여 정확 무오한 유일의 법칙으로 믿느뇨?

2. 장로회 신조와 웨스트민스터 신도게요 및 대소요리 문답은 신구 약 성경에 교훈한 도리를 총괄한 것으로 알고 성실한 마음으로 받아 자기의 사용할 것으로 승낙하느뇨?

3. 교회의 화평과 연합과 성결함을 도모하기로 맹세하느뇨?

4. 주 안에서 본 노회 치리를 복종하고 다른 노회에 이거할 때는 그 노회의 치리를 복종하기로 맹세하느뇨?

(1) 강도사 인허 서약

신조 제1조와 헌법에 대한 맹서와 충성에 대한 서약 등 전장에서 기

술한바, 장로 집사 임직 서약과 별로 다를 바 없다 할 것인데 다만 2항
에서 치리 장로, 집사에게는 '신종하느뇨?' 하였던 것이 가르치는 직
원인 강도사에게는 '자기의 것으로 사용할 것으로 승낙하느뇨?' 로 바
뀌고, 충성에 대한 서약도 전자는 '이 지교회' 라고 못 박혀 있었으나,
여기서는 그 같은 지명(指名) 없음이 다를 뿐이다.

강도사 인허에 앞서 본인이 다짐해야 할 것은 목사가 될 의향이 없
으면 강도사 인허를 받지 말아야 한다. 뿐만 아니라 본 법조문의 서약
문에서는 목사 임직 서약에 있는 예배 모범의 서약은 들어 있지 않다.
이는 강도사는 정식 목회자가 아니라는 조건 때문에 그러했지만 강도
하는 사명을 가진 강도사 인허를 받은 자는 예배 모범의 중요성을 인
지하며 예배 모범을 따라 예배드릴 것을 다짐해야 한다.

＊ 정문 315문 : 강도 인허가 무엇이뇨?

답 : 강도 인허란 노회가 목사 후보생의 자격을 시험하기 위하여 그
    소속 교회에서의 강도를 인허하는 것이니 목사 될 인격을 시험
    하는 한 방침이니라. … 강도 인허는 항상 목사 되기를 주의(注
    意)하는 자에게만 허락할 것이요, 목사 될 마음은 없고 강도 인
    허를 받아 회원의 직분만 잘하려는 자에게는 불허할 것이다.

＊ 정문 519문 : 목사 장립 받기를 원치 않는 자를 강도사로 인허하는
    것이 합당하느뇨?

답 : 주의 일할 능력만 얻기를 노력하고 장립받기를 원치 않는 자에
    게 강도사로 인허하는 것이 부당하니, 이런 사람에게 강도사를
    인허하게 되면 강도 직분에 두 급(級)이 있게 되느니라.

6. 인 허 식

八, 認許式 (1922年版)

該(그)志願者가 前記問辭(전기뭇는말)에 對ᄒ야 唯(네)라 答ᄒ 後에
會長이 祈禱ᄒ고 該人(그사람)의게 對ᄒ야 如左히 宣言ᄒᄂ니라
主예수그리스도의 名과 敎會에 德을 세우기 爲ᄒ야 주신 權으로
우리가 하ᄂ님의 指導ᄒ시ᄂ 處에셔 其福音을 傳播ᄒ기 爲ᄒ야
講道師로 認許ᄒ고 此事(이일)를 善成(잘성취)ᄒ기 爲ᄒ야 하ᄂ님께서
爾(너)의게 福을 주시고 그리스도의 聖神이 爾心(네ᄆ음)에 充滿ᄒ시
기를 바라노라 아멘
講道師認許ᄒ 事(일)를 會錄에 如左히 詳記ᄒ거시니라
『某老會가 某日某處에셔 某人에 對ᄒ야 學力과 品行과 本老會所屬
支敎會無欠敎人된 證據를 밧고 講道師認許에 關ᄒ야 試驗ᄒ고 또
普通學識과 信仰上恩惠와 神學上知識及(과)其他要緊ᄒ 學問에 對ᄒ
야 裕餘ᄒ거슬나타냄으로 本老會가 滿足ᄒ줄노 認定ᄒ며 且(또)本人
이 本敎會信經을 受容ᄒ며 講道師認許時에 問辭(뭇는말)에 對ᄒ야
合當ᄒ도록 對答ᄒ지라 老會ᄂ 本老會地方이나 或規則에 依ᄒ야 請
聘ᄒᄂ 他老會地方에셔 聖役準備者로 그리스도의 福音을 傳播ᄒ며
講道ᄒ을 認許ᄒ엿노라』 ᄒ거시니라

제6조 : 인허식

① 그 지원자가 전조와 같이 서약한 후에 회장이 기도하고

② 그 사람에게 아래와 같이 선언한다. "교회에 덕을 세우기 위하여
주신 권세와 주 예수 그리스도의 이름으로 우리가 하나님의 지
도하시는 곳에서 복음을 전파하기 위하여 그대에게 강도사 인허
를 주고, 이 일을 선히 성취하기 위하여 하나님께서 그대에게 복
을 주시며, 그리스도의 성령이 충만하기를 바라노라 아멘."

(1) 인허의 중요성

목사 후보생이 총회에서 시행하는 강도사 고시에 합격한 다음 해당 노회에서 인허를 받게 된다. 아무리 강도사 고시에 합격했다 할지라도 인허를 받지 못하면 강도할 공인의 자격이 없는 것이다.

교회정치문답조례는 "예배는 당회가 전권으로 주장하느니라. 본 장로회 교인 아닌 목사와 강도사라도 예수교인이면 당회가 청하여 맡길 수 있고 목사가 없으면 장로들이 주관할 것이요, 다른 기도회는 직분 없는 교인이라도 당회의 허락을 얻어 인도할 수 있으되 주일 예배는 인도하지 못하느니라"(정문 136문답)고 되어 있다.

또 정치문답조례 520문에서는 "강도사 인허가 없으면 목사 후보생이 강도를 못하느뇨?" 하는 물음에 답하기를 "교회 치리회의 지도대로 강도하는 것이 합당한즉 인허를 받지 못한 자는 강도를 하지 않는 것이 좋을 것이나 신학생들이 본 당회나 본 노회가 인도하는 대로 본 지방 내의 목사 없는 곳에서 연습하는 강도를 할 수 있고 어떤 때에는 노회가 이런 일을 위하여 임시 인허를 주느니라"고 했다.

7. 인허 후 이전

九, 試取中移轉 (1922年版)
如何(엇더)혼 候補者던지 講道認許를 밧기 爲ᄒ야 試驗ᄒ다가 未畢

ᄒᆞ고 不得己(부득이)ᄒᆞᆫ 事故를 因ᄒᆞ야 他老會地方에 移去ᄒᆞᆯ게되면 本老會의 移名書와 證書를 밧아 부칠거시오 未畢ᄒᆞᆫ 試驗은 該老會가 繼續ᄒᆞ야 畢ᄒᆞᆯ수잇ᄂᆞ니라

十, 認許후移轉

講道師認許밧은 後에 本老會의 承認을 엇어 他老會地方에 移居ᄒᆞ게 되면 認許에 對ᄒᆞᆫ 老會錄謄本과 本老會薦書(兩件(두가지)에 書記의 署名捺印을 要ᄒᆞᆷ)를 밧아 該老會에 納付ᄒᆞᆯ거시라

제7조 : 인허 후 이전

① 강도사 인허를 받은 후에 본 노회 허락을 얻어 다른 노회 지방에 이거하게 되면 강도사 이명 증서를 받아 그 노회에 드린다.

☞ 강도사가 타 노회로 이거하고자 하면 본 노회의 허락을 받은 후에 그 강도 인허 증서(정문 523문답)와 본 노회 서기가 날인한 이명서를 가지고 가면 그 노회가 접수 처리한다(정문 528문답).

＊ 정문 523문 : 강도사 인허하는 일에 대하여 노회 회록에 어떻게 기록하느뇨?

답 : 아래와 같이 기록하느니라. "언제 어디서 어느 노회가 회집하여 본(本) 혹 모인(某人)의 학문과 성품(性稟)과 무흠 입교인 되는 증거를 기득(旣得)하였고 또 정례대로 시험하여 일반 학식과 신앙상 은혜와 신학상 지식 및 기타 요긴한 학문에 대하여 유여(裕餘)함을 나타냈으므로 노회가 기쁘게 받기로 결정하며, 또 그 사람이 본 교회

의 신경을 수용하며, 강도사 인허 시의 문사(問詞)에 대하여 낙종 (諾從)하는 고로 노회는 그 사람에게 본 노회 지방 내나 어느 곳에 던지 청함을 받는 곳에서 강도함을 인허하고 인허장을 주었노라" 고 상기할지니라.

* 정문 528문 : 강도사가 타 노회로 이명할 수 있느뇨?

답 : 강도사가 타 노회로 이거하고자 하면 본 노회의 허락을 받은 후에 그 강도 인허 증서(정문 523문답 참조)와 본 노회 서기가 날인한 이명서를 가지고 가면 그 노회가 수납할 수 있느니라.

8. 인허 취소

十一, 認許取消
講道師가 多年間講道ᄒᄂᆫ데 敎會에 德을 세우지못ᄒᄂᆫ 境遇에 ᄂᆫ 老會ᄂᆫ 決議에 依ᄒᆞ야 該(그)認許를 取消ᄒᆞᆯ수잇ᄂᆞ니라

제8조 : 인허 취소

① 강도사가 4년간 강도하는데 덕을 세우지 못하는 경우에는

② 노회는 결의에 의하여 인허를 취소할 수 있다.

(1) 인허 취소의 조건

목사 지원자에 대해서는 처음부터 신중을 기해서 확실한 소명과 신

실한 능력과 신앙과 품격과 지식 등, 모든 면에 부족함이 없는 인재를 발탁할 것이요, 아무 때든지 목사 되기에 합당치 못한 증거가 나타나게 되면 지원자의 의사 여하를 불구하고 노회가 처결할 권이 있다.

만국 장로회가 행하는바 교회정치문답조례의 교훈에 의하면,

1) 강도사의 임기는 4년으로 정해져 있다. 그러나 4년간 아무 교회에서도 청빙을 받지 못하면 1년간 더 허락했다가 그래도 청빙을 받지 못하면 인허를 취소할 수 있다(정문 529문답).

2) 강도사가 청빙을 받지 못함은 물론 그보다 더 중요한 것은 강도사가 어느 중요한 시간이나 혹은 예배 시간에 행한 설교가 교회에 덕을 세우지 못하면 노회가 언제든지 그 인허를 취소할 것이요, 혹은 목사로 부적당하든지 부도덕한 일이 있을 때에도 취소한다(정문 531문답).

3) 부도덕한 일에 대하여는 그 인허를 취소할 뿐 아니라 노회가 소속 당회에 위탁하여 그 행위를 권징한다(정문 531문답).

* 정문 529문 : 강도사의 시무 기한은 몇 년으로 정하느뇨?

　답 : 교회 헌법에 정한 기한이 없은즉, 아무 때든지 노회가 보기에 그 사람의 행사가 교회에 덕을 세우지 못하면 그 인허를 취소할 수 있고, 강도사가 4개년간 아무 교회에든지 청빙을 받지 못하면 노회가 권고하고 1개년간 더 허락하였다가 그래도 역시 피빙치 못하면 그 인허는 취소할 것이니라.

* 정문 531문 : 강도사 인허를 어느 때에 취소할 수 있느뇨?

　답 : 아무 때든지 노회가 보기에 강도사의 행위가 교회에 덕을 세우

지 못하든지 목사의 자격이 못되든지 혹 죄가 있으면 강도사 인
허를 취소할 것이니라. 강도사가 범죄 하였으면 강도사 인허를
취소할 뿐만 아니라 노회가 본 당회에 위임하여 합당하도록 치
리케 할 것이니라.

(2) 재인허

정치문답조례 530문답에서 "강도사 인허를 취소하였다가 재인허
를 할 수 있느냐?"는 물음에 답하기를 "강도사 인허를 취소한 적이 있
을지라도 특별한 이유가 있으면 다시 인허할 수 있느니라. 신병이나
다른 영업이나 책벌이나 타국 여행 등을 이유로 그 인허를 취소하였던
경우에는 노회의 결의로 다시 인허할 수 있다"고 되어 있다.
* 정문 530문 : 강도사 인허를 취소하였다가 다시 줄 수 있느뇨?
  답 : 특별한 연고가 있으면 다시 인허할 수 있느니라. 목사 후보생
  의 신병이나 타 영업이나 책벌이나 타국에 여행함으로 말미암아
  그 인허를 취소하였던 경우에는 노회가 결의에 의하여 다시 인
  허할 수 있느니라.

제15장 목사 선교사 선거 및 임직

1. 목사 자격

第十五章 牧師 宣敎師 選擧 及 任職 (1930年版)

一條 牧師資格: 牧師는 神學卒業 後 講道師 試取에 合格되고 請聘을 받은 者라야 할찌니라

제1조 : 목사 자격

목사는 총신대학교 신학대학원을 졸업 후 총회에서 시행하는 강도사 고시에 합격되어 1개년 이상 교역에 종사하고 노회 고시에 합격되고 청빙을 받은 자라야 한다.

☞ 목사의 자격은

1) 목사의 자격에 대한 본 조문은 정치 제4장 제2조에서도 규정하고 있다. 제4장 제2조에서는 목사의 자질과 인격적으로 갖추어야 할 내적 요건을 언급하였고, 본 제1조에서는 목사로 장립함에 있어 갖추어야 할 필수 요건을 규정하고 있다.

2) 목사로 장립할 자격을 총신대학교 신학대학원 졸업 후 강도사 고시에 합격되어 1년 이상 강도에 힘쓰고 노회 목사 고시에 합격하고 지교회에서 청빙을 받은 자라고 하였다.

여기서 1개년 이상 교역을 해야 한다고 함은 이 기간이야말로 강도사가 된 본인은 본인 스스로가 자기 자신의 소명에 대하여 재확인하는 최종적인 기간이요, 또한 노회는 그 강도사에게 실제로 교역을 시켜보면서 객관적인 입장에서 그의 소명을 재확인하는 최종적인 기간을 가리킨다. 그러나 강도사가 교역에 1년 이상 종사했다고 해서 모두 다 목사 고시 자격을 부여하는 것은 아니다. 반드시 청빙을 받아야 비로소 목사 고시 자격을 부여하게 된다.

그리고 청빙이란 물론 지교회의 시무 목사 청빙이나 부목사 혹은 위임 목사 청빙이 바로 그것이요, 혹은 전도 목사 또는 기독교 기관에서 청빙하는 것을 가리킨다. 그리고 이 청빙에는 반드시 그 목사의 주택과 생활비에 대한 규정을 요구하게 된다. 왜 이같이 규정해야 했는가? 이유는 간단하다. 목사 고시란 그가 목사로 봉직하기에 합당한 여부를 고시함이요 목사의 자격 고시가 아니라고 함이다.

강도사가 제아무리 목사의 자격을 갖추었고 1년 이상 교역에 종사하였다고 해도 아무 곳에서도 청빙이 없다고 하면 결국 목사로 부름 받았다고 하는 객관적인 실증이 아직 나타나지 아니하였다고 보아 목사 고시 자격을 주지 아니한다. 수년을 기다려도 여전히 청빙하는 곳이 없다고 하면 본인의 의사 여하에 불구하고 강도사 인허를 취소함이 당연하다.(단, 제90회 총회 시 합동 결의안대로 목사 자격을 인정한다.)

① 합동 원칙 합의서 4항 "양교단 총회 산하 각 노회 소속 목사는 공히 그 자격을 인정한다"(2005년 제90회 총회 결의).

② 1항에 해당되는 자로서 "교단 산하 교회 및 기관에서 교역자 및 직원 청빙 시 개신원 및 광신 졸업자도 총신 졸업자와 동등한 자격이 있다"(2006년 제91회 총회 결의).

3) 뿐만 아니라 대한예수교장로회 노회의 지도 아래서 수양 받지 아니한 자는 신학 졸업 후 노회 관할 아래 후보생으로 1년간 총회신학교에서 신학과 교회 헌법을 수업한 후에 강도사 고시 자격을 얻을 수 있다(정치 제14장 제2조 3항)는 조문은 해외에서 유수(有數)한 신학을 졸업한 보수 신학을 전공한 목사라도 본 교단 목사나 교수가 되려면 적어도 1년 이상 본 교단 총신에서 다시 수학해야 한다는 의미이다. 그렇지 않고 타 교단 신학교를 졸업한 사람은 본장 제13조의 규정을 따라야 한다.

2. 목사 선거

一, 共同處理會召集

虛位敎會의 敎友들이어ᄂ 講道師의 講道에 感服ᄒ야 牧師로 請聘코져ᄒᄂ 思想이 發現되ᄂ 境遇에ᄂ 堂會가 本視察委員과 協議ᄒ 後에 共同處理會를 召集홈이 可ᄒ고 又(또)ᄂ 敎會中投票權이 잇ᄂ 者의 過半數가 共同處理會召集을 請求홀 時에도 堂會가 그대로 行홀수밧게 업ᄂ니라

二, 共同處理會會長
　堂會가 共同處理會를 召集코쟈 홀時에 ᄂᆞᆫ 臨時堂會長이 主管 處理
홀거시니라(九長 四條)

三, 共同處理會廣告
　主日禮拜時에 堂會가 本敎會堂敎友의게 某日에 禮拜堂(其他會集
便利處)에 敎會가 共同處理會로 會集ᄒᆞ야 敎會의 議決대로 牧師選擧
에 對ᄒᆞ야 投票ᄒᆞ겠다고 廣告홀거시니라

제2조 : 목사 선거

① 지교회에 목사를 청빙하고자 하는 경우에는

② 당회의 결의로 공동의회를 소집하고

③ 임시 당회장이 강도한 후 공포하기를, 교회에서 원하면 목사 청
　빙할 일에 대하여 투표할 것이라고 그 의견(意見)을 물어 과반수
　가 찬성하면 즉시 투표한다.

☞ 목사를 선거하거나 목사로 장립하는 일은 청빙이 있을 때에만 가능
한 것이다. 그러므로 목사를 선거하려면 먼저 청빙할 대상자를 선택하
는 일을 전제로 하는 것이다.

　지교회에서 목사를 청빙하고자 할 때에 제일 먼저 해야 할 일은 당
회가 공동의회를 소집하도록 의결하고, 그 공동의회를 주관할 임시 당
회장을 청하는 일이다. 본인이 당회장이라고 해도 본인 청빙에 관한
일을 본인이 주관하는 일은 허용하지 않고 있다. 그래서 반드시 임시

당회장을 선임하게 된다.

그 다음에는 공동의회의 시일과 장소와 안건을 1주일 전에 교회에 광고하거나 혹은 통지할 일이다. 물론 당회의 결의가 선행되어야 한다. 임시 당회장은 강도 후에 즉시 투표에 들어갈 것이 아니라, 목사 청빙 투표에 대한 교인들의 의견을 묻는다.

찬부를 막론하고 투표 자체를 반대할 것은 없다 하겠으나, 투표해 볼 필요도 없다고 내어 놓고 반대하는 의견이 많으면 굳이 청빙 대상자를 놓고 투표로 청빙을 부결하는 전례를 남기는 것이 그 목사에게는 물론 교회에도 유익이 없다할 것이므로 무리하게 투표할 필요가 없을 것이다. 과반수가 투표해 보자고 찬성하지 아니하면 회장은 마땅히 공동의회를 다음으로 미루고 의견의 일치를 볼 수 있도록 종용할 따름이다.

1922년판 헌법은 "교회 중 투표권이 있는 자 과반수가 공동치리회 소집을 청구할 시에도 당회가 그대로 행할 수밖에 없느니라"고 규정하여 회의 소집에 있어서의 회장의 회의 소집권과 법이 규정하는 일정수 회원의 회의 소집권을 동등하게 했고, 회원들의 청원에 의한 회의 소집은 그것이 회장권으로 말미암는 권세가 아니라 회원들의 권세를 회장이 대행하는 일에 불과하므로 회원들의 청원이 있으면 '그대로 행할 수밖에 없느니라' 고 규정한 훌륭한 조문을 보게 된다.

그러나 총회는 이 조문을 1930년판 헌법에서 이 규정은 삭제되어 오늘에 이르고 있다.

그리고 1922년판 헌법은 목사 청빙사는 "본 당회가 본 시찰 위원과 협의한 후에 공동처리회를 소집함이 가하고 …"라고 규정되어 목사 청빙사에 대하여 당회의 독단을 배제하고 시찰 위원회의 협의권을 강화하고 있었다. 그런데 역시 1930년판은 이 규정마저 삭제하여 당회가 결의하면 시찰 위원회의 협의 여부에 구애 없이 자유롭게 공동의회를 소집할 수 있도록 하고 말았다. 지금은 당회가 노회에 상정하는 모든 안건을 시찰 위원회가 협의하고 경유인을 찍어주어야 노회에 헌의하게 하였으므로 아마도 그래서 1930년판이 이것을 삭제한 것이 아닐까 생각된다.

3. 청빙 준비

四, 共同處理會投票

堂會는 定日에 共同處理會를 開ᄒᆞ고 臨時堂會長이 講道後公布ᄒᆞ되 『今者(이제)敎會에서 願ᄒᆞ면 牧師請聘事에 對ᄒᆞ야 投票ᄒᆞᆯ거시라』고 其(그)意見을 問ᄒᆞ야 過半이 唯(네)라 ᄒᆞ면 即時投票ᄒᆞᆯ거시니라 何人(엇던사름)을 不問敎會中本敎會의 適法흔 治理(個人的私行)이 아니오 堂會가 規例에 依ᄒᆞ야 正式으로 行ᄒᆞᄂᆞᆫ것을 肯從(즐겨복종)치안ᄂᆞᆫ者와 本支敎會定例에 依ᄒᆞ야 自己의 勢力대로 捐補ᄒᆞ지 안ᄂᆞᆫ 者는 投票權이 업ᄂᆞ니라 投票ᄒᆞ야 票數의 三分의 二와 入敎人이 過半數가 承諾ᄒᆞ여야 選擧ᄒᆞᄂᆞ니라

五. 請聘準備

投票ᄒᆞ야 三分의 二가 可라 홀지라도 同意치 아니ᄒᆞᄂᆞᆫ 小數中反對ᄒᆞᄂᆞᆫ 者가 만흔 境遇에ᄂᆞᆫ 會長은 敎友의게 延期ᄒᆞ라고 勸告ᄒᆞᄂᆞᆫ거

시 可ᄒᆞ니라 敎會의 投票가 一致ᄒᆞ던지 或거의 一致ᄒᆞ던지 或大數
가 讓步치아니ᄒᆞᄂᆞᆫ 境遇에ᄂᆞᆫ 會長은 合同되도록 勸勉ᄒᆞ 後敎會規則
대로 請聘書를 作成ᄒᆞ야 各投票者로 署名捺印케 ᄒᆞ고 會長도 捺印
ᄒᆞ야 共同處理會의 經過情形을 明白히 記錄(不服者의 數와 該人의
形便도 詳記ᄒᆞᆯ것) ᄒᆞ야 請聘書와 ᄉᆞᆺ치 老會에 提呈ᄒᆞ거시니라
但 請聘書에ᄂᆞᆫ 投票者뿐아니라 無欠敎人過半의 捺印을 要ᄒᆞᆯ거시니라

제3조 : 청빙 준비

① 투표하여 3분의 2가 가(可)라 할지라도 부(否)라 하는 소수가 심
히 반대하는 경우에는 회장은 교우에게 연기하라고 권고하는 것
이 가하다.

② 투표가 일치하든지 혹 거의 일치하든지 혹 대다수가 양보하지
아니하는 경우에는 회장은 합동하도록 권면한 후

③ 규칙대로 청빙서를 작성(作成)하여 각 투표자로 서명 날인하게
하고 회장도 날인하여 공동의회의 경과 정형을 명백히 기록(반
대자의 수와 그 사람들의 형편도 자세히 기록한다)하여 청빙서와
함께 노회에 드린다. 단, 청빙서에는 투표자뿐 아니라 무흠 입
교인 과반수의 날인을 요한다.

☞ 목사의 청빙 투표에 있어서 투표수 3분의 2 이상을 얻어야 하고 재
적 입교인 과반수의 찬동을 얻어야 노회에 청원할 수 있도록 규정한
일은 1922년판 헌법의 규정을 그대로 이어 오는 공통된 규정이다.

여기서 입교인의 과반수의 승낙은 청빙서에 날인하는 수를 말하는

것이니 우선 투표수 3분의 2 이상을 받았으면 가결을 선포할 수밖에 없을 것이다. 그럴지라도 부편(否便)의 소수가 심히 반대하면 회장은 교우에게 연기하라고 권고하는 것이 가하다고 하였는데 교회의 화평과 건덕을 위한 권고이다. 그러나 이 권고는 교회가 받아들이면 가하겠지만 그렇지 않는 경우라면 회장은 규칙대로 청빙서를 작성하여 공동의회의 경과 정형(情形)을 명백히 기록하여 노회에 상정할 뿐이다.

그러나 공동의회가 일단 어느 목사를 두고 투표하여 3분의 2 이상을 얻었다고 하면, 그 결의는 해 교회의 공적인 결의이니 설혹 투표했거나 안했거나 혹은 가표, 부표를 불구하고 공동의회의 가결은 역시 해 교회의 작정(作定)이므로 그가 그 교회의 입교인이라고 하면 모두 그 공적인 결의에 대하여 순종해야 할 의무 하에 있기 때문에 모두 다 청빙서에 날인할 권리가 있고 의무가 있다.

그러나 서명 날인할 권도 이를 거부할 권도 포함한다고 할 것이므로 강제로는 날인하게 못할 것이요, 어찌되었던 투표자뿐 아니라 입교인 과반수의 날인을 얻지 못하면 그 청빙서는 결국 미비 서류로 실효를 거두지 못하게 된다.

4. 청빙 서식

六, 請聘書式 及 請願書
請聘書는 左記와 如히 作成홈이 可호니라
某地某敎會敎人等은 貴下께서 牧師의 聖役을 擔任홀만흔 才德과

能力이 잇ᄂᆞᆫ줄노아오며 且(또)曾往에 役事ᄒᆞ시ᄂᆞᆫ 中 顯著ᄒᆞ 功力을
因ᄒᆞ야 福音을 宣傳ᄒᆞ시ᄂᆞᆫ 中 各人의 靈魂의 神靈的有益을 주실줄
노 確認ᄒᆞ옵ᄂᆞᆫ故로 貴下를 本敎會擔任牧師로 選擧ᄒᆞ옵고 玆(이)에
請聘ᄒᆞ오니 許諾ᄒᆞ심을 望(바라)ᄒᆞ오며 且(또) 貴下께서 就職ᄒᆞ시ᄂᆞᆫ
日(날)노부터 本敎人等이 凡事에 適當하도록 補助ᄒᆞ며 慰勞ᄒᆞ며 主
內(주안)에서 順服ᄒᆞ기로 ᄒᆞ며 且(또) 貴下께셔 本敎會牧師로 在職中
에ᄂᆞᆫ 肉身上生活의 困苦와 世上事의 煩擾됨을 免ᄒᆞ시기 爲ᄒᆞ야
俸銀幾何(얼마)를 每年幾次(매년몃차)에 進呈ᄒᆞ기로 誓約ᄒᆞ오며 此(이)
誓約을 確實히 證據ᄒᆞ기 爲ᄒᆞ야 署名捺印ᄒᆞᄂᆞ이다.

年 月 日
各投票者連署捺印
證人 共同處理會長署名捺印
某   座下

제4조 : 청빙 서식

○○곳 ○○교회 교인들은 귀하께서 목사의 재덕과 능력을 구비
하여 우리 영혼의 신령적 유익을 선히 나누어 주실 줄로 확신하여 귀
하를 본 교회 담임 목사(혹 임시 목사)로 청빙하오며, 겸하여 귀하께서
담임 시무 기간 중에는 본 교인들이 모든 일에 편의와 위로를 도모하
며, 주 안에서 순복하고 주택과 매삭 생활비 ○○를 드리기로 서약하
는 동시에 이를 확실히 증명하기 위하여 서명 날인하여 청원하오니 허
락하심을 바라나이다.

년 월 일
각 교인 연서 날인
증인, 공동의회 회장 서명 날인
귀하

☞ 1922년판 헌법의 청빙 서식 규정을 그대로 이어오고 있습니다. 특별히 목사 대우 요목(要目)을 범사에 편의, 위로를 도모, 주안에서 순복, 생활비로 잡아 4대 요목이었는데 1930년판 이래로 주택을 부가하여 5대 요목으로 규정하였고 오늘에 이르고 있다. 목사를 어떻게 대우해야 하나님께 복을 받을 것인가? 이것은 교인만이 가지는 권리요, 또한 의무이다. 청빙 서식에 나타난 요건 중 어느 한 가지도 궐할 수 있다는 사실을 명심하고 최선을 다할 것이다.

이 청빙서는 물론 노회에 제출하고 피빙 목사가 노회를 경유해서만 받을 것이다. 그 중 생활비의 액수를 반드시 기록할 것은 피빙자와 교회가 다 좋게 여기는 액수라고 해도 노회가 불허할 수밖에 없는 경우도 얼마든지 있을 수 있기 때문이다(정문 545, 554문답 참조).

* 정문 545문 : 목사의 어려움 없는 생활을 위한 목사비를 반드시 일정하게 해야 하느냐?

답 : 목사의 어려움 없는 생활을 위한 목사비를 반드시 일정하게 해야 할 것은 청빙서에 의한 서약이 이것을 요구한다. 노회가 목사 청빙을 허락하려면, 그 생활비가 과연 어려움 없는 생활을 할 수 있을 만치 넉넉한 여부를 헤아릴 것인데, 청빙 받는 목사나 교회가 다 만족히 여길지라도, 노회가 그렇지 못하다고 인정되면 허락을 거부할 수 있다. 헌금이 수입되는 대로 얼마든지 지급한다는 것도 합당치 아니하고, 명백히 작정한 액수가 있어야 노회가 청빙을 허락할 수 있다.

* 정문 554문 : 청빙서를 어느 노회에 제출하느냐?

답 : 마땅히 본 노회에 제출할 것인데 교회가 피빙자와 먼저 의논할
수는 있으나, 노회를 경유하지 아니하고 피빙자가 청빙서를 직
접 받지 못한다. 피빙자가 강도사이면 고시하고 장립과 위임식
을 거행한다.

5. 청빙 승낙

七, 請聘承諾

何(어느)牧師講道師의게던지 請聘書를 交付ᄒ면 依例該敎會가
委任ᄒᄂ거슬 願ᄒᄂ줄노 認定ᄒᆯ거시오 該牧師나 講道師가 其請聘
書를 接受ᄒ면 依例히 承諾ᄒᄂ거스로 認定ᄒᆯ거시니라
講道師가 請聘을 밧아 牧師로 將立ᄒ게 될 境遇에ᄂ 老會ᄂ 拘碍되
ᄂ것업스면 同時에 委任式까지 兼行ᄒᄂ거시니라

제5조 : 청빙 승낙

① 어느 목사나 강도사에게든지 청빙서를 드리면 그 교회가 원하는
줄로 인정할 것이요

② 그 목사나 강도사가 그 청빙서를 접수하면 승낙하는 것으로 인
정한다.

③ 강도사가 청빙서를 받아 목사로 임직하게 될 경우에는 노회는
구애되는 것이 없으면 동시에 위임식까지 행한다.

(1) 청빙 승낙이란?

청빙 승낙은 청빙 받은 자가 어느 교회의 청빙을 승낙함을 의미하는 것이다. 이 규정은 1922년판의 규정대로 목사 청빙사에 있어서 청빙 교회와 피빙 목사 사이의 대화는 목사 청빙서로 하도록 규정하고 있다. 즉 청빙서로 청빙자의 본뜻을 헤아리고 청빙서 접수로써 청빙에 응하겠다는 피빙자의 본뜻을 표시한다 함이다.

즉 구두로는 청빙도 못하고 그 청빙에 대하여 응빙(應聘)하지도 못한다. 교회와 목사 혹은 강도사 사이의 청빙 여부의 진심과, 승낙 여부의 그 진심은 모두 이 청빙서로 하게 된다. 청빙서를 드리는 것은 진실한 마음으로 하나님의 뜻으로 믿고 오시기를 원한다는 정중한 의사 표시요, 마찬가지로 청빙서를 목사 혹 강도사가 접수하면 하나님께서 그 교회로 가라고 하시는 뜻으로 믿고 기쁨으로 승낙한다는 정중한 의사 표시라는 것이다. 그러므로 청빙서는 함부로 드리지 못할 것이며 접수도 하지 말아야 한다.

(2) 목사 임직과 동시에 위임

본 조문이 "… 강도사가 청빙서를 받아 목사로 임직하게 될 경우에는 노회는 구애되는 것이 없으면 동시에 위임식까지 행한다"고 되어 있는데 이는 목사 장립은 노회 석상에서 행하고 위임식은 위임국을 선택 파송하여 청빙하는 교회당에서 행한다는 의미이다(정문 553, 563문답).

강도사가 청빙을 받아 목사가 되면서 동시에 위임을 받는 일은 참으로 목사와 양 사이에 흐뭇한 정을 나타내는 아름다운 일이다.

6. 청빙서 제정

제6조 : 청빙서 제정(提呈)

① 청빙서는 청빙 받은 자를 관할하는 노회에 드릴 것이요

② 그 노회가 가합(可合)한 줄로 인정할 때는 청빙 받은자에게 전
함이 옳으니

③ 목사 혹 강도사가 노회를 경유하지 아니하고 직접 청빙서를 받
지 못한다.

☞ 강도사와 목사를 관할하는 노회야말로 그 임면(任免)에 관한 전권
이 있은즉 지교회에서는 마땅히 청빙서를 노회에 드려 노회의 허락을
받을 것이요, 목사와 강도사는 임면권자인 노회의 허락 없이는 청빙서
를 받지도 못하고 설혹 받는 경우를 예상할 수는 있다고 해도 불법이
요, 정중한 청빙서를 휴지화하는 것일 뿐 실효를 거둘 수 없다. 임면권
자인 노회의 허락이 없이는 노회 관할 하의 아무 지교회에도 부임하지
못할 것이기 때문이다.

1) 목사나 강도사가 어느 교회에 청빙 받아 부임할 때는 반드시 청빙

서를 받고 가야 한다.

2) 목사나 강도사가 노회를 경유하지 않고 청빙 받은 교회로부터 직접 청빙서를 받을 수 없다는 것이다

7. 서약 변경

九, 契約變更
　請聘書契約ᄒᆞᆫ 牧師의 俸給을 變更코져ᄒᆞᆯ 時에 牧師와 敎會가 承諾ᄒᆞ면 老會에 報告ᄒᆞ고 만일 承諾지아니ᄒᆞᄂᆞᆫ 境遇에ᄂᆞᆫ 老會의 承認을 得(교)ᄒᆞᆯ지니 敎會가 此等事(이런일)에 老會에 請願코져ᄒᆞ면반다시 正式으로 開ᄒᆞᆫ 共同處理會를 經由ᄒᆞᆯ거시니라

제7조 : 서약 변경

① 청빙할 때에 약속한 목사의 봉급을 변경하고자 할 때에

② 목사와 교회가 승낙하면 노회에 보고하고

③ 만일 승낙치 아니하는 경우에는 그 사유를 노회에 보고하되

④ 반드시 정식으로 공개한 공동의회를 경유한다.

☞ 교회는 목사의 육신의 생활을 총괄 책임져 주고 목사는 성도들의 영적 생활을 전적으로 책임져 주는 것이 이상적인 교회상(相)이라 할 것이다. 목사로 하여금 목회 생활에 지장을 없애려면 생활비를 처음 서약한 대로 드려야 한다. 그러나 목사를 모신 후에 세월이 지나고 불

만이 표출되어 생활비를 삭감하려든다면 이러한 태도는 비신앙적이
요, 또 청빙서의 계약과 위임식 당시의 서약에 위배되는 불법이다(정
문 597, 330문답).

목사의 생활비는 1차적으로는 물론 그 목사와 교회간의 일이다. 그
러나 목사와 지교회를 함께 관리하는 상회인 노회로서 목사의 생계 문
제는 그것이 바로 지교회의 부흥과 직결되고 복음의 영예와 성직자의
명예에도 관계됨이 많은 일인즉 노회가 살필 중요한 직무 중 하나라
할 것이다.

더구나 목사 임면의 전권이, 혹 지교회 목사 청빙을 허락하는 여부
에 대한 전권이 모두 노회에 있은즉 마땅히 그 변경은 노회의 승낙을
얻어야 옳다 함이다. 그러나 교회가 부흥하여 목사비를 올려 생계에
부족함이 없도록 선대(善待)하는 경우에까지 노회가 승낙을 요구하고
있지 않는 것이 일반적인 경향이다.

1) 생활비는 목사와 교회간의 계약으로 성립하였은즉 공동의회의 결
   의와 목사의 허락이 있기 전에는 일방적인 변경이 불가능하고

2) 생활비가 본래 어려움 없는 생활을 함으로써 신령한 직무 수행에
   장애됨이 없도록 하는 것이니 형편에 의해서 마땅히 증액할 수 있
   으나 감액하는 일은 목사나 교회가 서로 승낙해도 노회가 거부할
   수 있다(정문 547, 545, 556문답).

8. 다른 노회 사역자 청빙

十, 他老會事役者請聘 (1922年版)

支敎會는 他老會管轄에 屬한 牧師나 講道師를 請聘코져 홀時에는 請聘委員을 選擇派送홀거시니 該(그)委員은 몬져 該請聘書를 本老會에 提呈ᄒ야 承認을 밧고 또 本老會長과 書記가 署名捺印한 證書(此(이)는 本老會가 該請聘을 承認ᄒ고 請聘書가 規則에 依ᄒ야 成立됨을 證據ᄒᄂ것)를 밧아 請聘書와 合ᄒ야 該老會에 提呈홀시거니라 該老會는 其請聘書가 合當한줄노 認定ᄒ면 該被聘者의게 遞傳홈이 可ᄒ고 被聘者가 應諾(허락)홀心(ᄆ음)이 잇스면 該老獪는 移名書를 繕交홀지니 被聘者가 만일 講道師이면 請聘者의 所屬老會에 徃ᄒ야 將立試驗을 밧게 홀거시니라

제8조 : 다른 노회 사역자 청빙

① 지교회가 청빙서를 노회 서기에게 송달한다.

② 노회 서기는 즉시 해 노회에 통보하며

③ 노회는 해당 사역자의 이명서를 접수하고 청빙을 허락한다.

☞ 1992년 개정되기 전의 헌법은 지교회가 노회에 목사 청빙 청원서를 제출했을 때 노회는 먼저 청빙 허락이 불가하면 청빙 기각 결의로 종결되고, 청빙이 가합하면 청빙 허락 결의 후 노회 서기가 청빙서를 청빙 받은 목사가 소속한 노회에 송달하여 그 노회에서 이명 증서가 오면 이명을 접수하고 위임 예식을 거행하도록 규정하였으나,

1992년에 개정된 헌법은 지교회가 제출한 목사 청빙의 절차와 구

비 서류에 하자가 없으면, 노회 서기는 노회의 허락 결의 절차를 생략하고, 즉시 청빙 받은 목사가 소속한 노회에 청빙서를 송달하고, 그 노회에서 목사의 이명서를 보내오면 이명서를 접수한 후에 청빙을 허락하도록 개정하였으니 사실상 지교회의 목사 청빙 청원을 노회가 거부할 수 없도록 헌법을 개정하였다.

이에 대하여 청빙을 받은 목사의 입장에서 생각해 본다면 자기가 시무하고 있는 교회의 시무 사면을 노회에 제출하였고 그 노회로부터 시무 사면을 처리한 후 이명서를 교부받아 청빙 받은 노회에 제출하였으니 본 노회가 어찌 그 목사의 이명서는 접수하고 목사 청빙은 거부할 수 있겠는가? 당연히 청빙을 허락할 수밖에 없도록 헌법이 개정되었다는 말이다.

다른 말로 표현하면 대원칙에는 맞지 않는 것이 사실이나 지교회의 목사 청빙을 100% 존중하고 노회 서기의 행정력을 100% 인정하여 노회의 청빙 허락 결정권을 노회 서기에게 위임하는 형식으로 헌법을 개정하였다는 말이다. 문제는 전국 대부분의 노회가 이와 같이 헌법이 개정된 사실을 망각하고 개정 이전 헌법대로 시행하고 있는 것이 현실이다. 따라서 헌법 개정 사실을 잘 알고 있는 회원이 개정된 현행법대로 시행해야 한다고 발의하면 노회는 혼란에 직면하는 사례가 부지기수다.

이제 정치 제15장 제8조(다른 노회 소속 목사 청빙)의 개정 전의 헌법 조문과 개정 후의 헌법 조문을 비교 설명함으로 이해를 돕고자 한다.

1) 개정 전 법조문은

"어느 교회든지 다른 노회에 속한 위임 목사를 청빙하려면 본 노회에 제의할 것이요, 본 노회가 승낙할 때에는 청빙서를 피빙 목사 소속 노회에 보낸다. 그 노회는 청빙 받은 목사와 그 교회에 조회하여 회보를 받아 협의 가결하면 전임을 허락하고 그 교회의 직무를 해제한 후 이명 증서와 청빙서를 피빙자에게 주어 청빙 교회 소속 노회에 전달할지니 그 노회는 이명서를 접수한 후에 편의대로 위임한다.

그러나 목사가 싫어할 때는 노회가 전임을 명하지 못한다"로 되어 있어 지교회가 목사 청빙 청원서를 노회에 제출하면 본 노회가 청빙을 승낙한 후에 노회 서기는 청빙 받은 목사가 소속한 노회에 목사 청빙서를 보낸다. 청빙 받은 목사가 소속 노회로부터 목사의 이명서와 청빙서를 교부받아 가지고 오면 노회는 이명서를 접수하고 청빙서는 청빙 받은 목사에게 주고 편의대로 위임 예식을 거행하는 것이 법절차였다.

2) 그러나 현재 사용하고 있는 1992년도에 개정한 법조문은

"지교회가 청빙서를 노회 서기에게 송달한다. 노회 서기는 즉시 해 노회에 통보하며 노회는 해당 사역자의 이명서를 접수하고 청빙을 허락한다"로 되어 있어 지교회는 목사 청빙 청원서를 노회 서기에게 제출하고 노회 서기는 개정 전 헌법과는 달리 노회의 허락 결의 절차를 생략하고, 즉시 청빙 받은 목사가 소속한 노회에 목사 청빙서를 송달한다.

그 노회에서 청빙 받은 목사가 이명서를 교부받아 오면 본 노회는 이명서를 접수하고 청빙을 허락하는 것으로 개정되었다. 즉 이명서 접수 후 허락한다고 했으니 허락은 의무적 허락이 자연스러워 보인다.

※ 이상의 개정 후 목사 청빙 절차를 S교회의 예를 들어 절차대로 정리하면,

① S교회 당회장은 H목사 청빙 청원서를 본 노회 서기에게 제출한다.

② 본 노회 서기는 즉시 H목사가 속한 D노회에 청빙서를 보낸다(정치 제15장 제8조).

③ D노회는 H목사와 시무 교회에 통지하여 합의하면 시무를 사면케 하고 이명서를 H목사에게 교부한다(정치 제16장 제3조).

④ H목사는 본 노회 서기에게 이명서를 접수한다.

④ 본 노회는 H목사의 이명을 허락한다.

⑤ 본 노회는 S교회의 H목사 청빙을 의무적으로 허락 결의한다.

⑥ 본 노회는 H목사를 S교회의 담임 목사로 위임 예식을 거행한다.

부언컨대 지교회의 목사 청빙에 대한 결정권은 노회의 절대적 권한이 대원칙인데 반하여 개정된 헌법은 이것을 생략하므로 대원칙에 맞지 않는 것이 사실이라 할지라도 헌법을 다시 개정하지 않는 한 개정된 헌법대로 시행해야 하는 것이 법리이다. 대원칙에 맞도록 헌법을 다시 개정해야 할 일은 총회의 몫으로 남은 숙제이다.

9. 임직 준비

제9조 : 임직 준비

① 노회는 청빙 받은 자가 성직(聖職)을 받을 만한 자격자인 줄 확인하면

② 편의를 따라 임직식을 교회나 노회 당석에서 행하고

③ 위임식은 그 시무할 교회에서 거행하되 그 교회 교인들은 이것을 위하여 준비 기도를 할 것이다(행 13:2~3).

十一, 試取課目(시취 과목)

老會(노회)가 講道師(강도사)를 牧師(목사)로 任職(임직)코져 홀 時(시)에는 信仰的知識(신앙적 지식)을 詳試(상시)(즈세히시험)ᄒᆞ며 哲學(철학), 神學(신학), 教會史記(교회 사기)와 聖經原文(성경 원문)(希伯來文及希臘文(히브리문과 헬라문)) 과 其他要緊(기타 요긴)혼 學問(학문)에 對ᄒᆞ야 一一(일일)히 考試(고시)홀거시오 又(또) 教會憲法規則治理(교회 헌법 규칙 치리)ᄒᆞᄂᆞᆫ 原理(원리)와 勸懲條例(권징 조례)에 對ᄒᆞ에 明曉與否(명효 여부)(볽히ᄒᆞᄂᆞᆫ여부)를 試問(시문)ᄒᆞ며 老會決議(노회 결의)대로 聖經(성경)에 基(기)ᄒᆞ야 講道一二篇作(강도 일 이 편 작)케ᄒᆞ기도 ᄒᆞ며 或講道(혹 강도)ᄒᆞ게도 홀수잇ᄂᆞ니라 他老會(타 노회)에서 養成(양성)한 講道師(강도사)의게ᄂᆞᆫ 特別(특별)히 注意(주의)홀거시니라

老會(노회)ᄂᆞᆫ 試驗(시험)ᄒᆞ야 聖職(성직)을 밧을만혼 資格(자격)인줄 確定(확정)ᄒᆞ면 將立(장립)홀 日時(일시)를 定(정)ᄒᆞ되 拘碍(구애)되ᄂᆞᆫ 事(사)이 업스면 其視務(기 시무)홀 教會(교회)에셔 擧行(거행)홀지니 該教會(해 교회) 敎人等(교인 등)은 任職前日(임직 전일)에 此事(차사)(이일)를 爲(위)ᄒᆞ야 禁食祈禱(금식 기도)ᄒᆞᄂᆞᆫ거시 可(가)ᄒᆞ니라(行十三章二, 三)(행)

☞ 임직 준비

1) 우리 하나님께서 자기 피로 사신 교회를 맡기실 일꾼을 찾고 계시되 "내가 누구를 보내며 누가 우리를 위하여 갈꼬?" 하며 찾고 계신

다. 그러므로 그리스도의 신부가 되는 교회를 맡기는 장립식은 너무나 귀중한 예식이다. 그러므로 장립 받을 목사나 교회는 신중하게 준비해야 한다.

2) 목사의 장립을 준비하는 위원들은 예식의 시간과 장소와 예식 순서 맡을 위원들을 정하고 또 그 예식 날 아침에는 참석을 확인하고 참석을 독려해야 한다.

3) 목사를 청빙한 교회와 임직할 당사자는 무엇보다도 기도함으로 준비하되 할 수만 있으면 안디옥 교회처럼 금식 기도로 준비하면 주님이 기뻐하실 것이다(정문 563문답).

4) 장립식이나 위임식은 주일을 피해야 한다(정문 562문답, 1999년 제84회 총회 결의).

5) 임직 감사 예배, 위임 감사 예배라는 명칭의 예배는 임직식과 위임 예식과 함께 행할 수 없는 일이다.

① 일반 교회 임직식이라면 직분자를 교인들이 선출하여 그 교회에 세우는 임직과 위임이요, 목사 위임식이라면 노회가 목사에게 그 교회를 맡기는 예식이다.

② 임직 또는 위임 감사 예배라고 한다면 그 대상이 하나님이어야 하는데 잘못 생각하면 그 대상이 교인과 당회원이 되거나 노회가 될 수 있으니 이는 불가한 일이다.

10. 임직 예식

十二, 任職問答 一 (1922年版)

老會는 定日에 會集開會ᄒ고 預定ᄒ 會員으로 將立式에 適合ᄒ도록 講道한 後 該員或該會長이 議定ᄒ 情形을 說明ᄒ고 또 禮式의 重大홈과 其性質의 如何(엇더)ᄒ것을 말ᄒ며 聽者(듯는자)로 ᄒ여곰 敬虔히 參席케 홀지니라 厥後(그후)에 會長은 講道師의게 對ᄒ야 左記와 如히 問答홀지니라

一, 新舊約聖經은 하ᄂ님의 言(말숨)이오 信仰과 行爲에 對ᄒ야 獨一無二正確無誤ᄒ 規則으로 밋ᄂ뇨

二, 本長老會信經과 要理問答은 新舊約聖經에 敎訓ᄒ 道理를 總括ᄒ 거스로알고 誠實ᄒ 心(ᄆ음)으로 受容(밧아용납)ᄒ야 自己의 使用홀거스로 承諾ᄒᄂ뇨

三, 本長老會政治와 勸懲條例를 正當ᄒ거스로 承諾ᄒᄂ뇨

四, 主內(주안)에서 共職된 兄弟들을 順從ᄒ기로 盟誓ᄒᄂ뇨

五, 自己의 心(ᄆ음)을 슯혀 牧師의 聖職을 求ᄒ거시하ᄂ님을 愛(사랑)ᄒᄂ 心 (ᄆ음)과 其獨生子예수의 福音을 廣傳(넓게젼)ᄒ야 하ᄂ님의 榮光을 顯(나타내)코져 ᄒᄂ心(ᄆ음)에서 發生ᄒ줄노 自認ᄒᄂ뇨

六, 何如(엇더)ᄒ 逼迫何如(엇더)ᄒ 反對를 當홀지라도 忍耐ᄒ야 힘써 이기고 忠心으로 福音의 眞理를 保護ᄒ며 敎會의 聖潔과 和平을 務圖(힘써도모)ᄒᄂ 中勤實히 役事ᄒ기로 作定ᄒᄂ뇨

七, 旣(임)의 基督(그리스도)의 信者요 兼ᄒ야 牧師가 되게 쓴즉 自身(자기몸)에 關ᄒ 本分과 他人에 對ᄒ 本分과 職事에 對ᄒ 本分을 誠實ᄒ고 부즈런히 實行ᄒ야 福音을 榮華롭게ᄒ며 하ᄂ님께서 爾(네)게 命ᄒ샤 管理케ᄒ신 敎會前에 敬虔ᄒ 模本이 되도록 行ᄒ기도 承諾ᄒᄂ뇨

八, 請聘書를 受納홀 時에 願ᄒ던로 爾(네)가 此(이)敎會의 牧者가 되게 쓰며 하ᄂ님께서 力주시ᄂ대로 此(이)敎會에 對ᄒ야 牧師의 職分을 盡(다)ᄒ기로 盟誓ᄒᄂ뇨

十三, 任職問答 二

　被聘者가 前記問詞에 對ᄒ여 對答흔後 會長은 敎會에 對ᄒ야 左記
와 如히 問答ᄒᄂ니라

一, 某(아모)敎會敎友諸位이여 請聘書로 請聘흔 某氏를 尙今까지 本
支敎會 牧師로 밧ᄂ뇨

二, 諸位(여러분)은 謙遜ᄒ고 愛ᄒᄂ 心(ᄆ음)으로 彼(더)의 敎訓ᄒᄂ
眞理를 밧으며 彼(그)의 治理를 服從ᄒ기로 承諾ᄒᄂ뇨

三, 彼(더)가 諸位(여러분)을 爲ᄒ야 勞苦흘 時에 慰勞ᄒ며 또 諸位(여러분)
을 敎導ᄒ며 靈德(신령흔덕)을 셰우기 爲ᄒ야 盡力흘 時에 幇助ᄒ기로 作定
ᄒᄂ뇨

四, 諸位(여러분)은 彼(더)가 本老會牧師로 在職中에ᄂ 始終 如一ᄒ게
其(그) 肉身上生活을 爲ᄒ야 許諾흔 俸給을 依數히 支給ᄒ며 主께
道의 榮光이 되고 該牧師의게 安慰되도록 其他 要緊 흔 事에 助給
ᄒ기로 盟誓ᄒᄂ뇨

十四, 按手禮式

　敎人等이 擧手로써 承諾ᄒᄂ 意을 表흔 後에 被聘者(牧師는 除흠)는
便宜處에 跪坐(꿀어안)케ᄒ고 會長은 使徒의 規例에 依ᄒ야 祈禱와
老會의 按手로 嚴肅히 該人을 셰워 牧師의 職을 任ᄒ고 祈禱를 畢
흔 後起立ᄒ야 會長과 諸(모든)會員이 順次握手ᄒ고 畧言(대략말)ᄒ기
를 『我儕(우리)가 聖役에 同任되엿슴으로 握手로써 親睦흠을 表ᄒ노
라 홀거시니라』(加(갈)二○九, 行一○二十五) 嚴後(그후)에 會長或他
牧師가 하ᄂ님이— 名(일홈)으로 新立牧師와 (提後(딈후)四○一二)
敎人等(들)에 對ᄒ야 嚴肅흔 言(말슴)으로써 兩方이 各其諸本分을
盡力ᄒ라 勸勉홀거시니라

　嚴後(그후)에 祈禱로 兩方을 하ᄂ님의 恩 佑(은혜와보호)에 委託ᄒ고
讚美와 祝禱로 閉會홀거시니라 老會는 該事(그일)를 會錄에 詳記(자세
히긔록)홀거시라

十六, 臨時牧師權限

特別ᄒ 理由가 잇스면 組織ᄒ 敎會나 未組職ᄒ 敎會가 老會許諾
으로 一年間臨時牧師로 視務ᄒ수잇스나 老會가 特別히 可否로 堂會
權을 주어야 ᄒ거시오 期限後에는 다시 老會의 承認으로 一年間
視務ᄒ수잇ᄂ니라

제10조 : 임직 예식

1. 서약 : 노회는 예정한 회원으로 임직에 적합하도록 강도한 후 회장
이 정중히 취지를 설명하고 청빙 받은 자를 기립하게 한 후
다음과 같이 서약한다.

① 신구약 성경은 하나님의 말씀이요, 신앙과 본분에 대하여 정확
무오한 유일의 법칙으로 믿느뇨?

② 본 장로회 신조와 웨스트민스터 신도게요 및 대소요리 문답은
신구약 성경의 교훈한 도리를 총괄한 것으로 알고 성실한 마음
으로 받아 신종하느뇨?

③ 본 장로회 정치와 권징 조례와 예배 모범을 정당한 것으로 승낙
하느뇨?

④ 주 안에서 같은 직원 된 형제들과 동심 협력(同心協力)하기로 맹
세하느뇨?

⑤ 목사의 성직을 구한 것이 하나님을 사랑하는 마음과 그 독생자
예수의 복음을 전포(傳布)하여 하나님의 영광을 나타내고자 하는
본심(本心)에서 발생한 줄로 자인(自認)하느뇨?

⑥ 어떠한 핍박이나 반대를 당할지라도 인내하고 충심으로 복음의 진리를 보호하며 교회의 성결과 화평을 힘써 도모하여 근실히 역사하기로 작정하느뇨?

⑦ 신자요 겸하여 목사가 되겠은즉 자기의 본분(本分)과 다른 사람에 대한 의무와 직무에 대한 책임을 성실히 실행하여 복음을 영화롭게 하며 하나님께서 그대에게 명하사 관리하게 하신 교회 앞에 경건한 모본을 세우기로 승낙하느뇨?

2. 안수 : 회장이 전항에 의하여 서약을 마친 후에 청빙 받은 자를 적당한 곳에 꿇어 앉게 하고 사도의 규례에 의하여 노회 대표자의 안수와 함께 회장이 기도하고 목사로 임직한 후 악수례를 행하여 말하기를 "성역(聖役)에 동사자가 되었으니 악수로 치하하노라" 한다(갈 2:9, 행 1:25).

3. 공포

4. 권유 : 회장 혹은 다른 목사가 신임 목사에게 권면할 것이요(딤후 4:1~2), 노회는 그 사건을 회록에게 자세히 기록한다.

(1) 장립의 의의

강도사로서 흠 없이 1년 동안 시무하던 중에 어느 교회의 청빙이 있을 경우에 노회는 장립을 시키는데 주저할 이유가 없다. 또한 지교회의 청빙이 없을지라도 전도 목사로 장립하여 외지나 본국 지방에서 선교사로 사역하게 할 수 있는 것이다(정문 572문답 참조).

＊ 정문 572문 : 청빙을 받지 못한 목사 후보생을 목사로 장립할 수

있느뇨?

답 : 지교회의 청빙이 없을지라도 전도 목사로 장립하여, 외지나 본국 지방에서 선교사로 종사하게 할 수 있느니라. 그러나 타 노회 지방 안에서 역사하고자 하면 그 노회가 장립하는 것이 합당하니라.

(2) 서약

1922년판 헌법의 규정을 거의 그대로 이어오고 있다. 다만 1922년판의 서약 항목 중 맨 끝의 8항은 목사 위임 서약문이고, 지금은 목사 임직 서약에는 없는 항목이다.

임직을 받는 자나 그 직원을 맞이할 교회가 하나님 앞과 교회 앞에서 서약하고 난 다음에는 그 임직 서약대로 행하여야 할 새로운 의무가 부과된다. 맹서하기 이전에는 아무 상관없거니와, 이제는 그 의무를 이행하지 아니하는 것은 바로 권징 조례에 의해 징벌을 받아야 할 죄가 된다고 하는 말이다. 성직자가 피소되는 죄는 거의 다 이 장립 맹서 위반에서 나는 죄임을 명심하고, 첫째는 훌륭한 직원이 되어 하나님께 영광을 돌리고 교회에 덕을 세우는 자가 되어야 하겠으니 장립 맹서에 충실해야 하겠고, 둘째는 충실하지 못하거나 위배하면 이제는 교회법에 의한 징책을 면할 수 없게 되었으니 그렇기 때문에서라도 장립 맹서에 충실한 자가 되어야 할 것이다.

(3) 안수

안수하는 순서는 구약 시대에 왕과 선지자와 제사장을 세울 때에 기름을 부었던 것처럼 성령을 부으시는 상징으로 안수를 하되 하나님의 종으로 구별하여 인을 치는 것이요 능력을 주시는 표가 되는 것이다. 목사 장립할 때에 누가 안수하느냐 하는 문제에 대하여 교회정치문답조례 567문답에서는 "목사를 장립할 때에 안수할 자는 본회 목사와 언권 회원이요 가끔 그 예식에 동참한 타 교파 목사도 안수한다. 강도사는 물론이고 치리 장로는 설혹 본 노회 회원일지라도 순서를 맡을 수 없다"고 되어 있다. 그러나 본 법조문은 규정하기를 "사도의 규례에 의하여 노회 대표자의 안수와 …"라고 하여 노회의 먼저 장립을 받은 노회의 대표자만 안수식에 참여하도록 했다.

(4) 악수례

악수례는 안수 기도가 끝난 후에 일어나서 주례자를 처음으로 순서를 담당한 모든 목사들과 악수하되 "귀하가 우리와 같은 성직자가 되었으니 교제의 악수로 환영한다"고 말한다(갈 2:9, 행 1:25, 정문 564, 568문답 참조).

＊ 정문 568문 : 악수례는 어떻게 행하느냐?

　답 : 안수 기도가 끝난 후에 일어서서 주례자를 처음으로 순서를 담당한 모든 목사들과 오른손으로 악수하되, "귀하가 우리와 같은 성직자가 되었으니 교제의 악수로 환영한다"고 말한다.

11. 위임 예식

四, 委任方便 (1922年版)
　牧師의 委任은 被聘한 牧師와 請聘한 敎會를 連屬케ᄒᆞᆫ 禮式이니 老會는 便宜에 依ᄒᆞ야 齊集(다모혀)設行ᄒᆞ던지 委員을 特定派送ᄒᆞ야 設行홀수잇ᄂᆞ니라

五, 委任時日
　老會는 合當한 委任日字를 定ᄒᆞ고 몬져 敎會에 通知홀거시니라

六, 委任禮式
　老會或特派한 委員은 定日에 會集開會ᄒᆞ고 預定한 會員이 講道한 後에 會長이 議定한 情形을 簡單히 說明ᄒᆞ고 被聘한 牧師의게 對ᄒᆞ야 大畧左記와 如히 問答홀거시니라
(一) 請聘書를 밧을 時에 願ᄒᆞ던대로 此(이)支敎會牧師의 職을 擔任ᄒᆞ기로 作定ᄒᆞᄂᆞᆱ
(二) 此(이)職務를 밧ᄂᆞᆫ거ᄉᆞᆫ 眞實노 하ᄂᆞ님께 榮光을 돌니며 敎會에 有益케 ᄒᆞ고져홈이니 心(ᄆᆞᄋᆞᆷ)을 숣혀 若是作定(이ᄀᆞ치 시작뎡)ᄒᆞᄂᆞᆱ
(三) 하ᄂᆞ님의 도아주시ᄂᆞᆫ 恩惠를 밧ᄂᆞᆫ대로 此(이)敎會에 對ᄒᆞ야 忠心으로 牧師의 職分을 다ᄒᆞ고 凡事에 謹愼端正ᄒᆞ야 基督(그리스도)의 福音의 使役에 符合ᄒᆞ도록 行ᄒᆞ며 牧師로 任職한 時에 承諾한대로 行ᄒᆞ기를 盟誓ᄒᆞᄂᆞᆱ
　被聘者가 右問辭(우 뭇ᄂᆞᆫ말)에 對ᄒᆞ야 承諾ᄒᆞ면 會長이 第十五章 十三條에 잇ᄂᆞᆫ 言과 ᄀᆞ치 敎會에 對ᄒᆞ야뭇고 敎會會員等(들)이 擧手로써 承諾의 意(뜻)을 表한 後에 會長은 嚴肅한 態度로 被聘者가 規式에 依ᄒᆞ야 此(이)敎會의 牧師됨을 廣告ᄒᆞ고 一般會員握手禮로써 歡迎홀거시니라
　其後에 會長或他會員이 就職牧師와 該敎會를 勸勉ᄒᆞ고 祈禱와 讚頌과 祝禱로 閉會홀거시니라

제11조 : 위임 예식

노회는 예정한 날짜와 장소에서 노회 전체로나 혹은 위원으로 예식을 다음과 같이 행한다.

1) 목사의 서약

① 귀하가 청빙서를 받을 때에 원하던 대로 이 지교회의 목사 직무를 담임하기로 작정하느뇨?

② 이 직무를 받는 것은 진실로 하나님께 영광 돌리며 교회에 유익하게 하고자 함이니 본심으로 작정하느뇨?

③ 하나님의 도와주시는 은혜를 받는 대로 이 교회에 대하여 충심으로 목사의 직분을 다하고 모든 일에 근신 단정하여 그리스도의 복음의 사역에 부합하도록 행하며 목사로 임직하던 때에 승낙한 대로 행하기를 맹세하느뇨?

단, 전임하는 목사를 위임할 때에도 위와 같이 서약한다.

2) 교인의 서약

본 교회 교인들을 기립하게 한 후에 다음과 같이 서약한다.

① ○○교회 교우 여러분은 목사로 청빙한 ○○○ 씨를 본 교회 목사로 받겠느뇨?

② 여러분은 겸손하고 사랑하는 마음으로 그의 교훈하는 진리를 받으며 치리를 복종하기로 승낙하느뇨?

③ 목사가 수고할 때에 위로하며 여러분을 가르치고 인도하며 신령한 덕을 세우기 위하여 진력할 때에는 도와주기로 작정하느뇨?

④ 여러분은 저가 본 교회 목사로 재직(在職) 중에 한결같이 그 허락한 생활비를 의수(依數)히 지급하며 주의 도에 영광이 되며 목사에게 안위가 되도록 모든 요긴한 일에 도와주시기로 맹세하느뇨?

⑤ 공포 : 내가 교회의 머리되신 주 예수 그리스도의 이름과 노회의 권위로 목사 ○○○ 씨를 본 교회 목사로 위임됨을 공포하노라.

이같이 서약을 마친 후에 회장이나 다른 목사가 신임 목사와 교회에게 정중히 권면한 후에 축도로 폐식한다.

☞ 1922년판 임직 문답 1의 8항목 "청빙서를 수납할 때에 원하던 대로 네가 이 교회의 목사가 되겠으며, 하나님께서 힘주시는 대로 이 교회에 대하여 목사의 직분을 다하기로 맹세하느냐?"는 문답이 사실은 위임 서약에 들어갈 항목이었는데 당시 임직 서약과 혼용하는 관계로 함께 규정되었던 것으로 안다. 그래서 임직 서약 2에서는 목사를 맞이하는 교회 교인들의 서약만 하게 되어 있었는데, 1930년판에서 위임식 조문이 따로 생기고, 위임식이 아닌 목사 임직식에서는 교인 서약을 생략하게 되어 오늘에 이르고 있다.

(1) 위임의 의미

목사 위임이란 목사를 청빙 받은 지교회의 담임 목사로 지교회와 목사간의 연결 고리를 거는 예식이다. 즉, 목사 위임이란 목사에게 지교회를 맡기는 것이다. 그래서 그냥 ○○○목사 위임식이 아니고 ○○○목사 ○○교회 위임식이라고 표시해야 한다. 목사나 강도사를 청원하려면 노회에 청빙서를 제출해야 하고 피빙자가 응낙하면 강도사는 노회가 노회 석상에서 장립식을 거행하고 그 교회에서 위임식을 거행할 것이요, 목사이면 위임국으로 위임식을 행하게 한다.

(2) 위임식의 중요성

위임식의 본 정신은 위탁한다는 중요한 의미가 있다. 교회를 맡기시되 아무에게나 맡기지 않으시고 주님을 진정으로 사랑하는 종에게 맡기신다는 사실을 깨닫고 두렵고 떨리는 마음으로 위임받으며 교회도 두렵고 감사하는 마음으로 목사를 받아야 한다. 위임식이 중요하다는 것은 이것이 없으면 시무 목사이므로 그 교회의 당회에 참석하지 못하며 권징이나 정치를 집행할 권한이 없기 때문에 청빙 받은 자의 위임식은 반드시 거행해야 한다는 의미가 있다.

(3) 위임받은 목사의 소명 의식

목사가 위임받을 때에는 특별한 문제가 없으면 정년때까지 그 교회를 잘 섬기고 발전시킬 각오가 없이는 위임을 사양해야 할 것이다. 어떤 목사가 위임을 받은 지 1년도 못되어 다른 교회로 떠나버린다면 교회의 설립자 되신 하나님과 교회를 기만하는 행위가 되는 것이다. 그러므로 위임받는 목사는 신중을 기해서 받아야 한다.

(4) 임직식 및 위임식 순서

1) 회장이 개회함.

2) 찬송, 성경 봉독, 기도(회장 임의로)

3) 예식에 적당한 강도(본 노회 회원 혹 내빈 목사)

4) 예식의 취지 설명(회장 혹 택정한 위원이 몇 마디 말로 노회의 결정을 설명하고, 그 예식의 성질이 어떠함과 또 어떻게 중대한 것임을 해석하며, 교인으로 하여금 그 예식에 경외하는 마음으로 참석할 것)

5) 목사 후보생에게 대한 서약(회장)

(정치 제15장 제10조 1항, 동 제11조 1항, 정문 564, 565문답)

6) 안수 : 청빙 받은 자를 사도의 규례에 의하여 노회 대표자의 안수와 함께 회장이 기도하고 목사로 임직한다.

7) 악수례 : 순서를 담당한 모든 목사들과 악수하되 "귀하가 우리와 같은 성직자가 되었으니 교제의 악수로 환영한다"고 말한다(목사 임직의 경우).

8) 교인에게 대한 서약 문답(이 서약은 위임식 때만 해당함)

(정치 제15장 제11조 2항, 정문 564, 566문답)

9) 공포 : 목사 임직이나 위임이나 상황에 따라 공포한다.

10) 권유 : 회장 혹은 다른 목사가 신임 목사나 위임 목사에게 권면

한다.

11) 축도 : 임직의 경우는 연장자가, 위임식은 회장이나 맡은 자의 축도로 폐식한다.

12. 시무 목사의 권한

十六, 臨時牧師權限 (1922年版)
特別한 理由가 잇스면 組織한 敎會나 未組職한 敎會가 老會許諾으로 一年間臨時牧師로 視務할 수 잇스나 老會가 特別히 可否로 堂會權을 주어야 할거시오 期限後에는 다시 老會의 承認으로 一年間 視務할 수 잇나니라

제12조 : 시무 목사 권한

1. 특별한 이유가 있으면 노회 허락으로 조직한 교회는 1년간 시무 목사로 시무하게 할 수 있고 만기 후에는 다시 노회의 1년간 더 승낙을 받을 것이요, 미조직 교회는 3년간 시무 목사로 시무하게 할 수 있고 만기 후에는 다시 노회에 3년간 더 승낙을 받을 것 이요, 노회 결의로 당회장권을 줄 수 있다.

2. 교회 각 기관에 종사하는 목사는 지교회 위임 목사가 될 수 없고 임시로 시무할 수 있다.

(1) 시무 목사의 권한

시무 목사의 권한은 제4장 제4조 2항의 시무 목사 항목과 별로 다를 바 없다고 본다. 다른 것이 있다면 시무 목사에게도 당회장권을 줄 수 있다는 것이요, 다른 기관에 종사하는 목사는 위임 목사가 될 수 없고 시무 목사로 시무할 수가 있다고 하였으니 바꾸어 말하면 위임 목사는 각 기관에 종사할 수 없고 각 기관은 오직 시무 목사만이 종사할 수 있다 함이다.

위임 목사는 교회에만 열중할 것이요, 설혹 그것이 교회의 각 기관이라고 해도 직접 지교회의 일이라 할 수 없기 때문에 시무 목사에게나 맡길 수 있다는 뜻이다. 그러나 이 조항이 시무 목사는 교회 일에 위임 목사보다 충성하지 아니해도 무방하다는 말은 물론 아니다. 임지를 곧 바꿀 수 있다는 전제를 가지고 교회를 시무하는 목사이므로 기관 겸직의 특권을 허용한다는 의미뿐이라고 볼 것으로 생각된다.

(2) 시무 목사의 임기

원칙적으로 조직 교회 시무 목사의 임기는 1년이라는 사실을 명심해야 한다. 다만, 1년 만기가 지나면 다시 노회에 1년간 더 승낙을 받아야 한다는 것이다. 또한 미조직 교회 시무 목사는 1년간 시무 목사로 시무할 수 있고 만기 후에는 다시 공동의회의 가결로 노회의 승낙을 받을 것이요, 노회 결의로 당회장권을 줄 수 있도록 해 왔던 것은 자신이 개척하여 육성해 나가는 교회에서 매년 공동의회에서 신임을 묻는 투표를 실시함으로 지도력에 차질이 생길 수는 있으나 열심히 목

회하여 당회를 조직하고 위임받도록 노력하라는 법정신을 지키도록
하려는 것이었다.

그런데 총회가 헌법을 개정하여 미조직 교회는 3년간 시무 목사로
시무할 수 있고 만기 후에는 다시 노회에 3년간 더 승낙을 받도록 개
정하였다. 제95회 총회가 헌법 정치 제4장 제4조의 목사의 칭호와,
제15장 제12조 임시 목사의 권한을 개정하기로 결의하고 각 노회에
수의하였으나 제96회 총회에서 공포하지 않았던 것을 제98회 총회가
공포함으로써 논란의 여지가 생겼다.

본조 1항에 "특별한 이유가 있으면 노회 허락으로 조직한 교회나
미조직 교회가 1년간 임시 목사로 시무하게 할 수 있고 만기 후에는
다시 노회에 1년간 더 승낙을 받을 것이요 노회의 결의로 당회장권을
줄 수 있다"고 되어 있던 것을 "특별한 이유가 있으면 노회 허락으로
조직 교회는 1년간 시무 목사로 시무하게 할 수 있고 만기 후에는 다
시 노회의 1년간 더 승낙을 받을 것이요, 미조직 교회는 3년간 시무
목사로 시무하게 할 수 있고 만기 후에는 다시 노회에서 3년간 더 승
낙을 받을 것이요, 노회 결의로 당회장권을 줄 수 있다"고 개정된 것
으로 공포하였으나 시무 목사에 대한 개정안은 장로교의 정치 원리에
맞지 않는 모순투성이다. 그러므로 현재 진행 중인 헌법 전면 개정이
하루속히 이루어져 바로 잡아야 할 사항이다.

(3) 부목사의 한계
교회 각 기관에서 종사하는 부목사는 임기가 1년 동안 임시로 시무

하는 것이며, 바로 그 교회 담임 목사가 별세하거나 은퇴하거나 타 교
회로 이임하는 경우라도 그 지교회를 물려받아 담임 목사가 될 수 없
다. 왜냐하면 지교회에 분란이 생길 경우 부목사가 당회원과 야합하여
담임 목사를 추방하고 자신이 담임 목사가 되는 부작용을 방지하기 위
하여 제88회 총회의 결의로 입법되었다.

13. 다른 교파 교역자

十七, 他派敎役者

他敎派에서 使役ᄒ던 牧師와 朝鮮以外他地方에서 將立된 朝鮮人
牧師가 本長老會에 屬ᄒ 老會에 加入코져ᄒ면 반다시 本長老會에
속ᄒ 牧師候補者或講道師와 同一ᄒ 性格과 學識이 잇는거슬 證明ᄒ
만ᄒ 證據를 提出ᄒ고 神學에 關ᄒ 試驗을 밧고 文(또)老會의 決議
대로 他事(다른일)에 對ᄒ야도 試驗을 밧고 老會는 總會承認을 待(기
다릴)ᄒ것이니라
此等(이런)牧師가 老會에 加入ᄒ 後에는 牧師의 權利가 잇스나 一年
間은 敎會의 請聘을 밧을 수 가 업고 何如(엇더)ᄒ 治理會에셔던지
投票權이없ᄂ니라 本章第十二條에 規定ᄒ바 各項問辭에 對ᄒ야 承
諾ᄒ거시니라

제13조 : 다른 교파 교역자

① 다른 교파에서 교역하던 목사가 본 장로교회에 속한 노회에 가
   입하고자 하면

② 반드시 본 장로회 신학교에서 2년 이상 수업한 후 총회 강도사 고시에 합격하여야 한다.

③ 한국 이외 다른 지방에서 임직한 장로파 목사도 같은 예(例)로 취급한다.

④ 또한 본장 제10조에 규정한 각 항의 서약을 하여야 한다.

☞ 다른 교파 교역자도 상당한 신학 교육을 받고 안수 임직을 받은 것은 사실이다. 다만 다른 것이 있다고 하면 고유한 도리와 헌법이라고 하겠는데 다른 교파 교역자가 본 교파로 가입을 원하면 이 두 가지를 교육하기 위하여 교단 신학교에서 일정 기간 수학하도록 규정한다. 그 후 강도사 고시에 합격해야 하고 다시 안수할 수는 없으나 본 교단 목사들과 동일한 임직 서약을 하여야 한다.

1) 다른 교파란 "본 교단 외에는 모두 다 타 교파로 간주하기로 했다" (1966년 제51회)라고 총회에서 결의하였다. 1974년 제59회 총회에서는 타 교파 목사라 할지라도 개신교 정규 신학 졸업자에 한하고 총신 1년 이수에도 출석과 학점을 완전히 이수하여야 강도사 고시 자격을 부여하기로 하였고, 1997년 제82회 총회에서는 편목의 목사 임직과 위임 기산은 정치 제15장 제13조에 의하되 강도사 인허 때부터 교단 가입으로 한다고 삽입하도록 하였다.

그러므로 다른 교파에서 교역하던 목사가 총회에 속한 노회에 가입하고자 한다면 반드시 총신대학교 신학대학원에서 편목 과정의 수업을 한 후에 강도사 고시에 합격해야 정식 노회원이 될 수 있다.

2) 본 제13조의 법정신은 오늘날 우후죽순같이 일어난 각종 무인가 신학교에서 사이비 목사를 대량 생산하여 교계의 혼란과 무자격 목사들의 부끄러운 행실로 인하여 사회의 지탄을 야기하는 것을 방지하고자 "목사될 자는 총신대학교 신학대학원을 졸업하고 학식이 풍부하며 행실이 선량하고 신앙이 진실하며 교수에 능한 자가 할지니 …"(정치 제4장 제2조)라고 규정한 법을 보완하기 위한 것이다.

3) 타 교파에 속한 목사가 본 교단의 소속 노회에 가입하고자 하면 반드시 본 총신대학교 신학대학원에서 2년 이상 수업한 후 총회 강도사 고시에 합격해야 한다고 명시한 것이다.

제16장 목사 전임(轉任)

1. 전임 승인

第十六章 牧師移任

一, 移任承認 (1922年版)
牧師는 老會의 承認을 得(엇)지못ㅎ면 他敎會에 移轉ㅎ지 못ㅎ고
또 移任請聘書를 私接受(사사로히접슈)치 못홀거시니라

제1조 : 전임 승인

① 목사는 노회의 승낙을 얻지 못하면 다른 지교회에 이전하지 못
하고,

② 또 전임 청빙서를 직접 받지 못한다.

☞ 목사는 원 치리권을 가지는 노회에 적(籍)을 둔 교인으로 생각할 수
가 있을 것이요, 지교회는 설립, 분립, 합병, 폐지의 권을 가진 노회를
상회로 하는 그 하회요, 노회야말로 '그 구역 안에 있는 당회와 지교
회와 목사와 강도사와 목사 후보생과 미조직 교회를 총찰하는 치리
회'인즉 목사가 노회의 승낙 없이는 지교회를 시무하거나 전임할 방

도가 없고 또한 지교회도 노회의 허락 없이는 목사를 청빙할 방도가 없다.

그러므로 지교회가 목사를 청빙하려고 하면 마땅히 노회에 청원할 것이요, 목사가 지교회를 담임하고자 하거나 전임하고자 해도 취직 운동을 하듯 지교회를 찾아다니면서 요청하지 못하고 청빙을 기다렸다가 노회를 통해서 그 청빙서를 받고 부임할 것이다. 노회 모르게 목사가 지교회를 통해 직접 청빙서를 받는 일을 예상할 수는 있으나 불법이요, 교회도 목사도 징책을 면치 못할 것인즉 삼가 조심해야 할 것이다.

본 조문에 목사는 노회의 승낙 없이는 지교회 청빙을 받더라도 전임할 수 없다는 것과 또 목사는 노회의 허락 없이 청빙서를 직접 받지 못한다고 못을 박았다.

2. 본 노회 안에 전임

二, 本老會移任 (1922년판)
何敎會던지 本老會에 屬혼 他敎會의 委任牧師를 請聘코져 홀時에는 本敎會視察委員과 協議홀거시오 又(또)該牧師의 敎會視察委員의 게도 問議혼후에 請聘書와 請願書를 老會開會前 一個月以上先期호야 老會書記의게 送達호고 委員을 選定호야 委託派送홀거시오 老會書記는 該請聘事由를 被聘牧師와 該敎會에 通知홀지니라

該委員은 請聘호는 理由를 老會에 陳述홀거시오 老會는 該事(그일)에 對호야 協議혼後에 不當혼줄노알면 請聘書를 退却홀거시오 合當혼줄노알면 承諾호고 請聘書를 被聘者의게 交付홀거시니라

被聘ᄒᆞᆫ 牧師와 該敎會가 아직 定算이업는 境遇에는 老會는 公函을 發送ᄒᆞ야 次會에 回報케ᄒᆞ고 該公函은 委員을 派送ᄒᆞ야 次會會集前 三主日以上先期ᄒᆞ야 該(그)敎堂에셔 禮拜時에 朗讀公布ᄒᆞᆯ거시니라

老會는 定日에 開會ᄒᆞ고 兩方敎會代表者의 說明을 듯고 敎會에 平安과 德을 세우도록 詳審決定(자세히審허결뎡)ᄒᆞᆫ 後에 仍任或移任케 ᄒᆞ되 自辨키 難ᄒᆞ면 上會에 稟議ᄒᆞ야 指導ᄒᆞᆷ을 求ᄒᆞᆯ거시니라

제2조 : 본 노회 안에 전임

① 본 교회의 결의로 청빙서와 청원서를 노회 서기에게 송달하고

② 노회 서기는 그 청빙 사유를 청빙 받은 목사와 해 교회에 즉시 통지할 것이요

③ 합의하면 노회는 그 교회를 사면케 하고 청빙을 허락한다.

☞ 본 노회 안에 전임

1) 목사가 본 노회 안에 있는 교회의 청빙을 받아 이임할 수는 있다. 그러나 목사가 한 교회에서 위임을 받았으면 아무리 어렵더라도 처음 서약한 대로 인내로써 교회 발전에 힘쓸 것이요, 더 나은 조건이 갖추어진 교회에서 청빙할지라도 경홀히 청빙에 승낙하는 것도 삼가야 한다.

2) 그러나 노회가 판단할 때 본 노회에 소속한 목사가 본 노회 안의 교회로 이임해서 유익이 될 것 같으면 본 법조문이 규정한 대로 이행할 것이다. 노회는 양측 교회와 원만한 합의를 거쳐서 이임을 승낙

해야 한다. 정치문답조례 578문에서 "본 노회 소속 타 교회 목사를 청빙하는 간편한 방법이 무엇이냐?"고 하는 질문에 답하기를 "본 노회 소속 타 교회 목사를 청빙하는 간편한 방법은 피빙 목사가 시무하는 교회로 하여금 미리 공동의회를 열어 대표자를 통해서 그 결과를 노회에 설명케 하고, 노회로 하여금 당석 처결이 가능하게 하는 방법이다."

3) 그러나 피빙 목사의 교회 총대 장로들이 답변이 불확실하고 노회가 즉시 처결하기가 불편스러우면 해 교회로 하여금 공동의회를 소집하여 해답하도록 명령할 수 있다(정치 제21장 제1조 2항).

4) 이같이 공동의회의 결정을 가지고 와서 설명하는데 해 교회 대표들의 설명에도 불구하고 노회가 처결하기 어려우면 대회에 그 처결 방안에 대하여 지시를 구하는 문의를 행할 수 있다.

5) 노회는 양방의 설명과 형편을 상고하여 교회의 평안과 덕을 세우기 위하여 피빙 목사가 섬기는 교회의 강력한 항거에도 불구하고 목사의 전임을 명할 수 있다. 그러나 피빙 목사나 섬기는 교회가 불복하고 대회에 소원할 수 있다.

6) 노회가 이같이 전임을 결정하면 원 교회의 담임을 해제하고 청빙 교회는 다시 위임한다. 피빙자가 승낙하지 아니하는 한 노회가 전임을 명할 수는 없으나 그를 해임할 권한이 있은즉, 이럴 경우에 피빙자는 노회의 처결대로 순복하는 것이 옳다(정문 581문답).

3. 다른 노회로 전임

三, 他老會移任 (1922年版)
何教會던지 他老會에 屬혼 牧師를 請聘코져ᄒ면 本老會에 提議
ᄒ거시니 本老會가 承認홀 時에는 請聘書를 該老會에 送達ᄒ거시니
라
該(그) 老會被聘혼 牧師와 該敎會에 公函ᄒ야 回報를 밧아 協議ᄒ
야 可決되면 移任을 許諾ᄒ고 本敎會의 職務를 解除ᄒ고 適法혼 異
名書를 被聘者의게 繕給ᄒ야 請聘者所屬老會에 傳홀거시오 請聘者
의 노회는 該(그)移名書를 接受혼 後에 便宜대로 委任홀거시니라 然
(그리)ᄒ나 牧師가 不肯홀 時에는 老會가 移任치못ᄒᄂ니라

제3조 : 다른 노회로 전임

① 다른 노회 소속 교회의 청빙을 받은 목사가 해 교회와 합의되면

② 본 노회는 그 교회를 사면케 하고 이명서를 본인에게 교부한다.

☞ 목사는 지교회의 위임을 받음으로 부득이한 경우 외에는 지교회에서 정년이 될 때까지 계속 시무하도록 되어 있는 것이며, 이와 같은 원리에서 목사와 교회와의 계약이라 할 것이다. 그러므로 목사가 타 노회에 속한 교회의 청빙을 받아 이임하려 할 때에는 반드시 해 교회와 합의를 전제하여야 한다. 청빙을 받은 목사가 위임 사면 청원과 이명 청원을 할 때 노회는 이와 같은 합의 여부를 확인하고 나서야 그 교회 시무를 사면케 하고 이임 승낙을 해야 한다.

노회가 소속 목사의 임면권이 있은즉 목사의 의견에 지배를 받아야

할 이유는 없고, 그러나 이것이 결코 전임을 명령할 권을 포함하지는 않는다. 다만, 그 교회 유임이 불가하다고 인정되면 물론 해면할 권은 얼마든지 행사할 수 있다.

다른 노회 소속 교회로 전임하려 할 때 절차를 요약하면 아래와 같다.

1) 피빙 목사 시무 교회가 취할 절차

① 조회서를 따라 소속 노회로 청빙에 대한 입장을 회보한다.

② 본 교회 내의 의견을 종합하기 위하여 필요하면 공동의회를 열 수도 있다.

③ 혹시 노회가 회집되면 대표를 소속 노회에 파송하여 직접 설명한다.

2) 피빙 목사 소속 노회가 취할 절차

① 피빙 목사와 피빙 목사 시무 지교회로 청빙 사유를 통지하고 피빙 목사와 지교회의 입장에 대한 회보를 접수한다.

② 피빙 목사가 거절하면 그 청빙서를 청빙 노회에 회송하는 것으로 종결하고

③ 피빙 목사 시무 지교회가 거절하면 신중히 협의하여 갈 것인지 머무를 것인지 노회가 작정하되

④ 전임을 허락하면 그 청빙서를 피빙 목사에 주고, 본 노회 직무를 해제한 후 이명 증서를 발송한다.

제17장 목사 사면 및 사직

1. 목사의 자유 사면

第十七章 牧師辭職

第十七章 牧師辭職

一, 有故辭職 (1922年版)

牧師가 本敎會에 對ㅎ야 難便ㅎ 事情이잇셔 辭職願을 老會에 提出
ㅎ면 老會는 該(그)敎會代表者를 請ㅎ야 該牧師의 辭職을 不許ㅎ
理由의 有無를 採問ㅎ거시니라 該敎會代表者가 오지아니ㅎ던지 或
其(그)說明ㅎ는 理由가 不足ㅎ면 辭職을 承認ㅎ고 會錄에 詳記(자세히
긔록)ㅎ거시니라 該敎會는 其日(그날)브터 規則대로 牧師를 委任ㅎ기
까지는 虛位敎會가 되느니라
支敎會가 牧師의게 對ㅎ야 不恊ㅎ 事情이잇셔 解約코져ㅎ면 同一
ㅎ 規則에 依ㅎ야 互相換用ㅎ거시니라

二, 老昏辭職

支敎會牧師가 老昏ㅎ야 職務를 老會에 辭免ㅎ 時에 其敎會가 該
牧師를 愛(ㅅ랑)ㅎ고 其事業에 對ㅎ야 感謝ㅎ 感想이 잇슴으로 本敎會
에 繼續ㅎ야 名譽的關係를 保存코져ㅎ면 正式으로 共同處理會를
召集ㅎ고 俸給의 多小를 不問ㅎ고 本敎會에 元老牧師로 投票ㅎ수잇
스나 老會가 承認ㅎ 後에 元老牧師의 名譽를 줄지니 이런 牧師는
本支敎會에 職務와 權은 업스나 上會權은 잇느니라

三, 支敎會牧師가 多年勤勞ㅎ다가 身病或年老를 因ㅎ야 職務를 辭免
ㅎ 時에는 其勤勞를 記念키 爲ㅎ야 老會의 承認으로 勤勞退隱牧師
의 名譽를 줄지니 此等(이런)牧師는 本支敎會에 職務와 權은 업스나
上會權은 잇느니라

제1조 : 자유 사면

① 목사가 본 교회에 대하여 어려운 사정이 있어 사면원(辭免願)을 노회에 제출하면

② 노회는 교회 대표를 청하여 그 목사의 사면 이유를 물을 것이니 그 교회 대표가 오지 아니하든지 혹 그 설명하는 이유가 충분하지 못하면 사면을 승낙하고 회록에 자세히 기록할 것이요

③ 그 교회는 허위 교회가 된다.

(1) 자유 사면의 의의

자유 사면은 권고 사면이나 사직이 아니다. 어디까지나 노회의 권징 없이 목사나 지교회의 자의에 의하여 사면하는 행위를 말한다. 아무리 평생을 같이 하기로 약속했다 할지라도 목사와 교회가 서로 맞지 아니하여 목사가 사면을 청하든지 교회가 담임 해제를 청원하든지 혹은 서로 간에 합의하고 청원한다 할지라도 노회가 허락해야 자유 사면이 가능한 것이다. 목사의 청원과 지교회의 태도가 상반되는 경우이면 노회가 자세히 살펴 그 사면 청원을 기각할 것이나, 목사의 사면 청원에 대한 지교회의 태도가 불투명하면 사면을 허락하고 그 교회는 목사의 자리가 빈 교회 즉 '허위 교회'가 된다는 것이다.

여기서 생각할 것은 본인이 싫으면 사면 청원을 낼 수 있게 하면서도 교회는 싫어도 해임 청원을 할 수 없도록 인식된 현실은 교권주의적 사고방식의 잔재처럼 여겨진다. 어찌되었던 노회는 사면 이유 혹은 담임 해제를 구하는 이유를 면밀히 살펴 신중히 처결할 일이다.

그러면 목사와 교인 간에 서로 맞지 않는다는 것이 무엇인가 하면

1) 목사가 교회를 불화하게 여기는 경우

목사에게 질병이 있거나, 재능을 상실했거나, 오래된 결점을 지니고 있었거나, 목사 가족의 건강 상태가 나쁘거나, 교인들의 시비가 있거나, 생활비를 지급하지 않거나, 신용이나 교인의 사랑을 잃어버렸거나, 목사나 목사가 하는 교회 일에 대하여 적극적인 대립 관계에 놓여 있거나, 인정할 수 있을 만큼의 생활비를 지급하는 일에 실패한 경우들이다.

2) 교인들이 목사를 불화하게 여기는 경우

약속한 생활비를 계속 지급할 능력을 상실했거나, 목사에게 혹은 목사가 인도하는 예배의 설교에 대하여 불평이 생기는 일 등이다. 단, 부도덕한 일이나 이단은 불화한 일에 포함되지 아니하고 노회에 고소하여 재판 사건으로 다루게 한다(정문 589, 590문답).

(2) 사면 절차

사면 절차는 교회정치문답조례 592문답에 의하면 목사나 교회가 목사의 사면을 원할 때에 목사가 취할 단계는 아래와 같다.

1) 같은 노회 소속 목사들과 협의한다.

2) 본 교회 장로 한두 분에게 조언을 구한다.

3) 목사가 결심한 바를 당회에 알린다.

4) 노회에 사면 청원할 것을 공개한다.

5) 사면을 청원하게 된 상황과 이유를 밝혀, 청원서를 제출한다.

노회는 그 교회의 위원을 소환하여 사실(査實)하게 하고, 다음 회집에 보고 하기까지는 그 사면 청원을 허락할 수 없다.

2. 목사의 권고 사면

三條 勸告辭免 (1930年版)
支敎會가 牧師를 歡迎치 아니하여 解約코자 할 時는 老會가 牧師 及 敎會 代表者의 說明을 聽取 後 處理할 것이니라

제2조 : 권고 사면
① 지교회가 목사를 환영하지 아니하여 해약하고자 할 때는
② 노회가 목사와 교회 대표자의 설명을 들은 후 처리한다.

☞ 본인의 청원에 의하여 사면하는 경우는 자유 사면이었는데, 여기서는 본인이 청원하는 것이 아니라 권고 사면이란 지교회가 해약하고자 하는 경우이다.

그러나 목사는 본인이 혼자 결단하면 그만이지만 지교회의 의사란 몇몇 사람에게 좌우될 수는 없다. 대개 목사를 배척하는 일은 몇몇 사람이 전체 교회의 의사인 듯이 부추기는 때가 많다. 그런즉 공적인 의견의 일치를 위해서라도 공동의회를 회집할 수가 있다.

노회는 마땅히 다수의 의견을 좇아 떠나거나 머물거나 간에 작정할

것이나 혹 어떤 경우는 오히려 다수가 부당할 수도 있다는 사실을 명심하고 신중히 처리해야 할 것이다. 다수가 환영해도 해임해야 할 경우가 있고 다수가 배척해도 유임해야 할 경우가 있다는 말이다. 그러나 물론 이때에 노회의 결의가 부당하다고 여겨질 경우에는 상회에 소원할 수가 있다. 하회 결정 10일 이내에 절차를 밟으면 상회가 처결해 줄 것이다.

이렇게 지교회가 불화한 일로 말미암아 목사의 해임을 원할 경우에는 교회정치문답조례 595문답에 의하면 아래와 같은 단계를 통해서 처결한다.

1) 교인들이 은밀히 기도하면서 목사를 돕는 일에 더욱 힘쓴다.

2) 재정상 어려움을 해결하기 위하여 목사와 협의한다.

3) 교회의 영적인 괴로움이 비록 목사의 부족이나 직무상 나태, 정신적인 부족, 불성실, 질병 혹은 노쇠해서 온 것이 사실이라 해도 함께 다스리는 자가 된 장로들은 힘써 기도하면서 사실을 목사에게 알린다.

그러나 장로들은 목사의 결점을 찾아내거나 비난할 권한이 없으며, 목사와 같은 종이 아니요 노회 앞에서만 변해(辨解)할 수 있는 교인의 대표자로서 목사와 함께 다스리며 신령적 유익을 계도할 뿐이다. 장로들은 이런 어려움을 당할 때에 하나님 앞에 서약한 바를 되새기면서 신중을 기할 것이요, 목사는 장로의 보고를 받고 의심치 말 것이다.

4) 목사가 장로의 보고에도 불구하고 계속 불화하면 당회가 본 노회

소속 인근 목사를 통하여 문의하고 중재하여 화목할 것을 시도할
것이요, 그 후에는 당회가 목사에게 사면을 권고할 것이요, 그래도
사면코자 아니하면,

① 당회의 결의로써 정치 제9장 제5조 7항, 8항에 의거하여 노회에
   위탁한다.

② 당회나 공동의회가 그 목사의 담임 해제 청원서를 노회에 제출
   한다.

③ 노회가 당회록을 검사할 때에 그 일을 발각하여 상당하게 처리
   하도록 할 수 있다(정문 595문답).

3. 목사의 자유 사직

> 三條 自由辭職
>
> 牧師가 그 視務로 敎會에 有益을 주지 못할 줄로 覺悟할 時는 辭
> 職願을 老會에 提出할 것이요, 老會는 此를 協議 決定할 것이니라

제3조 : 자유 사직
① 목사가 그 시무로 교회에 유익을 주지 못할 줄로 각오할 때는
② 사직원을 노회에 제출할 것이요 노회는 이를 협의 결정한다.

☞ 사임은 목사가 어느 교회를 시무하거나 어느 기관에서 일하다가 그

시무를 그만둔다는 것이고, 사직은 목사가 그 성직 자체를 그만두고 평신도가 되겠다는 것이다. 이럴 때 노회는 어떻게 처리하는 것이 합당할까 하는 것은 어려운 문제이다.

권징 조례 제7장 52조에서 규정하기를 "무흠한 목사가 정치 제17장 제1조, 제3조에 의하여 노회에 청원을 제출하면 그 목적과 이유를 상세히 알아 결정하되 제3조의 경우에는 상당한 방법으로 만 1년간 유예를 지난 후 노회 관할에 그 목사가 단 마음으로 유익하게 시무하지 못할 줄로 인정하면 사직을 허락할 것이요, 그 성명을 노회 명부에서 제거하고 입교인의 이명서를 주어 소원하는 지교회로 보낼 것이다"라 했다. 그러나 목사가 평신도로 돌아간 다음에는 목사라는 칭호를 사용할 수 없다. 만약 그 후 그가 다시 목사가 되기를 원한다면 다시 장립을 받아야 한다.

4. 목사의 권고 사직

四條 勸告辭職 (1930年版)
牧師가 聖職에 相當한 資格과 成績이 없든지 心身이 健康하고 또 使役할 處所가 있어도 五年間 無任으로 있으면 老會는 辭職을 勸告할 것이니라

제4조 : 권고 사직

① 목사가 성직에 상당한 자격과 성적이 없든지 심신(心身)이 건강하고

② 또 사역할 곳이 있어도 5년간 무임으로 있으면 노회는 사직을 권고한다.

☞ 목사가 성직에 상당한 자격이나(정치 제4장 제2조) 성직에 상당한 성적이 없거나, 심신이 건강하고 사역할 곳이 있어도 상당한 이유 없이 5년간 무임으로 있는 경우에는 노회가 사직을 권고하고 결정한다. 그런데 여기서 '성직에 상당한 자격과 그 성적'이란 구체적인 기준을 말하지 않아 막연해 보이나, 헌법이 말하는 목사의 자격 기준이 명백한즉 그 기준에 따라 판단할 것이요, 사역할 곳이 있음에도 불구하고 더 좋은 곳을 바라며 놀고 있다든지 다른 직업을 가지고 있으면서 상당한 이유 없이 무임으로 5년을 지나면 이미 하나님의 소명에서 떠난 사람이요 스스로 성직을 버린 자라 할 것이므로 사직을 결정함에 구애될 것이 없다고 할 것이다. 교회정치문답조례 345문답에는 목사가 노회의 허락 없이 목사직을 버리면 어떻게 해야 하느냐는 질문에 노회가 재판하여 처결할 것이라고 했다.

그러나 어찌하든지 이 같은 사건이 일어나지 않도록 노회가 최선을 다해 근실히 돌이킬 수 있도록 해야 할 것이다.

5. 목사의 휴양

五條 牧師의 休養 (1930年版)

勤務中에 있는 牧師가 身體攝養이나 神學硏究나 其他 事情으로 本敎會를 떠나게 되는 境遇에는 本堂會와 協議하며, 二個月 以上 欠勤하게 될 時는 老會의 承諾까지 要할 것이니라

제5조 : 목사의 휴양

① 시무 목사가 신체 섭양(攝養)이나 신학 연구나 기타 사정으로 본 교회를 떠나게 되는 경우에는

② 본 당회와 협의하며 2개월 이상 흠근(欠勤)하게 될 때는 노회의 승낙을 요하고,

③ 1개년이 경과할 때는 자동적(自動的)으로 그 교회 위임이 해제된다.

☞ 주님의 양 무리를 먹이고 치는 일에 전무하는 목사가 불철주야 충성하는 것 못지않게 휴양도 필요한 것이다.

본 조문을 살펴보면 몇 가지 유의할 사항이 있다.

① 목사가 휴양할 이유는 신체 섭양이나 신학 연구나 기타 사정으로 본 교회를 떠나게 되는 경우에 해당된다.

② 목사의 휴양은 교회와 노회의 허락을 얻어야 된다는 것이다. 목사의 휴양 기간은 아래와 같이 세 가지 경우로 분류할 수 있다.

1) 2개월 이내의 휴양

당회와 협의해서 가질 수 있는 최대한의 휴양 기간이다.

2) 1년 미만의 휴양

당회의 협의를 거치어 합의한 후 노회에 청원한다. 물론 당회의 동의가 없어도 휴양할 수 없고 노회의 허락 없어도 휴양할 수 없다. 당회가 허락해도 노회가 허락하지 않을 수 있고, 당회의 허락이 없는데 노회가 허락하는 방도는 더구나 없다. 아무리 노회가 허락했다고 할지라도 1개년이 경과할 때는 자동적으로 그 교회의 위임이 해제된다.

3) 1년 이상의 휴양

위임이 자동 해제되는 휴양 기간이다(정치 제4장 제4조 1항). 지교회를 담임한 목사가 사임하기 전에는 그 어떠한 이유로도 본 교회를 1년 이상 떠날 수가 없다 함이다.

이는 당회가 허락한다고 해도 지교회 목사를 후대한다는 범주를 벗어나 하나님의 교회를 소홀히 여기는 심사요, 당회가 혹 잘 모르고 청원한다고 할지라도 노회는 마땅히 거절할 것이요, 만일 노회가 이를 허락하면 지교회의 관할권을 빙자한 지교회 학대 행위요, 월권임을 면치 못한다고 할 것이다. 혹 외국 유학 등 특별한 이유가 있다고 해도 그 기간 안에 돌아올 것이요, 다시 청원하면 노회가 그 실정을 따라 다시 허락할 수 있을 것이다.

4) 안식년 제도

오늘날 교회들이 목사나 선교사가 안식년을 실시하는 가운데 6년
동안 시무하고 7년 만에 1년씩 쉬거나 신학 연구차(次) 외국으로 가는
형편이다. 성경에서 안식년이나 희년 제도를 언급하고 있음을 참작해
서 제60회 총회에서 총회 산하 각 교회가 목사의 안식년 제도를 실시
하기로 가결한 바 있다(1975년 제60회 총회 결의). 근간에는 6년이 지
나고 7년 만에 쉬는 것보다는 3년 지나고 6개월간 쉬는 경우도 있다
고 한다.

제18장 선교사

1. 선 교 사

☞ 교회정치문답조례 80문답에서 선교사에 대해 정의하기를 "선교사란 장립을 받은 목사가 선교부나 혹은 전도부의 파송을 받고 교회가 없는 외지나 혹은 내지에 가서 교회를 세우고 치리하는 자니라"고 했다.

그러나 한국 교회가 각 교파에 따라 조금씩 다르지만 대체적으로 국내에서 전도하는 일은 '전도'라 하고, 외국에 나가서 전도하는 일은 '선교'라 하며 분별해 오고 있다. 그러나 오늘에 와서는 문화권이 다른 외국인 근로자가 많이 들어와 있기 때문에 국내에서도 문화권이 다른 사람들에게 전도하는 선교사로 파송할 수 있으며 근간에는 탈북자 단체에도 선교할 수 있다.

第十八章 宣敎師會

一, 朝鮮宣敎師 (1922年版)
(1) 傳道牧師
何(어느)老會에던지 該境內에 牧師업는 敎會가 甚多ᄒᆞ야 各支敎會에셔 講道와 聖禮를 設行ᄒᆞ기 不能ᄒᆞ면 該老會가 他老會나 上會에 請願ᄒᆞ야 幇助홈을 求ᄒᆞᆯ수잇ᄂᆞ니 何(어느)老會던지 該請願에 依ᄒᆞ야

傳道牧師를 派送홀 時에는 薦書를 繕給홀거시니라

(2) 宣敎師
總會는 敎會를 設立ᄒ기 爲ᄒ야 何處(어ᄂ곳)(內外地)에 던지 宣敎師를 直接派送홀수잇ᄂ니라 此等事(이런일)를 爲ᄒ야 管下老會에 勸諭ᄒ야 支敎會請聘없는 者라도 傳道牧師或宣敎師로 將立ᄒ게홀수잇ᄂ니라 然(그러)ᄒ나 宣敎會로 從事ᄒ기 不願ᄒᄂ 者를 强勸ᄒ지 못ᄒ겟고 自願ᄒᄂ者라야 派送홈이 可ᄒ며 傳道牧師或宣敎師의 俸給과 其(그)他費用은 派送ᄒᄂ 治理會가 擔當홀지니라

제1조 : 선교사

① 총회는 교회를 설립하기 위하여 내외(內外)지를 물론하고 다른 민족에게 선교사를 파송할 수 있나니

② 이런 일을 위하여 노회에 위탁하여 지교회의 청빙이 없는 이라도 선교사로 임직할 수 있으나, 원하지 아니하는 자를 강권하지 못하고 자원하는 자라야 파송함이 옳고 선교사의 봉급과 기타 비용은 파송하는 치리회가 담당한다.

☞ 선교사란 "다른 민족을 위하여 외지에 파송을 받은 목사"(제4장 제4조 11항)라는 정의와는 달리, 외지만이 아니라 내지에도 파송할 수 있다고 하여 일치하지 못하다.

(1) 선교사의 자격

목사의 자격을 갖춘 자로서 총회 세계선교회(Global Mission

Society, 'GMS')에서 실시한 선교 훈련을 수료한 자라야 한다.

(2) 선교사의 임직

청빙은 목사 임직의 여섯 가지 요건 중 하나인데 선교사가 되는 경우에는 총회의 위탁을 좇아 이 요건 한 가지가 갖추어지지 아니했어도 임직할 수 있으며, 치리회는 그 비용을 담당하되 오직 자원하는 자를 가려 뽑을 것이요 강권해서 파송하지는 못한다는 말이다.

선교사 임직식은 목사 임직식과 같은 순서로 임직한다. 다만 선교사 임직식 서약은 교회정치문답조례 565문답과 같이 하되 다만 제⑧항의 서약은 다음과 같이 바꾸어서 한다. 즉 "귀하가 이 선교사의 직분을 받고 하나님의 은혜를 인하여 본직에 관한 범사를 힘써 행하기로 맹세하느뇨?"라고 해야 한다.

(3) 파송 교회나 기관

지교회나 몇몇 교회가 연합하거나 혹 노회나 총회 어느 기관에서 협력하여 파송하겠다고 청원할 때 노회는 허락하고 파송할 수 있다.

(4) 선교비

지교회에서 단독으로 선교비를 부담할 수도 있고, 혹 지교회가 단독 담당하기가 어렵거든 'GMS'에 청원하여 협력을 주선할 수 있으며 어느 노회에서 선교비를 부담할 수도 있다.

2. 외국 선교사

二, 外國宣敎師（1922年版）

（外國宣敎師는 卽朝鮮長老敎와 關係잇는 美國南北長老會와 英國가
나다, 오스트렐야 長老會聯合宣敎會를 謂홈이라）

(1) 外國長老敎牧師가 朝鮮長老會地方區域內에셔 宣敎ㅎ게 되는 境遇
에는 該宣敎師本宣敎會의 派遣證書를 그 老會에 提呈ㅎ야 接受된 後
에야 그 老會會員이 되느니라

(2) 各老會는 派遣證書를 밧은 宣敎師에 對ㅎ야 支敎會일을 맛긴
同時에만 該宣敎師가 各治理會에서 可否投票權이잇게 ㅎ느니라

(3) 本老會가 職務를 負擔케아니ㅎ 宣敎師는 投票權은 업스나 言權이 잇
고 委員會에서는 投票權이 잇는 會員이 될수잇느니라

(4) 各老會에셔 宣敎師가 總會總代被選에 對ㅎ야는 朝鮮牧師數에 依
ㅎ야 半數로 限홀것이니라

(5) 本長老敎老會에서 派遣證書로 視務ㅎ는 宣敎師는 朝鮮 長老會律例를
遵行홀 義務가 잇느니 萬一道德上品行에 關ㅎ 犯過나 本信經, 政治,
聖經에 違反되는 時에는 所關老會가 審査後에 該會員權을 免除홀수잇느
니라

제2조 : 외국 선교사

외국 선교사는 곧 본 총회와 관계있는 선교사를 가리킴이다.

1. 외국 장로파 선교사가 본 총회 관하(管下) 노회 구역 안에서 선교하
   게 되는 경우에는 그 선교사는 이명 증서를 그 노회에 제출하여 접
   수한 후에야 그 노회의 회원이 된다.

2. 각 노회는 이명 증서를 받은 선교사에 대하여 지교회 일을 맡긴 때
   에만 그 노회에서 가부 투표권이 있다.

3. 본 노회가 직무를 부담하게 아니한 선교사와 파견 증서만 받은 선교사는 투표권은 없으나 언권이 있고 위원회에서는 투표권도 있고 상회 총대권도 있다.

4. 본 총회 산하 노회에서 파견 증서로 시무하는 선교사는 대한예수교장로회 율례를 준행할 의무가 있으니 만일 도덕상 품행에 관한 범과(犯過)나 본 신경, 정치, 성경에 위반되는 때는 소관 노회가 심사한 후에 언권 회원권을 탈제(奪除)한다.

5. 외국 선교사는 본 총회에서 정한 서약서에 서명하여야 한다.

6. 외국 선교사에 대한 서약문

① 사도 신경은 성경 말씀의 진리를 옳게 진술한 것으로 알며 또 그대로 믿느뇨?

② 본 대한예수교장로회의 12신조와 웨스트민스터 신도게요 및 대소요리 문답을 정당한 것으로 믿느뇨?

③ 귀하는 신학상으로 말하는 신신학 및 고등 비평이나 신정통주의 내지 자유주의 신학을 잘못된 것으로 알며, 역사적 기독교의 전통을 항시 이와 투쟁적인 처지에서 진리를 수호해야 하는 줄 생각하느뇨?

④ 귀하는 본 대한예수교장로회의 헌법에 배치되는 교훈이나 행동을 하지 않기로 서약하느뇨?

⑤ 귀하는 1959년 제44회 본 총회가 의결한 본 총회의 원칙 및 정책을 시인하며 이러한 조치는 W.C.C. 및 W.C.C.적 에큐메니칼 운동이 비성경적이고 위태로운 것이므로 이에서 순수한 복음 신

앙을 수호하려는 것인 줄 생각하느뇨?

⑥ 귀하는 신앙 보수는 의논이나 체계적 뿐만 아니라 그 생활도 응
분적(應分的)이어야 할 줄 알며 우리 총회의 음주 흡연 및 속된
생활 등을 금지하는 의도를 잘 이해하며 잘 순응하겠느뇨?

⑦ 귀하는 본 총회 산하 노회 및 기관에서 봉직하는 동안 소속 치
리회에 복종하며 순종하기로 맹세하느뇨?

☞ 외국 선교사 규정을 정리하면

(1) 회원권

외국 선교사도 이명 증서가 관할 노회에 접수되기 전에는 회원권
이 없다(1항).

(2) 정회원

외국 선교사라 할지라도 지교회 시무가 허락된 자만이 회원권이 구
비한 정회원이다(2항).

(3) 무임 목사 대우 선교사

지교회 시무를 위탁하지 않았거나 기타 노회가 부담케 한 직무가
없는 선교사와, 파견 증서만 받은 선교사에게 대하여는 본국 무임 목
사와 꼭 같이 대우한다.

즉 투표권이 없으나 언권이 있고, 위원회에서는 투표권도 있고 또
한 상회 총대 피선거권도 가진다. 그러나 2000년 제85회 총회가 헌법

을 개정함으로 무임 목사는 언권 회원인 것같이 언권 회원일 뿐이다(3항).

(4) 선교사와 총회의 율례

이명 증서를 가지고 온 외국 선교사는 본 노회 회원으로서의 권리와 의무가 본국 회원과 다른 것이 없거니와, 설혹 파견 증서만 가지고 시무하는 선교사라 할지라도 본 총회의 율례를 준행할 의무가 있고, 권징할 권세와 또는 그 권징에 순종할 의무가 노회나 그 선교사에 있지 아니하나, 치리회가 그 선교사에게 대한 언권 회원을 탈제할 권은 있다(4항).

(5) 서약서의 서명

외국 선교사의 목사 임직 서약이 본 총회의 목사 임직 서약과 다르다고 할지라도 본 총회가 타 교파 목사에게 본 총회신학교 수학과 강도사 고시 합격과 제15장 제10조의 임직 서약을 요구함과 같이 이를 요구하지 아니한다.

그러나 임직 서약이 다른 목사를 그대로 본국 교회 안에서 일하게 하는 일은 원칙적으로는 첫째로 교회 자유권을 침해함이요(본 총회 입장에서), 둘째는 양심 자유권을 침해함이다(외국 선교사의 입장에서). 그러나 총회가 마땅히 사귈만한 교파의 선교사를 받도록 하였은즉 아래와 같은 서약서의 서명으로 이를 대신하게 하였다 함이다(5항).

제19장 회장과 서기

1. 회 장

第十九章 會長

一, 擇定의 必要 (1922年版)
　　教會中 各治理會는 凡百事務를 秩序잇고 迅速ᄒ게 處理ᄒ기 爲ᄒ
야 會長을 擇定ᄒ거시니라
三, 任期
　　老會는 決議에 依ᄒ야 一年一次式 會長을 選擧ᄒ수잇고 每定期會
에 選擧ᄒ수도 잇ᄂ니라 恒(다만)大會總會에ᄂ 每定期會에 選擧ᄒ거
시니라 會長이 不出席ᄒ 時에는 前會長이 講道로 開會ᄒ고 新會長
이 就職ᄒ 時까지 會長의 職務를 行ᄒᄂ니라

제1조 : 회장

① 교회 각 치리회는 모든 사무를 질서 있고 신속하게 처리하기 위

　하여

② 회장을 선택할 것이요

③ 그 임기는 그 회의 규칙대로 한다.

☞ 1922년판의 규정을 그대로 이어오고 있다. 즉 '모든 일을 질서 있고 신속하게 처리하기 위하여' 회장을 택한다 함이다. 회무와 무관한 발언은 제지시켜야 하고, 의논이 무르익었다고 여겨지면 곧 성안하도록 해야 하고, 성안이 된 후에 또 다시 재론을 구하는 일 등은 원칙적으로 자제하도록 종용하는 등 이 모든 일이 회무 관장(管掌)이다.

(1) 회장의 정의

교회정치문답조례 612문답에서 "회장이 무엇이냐?"고 하는 질문에 답하기를 "회무 처리를 위해서 회의를 사회하는 자를 회장이라고 한다"고 되어 있다. 그리고 부언하기를 "그 재판 사건이 회장에게 관계되면 재판 법규에 의해서 타인을 선임한다. 그리고 다른 회장들이 명령과 통보로써 사무를 지휘하는 것처럼 교회 각 치리회 회장들에게도 똑 같은 권한이 있다"고 했다.

＊정문 612문 : 회장이 무엇이냐?

답 : 회무 처리를 위해서 회의를 사회하는 자를 의장 혹은 회장이라고 한다. 위원장은 그 위원들이 택하되 첫 번째로 지명된 자가 소집장이 된다. 치리회가 재판회로 회집하면 본 치리회 회장이 재판회장이 되나, 그 재판 사건이 회장에게 관계되면 재판 법규에 의해서 타인을 선임한다. 그리고 다른 회 회장들이 명령과 통보로써 사무를 지휘하는 것처럼 교회 각 치리회 회장들에게도 꼭 같은 권한이 있다.

(2) 회장 선거

헌법상 치리회장은 당회장, 노회장, 대회장, 총회장으로 당회장을 제외한 회장을 선거할 때는 각 치리회가 정한 규칙에 의해 선거한다 (정문 614, 616문답).

＊ 정문 614문 : 회장은 그 치리회 회원이어야 하느냐?

　　답 : 회장이 반드시 그 치리회의 회원이어야 하는 것은 아니나, 본 회 회원이, 회장이 되는 것이 일반적이다. 당회장은 일반적으로 그 지교회의 위임 목사이다. 그러나 해 교회에 청함을 받은 임시 당회장이나 대리 당회장은 물론, 지교회 위임 목사가 없을 경우 에 노회가 임명하는 당회장이 그 당회의 회원이 아닐지라도 그 당회를 사회하며, 가부 동수인 경우에 결정권을 행사하는 등 완 전한 회장권이 있다.

　　총회가 회집할 때에 그 총회의 총대가 아닐지라도 전 회장은 새 임원을 선거하고 새 회장이 취임할 때까지 회장으로 시무한다.

(3) 장로가 회장이 될 수 있는가?

당회장은 항상 지교회 담임 목사가 된다. 그러나 형편상 같은 노회 소속 다른 목사가 될 수 있다. 또한 목사를 구할 수 없는 비상한 경우 에는 장로가 당회를 사회할 수 있다(정문 196, 198, 205, 616문답). 그 러나 상회에서는 그런 비상한 경우가 있을 수 없으며, 노회장, 대회장, 총회장은 항상 목사이어야 한다(정문 620문답).

(4) 회장이 읽어야 할 규칙

회장이 읽어야 할 규칙은 각 치리회를 위한 보통회의 규칙이다. 1791년에 미국 북장로회 총회가 제정하고 1885년에 개정하여 오늘에 이르고 있는데 45개조로 되었고 일반 사회의 회의 규칙과는 다르다. 대한예수교장로회 총회는 1917년 제6회 총회에서 1년동안 임시로 준용케 하다가 1918년 제7회 총회에서 본 총회의 회의 규칙으로 정식 채용하고 회록에 부록케 하였다(정문 618문답).

(5) 회장의 사회권 상실

회장이 아래와 같은 사유로 사회권을 상실할 경우에는 부회장에게 출석 총대 중 최후 증경회장이나 혹은 최선의 장립자 등 타인으로 사회하게 해야 한다.

1) 회장 자신의 신상에 관한 문제
2) 회장 소속 하회의 상소건이나 위탁 판결을 심의할 때
3) 회장이 심의 안건 토의에 발언한 경우
4) 부회장에게 사회권을 이양한 후 부회장 사회로 안건을 심의할 때 그 안건 종결 시까지 사회하지 못한다(정문 615문답).

(6) 회장의 임기

1930년판 이래로 삭제하고 회장의 임기 규정을 '거의 회장 규정에서 대개 그 회의 규칙대로 하도록' 규정되었고 달리 규정한 것이 없다.

2. 회장의 직권

二, 職權 (1922年版)

會長된 者는 本會에서 許與흔 權에 依ㅎ야 會員들노 會規를 직히게 ㅎ고 會의 秩序를 整頓케ㅎ며 會規대로 開會ㅎ고 閉會ㅎ며 會場을 管理홀거시니라

會長은 順序에 依ㅎ야 議事案을 先導홀거시오 何如(엇더)흔 方法으로던지 速決(속히판결)홀 方法을 指示ㅎ며 各會員으로 ㅎ여곰 他人의 言權을 侵害ㅎ지 못ㅎ게ㅎ며 發言ㅎ는 者는 會長을 부르고 其(그)席을 向ㅎ야마ㄹ게홀거시오 提言(말을제출)ㅎ는 者는 議案問題範圍外에 不出ㅎ게 ㅎ고 他會員을 侮辱ㅎ는 言辭를 禁止홀거시오 順從치아니ㅎ는 人(사름)의 言論을 制限홈이 可ㅎ며 會員으로 ㅎ야곰 議事中(일을의론ㅎ는즁)에 任意로 退場ㅎ지못ㅎ게ㅎ며 每事를 熟議(닉히의론)흔 後에 決定홈이 合宜흔줄아는 時에는 該問題를 다시 廣告ㅎ고 可否를 무를거시오 可否票가 同數될時에는 決定ㅎ는 權이 會長의게 잇는 데 會長이 決定ㅎ기를 不肯(즐겨아니)ㅎ면 可否를 다시무를 거시오 또 可否가 同數되고 會長이 決定ㅎ지 아니ㅎ면 該事件은 自然히 否決되느니라

會長은 每事件의 可否를 問後(무른후)에 그 決定을 廣告홀거시니라

閉會後에 特別흔 事件이 發生ㅎ면 公函을 發送ㅎ야 別會를 召集홀 수 잇느니라 其(그)後에도 後任會長의게 引繼ㅎ기까지 繼續ㅎ야 其(그)職分을 履行홀거시오 何事(무슴일)이던지 會에셔 委託ㅎ거슬다 處理홀거시니라

제2조 : 회장의 직권

① 회장은 그 회가 허락하여 준 권한 안에서

② 회원으로 회칙을 지키게 하고 회석의 질서를 정돈하며

③ 개회, 폐회를 주관하고 순서대로 회무를 지도하되 잘 의논한 후에 신속한 방법으로 처리하고

④ 각 회원이 다른 회원의 언권을 침해하지 못하게 하며

⑤ 회장의 승낙으로 언권을 얻은 후에 발언하게 하되 의안(議案) 범위 밖에 탈선하지 않게 하고

⑥ 회원 간에 모욕 혹은 풍자적 무례한 말을 금하며

⑦ 회무 진행 중에 퇴장을 금하며 가부를 물을 의제(議題)는 회중에 밝히 설명한 후에 가부를 표결할 것이요

⑧ 가부 동수인 때는 회장이 결정하고 회장이 이를 원하지 않으면 그 안건은 자연히 부결된다.

⑨ 회장은 매 사건에 결정을 공포할 것이요

⑩ 특별한 일로 회의 질서를 유지할 수 없는 경우에는 회장이 비상 정회를 선언할 수 있다.

☞ 1922년판 헌법에서는 회장이 '별회' 즉 임시회를 소집할 수 있도록 규정되어 있었는데 1930년판 이래로 삭제되었다. 회장의 회의 소집권과 회원의 회의 소집권은 너무나도 정당한 것이었는데 당회와 제직회는 지금도 그렇게 하면서도 노회에서 이것을 삭제한 일은 옳아 보이지 않는다. 기본권과 치리권이 동등한 것 같이 회장과 회원의 회의 소집권에 있어서도 동등하게 반영되어야 할 일이기 때문이다.

1930년판 이래로 비상 정회권은 통상 회의에서도 사용하는 일반화된 규정인데, 이것을 교권주의의 방편으로 삼으려 함은 정당하다고 할

수 없다. 교회정치문답조례의 교훈은 아래와 같다.

정문 613문답에서 "회장의 직권이 무엇이냐?" 하는 질문에 답하기를 회장의 직권은 아래와 같다.

① 개회하는 일

② 폐회하는 일

③ 교회 법규에 의해 일하도록 지휘하는 일

④ 관할하는 교회의 종이요, 또한 권위가 위탁된 행정관의 일

⑤ 각 의안의 문제를 선포하는 일

⑥ 각 의안에 대하여 신속하며 합법적인 속결 방도를 좇아 지도할 일

⑦ 모든 회원으로 각각 방해를 받지 않도록 하며, 회장을 향하여 발언하게 할 일

⑧ 발언자가 문제에서 이탈하지 못하게 하며, 인신공격을 금할 일

⑨ 규칙 위반자에게는 발언을 거부하여 침묵케 할 일

⑩ 허락 없이 회석을 떠나지 못하게 할 일

⑪ 토론이 원만하게 이루어진 후에 가부를 묻거나 투표할 일

⑫ 표결 결과가 가부 동수이면 회장이 결정권을 행사하거나 혹은 재표결한다. 재표결해도 역시 가부 동수인데, 회장이 결정권 행사를 거부하면 그 안건은 부결된다.

⑬ 가부를 묻기 전에 표결할 안건을 간명히 설명하며 또한 표결 후에는 그 결과를 선언해야 한다.

⑭ 회의 규칙에 대하여는 회장에게 우선 설명권이 있고, 회장이 기 립 공포한 해석대로 시행하되, 회원 중 2인 이상이 항변하면 회 장은

변론 없이 가부를 물어 공포한 해석을 바로 잡는다(정문 618 문답 ⑥).

⑮ 위원을 택하기로 하였으면 본회의 다른 결정이 없는 한 회장이 자벽한다.

⑯ 회장도 다른 회원과 함께 투표할 수 있고, 또한 가부 동수일 경우에는 결정권을 행사한다. 그러나 이중 투표권이 있는 것은 아니니, 미리 투표하였으면 결정권을 행사할 수 없고 그 안건은 폐기된다.

⑰ 회장이 사회 중에는 토론에 참가할 수 없고 토론에 참가하기 위하여 회장석에서 떠날 수는 있다.

⑱ 치리회가 재판회로 회집하였을 경우에는 회장은 증인에게 선서케 할 수 있다.

⑲ 회장이 증인을 선서케 하는 권한은 그 치리회나 총회로 말미암은 것이 아니요, 우리 교회가 채택한 헌법으로 말미암은 것이다.

⑳ 회가 폐회한 후에 긴급하고 중대한 사건이 발생하면 회를 소집할 수 있다.

3. 서 기

第二十章 書記 (1922年版)
各治理會가 各其會錄을 作成ᄒ기 爲ᄒ야 書記를 選擧홀거시오 書記의 任期는 各其本會의 決議에 依ᄒ야 定홀거시니라

제3조 : 서기

① 각 치리회는 그 회록과 일체 문부(文簿)를 보관하기 위하여 서기
   를 선택하되

② 그 임기는 그 회의 규칙대로 한다.

(1) 서기란 무엇인가?

어떤 회의체이든지 폐회 기간 중에 처결해야 할 행정 사무가 있고, 개회 전 개회 준비를 위한 행정 사무가 있으며, 개회 기간 중에도 회장 석에서 회의를 사회하는 회장이 홀로 회무를 진행시킨다고 하는 일은 결코 용이한 일이 아니다. 그래서 서기는 개회 기간 중에 처리해야 할 의안의 접수, 회의록 작성 등 행정 사무 외에도 이처럼 회무의 원만한 진행을 위해 회장을 방조해야 할 직무가 있게 마련이다.

이 모든 행정 사무를 처리하기 위해서 선임하는 임원을 서기라고 한다. 그런데 서기 외에 부서기를 뽑아 이를 방조하게 하며, 서기 유고 시에 서기를 대리하게 하며, 서기 직무 중 제일 중요한 직무 하나가 회 의록의 작성이다. 서기는 기타 사무 처리에도 직무량이 많고 회의록 작성은 잠시도 회석을 떠날 수 없는 것이어서 회의록 작성 전담 서기 를 따로 선출한다. 물론 이 회록 서기도 부회록 서기를 두고 있다.

본조에 서기라 함은 당회 서기, 노회 서기, 대회 서기, 총회 서기를 말함으로 치리회의 서기를 의미한다. 각 치리회에서는 대개 서기, 부 서기, 회록 서기, 부회록 서기를 선출하여 서기단이라고 지칭한다. 각 서기마다 규칙에 따라 중대한 임무가 부여되어 있지만 서기 중에도 원

서기는 위에서 언급한 막대한 책임이 부여되어 있다.

회장은 회의 중에 사회하는 권한과 또 회에서 결의하여 맡겨진 사건만 처리할 뿐이다. 그러나 서기는 회의가 끝난 다음에도 모든 서류 발송과 접수뿐 아니라 그 치리회를 대표하여 각 사무가 부여되어 있다.

권징 조례 제8장 제64조에 "치리회 서기(서기가 별세하였거나 그 밖의 사고로 인하여 시무하지 못할 때는 회장이 대행함)가 기록의 원본(原本)이나 초본(抄本)에 서명 날인하면 상회 및 다른 회에서 족히 사용할 증거로 인정한다"고 하여 회장의 서명 날인은 서기가 출타하였거나 그 밖의 사고로 인하여 시무하지 못할 때에 한하여 허용되고 그 이외의 경우 즉 서기가 엄존한데도 회장이 서명 날인하면 불법이요, 서기의 서명 날인은 항상 합법이다.

(2) 총무란 무엇인가?

종종 각회가 선출하는 총무가 임원이냐고 하는 논란을 보게 되는데, 총무는 임원이 아니고 사무직원이다. 그런데 임원은 아니라고 해도 총무는 그 회의 전(全)행정을 다루게 되기 때문에 어떤 의미에서는 서기보다도 그 회의체 내의 모든 일에 대하여 총무만큼 실무를 아는 자가 없기 쉽다. 그래서 어느 회의체에서든지 총무에게 언권 회원 자격을 주어 임원회에 동참케 하고 있다.

그렇다고 해서 총무에게 무슨 법적으로 내세울 만한 권리가 있겠는가? 총무는 회장이나 서기의 지시를 받아야 하되 회장 개인이나 서기 개인 아래의 직원이 아니라 바로 그 회의체의 총무이니, 내세울만한 이렇다 할 권리는 없어도 그 회의체의 중심적인 역할을 수행하는 존재라고 하는 자부심을 가지는 일이야 누가 막을 수 있겠는가? 임원의 임기는 고작해야 1년이요, 연임되어야 2년이지만 총무의 임기는 임원들의 임기처럼 1년으로 끝나게 하는 회의체가 없다. 더 길게 한다는 말이다. 이런 의미에서 총무는 회장보다도 회의의 전통과 내력 등을 더 잘 아는 일꾼일 수 있으니 가장 합당한 임원 보필자라고 정의하고 싶다.

4. 서기의 임무

書記는 會中議事를 詳細記錄ㅎ겟고 一應文簿를 權愼保存홀거시오 相當흔者가 請求ㅎ는 時에는 會錄中請求의 部分을 抄謄ㅎ야 줄지니라

此等會錄謄本에 書記의 捺印이 잇스면 各治理會及(와)全教會가 本治理會作成흔거스로 認定ㅎㄴ니라

제4조 : 서기의 임무

① 서기는 회의 중 의사 진행을 자세히 기록하고

② 일체 문부 서류를 보관하고

③ 상당한 자가 회록의 어떤 부분에 대하여 등본을 청구하면 회의 허락으로 등본하여 줄 수 있다.

④ 서기가 날인한 등본은 각 치리회는 원본과 같이 인정한다.

☞ 서기를 정의하는 중에 서기의 임무에 대하여는 거의 언급된 것 같다. 1922년판 헌법에서는 '제20조 서기'란에 포함되고 있었는데 1930년판에서는 아주 삭제하였다가 1955년판 이래로 다시 부활된 것이 서기의 임무인데 그 중 "… 거기의 날인이 있으면 바로 그 치리회의 공적인 문서로 인정해야 한다"는 요지의 규정이 바로 그것이다.

서기라 함은 원·부서기와 회록 서기·부서기를 서기라 한다. 그런데 원 서기는 사무 전반에 걸친 문부 일체를 관장하는 직책이다. 요즈음 총회에는 총무가 있고 사무국이 있어서 서기의 할 일을 대리하고 있는 실정이다. 그러나 법적 책임상으로는 서기가 모든 행정 사무상 문서 취급을 관장해야 한다. 치리회의 서기는 당회의 서기, 노회의 서기, 대회의 서기, 총회의 서기로 구분된다.

(1) 당회 서기의 임무
1) 회록을 정서하여 두고 1년에 한번 씩 노회로 보내어 검사를 받는 일
2) 당회의 각종 명부, 이명서 및 왕복 서신 등을 편찬 보관하는 일
3) 상당한 권이 있는 자의 청원이 있을 때에는 회록 등본을 발급하는 일
4) 재판회의 회록과 소송 서류와 기타 요긴한 문서를 편찬 보존하며, 각항 헌의서와 노회에 사용할 청원서를 준비할 일

5) 당회의 명령대로 이명서와 증인을 소환하는 소환장을 발송할 일

6) 노회에 제출할 통계표를 준비할 일

7) 당회에서 소집한 본 교회 공동의회 회록을 작성 비치할 일

   (정치 제21장 제1조 3항, 권징 제8장 제64조, 정문 263문답)

(2) 노회 서기의 임무

각 노회의 규칙대로 따를 것

(3) 대회 및 총회 서기의 임무

1) 대회, 총회 개회 준비 사무를 관장한다.

2) 대회나 총회의 명의로 공문을 발송하며, 헌의, 청원, 보고, 문의, 소송, 서신 등 각양 내신을 접수하되 회가 처결할 모든 문서를 헌의부에 전한다.

3) 대회, 총회록을 인쇄 배부한다.

4) 대회, 총회가 필요로 하는 모든 서류와 인장을 비치하여 보존한다.

5) 대회, 총회의 회의 절차와 회원 명부와 회에 상정될 각종 의안 등을 기재한 의사 자료를 작성하여 개회 1개월 전에 각 회원에게 배부한다.

6) 총대 천서를 검사하는 위원이 되며, 또한 보도하는 일을 주관한다.

7) 회장과 회원을 도와 신속한 의사 진행을 계도한다.

8) 정당한 요청을 따라 대회록, 총회록을 발췌하여 발급한다.

9) 통계표와 각 의안을 노회에 배부하며 그 보고를 접수하여 대회, 총회에 보고한다.

10) 대회 총회 각 위원 관계 문서는 서기가 받아 보관한다(정문 627 문답).

(4) 대회, 총회 각종 접수 문서에 대한 서기의 책임

교회정치문답조례 628문답에 의하면 접수 문서에 대해서는 모두 수령증을 발부할 것이요, 기타 일체 문서에 대하여 대회, 총회의 허락 없이는 타인에게 넘기지 못하며, 대회나 총회가 허락했어도 수령증 없이는 타인에게 넘기지 못한다. 그는 노회가 제출한 통계적인 보고에 대하여 분명한 과오는 교정하며 명백한 누락은 보안할 권한이 있다.

(5) 회록 서기

교회정치문답조례 629문답에 의하면 회록 서기는 원 서기를 보조하며 회록을 작성하여 원 서기에게 교부하는 일종의 보조 서기이다.

제20장 교회 소속 각 회의 권리 및 책임

1. 속회 조직

第二十三 章 敎會所屬各會의 權利 及 責任

一, 屬會組織 (1922年版)
一支敎會나 或數支敎會가 傳道事業과 其他慈善事業과 道理를 敎訓
ᄒᆞᄂᆞᆫ것과 恩惠內에셔 長成ᄒᆞ기 爲ᄒᆞ야 特別會(勉勵會, 傳道會, 小兒
會, 壯年會, 婦人會, 禁酒會等)를 會規에 依ᄒᆞ야 組織ᄒᆞᆯ수잇ᄂᆞ니라

제1조 : 속회(屬會) 조직

지교회나 혹 여러 지교회가 전도 사업과 자선 사업이나 도리를 가르
치는 것과 은혜 중에서 자라기 위하여 여러 가지 회를 조직할 수 있다.

(1) 속회의 정의와 목적

1922년판 헌법의 규정을 거의 그대로 이어오고 있는데, 조문이 열
거하는 그대로 지교회가 전도 사업과 자선 사업, 성경 교육과 은혜 중
에 성장하기를 원하여 여러 가지 회를 조직하여 운영할 수 있다. 그러
나 성경과 헌법의 가르침 안에서 이루어져야 한다. 그래서 장로교의

정체성을 이어가며 성경이 가르치는 대로 굳게 서는 지교회가 되도록 속회가 조직되고 운영되어야 한다.

그리고 누가 조직할 것인가 하는 것은 치리회의 허락을 받아야 한다는 뜻으로 규정하고 있는데 목회상의 형편을 고려한다면 이런 조직은 일반 교인의 요청을 당회가 허락하는 식으로 되는 것이 아니라 오히려 당회가 먼저 방침을 정하고 그 방침에 따라 조직이 이루어지도록 함이 당연하다 하겠다. 그러므로 일반 교인의 요청을 당회가 받아서 허락한다는 표시보다는 당회 주관 하에 조직되고 관리 운영에 대하여는 각회의 독립성을 인정하되 현행 제도와 같이 당회의 지도와 관할을 벗어나지 못하도록 함이 합당하다고 할것이다.

2. 속회 관리

二, 上會管理 (1922年版)
何支敎會에던지 前記各會等이 잇스면 該(그)敎會堂會의 治理와 管轄과 指導를 밧을 거시오 老會或總會의 全境內에 普及ᄒ게되면 該 治理會管轄下에 잇슬거시니라

제2조 : 속회 관리
어느 지교회든지 위에 기록한 대로 여러 회가 있으면 그 교회 당회의 치리와 관할과 지도를 받을 것이요, 노회나 대회나 온 총회 지경

안에 보급(普及)하게 되면 그 치리회 관할 아래 있다.

당회원이나 다른 직원으로 각 기관에 고문을 정하여 연락 지도할 수 있다.

☞ 교회 직무의 효과적인 성취를 위하여 속회를 조직하게 하였으므로 명칭 그대로 치리회 소속회이니 속회는 당회(치리회)에 소속한 단체이므로 당연히 당회의 철저한 감독과 지도 아래 있음을 명심해야 한다. 다시 말하면 속회는 항상 치리회의 치리와 관할과 지도 하에서만 존재할 수 있다는 원칙은 변할 수 없는 철칙으로 알아야 한다.

개교회의 경우는 당회원이나 당회가 인정할 만한 상당한 자를 고문으로 정하여 직접 연락하거나 지도에 임하게 하되, 각 치리회는 항상 속회의 자율성을 존중하는 입장에서 육성해 나가고 또한 속회는 항상 치리회의 치리와 관할과 지도 하에서만 존재할 수 있다는 위치와 성격에서 몇 발자국도 벗어날 수 없는 회임을 명심하고 영위해 나아가도록 힘쓸 것이다.

그렇다고 너무 치리회의 관할과 지도력이 강해져서 속회의 자율성을 해하게 되어도 건전한 발전을 기대하기 어렵고 또한 속회의 자율성이 너무 강해져서 치리회의 관할권과 지도권을 손상해도 역시 건전한 발전을 기대할 수 없다고 본다.

어찌되었든지 치리회가 볼 때에 속회가 조직 목적에서 벗어나거나, 교회에 덕을 끼치지 못하는 상태에서 쉽게 돌이킬 수 없는 형편에 이르렀다고 판단하는 경우가 생기는 한이 있다고 해도 치리회의 관할과 지도권에 손상을 입으면서까지 속회의 자율성을 내세우는 일은 백해무익하다.

일단 조직한 회를 해체한다는 일 자체가 교회의 평화를 해치는 결과로 직결될 수도 있다는 사실을 명심하고 그런 상황이 벌어지지 않도록 힘쓸 것이요, 그럴 수밖에 없는 상황이라고 해도 해체로 끝나기 보다는 비슷한 조직을 만들기 위해서 기존 조직을 해체키로 하는 등등 지혜로운 처사가 요망된다고 할 것이다.

교회정치조례문답 248문답에서는 "당회가 면려회나 전도회나 기타 부속회를 어떻게 주관하느냐?" 하는 질문에 답하기를

① 장정과 규칙을 제정해 주고 위반하지 않도록 할 일

　　㉠ 신구약 성경은 신앙과 행위에 대하여 정확 무오한 유일의 법칙으로 받을 일

　　㉡ 믿는 행위 중에 성령이 큰 관계되는 도리를 믿게 할 일

　　㉢ 세례와 입교 맹서의 중대함을 깨닫게 할 일

　　㉣ 본 교회 주일 예배와 삼일 예배와 기타 회집에 참석하는 것을 교인의 본분인 줄로 알게 하며 또한 은혜임을 깨닫게 할 일

　　㉤ 교회와 또한 교회 소속 각 부속회들이 국사에 간여치 말게 할 일

② 회집 시일과 장소를 작정하는 일

③ 임원을 선정한 후에 가결할 일

④ 각회에서 연보하는 재정은 그 회와 상회의 관계 부서를 위해 쓰게 할 일.

⑤ 장로교회의 사기(史記)와 신경과 정치를 학습하도록 할 일이라고

되어 있다.

* 정문 247문 : 당회가 주일 학교를 어떻게 주관하느냐?

답 : 당회가 주일 학교를 아래와 같이 주관한다.

① 주일 학교는 목사와 당회 관리 아래 있으니, 신령적 훈련을 위한 모든 일을 지휘하며 또는 감독해야 한다.

② 목사의 직무에 주일 학교를 감독하는 일도 포함되었으니 목사는 종종 주일 학교에 출석하여 조력하며 어린이를 위한 특별 집회를 가지며 가끔 목사가 설교한다.

③ 교과서와 학습장과 보조 교재 및 도서실의 모든 도서를 검사하여 지정하며 교회 자체 출판물을 특별히 추천한다.

④ 성경은 가장 위대한 교과서이다. 또한 소요리문답을 조심하여 가르치되 그 교리와 교회 제도에 대하여 확실히 기억하여 흔들리지 않도록 한다.

⑤ 주일 학교의 통계 보고서를 노회와 총회에 제출한다.

⑥ 임원과 교사를 선택한다.

⑦ 교사 준비 공부와 어린이의 예배 출석과 어린이들이 일찍 그리스도에게 돌아오며 저희 총명이 저희 하나님의 교회와 결합되도록 하는 일을 권하며 감독한다.

⑧ 장로교회의 제도를 주일 학교에서 가르칠 일

⑨ 각항 찬송과 악기와 성가대에 관한 일을 검사하여 허락할 일

⑩ 주일 학교의 연보는 본 교회 주일 학교와 상회 관계 부서를 위해서 쓰게 할 일

특히 주일 학교에서는 어린이들에게라도 장로교 제도를 가르치며 헌금하는 일과 성경 공부를 잘 시키며, 또 찬송가는 어린이 찬송가 뿐만 아니라 어른 찬송가도 늘 부르도록 해야 한다.

3. 속회의 권한

三, 屬會權限 (1922年版)
此等(이런)各會가 其名稱과 章程을 制定ㅎ는것과 任員選定ㅎ는것과 財政出納ㅎ는것을 敎會憲法에 依ㅎ야 該治理會의 檢査와 監督과 指導를 밧을거시니라

제3조 : 속회 권한

이런 각 회가 그 명칭과 규칙을 제정하는 것과 임원 택하는 것과 재정 출납하는 것을 교회 헌법에 의하여 그 치리회의 검사와 감독과 지도를 받는다.

☞ 속회는 자율성이 어느 정도 보장된 속회라 할지라도 그 속회는 만사를 자율적으로 행하는 권이 없고 소속 치리회의 검사와 감독과 지도를 받을 권한과 의무 하에서만 활동할 권한이 속회에 보장된다. 지도해야 할 구체적인 범위는 명칭과 규칙과 임원과 재정 출납이라고 하였은즉 결국 범사가 지도와 관할과 감독을 받아야 할 대상이 된다고 하는 것이요, 치리회의 의사를 조금도 어길 권한이 없다는 것을 알아야

할 것이다. 치리회가 볼 때 교회에 덕을 끼치지 못하거나 당회의 지도를 거부하는 경우에는 속회를 해산할 수도 있는 것이다. 그러므로 사실상 속회는 단독 권한이 없다고 보아야 한다.

그런데 조문의 이름은 '속회의 권한'이라고 되었는데, 각 교단이 속회의 권한을 규정했다기보다는 거의가 판에 박은 것처럼 속회를 지도하며 관할할 치리회의 권한만을 규정한 것처럼 된 일은 개정해야 할 일이라고 보여 진다.

제21장 의 회(議會)

1. 공동의회

☞ 지교회의 입교인들이 장로를 선택하여 당회를 조직하고 그 당회로
치리권을 행사하게 하는 주권이 교인들에게 있는 대의 민주 정치 원리
를 취택한 장로교에 있어서는 세례 교인으로 조직된 공동의회야말로
교회의 권위의 상징이라 할 것이다.

　더구나 장로교에서 기본권을 행사하게 하는 직접 기구로서 공동의
회를 두어 예산 · 결산, 목사 청빙 및 해임 청원 관계, 장로 · 집사 · 권
사 선거, 시무 투표 처리, 당회와 제직회 및 교회 소속 각회의 보고를
청취하는 등 특정 의안에 대해서는 공동의회에서 심의 처리하도록 되
어 있음은 교회에서 공동의회의 비중이 얼마나 크다는 사실을 알 수
있는 것이다.

第九章 堂會 (1922年版)

十一, 共同處理會

　支敎會共同處理會는 堂會에서만 召集하는거신되 堂會의 決議나 諸職
會의 願書나 無欠洗禮敎人等의 請願書나 上會命令을 依하야 召集하느
니라

前記請願書를 接受한 時에는 特別한 事故가 업스면 召集하는거시 可하
니라 堂會長書記는 共同處理會會長書記를 例兼하고 共同處理會會錄
은 別爲編製하야 堂會書記가 保管할거시니라 牧師請聘書에 對하야
共同處理會召集하기로 本支敎會無欠洗禮敎人의 過半數가 請願하거나
上會命令이 잇는 境遇에는 堂會가 共同處理會를 宜當히 召集홀거시니
라 共同處理會는 主日에 敎會에 廣告홈으로 召集하되 該廣告에 該會에
셔 議決하랴는 問題까지 說明홀거시오 全(온)敎會에 알게 홀 特別方法이
업스면 會集前主日에 廣告홀거시니라

共同處理會投票權은 本敎會聖餐參預하는 男女敎人의게 만잇느니 牧師
長老執事等(들)을 選擧홀 時에 堂會가 或 資格잇는 者를 公薦홀수 잇느
니라 選擧法은 牧師는 投票數의 三分의 二可票를 得하고 入敎人의
過半數가 承諾하여야 選擧할거시오 長老는 投票數의 三分之二可票를
得하여야 選擧홀 거시오 執事는 投票數의 三分池二可票를 得하여야
選擧홀거시니라

共同處理會는 預定한 時日及(과)處所에 集合대로 開會홀수잇스나 來集
(모집)者數가 太小(너무적으면)면 會長은 勸하야 他日(다른날)에 更(다시)히
會集케홀거시니라. 各支敎會는 每年終에 共同處理會를 召集하야 堂會
와 諸職會와 其他各會에 報告와 翌年度預算書를 採用하고 其他適法히
提出하는 事(일을)決議홀거시니라

제1조 : 공동의회

1. 회원

본 교회 무흠 입교인은 다 회원 자격이 있다.

2. 소집

공동의회는 당회가 필요로 인정할 때와 제직회의 청원이나 무흠
입교인 3분의 1 이상 청원이나 상회의 명령이 있는 때에 당회의

결의로 소집한다.

3. 임원

지교회의 당회장과 당회 서기는 공동의회의 회장과 서기를 겸한다. 당회장이 없는 경우에는 그 당회가 임시 회장을(본 노회 목사 중) 청할 것이요 회록은 따로 작성(作成)하여 당회 서기가 보관한다.

4. 회집

당회는 개회할 날짜와 장소와 의안(議案)을 1주일 전에 교회에 광고 혹은 통지하고, 그 작정한 시간에 출석하는 대로 개회하되 회집 수가 너무 적으면 회장은 권하여 다른 날에 다시 회집한다.

5. 회의(會議)

연말 정기 공동의회에서는 당회의 경과 상황을 들으며, 제직회와 부속 각 회의 보고와 교회 경비 결산과 예산서를 채용하며, 그밖에 법대로 제출하는 사건을 의결하나니 일반 의결은 과반수로 하되 목사 청빙 투표에는 투표수 3분의 2의 가와 입교인 과반수의 승낙을 요하며, 장로 집사 및 권사 선거에는 투표수 3분의 2 이상의 가로 선정한다.

(1) 공동의회의 정의와 회원권

1) 공동의회가 무엇인가?

쉽게 말하면 교인 총회를 가리키는 말이다. 1922년판은 이를 공동처리회라고 규정했었는데 1930년판 이래로 공동의회로 그 칭호가 변경되어 오늘에 이르고 있다.

장로회 정치는 민주 정치의 원리를 원용하는 회의 정치 체제이니 장로회 정치를 '주권이 교인에게 있는 민주적인 정치'로 생각될 때에 공동의회야말로 기본권을 발휘하게 하기 위한 장로회 정치에 있어서의 가장 기본적이고 기초적인 회의체라고 하는 말이다.

그래서 공동의회는 성직자의 치리교권을 견제하기 위한 기본교권의 종합된 회의체요, 견제하기 위한 것에 머무르지 아니하고 오히려 어떤 의미에서는 치리교권을 형성하는 일에까지 필수적으로 작용하는 권한이 부여된 회의체라고 보아도 무방하겠다. 원칙적으로 성직자의 임직에는 교인들의 투표가 필수적인 경우가 태반이기 때문이다.

장로회 정치는 성직자의 치리교권을 견제하기 위한 기본교권의 종합된 회의체요, 그러면서도 이 기본교권의 독주도 장로회 정치의 기본 체제에 어긋나므로 치리교권에 의해서, 즉 그 소집권을 가진 당회에 의해서 견제를 받아야 하는 기본권의 종합된 회의체이기도 하다. 공동의회 소집권을 당회로 규정하게 된 이유가 바로 여기에 있다. 그러나 공동의회가 치리권을 가진 치리회가 아니므로 공동의회에서 직접 치리하지는 못한다.

2) 회원권은 어떻게 되는가?

원칙적으로 본 교회 교적부에 오른 무흠 입교인에게만 회원권이 있다. 그러나 본 교회 교적부에 오른 입교인이라고 해도 벌 아래 있는 자는 회원권이 없고, 이명 증서를 가지고 와서 이명 접수 후부터 회원권이 있으나 입교인으로서 본 교회에 출석하는 자라도 이명 증서를 가지고 와서 교적부에 오르기 이전에는 역시 회원권이 없다.

헌법적 규칙 제3조 2항의 선거 및 피선거권은 본 교회 교인에게 있으나 무고히 6개월 이상 본 교회에 출석하지 아니한 자는 선거 및 피선거권이 중지된다(정문 225, 226~241문답 참조).

(2) 소집

1) 공동의회 소집권(소집할 이유와 시기)
① 당회가 필요하다고 인정할 때
② 제직회의 청원이 있을 때
③ 무흠 입교인의 3분의 1 이상의 청원이 있을 때
④ 상회 즉 노회나 대회, 혹 총회의 지시가 있을 때에 소집하되 반드시 당회의 결의로 소집할 수 있다.

2) 소집할 목적
① 예산, 결산을 처리할 때
② 장로와 집사, 권사를 선거할 때
③ 목사를 청빙하기 위해 선거할 때
④ 교인의 총의를 필요로 할 때

☞ 공동의회의 소집권이 당회장권을 가진 시무하는 목사에게 있느냐, 당회에 있느냐는 논란이 있는 것 같은데 "공동의회는 당회의 결의로

소집한다"고 하였으니 공동의회의 소집권은 오직 당회에 있고 그밖에는 아무에게도 없다.

당회장인 시무하는 목사가 필요하다고 생각해도 당회의 결의가 없으면 공동의회를 소집할 수 없고, 장로 중 어느 누가 요청한다고 해서 역시 당회의 결의가 없으면 소집할 수가 없다.

장로회 정치가 주권재민의 민주적 정치이면서도, 매번 모든 일을 주권자인 교인들의 직접 권리 행사로써 다스리는 정치가 아니라 대표자인 장로를 세워 그 장로들을 통해서 간접적으로 주권을 행사하는 공화 정치이다. 그러나 헌법은 가장 중요한 일을 처리할 때(목사 청빙건, 장로·집사·권사 등 직원 선거건, 예산안과 결산안 심의 등)에는 주권자인 교인의 직접 주권 행사(공동의회의 처결)에 위탁하게 하였으며 그 밖의 일이라도 당회에서의 처결이 어렵거나 공동의회의 처결이 더 효과적이라고 여겨질 때에는 당회가 공동의회를 소집해서 주권자인 교인의 직접 처결에 일임하도록 하고 있다.

그리고 공동의회는 당회가 필요로 인정할 때에만 회집할 수 있다면 이것은 장로회 정치의 본질에 위배된다. 장로회 정치는 무슨 회든지 회장이 소집권과 대등한 권세를 상당한 정수(定數)의 회원에게도 주어 견제를 이루게 하는 정치이기 때문이다.

당회나 노회가 그러하듯이 공동의회도 공동의회의 소집권자인 당회권과 헌법이 규정한바, 최소한의 회원의 정수인 입교인 3분의 1 이상의 공동의회 소집 요청권도 의당(宜當)히 동등해야 하고 견제를 이룰 수 있어야 장로회 정치이다. 뿐만 아니라 법은 제직회도 공동의회 소집에 관하여는 적어도 당회권과 동등하다. 상회의 명령은 더 말할 필요도 없다.

회의 소집권자의 권한(당회의 경우 당회장, 공동의회의 경우 당회)과 회의 소집 요청권자의 권한(당회의 경우 장로 과반수 혹은 과반수 이상, 노회의 경우 각 다른 지교회 목사 3인과 각 다른 지교회 장로 3인, 공동의회의 경우 무흠 입교인 3분의 1 이상 혹은 제직회, 등등)이 동등하지 아니하면 상호 견제할 수가 없고, 상호 견제할 수 없다고 하면 이것은 감독 정치나 교황 정치로 기울어졌거나 혹은 자유 정치나 조합 정치로 기울어진 것이 분명하다고 할 것이므로 장로회 정치가 아니요 장로회 정치가 배격해야 할 정치라고 해야 할 것이니, 회의 소집권과 회의 소집 요청권은 어디까지나 동등해야 할 이유가 바로 여기에 있다고 할 것이다.

그러므로 소집권자가 회를 임의로 소집할 권이 있으니 이를 견제하기 위해서는 회의 소집 요청권자도 회를 임의로 소집할 권이 있어야 할 것은 법리상 당연한 것이다.

그러나 항상 회를 대표하는 회장이 회를 소집하게 함으로써 그 권위를 존중하며 질서를 보존케 하였은즉 이와 같은 소집 요청권자의 요청에 의해 회를 소집하는 경우는 회장이나 당회의 의사로 소집하는 회가 아니라, 그와 동등한 소집권자의 의사에 의해서 회의 소집을 대행하는 것뿐이므로 소집권자(회장 혹은 당회)의 의사를 내세워 회의 소집을 거부하거나 지연하지 못할 것이요, 마땅히 소집해야 할 의무 하에 있다고 하는 말이다.

1922년판 헌법에도 "정당한 절차에 의한 청원에 대하여는 당회가 공동처리회를 마땅히 소집할 것이니라"고 규정되어 있었다. 따라서 청원이 있을 때는 당회가 거부할 수 없고 당회장은 지체 없이 이를 소집해야 한다.

(3) 임원

1) 지교회의 당회장과 당회 서기는 공동의회의 회장과 서기를 겸한다.

2) 미조직 교회는 노회에서 당회권을 허락받은 임시 목사가 1년이 지나게 되어 다시 청빙을 하기 위한 공동의회를 할 경우, 자신이 공동의회 소집은 할 수 있으나 공동의회 회장이 될 수 없고 대리 당회장을 청하여 투표하게 해야 했었다. 이는 본인 제척 사유에 해당되기 때문이다. 물론 조직 교회에서도 위임 청빙이나 시무 목사 청빙이나 마찬가지로 당사자가 본인의 청빙을 위한 공동의회의 회장이 되어 청빙 투표를 실시할 수 없다.

그러나 정치 제4장 제4조, 동 제15장 제2조가 제95회 총회 결의와 수의를 거쳐 개정됨으로 노회에서 미조직 교회의 당회권을 허락받은 시무 목사가 3년이 지나게 되어 다시 청빙 받게 되는 경우, 공동의회가 필요없이 대리 당회장이 노회에 연기 청원을 할 수 있게 하였다.

3) 당회장이 없는 경우에는 그 당회가 본 노회 목사 중 임시 당회장을 청할 수 있다.

4) 위의 경우가 불가능할 때는 장로 1인을 당회가 임시 의장으로 공동의회를 사회케 할 수 있다. 그러나 장로 · 집사 · 권사 선거, 목사 청빙을 위한 공동의회는 교회의 중대한 사건이므로 장로가 공동의회 회장이 될 수 없다(정치 제9장 제4조, 정문 250문, 538문). 만약 회장에 대한 법적 반론이 생기면 그 회에서 결정하지 못하고 노회로 올려 처결할 수밖에 없다(정문 250문③, 538문).

그러나 장로가 공동의회 회장이었으면 노회가 아닌 본 당회에 소원해야 한다(정문 250문④).

(4) 회집

1) 당회는 개회할 날짜와 장소와 의안을 1주일 전에 교회에 광고하거나 통보해야 한다.

2) 작정한 시간에 출석하는 대로 개회한다.

3) 회집수가 너무 적으면 회장이 권하여 다시 회집한다.

가) '1주일 전' 규정의 의미

공동의회는 성수 규정이 없으므로 성수 없이 회집할 수 있는 회의이다. 모든 회의가 다 그렇듯이 출석하지 않는 자, 곧 회가 이렇게 되든지 저렇게 되든지 아랑곳없이 여기는 자들 때문에 회무를 지연하는 일은 교회가 막중한 손해를 보게 된다. 그러므로 공동의회는 출석하는 자의 결단에 의해서 교회가 마땅히 처결할 수 있도록 하기 위해서 성수 규정을 제외하고 있다 할 것이다.

그러나 성수 규정도 없이 회집할 수 있는 공동의회의 의안은 교회의 중대한 영향을 끼칠 수 있는, 나아가서는 존폐와도 관계가 있을 만큼 중대 안건이요, 그 중대 안건이란 모두 신령한 하나님의 일이다. 그러므로 '1주일 전에 광고해야 한다'는 규정을 두는 것은

① 성도들에게 충분히 주지시켜서 결석하는 사람이 없도록해야 하고,

② 교회의 중대사를 위해 충분히 기도할 시간을 주어야 하며,

③ 충분히 생각할 기회를 주어야 한다. 교회의 존폐와 관계될 만큼 중대한 일을 어떻게 깊이 생각할 여유도 주지 않고 즉흥적인 처결을 할 수 없기 때문이다.

☞ 헌법이 공동의회의 시일과 장소와 안건을 1주일 전에 광고하거나 통지하도록 규정한 의미는 바로 여기서 찾아야 한다고 할 것이다. 그렇다면 의안만 광고하면 될 것인데 왜 시일과 장소까지 미리 알리게 규정했을까? 미리 기도하게 하고도 분명한 시일과 장소에 대한 광고가 없으면 소집권자의 의사에 따라 아무 때나 아무 장소에서나 일을 전행(專行)할 가능성이 생기게 된다. 소위 날치기 회의, 기존 의사를 굳히기 위한 형식적인 회의 등등이다. 그래서는 안 되겠지만 제도적인 미비점은 얼마든지 그런 일을 유발하게 하는 요인이 된다.

그런데 이와 같은 선한 목적을 위한 '1주일 전' 규정을 선거 운동의 기간으로 곡해하거나 오용하는 악한 폐단이 있다. 힘써 기도해서 하나

님의 뜻을 찾아야 할 터인데 지연, 인연 등등을 내세워 선거 운동을 한다고 하면 이와 같은 공동의회가 무슨 의미가 있겠으며 이와 같은 공동의회의 작정에 어떻게 하나님께서 복주시리라 기대할 수가 있겠는가? 오늘날 하나님의 뜻을 헤아리는 기준이 있다고 하면 성경 계시 외에는 신앙 양심의 기준뿐인데 그 기준은 누구나 다 가지고 있고 누구에게도 침해를 받아서는 안 될 것이므로 인위적인 선거 운동을 금하고 있다.

나) '너무 적으면'의 의미

공동의회가 성수 규정이 없으면서도 다루는 일이 중대한 하나님의 일이라 소홀히 할 수 없고, 더욱이 그 결의는 결의로 끝나는 일이라고 해도 전체 교인에게 걸린 중대한 영향을 끼칠만한 일들이며, 무엇보다도 전체 교인들이 합심하여 그 결의대로 실천에 옮겨야 할 일이라 할 것이기 때문에 의결 기능이 있고 없음을 떠나서 할 수만 있다면 전체 교인들이 모인 자리에서 일을 처결해야 더욱 효과적이라 함은 굳이 긴 설명이 필요치 않으리라 본다.

그래서 법은 1922년판 헌법 이래로 "회집수가 너무 적으면 회장은 권하여 다른 날에 다시 회집한다"고 하였는데 여기서 '너무 적다는 정도가 무엇이냐'고 할 때 공동의회 회장은 '너무 적다'로 보지 않고 공동의회를 진행하였는데 노회에서는 '너무 적다'고 인정하는 혼란을 갖기 쉽다. 이 일에 대하여 1924년 제13회 총회의 해석을 게재하여 설명을 대신한다.

① 공동처리회 개회 시에 모인 수가 너무 적으면 회장이 권하여 다른 날로 다시 모이라 함에 대하여 어떠한 범위까지 적은 수라고 하겠느냐? 함에는 회장의 생각대로 할 일 이오며,

② 공동처리회는 예정한 시일과 처소에 회집하는 대로 개회할 수 있다 함은 회집자의 수가 너무 적을지라도 회장의 자유로 할 수 있느뇨? 함에 대하여는 회장이 자유로이 할 수 있다 하오며,

③ 장로를 선거할 공동처리회에 모인 수가 너무 적은 줄로 노회가 인정하는 때에는 장로 문답을 정지하고 다시 선거하라 명령할 수 있느뇨? 함에는 할 수 있는 줄 아오며,

④ 공동처리회의 성수를 작정할 수 있는가? 함에는 '아직 일정한 것 이 없으며' 공동처리회 회장이 회집자의 수효를 소수로 간주하지 아니하고 처리한 것이라도 노회에서는 소수로 간주할 수 있어서 서로 모순이 된즉, 얼마를 가리켜 소수라 함인지 지시해 달라는 것은 헌법 제9장 제11조에 의하여 각각 자기의 권한에 있는 것이요, 얼마라고 지정하여 대답할 것은 아닌 줄 아오며(1924년 대한예수교장로회 제13회 총회록 p.26).

(5) 회의

공동의회는 연말 정기 공동의회가 있고, 일반 공동의회로 구별된다. 일반 공동의회는 당회가 제시한 의안대로 결의하면 된다. 그러나 연말 공동의회는 한 해 동안의 총 결산과 새해에 모든 계획과 예산 등을 처리할 것이므로 더욱 신중히 심의해야 하는 것이다.

1) 연말 공동의회

① 연말 공동의회란 흔히 각 교회가 행하고 있는 대로 예산과 결산을 심의한다.

특히 교회 제반 경비의 예산과 결산은 신중하게 처리하되 공동의회 회원들은 자기들이 의안을 가결했으면 자기들이 책임을 지고 결의를 존중하고 헌금의 의무를 담당해야 한다.

② 서리 집사를 투표하여 선정한다. '교회가' 라는 용어는 공동의회에서 투표하는 것을 의미한다. 공동의회는 당회에서 결의하여 소집하는 것이니 1주일 전에 광고해야 하며, 가결 정족수는 본장 제1조 5항에 목사 · 장로 · 집사 · 권사 투표만 3분의 2 이상이다.

③ 당회의 경과 상황을 보고해야 한다. 목사의 1년간 목회의 실적과 모든 추진 상황을 청취하며 당회의 교인 이래와 이주 상황, 학습 세례 등등의 경과 상황을 들으며 서로 반성하는 기회를 삼는다.

④ 제직회와 부속 각회의 보고가 있어야 한다. 제직회의 업무 실적과 각 속회의 행한 사업들을 보고 받으며 더욱 진취적이고 발전적인 정책을 구상하는 기회로 삼는다.

⑤ '법대로 제출된 안건' 이라 함은 당회나 제직회에서 합법적으로 결의 송부된 안건, 무흠 입교인 3분의 1 이상이 청원한 안건, 상회 지시로 당회가 청원한 안건같이 교회 헌법에 맞게 제출된 안건을 의미한다. 공동의회는 당회가 가결하여 공동의회 소집 시

제시한 안건만 의결한다.

⑥ 공동의회로서는 보고를 받을 권리가 있고, 당회나 제직회나 부속 각회로서는 또한 보고할 의무가 있다는 말이다. 의무도 이행하지 않고 권리도 주장하지 않는 공동의회라면 크게 잘못이니 이는 전적으로 당회장의 교육에 관계되는 것이라 할 것이므로 특히 조심해야 할 것이다.

2) 투표수 3분의 2

목사 청빙 투표에서 '투표수 3분의 2의 가와' 라고 표시된 조문은 마땅히 장로 · 집사 · 권사 투표의 경우와 같이 '투표수 3분의 2 이상' 으로 표시되어야 할 것이므로 결국 '이상' 이라는 어구가 빠졌다고 볼 것이고 '3분의 2 이상' 이란 말은 '3분의 2부터' 란 뜻이니 예를 들어 30표의 3분의 2 이상이면 20표부터 그 이상이 모두 가결이라는 말이다.

그런데 투표할 때 백지 투표를 했거나 잘못 기록을 했을 경우에는 3분의 2 가결을 어떻게 해석해야 하는가 하는 것이 문제인데, 기권이나 잘못 기록한 표도 투표자의 투표지이므로 물론 총표수에 기록하는 것이 옳다고 여겨진다. 그런데 기권했으면 가부 결정에는 영향을 끼칠 수 없는 표요, 잘못 기록했으면 무효표가 분명한데 무효표는 더욱 가부 결정에 아무 상관이 없는 표임에 틀림이 없다. 그래서 이런 표는 총표수에 계수했다가도 가부에 영향을 끼칠 수 없는 표이므로 마땅히 제외하고 그 밖에 가부 표시가 명백한 유효표만이 가부를 결정하는 표가 된다.

헌법적 규칙 제7조 4항에 이같이 말한다. 즉 "지정한 투표 용지를 사용하지 않거나, 백표나 잘못 기록한 투표지는 무효로 하되, 잘못 기록한 투표지는 총표수로 계산하고 백표는 총표수에 계입(計入)하지 않는다." 여기서 총표수에 계입하는 '잘못 기록한 투표지'는 이것까지 합해서 3분의 2가 되어야 하지 않느냐라는 억지가 통하는 경우가 있을지 모르나 헌법적 규칙이 말하는 것은 백표를 내면 최소한 기권표 대우는 받아왔으나 이제는 기권표로 볼 것도 없고 아예 그 자리에 출석조차 하지 아니한 것으로 보라는 규정이요, '잘못 기록한 투표지'도 백표와 꼭 같이 '무효로 하되' 이 무효표는 총표수에 계입하는 무효표라는 규정이다. 총표수에 계입하는 무효표는, 투표했다는 대우를 해주지만 가부 결정에는 아무런 영향을 주지 못하고, 모든 표결은 항상 가부가 명백한 유효표의 대결이라고 하는 사실을 명심할 것이다.

그리고 목사 청빙 투표의 경우 '투표수 3분의 2 이상의 가표'를 얻는 것 외에 '입교인 과반수의 승낙을 요하며'라는 조건이 하나 더 첨가되었는데 그것은 제15장 제3조(청빙 준비) 단서의 명문 규정 그대로 "청빙서에는 투표자뿐 아니라 무흠 입교인 과반수의 날인을 요한다"라는 수속 절차 설명이다.

그러면 투표에 참가하지 아니한 자와 부표한 자는 어떻게 청빙서에 날인할 수가 있겠는가 할 때에 공동의회 결의는 곧 교회의 결의이므로, 결의 이전에는 혹 반대할 수도 있고 기권할 수도 있고 출석치 못할 경우도 있으나 그 의안이 일단 그 교회의 결의로 확정되었으니 그 교회의 입교인은 서명할 권리가 있고 또한 의무가 있다 함이다.

2. 제 직 회

第六章 執 事 (1922年版)

四, 諸職會(執事會의 代辦)

支敎會의 全堂會와 執事等이 合ᄒ야 諸職會를 組織ᄒ수잇스니 會長은 牧師가 例兼ᄒ고 書記會計를 選定ᄒ고 往ᄉ會集ᄒᄂ니 但當分間(단 헌금간)은 堂會가 各其形便에 依ᄒ야 諸職會事務를 處理ᄒ기 爲ᄒ야 選定ᄒᆫ 署理執事와 助事領袖의게 諸職會員의 權利를 줄수잇ᄂ니라

未組職敎會에서ᄂ 牧師, 助師, 領袖, 署理執事等이 該諸職會의 事務를 臨時로 執行ᄒᄂ니라

救濟와 經費에 關ᄒᆫ 事件에 對ᄒ야ᄂ 會로 處理ᄒ거시오 個人으로ᄂ 處理못ᄒ거시며 金錢支出과 捐補收合事에 對ᄒ야ᄂ 可否로 決定ᄒ거시오 會計는 諸職會의 命令대로만 金錢을 出納ᄒ되 領收證을 使用ᄒ거시니라

每年定期共同處理會에ᄂ 諸職會가 經過情況을 大綱報告ᄒ며 各樣金錢의 收入支出總計表와 來年度預算表를 作成ᄒ야 報告ᄒ거시니라

其時에 會計는 檢査밧기를 爲ᄒ야 帳簿를 提出ᄒ거시니라

本敎會의 可決과 老會의 許諾이 업스면 諸職會가 本敎會의 家屋과 土地를 典執出債ᄒ지못ᄒᄂ니라

五, 女執事

堂會가 女執事를 選擇ᄒᆯ 境遇에ᄂ 其職務는 患者, 被囚者, 寡婦, 孤兒, 其他患難當ᄒᆫ 者를 慰勞ᄒ며 顧護ᄒ되 何事던지 堂會監督下에셔 行ᄒ게ᄒᆯ지니라(十三章九도보시오)

제2조 : 제직회

1) 조직

지교회 당회원과 집사와 권사를 합하여 제직회를 조직한다. 회장은 담임 목사가 겸무하고 서기와 회계를 선정한다. 당회는 각각 그 형편에 의하여 제직회 사무를 처리하기 위하여 서리 집사에게 제직회원의 권리를 줄 수 있다.

2) 미조직 교회 제직회

미조직 교회에서는 목사, 전도사, 권사, 서리 집사, 전도인들이 제직회 사무를 임시로 집행한다.

3) 재정 처리

① 제직회는 교회에서 위임하는 금전을 처리하고 부동산은 노회 소유로 한다(행 6:3~5).

② 구제와 경비에 관한 사건과 금전 출납(出納)은 모두 회에서 처리하며 회계는 회의 결의에 의하여 금전을 출납한다.

③ 제직회는 매년 말 공동의회에 1년간 경과 상황과 일반 수지(收支) 결산을 보고하며 익년도(翌年度) 교회 경비 예산을 편성 보고하여 회에 통과하며 회계는 장부의 검사를 받는다.

4) 제직회 개회 성수

회원 과반수의 출석으로 개회 성수가 되나 통상적인 사무 처리는 출석하는 회원으로 개회하여 처리할 수 있다.

5) 정기회

매월 1회 또는 1년에 4회 이상 정기회를 정함이 편하다.

☞ 제직회가 무엇인가 하면 교회에는 가르치는 직무와 다스리는 직무가 있는데 그 밖에 구제하며 섬기는 직무와 교회의 살림을 맡아 수행하는 당회의 관할 아래 있는 조직체를 제직회라 한다.

(1) 조직

1) 조직 교회 제직회원

① 지교회 당회원과 집사와 권사를 합하여 제직회를 조직한다.

② 장로나 집사는 70세가 넘으면 제직회원이 될 수 없으나 현 헌법은 원로 장로는 당회의 언권 회원으로서 규정하고 있으므로 70세 정년과 관계없이 제직회의 회원이 된다(제5장 제5조).

③ 교회를 잘 봉사할 수 있는 무임 장로가 있는 경우에 당회의 결의로 그 장로를 제직회의 회원으로 참여시킬 수 있다(헌법적 규칙 제9조).

④ 협동 장로는 "무임 장로 중에서 당회의 의결로 협동 장로로 선임하고 당회의 언권 회원이 된다"(제5장 제7조)고 규정하고 있으나, 교인이 목사나 장로에게 치리를 받는 것은 자기가 투표하고 복종하겠다고 서약한 당회원에게만 치리를 받게 되는데, 교인이 서약도 하지 않고 교인의 투표도 받지 아니한 자로서 당회의 결의로 당회의 언권 회원이 되어 치리권을 행사하는 것은 언어도단이나, 현 헌법은 협동 장로의 규정이 당회의 언권 회원으로 규정하고 있어서 제직회원이 될 수 있다.

2) 임시 회원

당회가 각각 그 형편에 의하여 제직회 사무를 처리하기 위하여 서리 집사에게 제직회원의 권리를 줄 수 있다. 그 임기는 1개년이다(제3장 제3조 4항).

3) 제직회 임원

① 회장은 선거하는 것이 아니라 당회장이 당연직이요

② 서기와 회계는 제직회에서 선임하되 반드시 선거해야 한다. 당회가 혹 추천하거나 복안을 말할 수는 있어도 임명하는 일은 제직회의 자율성을 해하게 된다. "어느 회에서든지 그 직원을 선정하는 권한은 그 회에 있다"(제1장 제6조) 하였고, 혹은 "… 검사와 감독과 지도를 받는다"(제20장 제3조)고 하였을 뿐인즉 이것을 당회가 임명할 이유라고 할 수는 없다는 말이다.

二條 未組職敎會의 諸職會 (1930年版)

未組職敎會에서는 牧師, 傳道師, 領袖, 署理執事 等이 諸職會의 事務를 臨時로 執行하나니라

(2) 미조직 교회 제직회

① 미조직 교회에서는 목사, 전도사, 권사, 서리 집사, 전도인들이 제직회 사무를 임시로 집행한다.

여기서 말하는 임시란 당회가 조직되고 집사가 임직되기까지라

는 의미에서 임시요, 회원권의 경중(輕重)을 두고 부르는 칭호는
아니다.

② 미조직 교회에서는 당회장의 허락으로 남전도사가 제직회 임시
회장이 될 수 있다(제3장 제3조 1항).

三條 財政處理 (1930年版)

諸職會는 敎會에서 委任하는 金錢을 處理하고, 不動産은 老會의
所有로 할것이니라(행 6:3~5)

(一) 救濟와 經費에 關한 事件과 金錢出納을 다 會로 處理하며,
會計는 會의 可否에 依하여 金錢을 出納하되, 領收證을 使用할 것이
니라

(二) 諸職會는 每年 定期 共同會議 時에 그 經過狀況과 金錢에 關
한 一般 收支總決算을 報告하며, 來年度 豫算을 編成하여 通過할 것
이요, 會計는 帳簿檢査를 받을 것이니라

(3) 재정 처리

1) 재정 처리 범위

제직회가 처리할 수 있는 재정이란 반드시 공동의회에서 채택된 범
위에 한정하는 것이요, 그 예산 범위 가운데서도 유지 재단이 되어 있
는 노회라면 토지 가옥 등 부동산 관계는 노회 소유로 하고 그것은 당
회의 소관이요(제9장 제6조), 혹 총회나 대회 노회에서 청하는 특별
헌금과 구제비가 아닌 타 교회 보조를 위한 특별 헌금 등도 당회가 주

관함이 옳다고 하였다(정문 107, 109문답 참조).

2) 재정 처리의 방법

구제와 경비에 관한 사건과 금전 출납은 모두 회에서 처리하며 회계는 회의 결의에 의하여 금전을 출납한다고 했으니 제직회가 모르는 재정 출납은 불가능하다는 뜻이다. 즉, 제직회 회계 및 부서별 책임자가 재정을 수납하고 직무에 필요한 재정을 청구하여 지출하는 제반 행위가 제직회 재정 사무이며, 이를 정기 및 임시 제직회에 보고하여 제직회에 알게 하는 것이다.

그러나 이 규정은 매월 드리는 교역자의 생활비 관계도 제직회 가결이 있어야 한다는 뜻이 아니다. 그리고 액수가 적은 사소한 출납을 위해서도 반드시 임시 제직회를 모여야 할 이유가 없는 것은, 이와 같은 출납을 위해서는 사전에 한도액을 작정하여 회계에게 맡기고 정기 제직회 때에 보고를 받으면 될 것이기 때문이다.

이따금 어떤 교회에서는 제직회 재정부장을 장로로 세우고 회계 집사에게 매번 재정부장의 결재를 받아야 금전 출납이 가능하도록 제도화 하는 경우가 있는데 재정부장은 재정 형편이 어려울 때에 재정 조달책을 강구하거나, 연중 한두 번씩 재정 감사권을 가지고 감사할 수는 있어도 매번 수입 지출에 재정부장의 결재를 받아야 할 이유는 없어 보인다.

그리고 금전 출납권이 회계에게 있다고 할지라도 교역자의 생활비를 드리는 일은 마땅히 교인의 대표인 장로로 하여금 일을 하도록 하는 것이 건덕상 유익하다고 생각한다. 제직회의 결의라면 못할 일이 없는 것처럼 잘못 생각하는 일이 없이, 성실히 공동의회가 세워준 예산서에 의해 출납하고 연말 공동의회에 보고하며, 회계는 장부 검사를 받을 것이다.

3) 예산안 작성하여 공동의회에 제출한다

예산을 편성하는 권한은 공동의회에 있고 그 안을 작성하는 권한은 당회에 있지 아니하고 제직회에 있다. 제직회는 1년 예산을 집행한 결산과 앞으로 1년 동안에 행할 사업 계획 등에 의하여 정밀한 예산안을 작성해야 한다.

흔히 예산을 편성하면서 교역자의 퇴석을 요구하거나, 예산 편성은 교역자가 관계할 일이 아닌 것처럼 생각하는 잘못된 사고방식은 버려야 한다. 일은 거의 교역자가 집행하는데 그 일을 계획하거나 집행하는 일에 뒷받침되는 예산 관계에는 어떻게 교역자가 관계할 일이 아니라고 할 수 있겠는가? 교역자를 배제하고 예산을 세워놓고 그 틀 안에서 움직이라고 한다면 교역자와 협력하는 옳은 태도가 아니다. 교회 예산이란 앞으로 1년간 행하여야 할 일들을 숫자로 표시한 기도 제목이라는 사실을 명심하고 담임 목사의 지도를 받아야 한다는 것이다. 그러나 교회 예산 중 큰 비중을 차지하는 교역자 관계 예산에 대하여는 교회가 작정하는 일에 불편을 느끼지 않도록 교역자들이 처신하는 것은 당연하다고 할 것이다.

(4) 제직회 개회 성수

제직회 개회 성수는 과반수이지만 각 교회에서 제직회 참석하는 제직의 수가 적은 형편이기에 "통상적 사무 처리는 출석하는 회원으로 개회하여 처리할 수 있다"는 예외 규정을 두고 있다. 이런 의결체는 우리 헌법상 오직 제직회뿐이다. 여러 번 언급하였듯이 교회가 불출석자 때문에 손해를 입을 수 없고, 구제와 봉사 비용만 아니라 각종 경상비를 지출하는 막중한 직무는 그 자체가 시일을 끌만큼 한가한 것이 아닌 것이기 때문이다.

그러나 이러한 본뜻을 악용하여 정기회에서 다룰 수 있는 일도 제직회원들의 출석률이 낮은 때를 가려서 임의로 처리하고 나중에 형식적인 보고로 합법을 가장하는 일은 분명히 징책을 받을 일임에 틀림없다. 법조문의 교훈도 성수가 못되어도 우선 임시 처결할 수 있는 사건은 '경미하고 긴급한 일'로 국한하고 있다.

(5) 정기회

정기 제직회는 매월 1회씩 모이든지 1년에 4번 이상 당회가 결의하여 모이되 제직회에서 회칙으로 확정함도 좋은 방법이다.

3. 연합 제직회

四條 聯合諸職會

(一) 組織: 各地方 內便利대로 聯合諸職會를 組織할지니, 會員은 該 地方牧師 傳道師와 支敎會 諸職會에서 選擇을 받은 總代一人以上으로 組織할 것이니라

제3조 : 연합 제직회

(1) 조직

각 지방 내에 편리한 대로 연합 제직회를 조직할 수 있다. 회원은 그 지방 내에 목사 전도사와 지교회 제직회에서 파송한 총대 1인 이상으로 조직하되 임원은 투표로 선정한다.

연합 제직회는 어디까지나 치리회가 아니고 친목과 연합 사업을 목적한 모임이기 때문에 너무나 까다로운 규정으로 얽매여서는 안 된다.

1) 법조문에 회원은 '그 지방 내에 목사 전도사와 지교회에서 파송한 총대 1 인 이상으로 조직하되' 라고 규정해 놓았다.

'각 교회에서 파송한 총대 1인 이상' 이라 했으니 큰 교회에서는 수가 조금 많이 참석할 수도 있고 또 연세가 높더라도 그 지역 사회에 영향력을 끼칠만한 분들을 모시고 회를 운영해 나가는 것이 유익할 것이다.

2) 임원은 투표로 선정한다고 되어 있는데 '투표로'라고 못을 박아 놓았으나 전형 위원을 선출하든지 그 회에서 좋을 대로 선출함이 옳다.

또 회장은 법적인 명문 규정이 없을지라도 목사, 장로, 집사가 모인 회합인즉 의례히 목사로 할 것이다.

(2) 직무

본회에 치리권은 없으나 그 지방 내 합동 재정과 전도 기타 부 흥 사업과 주일 학교 및 기독교 교육에 관한 일을 의정(議定)할 수 있고, 그 지방내 교회 및 전도 상황 보고를 접수하며, 남녀 전도사와 전도인을 선정하되 전도사는 노회의 승인을 받는다.

1) 권한

본회는 치리회가 아닌즉 물론 치리권이 없으며 지교회를 관할할 권도 없고 다만 공동 유익을 위한 연합적인 사역을 위하여 협동할 것이다.

2) 직무

공동 유익을 위한 연합 사역을 하되 다음과 같은 일을 처리한다.

① 합동 재정 처리

② 전도 및 교회 부흥에 관한 사업

③ 주일 학교 등 기독교 교육에 관한 사업

④ 본회 파송 남녀 전도사 및 전도인 선정에 관한 사항
⑤ 관계 보고의 접수 및 사업 계획 수립과 사업 승인에 관한 사항

☞ 지교회 단독으로는 개척 교회를 설립하기가 버거울 때 각 교회에 예산을 할애하여 연합해서 교회를 세우거나, 선교사를 파송하거나, 연합 사경회를 하거나, 이단 방지하는데 힘을 모으거나, 애경상문(哀慶喪門)에 협조함으로 교회에 유익을 도모할 수가 있을 것이다.

제22장 총회 총대

1. 총회 총대의 선거

第二十二章(제이십이장) 總會總代(총회총대) (1922年版)

一(일), 選擧方法(선거방법)

總會總代(총회총대)는 各老會(각노회)가 總會開會前最終定期老會(총회개회전최종정기노회)에셔 選擧(선거)ᄒ거신데 萬若該定期會(만약해정기회)가 總會開會日字(총회개회일자)에 臨迫(임박)ᄒ야 總代(총대)가 準備(준비)키 不能(불능)ᄒ거든 何定期會(하정기회)에셔던지 選定(선정)홈이 可(가)ᄒ나 總會集合前七個月以內(총회집합전칠개월이내)로 擇(택)ᄒ지니라

又(또)老會(노회)는 總代(총대)를 選擧(선거)홀 時(시)에 不虞(불우)의 事(사)(일)를 防備(방비)ᄒ기 爲(위)ᄒ야 原(원) 總代一人(총대일인)에 副總代一人式幷(부총대일인식병)ᄒ야 選擧(선거)홀거시니라

二(이), 薦書式樣(천서식양)

總會總代(총회총대)는 總人名簿(총인명부)에 記入(기입)ᄒ기 前(전)에 本老會會長(본노회회장)과 書記(서기)가 署名(서명)捺章(날장)혼 薦書(천서)를 提出(제출)홈이 可(가)ᄒ니 其書式(기서식)은 左(좌)화 如(여)(ᄯ)ᄒ니라 『某年(모년)月日(월일)에 某老會(모노회)는 某地(모지)에 集合(집합)ᄒ는 總會(총회)에 派送(파송)ᄒ옵는바 時干(시간)과 處所(처소)에 變更(변경)이 잇는時(시)에는 變更(변경)혼대로 參會(참회)ᄒ겟스오며 總代(총대)가 不虞(불우)의 事故(사고)를 因(인)ᄒ야 出席(출석)지 못홀 時(시)에는 副總代某(부총대모)로 代理出席(대리출석)케ᄒ오며 會(회)에 對(대)혼 一切事務(일체사무) (投票(투표)와 決議(결의)를 包含(포함)홈)를 本長老會(본장로회)의 憲法(헌법)과 原理(원리)와 信經(신경)에 依(의)ᄒ야 處理(처리)ᄒ겟고 回還後(회환후)에는 如何(여하)히 辦理(판리)혼거슬 本老會(본노회)에 報告(보고)케ᄒ엿스오니 照亮(조량)ᄒ심을 要(요)홈

某老會會長(모노회회장) 姓名(성명)   印(인)
    書記(서기)   姓名(성명)   印(인)

老會(노회)는 誰某(수모)(누구)를 總會總代(총회총대)로 選擧(선거)ᄒ엿다고 會錄(회록)에 記載(기재)홀거시니라

제1조 : 총회 총대 자격

1. 총회 총대는 총회 전 정기 노회에서 선택할 것인데 총회 6개월 이상을 격(隔)하여 택하지 못한다.

2. 새로 조직한 노회 총대는 개회 후 임원 선거 전에 그 노회 설립 보고를 먼저 받고 총대로 허락한다.

3. 총대 될 장로 자격은 그 회에 속한 장로 회원으로 한다.

(1) 총대 선출

노회가 총대를 선택하여 총회에 파송할 때는 다음 사항을 유의하여야 한다.

1) 총회 총대를 선거할 시기

총회 전 정기 노회에서 선택하도록 규정하고 있다. 임시 노회는 안건에 해당되는 회원들만 모여도 성수에 대한 문제가 되지 않기 때문에 전 노회원이 다수 참석하는 정기 노회 때에 선택함이 좋다. 그리고 또 모든 회기가 종료되고 새로운 회기가 시작되는 정기 노회 때에 총대를 선출하여 총대를 선출하여 파송함이 옳다.

그런데 본래 1932년 제21회 총회에서는 '총회 총대 파송은 그 전년도 통계표에 의하여 총대수를 결정 파송할 것'이라고 하여 획일적인 마감 획선이 있어서 공평하기는 하다 하겠으나 이것은 금년 9월 총회의 총대수 비율을 금년 당회수에 의하지 아니하고 작년 통계표에 의해서 한다는 모순이 있고 근년에 와서는 노회나 교회가 통계표 제출 등 행정 지시에 둔감해지고 당국자들도 또한 방임하는 상황으로 별다른 기준 없이 그저 노회가 정하여 오는 총대를 그대로 받아 왔음으로 무질서한 상태가 계속 되었으나, 1967년 2월 제60회 속회 총회에서는 총대를 선출할 당시의 당회수에 의하여 총대수 비율을 정하도록 함으로써 이른바 부정 총대 문제로 인한 진통을 종식케 되었다.

그러나 이런 경우에도 문제가 없는 것이 아니다. 전국 노회의 정기 노회 날짜가 일치하지 않으므로 당회 조직 마감 기일이 일치하지 않기 때문이다. 3월에 정기 노회가 있는 노회들은 9월 총회까지는 6개월이므로 결국 6개월 전에 당회 조직을 마감하고 총대수를 정하고 8월 정기 노회들은 9월 총회까지 1개월이니 결국 1개월 전 마감이 된다.

이런 경우 6개월 전 마감 노회는 그후 5개월여에 거처 조직된 교회는 총대수를 선출하는 일에 빠지게 되나, 1개월 전 마감 노회는 그 당시의 조직 교회수가 6개월 전 마감 노회보다 적은 경우에도 오히려 더 많은 총대를 파송할 수 있게 되는 모순이 있다. 그러므로 총회는 마땅히 획일적인 마감으로 공평을 기할 수 있도록 조처해야 할 것이다.

2) 6개월 이상을 격하여 선택하지 못함

총대 선거에 있어 '총회 개회 6개월 이상을 격하여 택하지 못한다'고 하였는데 9월 총회를 앞두고 그해 3월 이후에 총대를 선거하는 일은 옳고 그보다 더 앞서서 즉 3월 이전에 총대를 선거하는 일은 옳지 않다는 뜻인데 '6개월 이상을 격한다' 는 표현보다는 '6개월을 더 격하여 택하지 못한다' 라고 하든지 '개회 6개월 이내로' 라고 바꾸는 것이 이해에 도움이 될 것이다.

그리고 총회가 왜 총대 선거를 더 일찍 못하게 하였는가?

① 원총대의 유고 불출석을 최대한으로 방지하자는 목적과

② 총대 파송을 일찍함에 따라 오는 사전 선거 부작용 등의 영향을 받게 되는 일이 교회에 유익이 되기보다 오히려 폐회가 되는 것을 방지하려는 목적이 있다.

(2) 새로 조직한 노회 총대

노회가 새로 조직되었다는 것은 이미 상회의 허락이 있어 조직된 것이 분명하나 총대를 받기 전에 그 총대의 적법 여부를 가리기에 앞서 그 총대를 파송한 노회가 헌법에 의해서 합법적으로 조직되었다는 적법 여부를 먼저 가려, 적법하다는 노회 조직 보고를 받고 난 다음에야 총대의 적법 여부를 살펴 받게 된다는 말이다.

노회 조직의 불법이나 부적격한 점이 있어 노회 조직 보고가 반려되었으면 그 이전에 행사한 노회권에 따른 처결은 원칙적으로 실효로 돌아감이 정당할 것이나 노회 조직에는 하자가 있어 그 조직 보고를 반려한다고 하여도 노회권 행사로는 하자가 없는 처결도 얼마든지 있을 수 있으니 이럴 경우 총회는 이미 행사된 노회권에 따르는 처결에 대해서도 가부를 정해줄 의무가 있다고 할 것은 총회가 파송된 조직 위원에 의해서 형성된 노회이기 때문이다.

(3) 총대 될 장로 자격

흔히 생각하는 대로 노회 총대 장로에게 피선거권이 있다. 교회정치문답조례 638문답에는 그 노회 소속 지교회의 위임 장로(시무 장로)에게도 노회 총대 장로와 똑같이 총회 총대 피선거권이 있고, 비단 시무 장로만이 아니라 휴직 장로도 꼭 같은 피선거권이 있다 하였으나 현재는 총회 총대 투표에 노회 총대 장로 아닌 자를 투표하는 것은 부당하다. 본 교회에서 휴직 중인 장로가 총회에서 활동하는 것이 모순이기 때문이다.

2. 총대 교체

제2조 : 총대 교체

총회 원총대가 출석하였다가 자기 임의로 부총대와 교체하지 못 할 것이나 부득이한 때에는 총회의 허락으로 부총대와 교체할 수 있다.

각 노회가 총회에 총대를 파송하는 권이 있다고 할지라도 이 파송권은 결코 교체권을 포함하지는 않는다. 노회는 파송권에 의하여 총대를 파송하는 것으로써 권리를 행사하면, 총회는 그 총대를 심사하여 일단 받아 호명하여 총회원으로 삼고 난 이후에는, 그 총대를 교체하는 여부를 결정할 권은 오직 총회에 있으므로 해당 총대나 해 노회가 총대 교체를 청원할 수는 있어도 임의로 교체할 권은 없다.

원총대 교체 시를 위해서 부총대를 뽑는 것인데 원총대가 출석하고 난 이후에 부총대와 교체할 수밖에 없을 만한 사정은 거의 있을 수가 없고, 다만 회기 중에 일어나는 돌발적인 사고라고 할 것이므로 자세히 살펴 총회가 작정할 것이다.

그리고 원총대가 총대석에 앉았다가 부총대에게 양보하거나 혹은 부총대에게 총대석에 앉게 했다가 다시 원총대에게 양보해서도 안 되며 총회가 파하기 전에 총대가 총회 장소를 떠나서는 안 된다(정문 641, 639문답). 원총대 유고 시에 한하여 총회의 허락을 얻어 부총대를 참석시킴이 옳다 함이다.

3. 언권 회원

제3조 : 언권 회원

1. 본 총회의 파송으로 외국에서 선교하는 선교사
2. 파견 증서만 가지고 와서 본 총회 산하에서 선교에 종사하는 외국 선교사.
3. 본 총회의 증경 총회장

'언권 회원'이란 말 그대로 언권만 주는 회원, 바꾸어 말하면 결의권 행사가 불가능하므로 동의도 못하고 재청도 못하고 의견을 말할 수 있도록 회의 허락을 받은 정회원이 아닌 회원을 가리키는 말이다.

그러한 취지에서 본 교단에서 파송한 선교사들은 국제적인 문제에 대하여 남다른 식견이 있고 증경 총회장 등은 노련한 경험에서 오는 풍부한 지혜가 있다고 여겨서 총회가 이것을 활용하자는 뜻에서 언권 회원 제도를 설정한 것으로 안다. 그러므로 아무리 언권 회원이라도 모든 안건마다 나와서 발언하라는 것은 아니고 특별한 안건에 한해서 회장이 의견 수렴을 위해서 제한적으로 언권을 허락해야 한다.

4. 총대 여비

三, 旅費支給 (1922年版)
　　總會는 總代員의 旅費를 量宜(맛당ᄒ게)支給ᄒ야 路費에 不足홈을 因ᄒ야 集合에 妨碍되지 아니ᄒ게 홀거시니라

제4조 : 총대 여비
총대 여비는 그 노회에서 지급한다.

☞ 총대 여비는 그 노회에서 지급한다고 규정하고 있다. 본 총회의 결의에 의해서 결정된 사항이기에 다시 번복 결의하기까지는 법대로 시행함이 옳다. 그러나 제2회 독노회 회록에는 총대 여비는 총회에서 지불하기로 가결한 다음 계속해 나오다가 근년에 와서는 총대 여비를 노회가 지불하도록 되어 있다. 엄밀히 따지면 총대는 총회의 회원이니 그 회원의 여비는 마땅히 총회가 지불함이 가하다고 본다.

제23장 헌법 개정

1. 헌법 개정

第二十四章 憲法改正

憲法을 改正홀수가 잇는데 其方法은 左와 如ᄒ니라

一, 政治, 勸懲條例, 禮拜模範을 變更코져 홀 時에ᄂ 總會는 모든 各老會에 垂議ᄒ야 老會過半數와 모든 老會의 票數三分의 二의 可投票를 밧은 後에 變更홀거시오 各老會書記는 投票의 可否數를 書面에 詳記ᄒ야 總會 書記의게 提呈홀거시니라

제1조 : 정치, 권징 조례, 예배 모범을 변경하고자 할 때는 총회는 각 노회에 수의하여 노회 과반수와 모든 노회의 투표수 3분의 2 이상의 가표를 받은 후에 변경할 것이요, 각 노회 서기는 투표의 가부를 총회 서기에게 보고하고 총회는 그 결과를 공포 실행한다.

☞ 각 교단의 헌법이 1922년판 헌법과 거의 일치하게 그 전통을 이어 오고 있다. 그 전통이란 개헌안을 총회에서는 투표수 과반으로 통과가 되게 했고 이같이 통과가 되면 노회에 수의하고, 투표수 과반수를 얻은 노회가 과반이 되어야 하되, 전국 투표수에는 3분의 2 이상이 되어

야 가결되도록 한 것이 관리적 헌법의 경우이고, 교리적 헌법은 가결된 노회가 3분의 2 이상이 되어야 하며, 총 투표수에서도 3분의 2 이상이 되어야 하도록 하였으며 소속 노회 3분의 1 이상의 헌의가 있을 때에는 총회의 가결 절차를 생략하도록 하되 그 밖에는 동일한 과정을 거치도록 된 것을 가리킨다.

그리고 총회가 의안을 결정하는 것이 투표수 3분의 2 이상이냐 과반수냐 하는 논란이 있는데 이는 총회에서의 가결을 개헌안의 확정이 아니라 노회 수의가 옳으냐하는 가부이니 과반수이면 족하다 할 것이다.

(1) 장로교회 헌법

정치문답조례 559문에 "장로교회 헌법이 어떠하뇨?"의 답으로 "장로교회 헌법은 아래와 같으니라. ① 장로교회 신경 ② 소요리문답 ③ 대요리문답 ④ 장로교회 정치 ⑤ 권징 조례 ⑥ 예배 모범

목사가 장립을 받기 전에 이 헌법을 다 믿고 복종해야 하느니라"고 하여 위의 6가지를 장로교의 헌법이라고 하였다.

그런데 장로교가 분열된 후 각 교단의 헌법 개정에 의하여 교단마다 교회 헌법의 범위가 달라졌다.

1) 본 총회의 헌법

본 총회의 헌법은 정치 제23장 헌법 개정의 내용에서 제1조에 정치, 권징 조례, 예배 모범의 개정 방법, 제2조에 신조, 요리 문답의 개

정 방법을 규정한 것과, 정치 제12장(총회) 제5조(총회의 권한) 1에 "총회는 교회 헌법(신조, 요리 문답, 정치, 권징 조례, 예배 모범)을 해석할 전권이 있고"라는 규정에서 괄호 안에 열거한 ① 신조 ② 소요리 문답 ③ 대요리문답 ④ 교회 정치 ⑤ 권징 조례 ⑥ 예배 모범 이상 6가지가 헌법인 것을 교회 정치에서 밝힌 대로 헌법 책에 수록하여 장로교 최초의 헌법 6가지를 그대로 유지하고 있으며, 헌법에 준하는 헌법적 규칙과 신도게요를 부록하였다.

2) 고신 총회의 헌법

고신 총회의 헌법은 정치 제183조(헌법 개정의 기준)에 교리 표준으로 신앙 고백, 대교리문답, 소교리문답, 그리고 관리 표준으로 예배지침, 교회 정치, 권징 조례 이상 6가지를 헌법으로 규정하여 헌법 책에 수록하였으며 헌법적 규칙과 3대 공교회 신경(사도 신경, 니케아 신경, 아타나시우스 신경)을 부록하였다.

3) 통합 총회의 헌법

통합 총회의 헌법은 정치 제102조와 제103조의 헌법 개정 방법에 정치, 권징, 예배와 예식, 사도 신경, 신조, 요리 문답(소요리문답), 웨스트민스터 신앙고백, 대한예수교장로회 신앙고백서 이상 8가지(헌법 책 안에는 21세기 대한예수교장로회 신앙고백서도 포함하고 있어 이것까지 합하면 9가지임)를 헌법으로 규정하여 헌법 책에 수록하였으며 헌법 시행 규정을 부록하였다.

4) 이상의 3개 교단의 헌법을 비교해보면

① 최초의 장로교 헌법은 웨스트민스터 헌법을 번역한 것으로 신조, 소요리문답, 대요리문답, 정치, 권징 조례, 예배 모범 이상 6가지를 헌법이라 하였고(정치문답조례 559문), 헌법 책에는 대요리문답을 수록하지 아니 하였다.

그런데 장로교가 분열된 후

② 통합 총회의 헌법은 정치, 권징, 예배와 예식, 사도 신경, 신조, 소요리문답, 웨스트민스터 신앙고백, 대한예수교장로회 신앙고백서 이상 8가지로서 최초 헌법 6가지 중 대요리문답을 제외하고 사도 신경, 웨스트민스터 신앙고백, 대한예수교장로회 신앙고백서 이상 3가지를 추가하였다.

③ 고신 총회 헌법은 최초 헌법 6가지에 신앙고백(웨스트민스터 신앙고백)을 추가하였고, 신조는 헌법에서 제외하고 3대 공교회 신경으로 사도 신경, 니케아 신경, 아타나시우스 신경을 부록하였다.

④ 합동 총회 헌법은 최초의 헌법 6가지를 그대로 유지하고 있으며, 다만 1993년 이전에는 최초의 헌법 책과 같이 대요리문답을 헌법 책에 수록하지 않았던 것을 1993년 헌법 개정을 계기로 대요리문답도 헌법 책에 수록하였다.

결국 통합은 8가지이고 합동과 고신은 다같이 6가지이지만 고신은 최초의 헌법에서 신조를 제외하고 신앙고백을 추가하였으나 합동은 최초의 헌법 6가지를 그대로 유지하고 있는 것이 다르다.

(2) 정치, 권징 조례, 예배 모범의 개정 절차

① 노회 혹은 총회 관계 상비부의 제안

② 총회의 가결(과반수) (소속 노회 3분의 1 이상이 헌법을 개정하자는 헌의를 제출하면 총회 가결 없이)

③ 총회는 그 의안을 각 노회에 수의하여

※ 수의(垂議)란 가부 표결을 묻기 위해 각 노회에 하송하는 총회의 안건이다.

④ 노회 과반수(투표수 과반수 이상으로 가결된 노회가 전국 노회 수의 과반수 이상)와 모든 노회의 투표수(투표에 참가한 전국 노회원 수임) 3분의 2 이상의 가표를 받은 후에

⑤ 각 노회 서기는 투표의 가부를 총회 서기에게 보고하고 총회는 그 결과를 공포 실행한다. 각 노회 서기의 서면 보고를 차기 총회가 집계하는 것이 원칙이다. 혹 속결을 위해 서기의 집계를 살펴 차기 총회 이전에 회장으로 공포 시행케 하도록 총회가 미리 가결하여 위탁하는 수가 있다.

⑥ 위의 항목 가운데 ④항의 요건을 궐하면 부결된다.

2. 신조와 요리문답의 개정

二, 教會信經과 要理問答을 改正코져 홀 時에ᄂ 總會ᄂ 其意見을 提出ᄒ고 各老會에 垂議ᄒ야 老會中三分의 二와 온 投票數의 三分의 二의 可投票를 밧고 其次會가 採用ᄒ여야 改正ᄒᄂ니라 各老會書記는 投票의 可否 數를 書面에 詳記ᄒ야 總會書記의게 提呈홀거시니라

제2조 : 신조와 요리문답을 개정하고자 할 때는 총회는 그 의견을 제출하고 각 노회에 수의하여 노회 중 3분의 2와 모든 투표수 3분의 2의 가표를 받고 그 다음 회가 채용하여야 한다. 각 노회 서기는 투표의 가부수를 서면으로 총회 서기에게 보고한다.

(1) 교리 표준 헌법이란?

교리 표준은 신조, 요리 문답, 신앙고백 등을 말하는데 교리 표준의 개정은 관리 표준의 개정보다 더욱 엄격하게 규정하였으니 위의 4항에서 언급한 바와 같이 총회가 헌법을 개정하기로 결의하였을지라도 개정안을 노회에 수의하기 전에 특별히 15인 이상의 헌법 개정 위원을 선정하여 반드시 1년 동안 연구하여 총회에 보고하게 하고 총회가 그 위원회의 보고를 채택한 후에 노회 수의 절차에 들어가기 때문에 관리 표준의 헌법을 개정하는 것보다 1년간의 기간이 더 요구된다(고신은 제외).

그리고 교리 표준의 개정은 노회 수의에서도 관리 표준 헌법과는 달리 노회수 3분의 2 이상의 가결(관리 표준은 과반수 이상으로 가결)과 각 노회에서 투표한 총 투표수의 3분의 2 이상의 가표를 얻어야 한다.

각 노회의 서기는 수의건의 총 투표수와 가부 투표수를 총회 서기에게 보고하고 총회 서기는 전국 노회의 가결수와 부결수, 그리고 전국 노회의 총 투표수와 가부 투표수를 총회에 보고하여 노회 수의 결과에 따라 총회장은 헌법 개정을 공포하여 시행한다.

(2) 교리 표준 헌법의 개정 절차

① 노회 혹은 총회 관계 상비부의 제안

② 총회의 가결(과반수) (소속 노회 3분의 1 이상이 헌법을 개정하
자는 헌의를 제출하면 총회 가결 없이)

③ 총회는 위원 15인 이상(목사와 장로)을 택하여 1년간 그 문제를
연구하게 한 후 총회 때 보고하게 한다(그 위원은 1노회에 속한
회원 2인 이상 됨을 금한다).

④ 그 후 각 노회에 수의한다.

⑤ 노회 중 3분의 2와 모든 투표수 3분의 2의 가표를 받고 그 다 음
회가 채용하여야 한다(각 노회 서기는 투표의 가부수를 서면으
로 총회 서기에게 보고한다). 차기 총회 전 공포를 위한 속결 방
법이 없고 반드시 집계 후 차기 총회에 보고하여 채택되어야 회
장이 공포 시행함

3. 신조와 요리문답의 개정 연구

三, 總會는 信經이나 要理問答을 改正ᄒ자는 議案을 各老會에 보내
기 前에 特別히 委員十五人以上(牧師와 長老)을 擇ᄒ야 一年間 該
問題를 硏究ᄒ야 後總會에 報告케ᄒᆯ거시오 該委員은 一老會에 屬ᄒ
會員二人以上을 擇ᄒ지못ᄒᆯ지니라

제3조 : 총회는 신조나 요리문답을 개정하는 의안(議案)을 각 노회
에 보내기 전에 특별히 위원 15인 이상(목사와 장로)을 택하여 1년간

그 문제를 연구하게 한 후 총회 때에 보고하도록 할 것이요, 그 위원
은 1노회에 속한 회원 2인 이상 됨을 금한다.

(1) 개정 위원 15인 이상

합동 헌법 정치 제23장 제3조에 개정 위원 15인 이상을 선정토록
법이 정한 것은 항시 요구되는 것이 아니고 교리를 개정할 경우에 한
해서 총회가 헌법 개정을 결의하고 노회 수의에 들어가기 전에 반드시
1년간 연구하여 다음 총회에 보고하도록 하기 위함이니 관리 표준의
헌법 개정보다 교리 표준의 헌법 개정은 더욱 신중히 해야 함을 의미
하고 있다.

이에 대하여 통합은 목사 과반수 되는 15인의 위원을 선정하여 개
정안을 작성케 하고, "교리를 개정코자 하면 위원으로 하여금 1년간
연구케 한 후 다음 총회에 보고한다"고 하여 교리 개정을 엄격하게 하
였다. 그런데 고신은 교리 개정을 1년간 연구케 하는 규정을 2011년
헌법 개정에서 삭제하고 목사 12인, 장로 3인으로 구성된 개정 위원회
를 설치하여 모든 헌법을 개정할 때는 그 개정안을 연구 검토케 하였
다(정치 제181조).

신조나 요리 문답은 그 중요성의 비중이 크기 때문에 총회는, 개정
하려는 의안을 각 노회에 보내기 전에 특별 위원 15인 이상을 택하여
1년간 그 문제를 연구하게 한 후에 총회 때에 보고하도록 하되 그 특
별 위원은 1노회에 속한 위원 2인 이상 됨을 금하고 있다.

4. 노회수 3분의 1 이상의 헌의에 의한 개정

四, 所屬^{소속}老會^{노회}三分^분一以上^{이상}이 憲法^{헌법}을 改正^{개정}ᄒ자ᄂᆞᆫ 獻議^{헌의}를 總會^{총회}에 提出^{제출}ᄒ면 總會^{총회}ᄂᆞᆫ 該議案^{해의안}을 밧아 各老會^{각노회}에 보낼수밧게없ᄂᆞ니라 此等^{차등}(이런) 老會^{노회}의 議案^{의안}을 投票^{투표}밧기 爲^위ᄒ야 各老會^{각노회}에 보낼지라도 決定^{결정}ᄒᄂᆞᆫ 規例^{규례}ᄂᆞᆫ 以上^{이상}第一^{제일}第二項^{제이항}과 如^여(ᄀᆞᆺ)ᄒ니라

五, 政治^{정치}나 勸懲條例^{권징조례}나 禮拜模範^{예배모범}을 改正^{개정}ᄒ자ᄂᆞᆫ 獻議^{헌의}에 對^대ᄒ야 老會^{노회}過半數^{과반수}와 온 投票數^{투표수}의 三分^분의 二^의可票^{가표}를 밧으면 總會^{총회}ᄂᆞᆫ 改正^{개정}ᄒ기로 可決^{가결}됨을 不可不廣告^{불가불광고}ᄒᆞᆯ거시오 其^기(그)改正^{개정}ᄒᆞᆫ거시곳 敎會^{교회}의 法^법이 되ᄂᆞ니라

제4조 : 소속 노회 3분의 1 이상이 헌법을 개정하자는 헌의를 총회에 제출하면 총회는 그 의안을 각 노회에 보내고 그 결정은 위의 제1, 2조를 준용(準用)한다.

(1) 관리 표준(정치, 권징 조례, 예배 모범) 헌법의 개정

1922년판의 규정이 그대로 이어진다. 즉 전국 노회수의 3분의 1 이상이 헌법 개정을 헌의하였을 경우는 총회에서 가결 절차 없이 곧바로 노회에 수의할 수 있다는 것이요, 물론 교리적인 헌법에 대한 개헌안이라고 하면 총회는 위원을 내서 1년간 연구한 후에야 수의가 가능함은 물론이다. 그 이하의 절차는 전조의 경우들과 동일하다.

이에 대한 정치문답조례 449문에서는 "헌법을 개정할 수 있느냐?"고 하는 질문에 답하기를 아래와 같이 진술하고 있다. 헌법을 개정하되 아래와 같이 해야 한다.

총회가 먼저 소속 노회 3분의 1 이상의 노회로부터 관리 표준(정치, 권징 조례, 예배 모범) 헌법의 개정 헌의를 받아 각 노회에 의안을 수의하여 노회 과반수 이상과 모든 투표수 3분의 2 이상의 가표를 얻으면 개정할 수 있다. 각 노회 서기는 투표수를 총회 서기에게 보고하고, 총회는 그 결과를 공포 시행한다.

통합이나 고신은 노회 과반수와 모든 노회의 투표수 과반수의 가표를 받은 후 변경하도록 규정하였으니 본 교단의 헌법 개정이 더 엄격하다 하겠다.

(2) 교리 표준(신조와 대소요리문답) 헌법의 개정

총회가 헌법을 개정하기로 결의하였을지라도 개정안을 노회에 수의하기 전에 특별히 15인 이상의 헌법 개정 위원을 한 노회에서 2인을 초과하지 못하게 선정하여 반드시 1년 동안 연구하여 총회에 보고하게 하고, 총회가 그 위원회의 보고를 채택한 후에 노회 수의 절차에 들어가기 때문에 관리 표준(정치, 권징 조례, 예배 모범)의 헌법을 개정하는 것보다 1년간의 기간이 더 요구된다.

교리 표준(신조, 소요리문답, 대요리문답)의 개정은 노회 수의에서도 관리 표준(정치, 권징 조례, 예배 모범)과는 달리 노회수 3분의 2 이상의 가결과 각 노회에서 투표한 총 투표수의 3분의 2 이상의 가표를 얻어야 한다. 각 노회의 서기는 수의건의 총 투표수와 가부 투표수를 총회 서기에게 보고하고 총회 서기는 전국 노회의 가결수와 부결수, 그리고 전국 노회의 총 투표수와 가부 투표수를 총회에 보고하여 노회 수의 결과에 따라 총회장은 헌법 개정을 공포하여 시행한다.

(3) 소속 노회 3분의 1 이상의 의미

본 교단 헌법 정치 제23장 제4조에 "소속 노회 3분의 1 이상이 헌법을 개정하자는 헌의를 총회에 제출하면 총회는 그 의안을 각 노회에 보내고 그 결정은 위의 제1, 2조를 준용한다"고 규정하였다.

그런데 이 규정에 대하여 합동 제96회 총회와 총회 이전의 여러 모임 등에서 총회 총대 중 어떤 분들이 "헌법 개정은 노회 3분의 1 이상이 헌의를 할 때 비로소 총회가 헌법을 개정하기로 가결하고 노회 수의를 해야 하는데 노회 3분의 1 이상이 헌법 개정 헌의를 하지 아니하였는데도 불구하고 총회가 헌법을 개정하기로 결의하고 노회 수의를 한 것은 불법이다"라는 발언을 하여 혼란이 있었다는 풍문을 들은 바 있다.

이에 관하여 본 조항에 명시한 '소속 노회 3분의 1 이상이 헌법을 개정하자는 헌의'의 의미는 총회 산하의 노회수 3분의 1 이상이 헌법을 개정하자는 헌의가 있을 경우에만 총회가 헌법 개정을 결의하고 노회 수의를 할 수 있다는 의미가 아니고, 이와 같은 경우는 총회의 결의 없이 그 개정 의안은 바로 노회 수의의 절차로써 제1조와 제2조에 충족하면(관리 표준은 노회 과반수와 모든 노회의 투표수 3분의 2, 교리 표준은 노회수 3분의 2와 모든 투표수 3분의 2) 다음 총회의 총회장은 공포하여 시행한다는 의미이다.

또한 제3조에 충족이라는 조건은 언급하지 아니하고 제1, 2조를 준용한다고만 하였으므로 교리 개정에 관한 내용일지라도 1년간의 연구 과정 역시 생략한다는 의미를 포함하고 있다. 그리고 헌법 전체를 수정해야 할 경우는 노회 3분의 1 이상이 헌법 개정 청원을 해야 한다고 주장하는 분들이 있다고 하는데 이것 역시 근거 없는 오해이다.

헌법 전체를 개정하자는 헌의 또는 부분 개정의 헌의를 막론하고 한 노회만 헌법 개정 헌의를 했을지라도 총회가 그 헌의를 받아 결의하면 제1조, 제2조, 제3조에 준하여 개정할 수 있다. 다만 헌법 전체 안에는 교리 부분도 포함되므로 제3조에 의하여 15인 이상의 헌법 개정 위원을 선정하여 위탁한 후 1년간 연구하여 개정 초안을 작성하고 다음 총회에 보고하면 총회 결의로 노회에 수의하여 공포 시행한다.

附錄 장로회 각 치리회 보통회의 규칙
(General Rules for Judicatories)

본 장로회 각 치리회 보통회의 규칙은 곽안련 선교사(Rev. Dr. Charles Allen Clark)의 교회정치문답조례 615문답에 기록된 장로회 각 치리회 규칙을 본 총회가 총회 회의 규칙으로 채용하기로 가결하여 총회록 부록에 수록하고 현재까지 사용해 온 규칙이다(제7회 총회록 pp.14, 77~86).

1) 치리회가 정한 휴회 시간이 끝나면, 정확한 시간에 회장이 승석하여 회원들을 불러, 성수가 회집하였으면 기도로 개회할 일

2) 예정한 시간에 성수가 회집하였으되 회장이 결석하였으면, 신회장이 선임되기까지 임시 회장으로 사회할 서열은 아래와 같다.

  ① 회장 유고 시에 이를 대리할 부회장

  ② 출석 총대 중 최후 증경 회장(역자 주 : 우선순위를 1년 전 회장에서 2년 전 회장, 3년 전 회장으로 거슬러 올라감)

  ③ 총대 중 최선 장립자

3) 예정한 시간에 성수가 회집하지 못하였으면, 출석 회원이 둘 뿐이라고 해도, 저희가 다시 회집할 시일을 작정할 수 있다.

  성수가 되기까지 이 방법은 계속된다.

4) 회장은 항상 질서를 유지하며, 회무 처리를 신속히 하며, 정당한 결

과를 가져오도록 힘쓸 일

5) 회장은 순서에 예정한 시간을 어기지 아니하도록 배정한 사건을 처리하며, 의사 중 특별히 정한 사건도 지정한 시간에 반드시 처리하도록 인도할 일

6) 회의 규칙에 대하여는 회장에게 우선 설명권이 있고, 회장의 기립 공포한 해석대로 시행하되, 회원 중 2인 이상이 항변하면, 회장은 변론 없이 가부를 물어 공포한 해석을 바로잡을 일

7) 치리회가 다른 작정이 없으면 회장이 모든 위원을 자벽하며, 상임 위원을 임명하며, 부회장도 임명하여 회장의 요구에 응하게 하며, 혹은 다른 방법으로 회장을 돕게 하며, 유고 시에는 그 직무를 대리하게 한다.

8) 치리회가 무기명 투표로 표결할 때에 회장도 다른 회원과 같이 투표할 수 있다.

   그러나 이같이 투표하였으면 가부 동수가 되어도 회장이 다시 투표할 수 없고 그 안건은 부결된다.

9) 위원을 자벽할 때에 따로 정한 것이 없으면, 먼저 호명자가 소집장이 되고, 그가 결석하였거나 유고할 때에는 두 번째 호명자가 소집장이 된다.

10) 서기는 완전한 회원 명단을 작성하여, 개회 직후에 회장에게 제출하고, 그 후 지참 회원을 추가 기입할 일

11) 서기의 직무

   ① 각종 문서를 접수하고 보고하거나, 채택된 차례대로 정리하여

보관할 일

②합당한 각종 헌의건과 청원건 등 일체의 의안을 헌의부로 보내고, 그 위원으로 하여금 총회에 보고하여 해당 부서로 분급케 할 일

※ 회가 회집하면, 의안을 분급하는 일을 위탁한 헌의 위원에게 항상 우선권을 주어 보고하게 할 일

12) 개회 시마다 회록을 작성할 것이요, 요구를 좇아 전 회록을 낭독하고, 착오가 있으면 바로 잡을 일

13) 전회의 미결 안건을 먼저 취급할 일

14) 동의는 재청이 있어야 성립되고, 토론은 회장이 그 동의를 선포하거나 낭독이 앞서야 한다.

회장이나 혹은 회원이 요청하면 동의자는 서면 동의(書面動議)를 해야 한다.

15) 모든 회원은 재청자와 함께 동의할 자유가 있으며, 토론하기 전에 이를 취하할 자유가 있다.

그러나 토론이 시작된 후에는 본회의 허락 없이는 취하할 수 없다.

16) 한 동의에 여러 부분이 포함 되었을 경우, 2인 이상이 요구하면 부분별로 나누어 각각 가부를 물을 수 있다.

17) 수효와 시간에 관계되는 동의에 대하여 여러 가지 개의가 있으면, 최고수에서 최소수로, 혹은 아주 먼 시간에서 아주 가까운 시간으로 차례를 삼아 물을 일

18) 발언권 규정

① 토론 없이 가부를 묻는(언권을 허락할 수 없는)동의

　　㉠ 유안 동의

　　㉡ 유안했던 사건을 심의하자는 동의

　　㉢ 폐회 동의

　　㉣ 토론을 종결하고 가부 표결하자는 동의

② 한 번만 발언할 수 있는 동의

　　㉠ 규칙 위반에 관한 사건

　　㉡ 논의를 연기하자는 동의

　　㉢ 사건을 위원에게 일임하자는 동의

③ 기타 사건

한 분이 한 사건에 세 번 이상 발언하지 못하나, 다시 발언하려고 하면 특별 허락을 얻어야 한다.

19) 사건을 논의하는 중에 다른 사건을 제출하지 못하나 아래와 같은 동의는 받아 논의할 수밖에 없다.

① 원안대로 받자는 동의

② 원안을 수정하자는 동의

③ 동의와 개의와도 다른 재개의

④ 위원에게 위임하자는 동의

⑤ 유기한 연기 동의

⑥ 무기한 연기 동의

⑦ 유안 동의

⑧ 폐회 동의

이상 여러 가지 동의에 대하여 가부를 물을 때에는 제각기 선결 차서를 따라 폐회 동의에서 시작하여, 동의까지 거슬러 올라 간다.

20) 동의에 대하여 개의하고, 개의에 대하여 재개의할 수 있으나, 그 밖에는 더 수정하지 못하며, 가부를 물을 때에는 재개의를 먼저 묻고, 그 다음에는 개의를 묻고, 원 동의를 묻는데, 대의(Substitute, 개의의 일종)가 있으면 대의를 먼저 묻고, 나중에 원 동의를 묻는다.

21) 유안 중에 아래와 같이 두 가지 구별이 있다.

① 폐회 전 어느 시간까지 유안하기로 하였으면, 회중 정한 시간에 다시 논의할 일

② 무기한 유안하기로 하였으면, 그 회기 중에는 다시 논의할 수 없으나, 혹시 재론하여 개정되면 그 회기 중에도 다시 논의할 수 있다.

유안 동의는 토론을 허락하지 않는다.

22) 토론을 종결하고 가부 표결하기로 가결되면, 아래와 같은 순서로 본 안건에 대하여 즉시 가부를 묻는다.

① 위원에게 위임하자는 동의

② 재개의

③ 개의

④ 동의

※ 가부를 묻겠다고 회장이 선언한 후에는 그 안건이 처결될 때까지 일체의 발언을 허락하지 않는다.

23) 한번 처결한 사건은 회기 중에 다시 재론할 수 없다.

그러나 결정할 당시에 다수 편에 속했던 회원 중에서 동의와 재청이 있고, 회원 3분의 2 이상의 가결이 있으면 재론할 수 있다.

24) 무기한 연기하기로 가결된 사건은 그 회기 중에는 다시 논의할 수가 없다.

그러나 그 결정에 동참한 회원 4분의 3 이상이 가결하면 그 회기 중에 다시 논의할 수 있다.

25) 회원은 특별한 이유가 없는 한 표결에 참가해야 한다. 그렇지 아니하면 각항 결정을 소수가 좌우하게 된다.

침묵 회원은 그 의견이 다수 편과 동일한 것으로 인정된다.

26) 회장이 가부 표결을 선언하면, 폐회 동의 외에는 이론이나 설명 등 일체의 발언을 허락하지 않는다.

그러나 과오가 드러나면 표결을 중지하고 시정한 후에, 회장이 다시 가부 표결을 선언하고 표결한다.

표결할 시간을 미리 작정하자는 동의는 토론 없이 즉시 가부를 묻는다.

투표를 진행할 때에 정회 혹은 폐회 시간이 되면, 마땅히 투표를 필할 때까지 시간을 연장할 것이요, 혹 다수가 허락하면 정회할 수 있으나, 속회하면 그 투표건을 우선 처결해야 한다.

한 가지 안건 중 여러 가지 사건이 포함되었으면, 편의상 사건마다 가부를 물을 것이 아니라, 축조하여 회중의 허락을 일단 넘겨놓고, 맨 나중에 전체를 채용하자는 동의와 재청으로 가부를 물어 완전히 결정할 일

27) 출석 회원 3분의 1 이상의 요청이 없으면 어떤 문제에 대한 찬성과 반대를 기록으로 남기지 아니한다.

회장이 가부를 공포할 때에 회원 중 불복하고 기립 표결을 요청하면 그 수를 헤아릴 것 없이 기립으로 다시 가부를 표하게 할 것이요, 그래도 회장이 판단하기가 어렵든지, 회원 중 개회 성수 이상의 요청이 있으면, 회장은 계산 위원을 자벽하여 그 위원으로 하여금 양편을 헤아려 보고케 할 일

28) 회원들이 토론할 때에 인신공격을 하도록 방임하지 못할 일

29) 회원 중 2인 이상이 기립하여 언권을 청하는 경우에는 회장석에서 가장 먼 자로 우선권을 줄 것이요, 토론하는 의안이 양론으로 갈리게 되면 회장은 번갈아 언권을 허락할 일

30) 회원 중 3인 이상이 일시에 일어나면 회장은 발언자 외에는 모두 앉도록 한 후에 발언을 계속하게 할 일

31) 모든 회원은 발언할 때에 회장을 향하여 하고, 회원 상호간에 존대하며 특히 회장에게 예의바르게 하며 존경할 일

32) 발언자가 규칙을 어기거나, 잘못을 바로 잡는다고 변명하거나, 그릇된 설명을 하지 아니하는 한, 발언 중지를 당하지 아니한다.

33) 치리회 회무가 계속되는 동안 회원들은 사담(私談)할 수 없으며, 회장의 명백한 허락이 없이는, 방청인이나 다른 회원을 향하여 대화할 수 없고, 회장을 향하여 발언할 일.

34) 치리회가 재판회로 회집할 때에는 필수적으로 회원들의 침착과 위엄이 지속되어야 한다. 간명하게 발언하고 장황하고 엉뚱한 열

변을 피해야 한다.

본 문제에서 이탈하면 어느 회원이든지 "규칙이요!"라고 불러 제지할 특권이 있고, 또한 이것은 회장의 본분이기도 하다.

35) 회원 중 누구든지 무례한 행동을 하면 아무나 "규칙이요!"라고 불러 제지할 특권이 있고, 이것은 또한 회장의 본분이기도 하 다.

36) 회원 중 누구든지 회장의 결단으로 말미암아 압제를 당한다고 여겨지면 그 치리회에 항의할 특권이 있고, 그 항의는 토론 없이 즉시 회장이 표결해야 한다(권징 제4장 제28조 참조).

37) 회원 중 누구든지 회장의 허락 없이 회의 장소를 떠날 수 없으며, 본회의 허락 없이 귀가할 수 없다.

38) 어느 치리회든지 사건이 공개할 만한 것이 아니라고 여겨질 때에는 비밀회로 회집할 특권이 있다.

39) 어느 치리회든지 담화회로 회집할 특권이 있다. 이런 회는 규칙에 얽매이지 아니하고 자유롭게 대화한다(정문 259문답 참조).

40) 치리회가 재판회로 회집하면 회장을 지정된 재판 업무를 신중하게 처리할 것과, 예수 그리스도의 법정에서 재판하는 재판관으로서의 신성한 본분과, 비상한 특성을 회상하고, 삼가 조심할 것을 정중하게 공포해야 한다(권징 제4장 제20조 참조).

41) 고소인과 기소인이 소송을 제기하는 경우, 치리회는 먼저 조사 위원을 선정하여 저들로 모든 문서를 분류하고 정리하며, 치리회 감독 아래, 사건 진행상의 완전한 절차를 결정하게 하는 것이 편리하다.

그럴지라도 동 위원들의 재판회원으로서의 권리에는 아무런 제한도 받지 아니한다.

42) 원고가 없어도 치리회가 기소하기로 가결하고 진행하는 재판 사건(권징 제2장 제7조)에, 치리회가 선임한 기소 위원은 자초 지종(自初至終) 그 사건의 원고가 된다(권징 제2장 제12조). 기소 위원은 재판 회원권을 상실한다.

43) 치리회의 총무, 서기 등 상설 직원은 각각 해당 사무 관계를 논의할 때에 언권 회원이 된다.

44) 당회는 기도로 폐회하나, 모든 상회는 폐회할 때에 기도뿐 아니라, 회장이 적당한 시나 찬송을 부르고 축도로 폐회한다
(Presbyterian Digest pp.205~208).

45) 본 회칙은 출석 회원 3분의 2 이상의 가결로 일시 정지할 수 있다.